rororo

Die schönsten Weihnachtsgeschichten am Kamin

Gesammelt
von Ursula Richter

Rowohlt Taschenbuch Verlag

Veröffentlicht im Rowohlt Taschenbuch Verlag GmbH,
Reinbek bei Hamburg, November 1998

Umschlaggestaltung C. Günther / W. Hellmann
(Foto: IFA-BILDERTEAM-DISC)
Satz Bembo PostScript (PageOne)
Gesamtherstellung Clausen & Bosse, Leck
Printed in Germany
ISBN 3 499 22436 4

Anita Steinich

Jakob, die Weihnachtsgans

An das Weihnachtsfest 1944 erinnere ich mich noch ganz genau. Es war ein Fest, das unter der Last des Krieges litt. Flüchtlinge aus dem Osten, die in langen Trecks unsere kleine Stadt Wriezen durchzogen oder stundenlang in Zügen auf dem Bahnhof warten mußten, wurden von den Bürgern mit dem Nötigsten versorgt. Niemand von uns ahnte, daß wir schon bald selbst zu den Betroffenen gehören sollten.

Abgeschieden von allen Wirren des Krieges residierte Jakob der Ganter seit einigen Monaten auf unserem Hof. Was wußte er schon von den Geschehnissen da draußen in der Welt, auch ahnte er sicher nicht, daß er bald der Glanzpunkt unseres Weihnachtsfestessens sein sollte. Jakob lebte höchst selbstgefällig das Leben eines stolzen Ganters, der sich auf unserem Hof zum uneingeschränkten Herrscher krönte. Majestätisch watschelte er über das Kopfsteinpflaster. Seinen kleinen, scharfen Augen entging nichts. Ließ sich ein weibliches Wesen auf dem Hof blicken (ausgenommen meine Mutter, die ihn ja auch versorgte), dann überschlug sich seine Stimme, er stieß gellende Schreie aus, legte seinen Kopf in waagerechte Pfeilstellung und schnellte zischend auf die berockte Person los, die dann angesichts dieses kampflustigen Federviehs eilig den Rückzug antrat. Ich verwünschte den Gänserich und dachte rachedurstig, daß es ja nicht mehr lange dauern würde, bis er braungebraten, köstlich duftend als Weihnachtsgans von uns verzehrt werden würde.

Meine Mutter wollte Jakob testen, ob er es tatsächlich nur

auf Frauen abgesehen hatte. Sie zog meinem Bruder Norbert eins von meinen Kleidern an und schickte ihn auf den Hof. Zunächst ließ Jakob sich täuschen, zischend ging er auf Norbert zu, doch dann stutzte er, legte seinen Kopf schief und trabte schnatternd neben meinem Bruder her, so als wollte er sich für sein Fehlverhalten entschuldigen. Nun ließ es sich's nicht mehr leugnen: Jakob war ein Frauenhasser!

Doch schon bald mußten wir erkennen, daß Jakob für uns und vor allem für meinen kleinen Bruder von unschätzbarem Wert wurde.

Mit drei Jahren bekam Norbert, so wie ich, die Masern. Doch während ich mich schnell erholte, verschlimmerte sich sein Zustand durch eine anschließende Gehirnhautentzündung, die ihn für sein ganzes Leben zum Behinderten machte.

Spürte Jakob, daß mein Brüderchen krank war? Vielleicht, jedenfalls bewachte er ihn mit rührender Aufmerksamkeit. Näherte sich ihm ein Fremder, so gebärderte er sich furchterregend. Wollte Norbert allein den Hof verlassen, verstellte er ihm mit imposantem Gehabe die Tür, die aus geschäftlichen Gründen unverschlossen bleiben mußte. Er ließ seine gellenden Gänseschreie durchdringend ertönen, die dann nie ungehört blieben.

Welche eine Hilfe für meine Mutter! Norbert durfte unter gar keinen Umständen den Hof ohne Begleitung verlassen, denn wir lebten in einer gefährlichen Zeit. Schon einmal hatte der Amtsarzt meinen Eltern die «Beseitigung» ihres kranken Kindes vorgeschlagen. Weil aber niemand in unserer Stadt Anstoß an seinem Leiden nahm, so nahm man uns unseren Norbert nicht einfach weg. Einen besseren Beschützer als Jakob konnten sich meine Eltern für ihn nicht wünschen in dieser fürchterlichen Zeit.

Das Weihnachtsfest rückte immer näher, sollten wir Jakob

wirklich verzehren? Meine Rachegefühle schmolzen in Anbetracht dieses nützlichen Federviehs wie Eis in der Sonne. Fragte ich meine Mutter, ob wir nicht etwas anderes zum Fest verspeisen könnten, so antwortete sie immer hintergründig lächelnd, daß sie froh sei, den Jakob in dieser kargen Zeit zu haben. Eine Weihnachtsgans sei eine Weihnachtsgans, das sei doch schon längst eine beschlossene Sache. Und ich solle mal daran denken, daß ich mir noch vor ein paar Monaten die Lippen geleckt hatte bei dem Gedanken an die Weihnachtsgans. Norberts treuer Freund sollte einem Festgelage dienen, ich war empört. Das arme Gänsetier tat mir irgendwie leid, obgleich es mich nach wie vor mit seinem Haß verfolgte.

Heiligabend war Jakob nicht mehr da, dafür lag eine nackte, fette Gans in der Speisekammer. Ich sagte gar nichts mehr, mir war ganz elend. Still zog ich mich in mein Zimmer zurück, meine Kehle war wie zugeschnürt, selbst der verführerische Duft eines in Biersoße gegarten Karpfens lockte mich nicht aus meinen vier Wänden. Als das Glöcklein zur Bescherung läutete, gesellte ich mich lustlos zu den anderen. In so einer miserablen Stimmung, so glaubte ich, hatte ich mich noch nie zuvor befunden. Die Tür zum Weihnachtszimmer wurde geöffnet, heute wurde es nur durch ein paar Kerzen am Weihnachtsbaum erhellt. Doch das hatte einen bestimmten Grund, wie ich bald erfuhr. Unsere Fenster waren gut verdunkelt, nach draußen konnte, das wußte ich, kein Lichtschein dringen. Während ich noch rätselte, hörte ich ein leises Schnattern. Ich lief zum Baum und darunter, ich traute meinen Augen nicht, saß Jakob in einer Kiste, die mit Stroh ausgepolstert war. Er sah mich, zu meiner Verwunderung, sehr friedlich an. Ich streichelte ihn, und er ließ es sich sogar gefallen. Für mich, und ich glaube auch für die übrigen Familiemitglieder, konnte es wohl kein schöneres Fest geben als mit Jakob, der quicklebendigen Weihnachtsgans!

Günther Fischer

Ein Weihnachtsmärchen

Mit gleichmäßigen Armschwüngen unterstützte der Mann seine gleitenden Skier und genoß die klare frische Winterluft, als die Sonne hinter den Bergen unterzugehen begann.

Der Himmel war bedeckt, und mit dem schwindenden Licht im Westen blieb nur noch der weiße Schnee, der den Weg erkennbar machte. Doch der Mann kannte sich aus und wanderte weiter durch die Waldeinsamkeit.

Er würde heute wohl kaum jemandem begegnen auf seinem Ausflug und war froh darüber. Denn es war der Abend des vierundzwanzigsten Dezember, den er nicht in seinem Mietzimmer verleben wollte, wenn ringsum in der Straße die Weihnachtsbäume strahlten.

Also hatte er sich die Langlaufbretter genommen und war nachmittags mit dem Bus in die nahegelegenen Berge gefahren, um mit sich allein zu sein, ohne durch Nachbarn an den Heiligen Abend erinnert zu werden. Es würde auch ganz guttun, hier in der Stille die oft verworrenen Gedanken zu ordnen und unhörbare Selbstgespräche zu führen.

Die Zeit der Kindermärchen war ja für ihn schon lange vorbei.

Inzwischen hatte es ganz sanft begonnen zu schneien, und aus der Ferne vernahm er Glockenläuten, das ihn seltsam betroffen machte. Er lauschte eine Weile, atmete dann tief durch und glitt weiter.

Dann verharrte er an einer abschüssigen Biegung und rieb sich die Augen. Ein Licht schimmerte ihm entgegen – aus dem bekannten Felsvorsprung, unter dem er manches Mal gerastet hatte. Sollte noch jemand wie er in diesen Stunden weglos unterwegs sein?

Er stieß sich ab und eilte dem Unterschlupf zu, neugierig, wen er dort antreffen würde.

Verblüfft schüttelte er den Kopf, weil kaum zu glauben war, was sich ihm darbot: Da stand ein großer vollgepackter Schlitten, mit drei Hirschen bespannt, und daneben saß ein würdiger Herr mit weißem Bart und langem roten Mantel, der kummervoll ein Paar zerbrochener Skibretter betrachtete.

Der Mann erholte sich aber schnell und meinte gutgelaunt:

«Na, Alterchen, um heutzutage den Weihnachtsmann zu spielen, sollte man nicht unbedingt seine Reise im tiefsten Wald anfangen.»

Der so Angesprochene musterte den Skiläufer lange, ehe er entgegnete:

«Ihr seid also schon aus dem Märchenalter raus?»

Nun wurde es dem Mann etwas seltsam zumute, bevor er verlegen nickte.

«Leiht mir Eure Skier und ich werde Euch das Gegenteil beweisen», dröhnte eine Stimme, der er automatisch Folge leistete. Wie betäubt sah er, daß sich der Schlitten in Bewegung setzte und sich der Alte offensichtlich fröhlich mitziehen ließ.

Kopfschüttelnd griff der Mann in die Jackeninnentasche und nahm zufrieden einen Schluck edlen Kräuterlikörs und wollte weiterrutschen. Total verblüfft sah er nun, daß seine Skier wirklich verschwunden waren, und er schaute noch einmal auf die Flasche, die daran nicht schuld sein konnte.

Zeit hatte er jetzt genug, über sein Erlebnis nachzudenken, und er schritt voran, dem verlassenen Domizil zu.

Es war gar nicht so mühsam, wie er sich das zuerst zu Fuß vorgestellt hatte, und unversehens gewahrte er den Ortseingang mit den schneeverhangenen Straßenschildern.

Nun war es nicht mehr weit zu seiner Behausung, und als er die Haustür aufschließen wollte, merkte er erst, daß er zwei zerbrochene Skier die ganze Zeit mitgeschleppt hatte, ohne das Gewicht überhaupt zu spüren.

Kopfschüttelnd öffnete er das Zimmer und lehnte sich sofort haltsuchend an die Tür:

Vor einem kleinen, mit brennenden Kerzen geschmückten Weihnachtsbaum standen seine ausgeliehenen Skier, und ein Spruch war dabei:

Möglich ist alles,
wenn man daran glaubt
und keiner dem andern
den Glauben dran raubt.

Rose-Marie Hulbe

Noël, Noël
Weihnachten 1944

Immer noch ist Krieg, warum nur, warum. Es ist ein schlimmer Streß, wenn auf beiden Seiten Verwandte und Freunde sind. Unsere Vettern sind Amis und meine englischen Freunde in der British Air Force. Nein, wir machen da nicht mit, zu Weihnachten haben wir uns französische Kriegsgefangene eingeladen. Das ist verboten, aber wir leben Gott sei Dank am Ende der Welt. Heimlich kommt einer nach dem andern hinten durch die Küchentür, bis alle zwölf da sind. Unser Freund René ist Professor für Deutsch an einer Pariser Schule, darum kann er unsere Sprache gut und hat alles organisiert.

Unser tolles Menü besteht hauptsächlich aus weißen Bohnen, welche die Franzosen mit Liebesgabenpaketen aus der

Heimat bekommen haben. Wir haben alles mögliche daraus gemacht, und es hat allen gut geschmeckt. Statt Wein gab es Bier. Wir hatten eine lange Tafel aufgebaut, ein schön geschmückter Weihnachtsbaum krönte das Ganze. Und dann ging es los, die Marseillaise sangen wir und deutsche und französische Weihnachtslieder; «Stille Nacht» konnten sie auch, nur der Text war anders. Wir haben uns gut unterhalten, deutsch, französisch, alles durcheinander.

Wir mußten ja die ganze Nacht drangeben, denn die Franzosen durften vor 6 Uhr morgens, wenn sie zur Arbeit mußten, nicht auf die Straße gehen. Gott sei Dank kam in jener Nacht kein Alarm, und wir konnten in Frieden zusammen feiern. Auch später kam der eine oder andere uns heimlich besuchen. Es waren Männer aus allen möglichen Berufen unter ihnen, einer war katholischer Priester, einer Direktor einer Pariser Versicherung, einer war Holzhändler usw. Unser Förster hatte französische Gefangene zur Waldarbeit, wir hatten einen Haufen Reisig gekauft, der wurde nie alle, und unter dem Reisig waren immer dicke Stücke versteckt. So wusch eine Hand die andere.

Hoffentlich bleibt der Frieden erhalten, denn einen dritten Weltkrieg würden wir nicht mehr schaffen.

Heinz Berens

Weihnachten in Frankreich

Ungeachtet der Tatsache, daß Kriegsweihnachtsgeschichten der Vergangenheit angehören und somit wohl kaum Platz in der heutigen Zeit haben, möchte ich doch das Erlebnis in einer Weihnachtsnacht 1946 schildern, welches ich nie vergaß. Zur Geschichte möchte ich zusätzlich und eingangs erwähnen, daß ich zum obengenannten Zeitpunkt zu der Million deutscher Soldaten gehörte, die – vom Amerikaner gefangengenommen – Anfang 1946 den Franzosen überstellt wurden, weil sie, wie die Alliierten seinerzeit verkündeten, «für den Wiederaufbau Frankreichs eine Lebensnotwendigkeit darstellten».

Auf diesem Weg kam ich im Spätsommer 1946 – nachdem kundige Hände französischer Bauern uns im Lager Lunéville wie auf einem altrömischen Sklavenmarkt nach Restmuskeln abgetastet hatten – zu einem dieser Bauern in ein kleines Dorf in der Nähe von Verdun, um ihm fortan als Knecht zu dienen. Mein «Patron» war der Boss einer elfköpfigen Großfamilie, die er patriarchalisch beherrschte und zu der ich nun in irgendeiner Form gehörte. Mein Bett, welches wohl schon zur Jahrhundertwende das Licht der Welt erblickt hatte, stand in einem Verschlag neben dem Stall, in dem ich nunmehr lebte und dort auch meinen täglichen Eintopf in einer Schüssel empfing. Verbindungen zu anderen Kameraden waren unerwünscht und fanden auch deshalb nicht statt, weil wir nach einem 12- bis 14stündigen Arbeitstag nur das eine Ziel hatten: recht bald unsere Betten aufzusuchen. Für die Masse der Dorfbewohner waren wir außerdem nur eine Art von Zwangsarbeiter, an denen man jeden persönlichen Ärger ungestraft abreagieren konnte. Das Wort «fraternisiseren» war noch nicht geboren, und der mitleidige Blick eines Kindes und das geflüsterte «Bonjour» einiger älterer Männer, die wohl selbst einmal in deutscher Kriegsgefangenschaft waren, war das höchste aller Dinge, was einem «Boche» 1946 in diesem Dorf passieren konnte. Was konnte man auch erwarten in einem Land, wo ein jahrelanger und immer härter werdender Kampf zwischen der deutschen Besatzungsmacht und den Gruppierungen der Widerstandsbewegung entbrannte, an dessen Ende nur noch Zerstörung stand.

Der heiße französische Sommer 1946, der wohl die Körper, aber nicht die Herzen zu erwärmen vermochte, glitt fast unmerklich in den Herbst über, und dann stand wieder ein Winter in Frankreich vor der Tür und mit ihm die quälende Angst vor einem erneuten einsamen Weihnachten in der Fremde, denn kein anderes Fest hinter Stacheldraht kann so weh tun wie eine Heilige Nacht fernab aller Menschen, die man liebt. Wann fließen schon Heimweh, Hoffnung, Verzweiflung und schöne Erinnerungen so ineinander wie in dieser Nacht. Mit Recht fürchteten wir außerdem, daß es ältere Kameraden geben könnte, die ihrer Gefühle nicht mehr Herr werden würden, wenn sie – die bereits Jahre in Amerika, England und Kanada zugebracht hatten – an ihre Kinder denken mußten, die nun schon viele Jahre auf den Vater verzichteten, der ihnen wieder einmal nicht den Tannenbaum richten würde.

Doch dann kam alles anders. Irgendwann im Verlauf des Nachmittags des 24. Dezember erschien der Patron in meinem Verschlag, wo ich meinen trüben Gedanken nachhing, um mir in dürren Worten mitzuteilen, daß die Gemeinde beschlossen habe, daß wir an der Mitternachtsmesse in der Kirche teilnehmen dürften. Diese Erklärung erschien mir so unwirklich, daß ich kaum mein «Merci» herausbrachte. Später mußten wir uns dann nur noch im Schulgebäude einfinden. Dort sagte uns der Ortsgendarm, wo wir uns zu versammeln hätten und daß wir das Gotteshaus selbstverständlich erst dann betreten dürften, wenn der letzte Dorfbewohner Platz genommen habe. Außerdem hätten wir selbstverständlich kein Anrecht auf einen Sitzplatz. Doch alle diese Auflagen schränkten unsere Dankbarkeit dafür, daß wir ohne Bewachung durch das Dorf gehen und zusammensein durften, nicht ein.

Kurz vor Mitternacht trottete dann das Häuflein der

Kriegsgefangenen – das einzige Hemd am Nachmittag mit klammen Fingern noch einmal gewaschen und das Restgebilde von Uniform instandgesetzt – durch den knirschenden Schnee zur Kirche. Wenige Minuten darauf hatten wir unser Eckchen in der Dorfkirche gefunden, wo wir dem Gesang der Dorfkinder und der Weihnachtsansprache des Pfarrers lauschten, die kaum einer von uns verstand. Aber wir wußten, daß es dieser Pfarrer war, der sich als Mann der Widerstandsbewegung einen Namen gemacht hatte und der uns trotzdem diese Teilnahme über Gräben hinweg ermöglicht hatte. Es wurde eine Heilige Nacht, wie sie keiner von uns auch nur zu träumen gewagt hatte, denn als wir uns in unserem Eckchen der Tränen nicht schämten, die wir nicht mehr zurückdrängen konnten, führte uns ein alter Mann plötzlich zu den Bänken in der letzten Reihe, wo sich – wie von Geisterhand geschoben – die Dorfbewohner erhoben und so zusammenrückten, daß für jeden von uns ein Platz sichtbar wurde.

Aber diese unwirkliche Erscheinung in der schummrigen Dorfkirche war noch nicht das Ende dieser Weihnachtsnacht 1946, denn unmittelbar nach Beendigung der Messe führte uns der Gendarm noch einmal zum Schulgebäude und ließ uns wissen, daß wir – nach Abgabe eines Ehrenwortes, die Nacht nicht zur Flucht zu benutzen – noch eine Stunde gemeinsam in einem Raum des Gebäudes verbringen durften. Da saßen wir dann in dieser geschenkten Stunde, und bald stimmte einer ein Weihnachtslied an, das wohl jeder mitsang, und der Kloß der Traurigkeit in der Kehle wurde kleiner und kleiner. Wir dachten nicht nur an unser Zuhause, sondern auch an die unzähligen Kameraden, die in den Lagern in Ost und West in dieser Nacht auf das bescheidene Glück dieses Zusammenseins verzichten mußten oder vor Hunger das seelische Leid vergessen hatten.

Das Leben im Dorf ging dann weiter. Aber diese gemeinsame Heilige Nacht in der Kirche hatte Spuren hinterlassen, und das Eis des Mißtrauens begann sichtlich zu schmelzen. Äußerlich wurde das dadurch erkennbar, daß ich bald nach diesem Weihnachten meinen Verschlag verlassen und am Tisch der Familie Platz nehmen konnte. Ähnlich ging es den Kameraden, und unterschwellig entstanden Einsichten, die für ein gegenseitiges Verstehen die Grundlage waren. Als ich dann schließlich im Frühjahr einen Arbeitsunfall hatte und der Sanitätskraftwagen vorfuhr und ich beim Abschied in den Augen der Bäuerin ein Tränchen entdeckte, der wortkarge Bauer mit merkwürdig gepreßter Stimme mit ein «Adieu» mitgab und alle Kinder (es waren fast nur Mädchen) ihr Knickschen machten, da hatte ich das Gefühl, daß das Dorf, welches ich tausendmal verflucht hatte und das nun langsam mit seinen alten Häusern in der Frühlingssonne zurückblieb, *mein* Dorf geworden war. Ich habe es später noch oft besucht, doch die Weihnachtsnacht 1946 war nicht wiederholbar und blieb unvergessen.

Gertrud Mutzke

Das Licht am Fenster

Ein kalter, feuchter Tag zog herauf, es war der 24. Dezember 1984.

Der Heilige Abend war in greifbare Nähe gerückt, die Geschenke lagen verpackt und mit schönen Schleifen und Bändern versehen noch am geheimen Ort.

Der Duft vom Gänsebraten durchzog das ganze Haus; aber dieser Tag bedeutet für mich nicht nur schenken und beschenkt werden. Gerade heute muß ich an die vielen einsamen und armen Menschen denken.

Früh bin ich aufgestanden, bevor die ganze Familie durcheinander schwirrt. Auf leisen Sohlen gehe ich von einem Fenster zum anderen, räume die Blumentöpfe zur Seite und stelle Weihnachtslichter auf, große weiße Kerzen habe ich gekauft, die den ganzen Tag brennen.

Am Abend stelle ich dann noch einmal neue auf, damit die Fenster auch in der Nacht vom Schein der Kerzen matt erleuchtet sind. «Warum tust du das?» hatte vor vielen Jahren meine kleine Tochter gefragt, und ich hatte geantwortet: «Vielleicht sucht ein armer Mensch nach einem Licht in der Heiligen Nacht.»

Gegen zehn Uhr klingelte es an der Haustür, ich öffnete, vor mir stand ein junger Mann, seine Schultern hatte er hochgezogen, als friere er.

In seinen Händen drehte er eine blaue Pudelmütze zu einem Strick, große braune Augen, von bläulichen Schatten umrandet, sahen mich an, ängstlich, wie mir schien.

Er löste eine Hand von der verdrehten Mütze und fuhr sich damit über die Stirn. «Entschuldigen Sie bitte, aber das Licht, ich meine die Kerzen in Ihren Fenstern.» Er stockte, und ich sah auf seiner Hand eine Tätowierung, ich sah auch die Gefangenenträne auf seiner linken Wange.

Ein entlassener Häftling stand vor mir. Er räusperte sich, wollte weitersprechen, ich sah ihn freundlich an, weil ich merkte, daß es ihm schwerfiel, was er sagen wollte.

«Kommen Sie herein, und dann sagen Sie mir, was Sie für einen Wunsch haben», forderte ich ihn auf.

«Oh – ich möchte Ihnen keine Ungelegenheiten machen; aber die Kerzen im Fenster haben mir Mut gegeben zu fragen, ob ich eine Scheibe Brot haben kann. Ich bin sehr hungrig.»

Er sah aus dem Fenster bei dieser Bitte. Ich kannte das Leid der Entlassenen sehr gut; aber jetzt traf mich diese Not wie ein Schlag.

Überall gab es heute in Mengen Essen und Trinken, eine Fülle von Naschwerk wird den Gabentisch decken, und hier vor mir stand ein junger Mensch und hatte nicht einmal eine Scheibe trockenes Brot, um seinen Hunger zu stillen, und einen Unterschlupf hatte er auch nicht, das wußte ich, ohne ihn zu fragen. «Kommen Sie mit», forderte ich ihn auf und erfaßte seine Hand. Eiskalte Finger spürte ich.

«Ich werde Ihnen Kaffee kochen, und essen sollen Sie, soviel Sie mögen, inzwischen können Sie sich im Badezimmer waschen oder duschen, wie Sie wollen.»

«Aber ich mache Ihnen nur Arbeit», kam es zaghaft von seinen Lippen.

«Ach was», antwortete ich und fügte hinzu: «Denken Sie an die Kerzen im Fenster, die stehen doch nicht umsonst dort.»

«Danke, Sie sind sehr freundlich», antwortete er, und in seinen Augen lag Erstaunen.

Während er sich im Bad aufhielt, trug ich zusammen, was notwendig war, um die erste Not zu lindern, warme Kleidung, einen Parka, dicke Socken und vor allem Handschuhe. Ich fühlte noch immer seine kalten Hände.

Kurze Zeit später saß er am Tisch, wie eine Schale legten sich seine Hände um die Tasse, er zog sie langsam zu sich her, trank mit geschlossenen Augen einen Schluck, mit einem tiefen Atemzug setzte er die Tasse ab.

Ich hielt ihm den Brotkorb hin, er nahm eine Scheibe Brot, hielt sie ganz dicht vor sein Gesicht und zog den Duft ein. «Wunderbar», flüsterte er.

Ich hatte mich ihm gegenüber gesetzt und fragte: «Aus welchem Gefängnis kommen Sie?»

Fassungslos starrte er mich an, dann stotterte er: «Woher wissen Sie das?» Er stellte die eben wieder erhobene Tasse zurück und legte das Brot daneben, vergrub sein Gesicht in beiden Händen.

«Bitte beruhigen Sie sich, das ist doch nicht schwer zu erraten, außerdem betreue ich schon seit über zwanzig Jahren Strafgefangene, während der Haft und auch danach. Ich mache also Resozialisierungsmaßnahmen.

Ich weiß, daß die Strafe nicht aufhört, wenn sich die Tore der Anstalten geöffnet haben und die sogenannte Freiheit endlich da ist.

Unzählige Ehemalige sind hilflos und mittellos, ihre Strafe ist verbüßt; aber niemand hat je daran gedacht, daß der Mensch nach der Haft weiterleben muß. Die Familien sind zerstört und wollen mit dem Hilflosen nichts mehr zu tun haben. Und die Gesellschaft ist gnadenlos, überall erlebt er Ablehnung.»

«Ich bin wegen –!» – «Halt – halt», stoppte ich ihn und sagte, «heute ist der Tag im Jahr, an dem die Menschen zusammenkommen sollten, um die Freude miteinander zu teilen. Nach den Feiertagen erzählen Sie mir dann alles, ich möchte Ihnen helfen.»

Plötzlich stand er auf, stützte seine Hände auf den Tisch, sah zur Zimmerdecke und sagte so leise, daß ich kaum ein Wort verstehen konnte: «Mein Gott, du hast mich nicht verlassen!»

Dann sah er mich an, große Tränen liefen über seine mageren Wangen, zitternd kamen die Worte: «Danke, für das Licht im Fenster.»

Nun ist ein Jahr vergangen, am Heiligen Abend werde ich einen Gast haben, jenen jungen Mann, der damals mutlos, gedemütigt und arm an Leib und Seele, vor meiner Tür um eine Scheibe Brot gebeten hatte. Er hat mich nicht enttäuscht, der Mann aus dem grauen Heer der Heimatlosen und Verzweifelten.

Wie wenig braucht man doch, um einem Menschen zu helfen, manchmal nur ein Licht im Fenster.

Eleonore Leufgen

Auch ein Polizist kann irren

Heiligabend vor ein paar Jahren. Wie üblich hatte ich den Tag damit verbracht, die letzten Geschenke zu besorgen, und war jetzt auf dem Weg nach Hause. Plötzlich, kurz vor der nächsten Autobahnabfahrt, leuchtete meine Benzinanzeige auf. Da die nächste Tankstelle noch ca. 50 km weit entfernt war, nahm ich die nächste Abfahrt in der Hoffnung, noch eine offene Tankstelle zu finden. Die nächste Ortschaft war nicht weit. Doch zu meinem Pech war die Tankstelle bereits zu. Was tun? Plötzlich fiel mein Blick auf eine Polizeidienststelle. Die beiden diensthabenden Polizisten waren sehr hilfsbereit, und der eine Beamte erklärte sich bereit, zu sich nach Hause zu fahren, um von dort einen gefüllten Reservekanister zu besorgen. Das gibt's – die Polizei, dein Freund und Helfer.

Während ich auf mein Benzin wartete, kam ich mit dem anderen Polizisten ins Gespräch. Ich erzählte ihm von unseren Hamburger Kamingeschichten und fragte ihn, ob er nicht während seiner langen Dienstzeit etwas erlebt hätte, was erzählenswert sei. Er nahm einen tiefen Zug aus seiner Pfeife, sah mich gedankenverloren an und fing an zu erzählen:

... Es war vor einigen Jahren, so etwa die gleiche Uhrzeit wie jetzt, am Heiligabend. Da erhielten wir über Notruf den Anruf einer älteren Dame, die ganz aufgeregt unsere Hilfe erbat. Es ginge um ihre Nachbarin, eine junge Witwe mit 2 Kindern, um die sie sich große Sorgen mache. Sie wisse genau, die junge Frau sei zu Hause, aber das Telefon sei seit Stunden besetzt und die Klingel abgestellt. Sie habe große Angst, es sei etwas passiert, weil doch vor einem Jahr so etwas Fürchterliches passiert sei. Ich hatte Mühe, die alte Dame zu beruhigen, und versprach, sofort zu kommen. Während ich

Namen und Adresse notierte, fiel es mir plötzlich wie Schuppen von den Augen. Dieser Name und diese Anschrift – ich erinnerte mich, als ob es gestern gewesen sei.

Es war Heiligabend genau vor einem Jahr – ich hatte wieder Dienst. Das Wetter war miserabel. Es hatte geregnet. Dann wurde es auf einmal kalt, und die Straßen überzogen sich mit extremem Glatteis. Die Katastrophenmeldungen überschlugen sich. Auf der nahegelegenen Autobahn jagte ein Unfall den anderen. Wir hatten alle Hände voll zu tun. So vernahm ich nur am Rande die Meldung meiner Kollegen von der Autobahnpolizei, daß an der Autobahnausfahrt ein schwerer Unfall passiert sei. Ich wurde erst ca. eine halbe Stunde später daran erinnert, als meine Kollegen anriefen und uns die Personalien der bei dem Unfall beteiligten Personen durchgaben mit der Bitte, die Angehörigen zu benachrichtigen, die bei uns im Ort wohnten. Ganz zum Schluß der Meldung fügte der Kollege mit leiser Stimme hinzu: «... und wenn's geht, Kollegen, nicht telefonisch, geht besser hin. Es hat keiner den Unfall überlebt.»

Ein jüngerer Mann und ein älteres Ehepaar! Wem würde ich die Nachricht überbringen müssen – und das am Heiligabend. Ich machte mich auf den Weg. Ein schmuckes Reihenhaus in der neuen Siedlung am Rande unseres Ortes. Dann stand ich vor der Tür und holte tief Luft. Es war immer das gleiche – aber nie wurde es Routine für mich. Wieder einmal Überbringer einer bitteren Nachricht.

Ich klingelte. Hinter der Tür wurde Kinderlachen laut. «Oma, Opa sind da und Papa! Hurra ...» Die Tür flog auf, und zwei neugierige Augenpaare musterten mich überrascht. Hinter ihnen trat eine junge Frau aus der Küche. Sie trocknete sich gerade die Hände an ihrer Schürze, und dann sah sie mich – zunächst ein Blick der Überraschung, dann Ungläubigkeit, Angst, dann das Begreifen ...

Ich ging erst wieder, als ich eine Nachbarin fand, die sich bereit erklärte, alle drei für die Nacht bei sich aufzunehmen. Andere Angehörige waren nicht mehr da. Auf der Rückfahrt ins Büro fuhr ich noch bei unserem Pastor vorbei, und er versprach mir, noch in derselben Stunde die Familie aufzusuchen.

Jetzt, ein Jahr später, auf den Tag genau, stand ich wieder vor dem Haus. Kein Kinderlachen, kein Duft nach Plätzchen – alles dunkel. Verdammt, hoffentlich kam ich nicht zu spät. Die Nachbarin hatte recht, die Klingel funktionierte nicht. Über Funk rief ich den Notarzt. Dann rannte ich ums Haus. Da, im Wohnzimmer war ein Lichtschein zu sehen. Ich überlegte nicht lange, ließ alle Vorschriften Vorschriften sein, wikkelte meine Jacke um den Arm und schlug die Terrassentür ein. Mit einem Satz hechtete ich ins Wohnzimmer ... und starrte in drei entsetzte Augenpaare. Völlig verblüfft blieb ich stehen. Hinter mir kam mein Kollege ins Zimmer. Plötzlich war auch das Martinshorn zu hören. Der Notarzt ... Ich brachte kein Wort hervor. Noch bevor ich mich gefaßt hatte, sah mich die junge Frau verstehend an, und sie sagte mit leiser Stimme: «Sie haben doch nicht etwa gedacht, ich ... wir ... würden so etwas tun? Daß ich denen» – sie zeigte auf die Kinder – «das antun könnte?»

«Aber», stotterte ich, «wieso haben Sie denn das Telefon und die Klingel abgestellt?» Sie antwortete mit noch leiserer Stimme, daß sie kein Mitleid wollte, gerade heute nicht. Sie wollte mit den Jungen feiern, so wie immer, als ihr Mann noch lebte. Ich sah mich um, ein kleiner Baum mit Kerzen, alles liebevoll geschmückt, auf dem Tisch die Weihnachtsgeschichte, aus der sie wohl gerade den Kindern vorgelesen hatte, als ich in das Wohnzimmer einbrach ...

Der Polizist schwieg. Auch ich sagte nichts mehr. Beide hingen wir unseren Gedanken nach. Plötzlich Stimmengewirr im Flur. Die Tür wurde aufgerissen, zwei Jungens stürmten in den Raum – hinter ihnen der andere Polizist mit seinem Reservekanister. Er lachte und sagte: «Ich habe hier deine Rangen mitgebracht. Sie gehen deiner Frau ganz schön auf die Nerven. Ich habe ihr versprochen, daß sie bis zum Dienstschluß hierbleiben dürfen. Du sollst aber pünktlich zur Bescherung da sein.» Zu mir sagte er: «Na, junge Frau, dann wollen wir uns mal um Ihr Auto kümmern, damit Sie auch pünktlich zur Bescherung kommen.» Sprach's und schob mich aus der Tür.

Ich warf noch einen letzten Blick auf meinen Gesprächspartner, der mir zulächelte. Draußen vor der Tür sagte sein Kollege zu mir: «Tja, da staunen Sie, was? Der hat zwei prächtige Kinder.» Vertraulich beugte er sich vor und sagte: «Und stellen Sie sich vor, es sind nur seine Adoptivkinder. Wissen Sie, eigentlich war es eine furchtbar traurige Geschichte, aber dann ist doch eine richtige Weihnachtsgeschichte daraus geworden. Wenn Sie mal wieder hier vorbeikommen, werde ich sie Ihnen gern erzählen.»

Nguyen thi Phi

Das Weihnachtslächeln

Ich bin eine Vietnamesin und lebe seit drei Jahren in Deutschland. Vor vier Jahren noch lebte ich in einem thailändischen Flüchtlingslager und wartete auf die Einreisegenehmigung nach Deutschland. Meine Cousine Lien, die schon seit vielen Jahren mit ihren Eltern in Hamburg lebt, schickte mir an Weihnachten einen Brief, durch den ich zum erstenmal etwas vom deutschen Weihnachtsfest erfuhr. Ich habe ihn mit Hilfe einer deutschen Freundin übersetzt:

Liebe Phi,
heute ist schon der erste Weihnachtstag, und Du bist immer noch in diesem Lager in Thailand. Ich hatte so sehr gehofft, daß Du schon zu Weihnachten die Einreisegenehmigung bekommen würdest, denn jetzt ist die beste Zeit für einen Ausländer, nach Deutschland zu kommen.

Jetzt in der Weihnachtszeit sammeln sie überall für die Menschen in der dritten Welt, damit sie sich an Weihnachten auch freuen können. Sie machen Feiern mit Kuchen und Keksen für die alten und einsamen Menschen. In der Schule haben wir Weihnachtslieder eingeübt, und dann sind wir in ein Krankenhaus gegangen, um für die kranken Menschen zu singen.

Ich bin in den letzten Tagen oft durch die Straßen gegangen. Einfach nur so, ohne etwas zu kaufen. Überall geschmückte Tannenbäume und beleuchtete Sterne.

Und die Menschen. Sie eilen vorbei, mit Paketen beladen. Und sie haben so ein Lächeln im Gesicht. Ein Weihnachtslächeln.

Darum hatte ich gehofft, Du könntest schon jetzt kommen, denn ich weiß nicht, wie lange das Lächeln bleibt.

Deine Lien

Ingrid Horn

Bescherung auf dem Marktplatz

Der entsetzliche 2. Weltkrieg war im Mai 1945 gerade zu Ende gegangen, und es wurde Weihnachten. Weihnachten 1945. Ganz Deutschland lag in Schutt, Asche und Hoffnungslosigkeit; so auch die norddeutsche Kleinstadt, in der ich geboren wurde und bis dahin aufgewachsen war. Unser ausgebranntes Haus war so notdürftig wiederhergerichtet, daß meine Eltern und ich ein Zimmer unserer Wohnung bewohnen konnten, das heißt, in diesem Zimmer wurde gewohnt, geschlafen und das wenige, das man zugeteilt bekam, auch gekocht. Am Nachmittag dieses Heiligabends ging ich mit meiner Freundin zum Kindergottesdienst in die Kirche. Das war ein Fußweg von ungefähr 20 Minuten durch nachkriegsdunkle Straßen, noch voll von notdürftig beiseitegeräumten Trümmern. In der Kirche war es kalt, aber es brannten einige wenige Kerzen, und es wurden Weihnachtslieder gesungen. Obwohl wir wußten, daß es auch nicht die kleinste Weihnachtsüberraschung geben konnte, verließen wir in zaghafter Weihnachtsstimmung die Kirche. Draußen hatte es inzwischen geschneit, und der Schnee bedeckte barmherzig die arme geschundene Stadt; so auch den kleinen Marktplatz, über den unser Weg nach Hause führte. Seit Tagen hatte sich dort ein armseliger kleiner Weihnachtsmarkt niedergelassen. Zwei oder drei kleine Marktbuden, nur erhellt von nackten Glühbirnen, standen um ein altes Kinderkarussell herum, das aber nun dunkel und verlassen schien. Da es mit keiner Plane abgedeckt war, stiegen wir beide auf ein großes, prächtig geschmücktes Holzpferd, ausgestattet mit richtigem Zaumzeug und Steigbügeln, das wie zum Sprung ansetzend auf der Plattform des Karussells angebracht war. Plötzlich erstrahlten einige bunte Glühbirnen am Karusselldach, die alte Jahrmarktsorgel fing an zu spielen, und das Karussel setzte sich langsam in Bewegung. Wir fielen vor Schreck fast vom Pferd, aber die Freude über diese unerwartete kostenlose Fahrt am Heiligabend bei Schneegestöber überwog. Und da bemerkten wir auch den Besitzer des Karussells, der uns mit dieser Gratisrunde offenbar eine Freude machen wollte. Wir bedankten uns bei dem alten Herrn und wollten gerade gehen, als neben uns ein englischer Jeep hielt mit zwei Besatzungssoldaten darin. Beide strahlten übers ganze Gesicht, sie hatten uns wohl beobachtet.

Vielleicht waren sie selbst Väter, oder sie hatten ganz einfach ein Herz für Kinder. Für uns unverständliches Englisch sprechend, drückten sie jedem von uns 2 Tafeln Schokolade und 2 Dosen Fleisch in die Hand. Ehe wir uns richtig versahen, waren sie mit aufheulendem Motor verschwunden. Da standen wir zwei kleinen neunjährigen Mädchen nun auf dem dunklen Marktplatz und hatten einen Schatz im Arm, der damals ein kleines Vermögen wert war. Überglücklich und reich beschenkt liefen wir nach Haus.

Für mich wurde es noch ein richtiger Heiligabend – ein bescheidenes kleines Weihnachtsbäumchen schmückte unsere kleine Stube, ich aß nach vielen Jahren das erste Mal wieder Schokolade, und meine Mutter bereitete aus dem Dosenfleisch ein für damalige Verhältnisse köstliches Weihnachtsessen.

Gerhard Beese

Die Grammophon-Truhe

Man schrieb das Jahr 1929, ich war 10 Jahre als, es war der 24. Dezember. Vater war Doktor in Berlin, und unsere Mutter und die kleinen Kinder wuchsen in Lehnitz, einem kleinen Ort vor Oranienburg, in einer alten Villa, Baujahr 1902, auf.

Zu Weihnachten kam die ganze Familie zusammen: Mutter, Vater, sieben Kinder von sieben bis 34 Jahren, unser gutes Hausmädchen Marie, unsere Haustochter (heute nennt man das «au pair»), die Mimama (Oma) aus Berlin, Onkel Franz und Verlobte Lieselotte.

Schon Wochen vorher waren Vorbereitungen im Gange. Bruder Helmut, Bäcker und Konditor, werkelte Schüsseln von Weihnachtsgebäck wie Pfeffernüsse, Lebkuchen, Dominosteine, alles das, was man heute im Großmarkt kauft. Gebacken wurde in dem alten gemauerten Kachelherd mit Holz und ein paar Braunkohlenbriketts – nein, Elektro- oder Gasherd, das gab's noch nicht. Und dann das «Heiligabend-Essen»: Kartoffel-Heringssalat. Was da nicht noch alles hineinkam! Rote Beete, Gurken, Äpfel, Zwiebeln und Pflaumen, ein Riesentontopf voll! Später bekam jeder noch ein heißes Würstchen dazu. Festessen? Aus heutiger Sicht? Wir hatten siebeneinhalb Millionen Arbeitslose, und Vater mußte als Feld-Wald-Wiesen- und Stadt-Armeleute-Arzt zwölf Mäuler ernähren.

Ihr wißt ja, Heiligabend wird es schon früh dunkel. Vater hatte Esther, die Haustochter, und mich zum Bahnhof mit Leiterwagen bestellt. Wir fuhren los, während Mutter und Marie die letzten Fußböden putzten. Unser Losfahren mußte ganz geheim bleiben! Der Weg dauerte etwa 15 Minuten; auf dem Bahnhof gab es damals noch keine Schranke, aber schon einen «Perron» (Bahnsteig). Wir konnten so unser Wägelchen bis an den Zug bringen, natürlich noch ein alter schnaubender, pustender, zischender Dampfzug mit Wagen von 1914/15. Zwei Männer aus dem Zug und unser alter lieber Stationsvorsteher halfen uns, eine mordsgroße Kiste auf unser Wägelchen zu hieven. Dann zogen wir los. Zu Hause angekommen, machten wir hinter dem Haus im Garten halt, die Kiste wurde ausgepackt und durch die Hintertür ein... Grammophon hineingebracht. Nicht so ein altes Trichter-Dings, nein, eine ganz tolle Grammophon-Truhe! Damals der letzte Schrei!

Die großen Geschwister brachten das Ding, nachdem Mutter in die Küche geschickt worden war, ins Wohnzimmer. Wir Kleinen durften natürlich noch nicht mit hinein, es war das Weihnachtszimmer! Wir drückten uns irgendwo im Haus herum, bis das Glöcklein klingelte. Ich glaube, liebe Kinder, eure Augen leuchten heute noch genauso beim Anblick des Tannenbaums mit seinen brennenden Kerzen!

Bruder Alfred setzte sich ans Klavier, und wir sangen die alten Weihnachtslieder: «O du fröhliche», «Vom Himmel hoch», «Es ist ein Ros entsprungen», «Stille Nacht, heilige Nacht», und wir Kleinen schielten heimlich unter den Tannenbaum, ob und was wohl von unseren Wunschzetteln dabei war! Dann mußten wir drei Kleinen jeder ein Gedichtchen aufsagen. Da ich im April aufs Gymnasium gekommen war und Französisch als erste Fremdsprache hatte, schmetterte ich heraus: *«L'arbre de Noël! Mon beau sapin, rois des forest, que j'aime ta verture …»* («O Tannenbaum» auf Französisch) und erntete tosenden Beifall! Was wir alles den Eltern brachten, weiß ich nicht mehr, nur Bruder Alfred, frischgebackener Dr. med., überreichte dem Vater ein Schreibheft mit Texten und Zeichnungen über moderne Anatomie (ein Schmunzelheft, selbst fabriziert), um Vatern darzulegen, wie sich die moderne Medizin seit 1890, als Vater Dr. med. wurde, verändert hat. Vater schritt dann zur Grammophon-Truhe und legte als erstes Mozarts Krönungsmesse auf, dann folgten Lieder von Heinrich Schlusnus, Caruso und Lotte Lehmann. Mein Geschenk habe ich total vergessen, wahrscheinlich war's was zum Anziehen, das ohnehin schon längst überfällig war.

Liebe Mädel und Jungen, von allen, die damals dabei waren, leben nur noch die Esther, mein kleiner Bruder Fritz und ich. Alle anderen schauen mit den Englein vom Himmel und freuen sich zum Heiligen Abend mit euch, so wie ich mich die vielen Weihnachten gefreut habe, im Frieden, im Krieg an der Front und im Lazarett, in Gefangenschaft und wieder in Freiheit, so, wie ich mich auf den kommenden Heiligabend freue, wenn sich die Lichter der Kerzen in euren Augen und in denen meiner Enkelkinder spiegeln.

Eva Korhammer

Geschwistersegen

«Aber nur bis zum Rathaus! Und wenn's dunkel wird, bist du zu Hause!» Täglich rief mir meine Mutter diese Ermahnungen damals nach, wenn ich nachmittags weg wollte. Außer am Wochenende. Da hatten die Posten am Rathaus dienstfrei.

Aber ich sehe schon, ich muß weiter ausholen. Genaugenommen bis Dezember 45. Unser erstes Weihnachten wieder ohne Sirenen, Bunker und Bombenangst. Allerdings auch fast ohne seine traditionellen Attribute. Immerhin, einen Winzling von Weihnachtsbaum hatte mein Vater «organisiert». Mehr konnte er nicht schleppen, geschwächt, wie er zurückgekommen war, und mehr fand ohnehin nicht Platz in unserem Flüchtlingsverschlag unterm Dach, den der Hauswirt großartig als «Wohnmansarde» auswies, um weitere Einquartierungen abzuwenden. Kerzen waren auch noch vorhanden, von der letzten Luftschutzzuteilung, und Staniolstreifen für Lametta hatten die Bomber im Überfluß abgeworfen.

Was fehlte, waren zum Beispiel Zutaten für die Weihnachtsbäckerei. Der Bäcker um die Ecke war guten Willens, unser Blech in seinen Ofen zu schieben – nur drauf sein sollte schon was! Seit Wochen hamsterte Mutter für unser Anstatt-Rezept: Graue Kleie statt Weizenmehl, SOWEI-Ei-Ersatz-Pulver statt Eier, Süßstoff statt Zucker, Wasser statt Milch, Natron statt Hefe, im äußersten Glücksfall ein Klumpen Schmalz statt Butter und in gar keinem Fall Rosinen, Sukkade oder dergleichen.

Es war die Zeit, als ich anfing, als Rathauswegweiser zu arbeiten. Ich war zwölf, Einzelkind, und seit uns die Luftminen aus der Großstadt nach F. in der hessischen Provinz vertrieben hatten, sahen meine Zeugnisse recht zwiespältig aus: weil ich keinen HJ-Pimpf aus dem Gedächtnis malen konnte, sackte ich in «Kunst» auf ungenügend. Ebenso in «Fleiß», wegen mangelhafter Ergebnisse beim Knochensammeln für Seife. Dafür war ich aber in Englisch ein halbes Jahr weiter – und hier fängt meine Geschichte erst richtig an.

Nach dem Zusammenbruch lag den Leuten in F. viel daran, rasch zu den zuständigen Besatzungsbehörden vorzudringen, um endlich wieder ein bißchen Ordnung in ihr Leben zu bringen. Unsere Sieger kamen aus dem Land der unbegrenzten Möglichkeiten und waren gar nicht so unfreundlich; nur verstanden sie kein Wort Deutsch und die Bürger von F. nur mäßig Englisch.

Der Rest war für mich sozusagen vorprogrammiert. Sobald ich beobachtete, wie schwer es die beiden Nationen auch sprachlich miteinander hatten, pflanzte ich mich vor dem Rathaus auf, in der Nähe der diversen US-Posten, und schmeichelte mich als Dolmetscherin ein. Was ich dabei radebrechte, hätte meinen Englischlehrer womöglich ins Grab gebracht, aber die Amis fanden es brauchbar und belohnten mich mit Hershey-Schokoriegeln und Chewing Gum satt.

Bis eines Tages Bill ein Formular abholen mußte. Bill war zwei Meter lang, hatte rund zwei Meter Taillenumfang und wog so seine zwei Zentner. Bill war Koch im Hauptquartier und fand, ich sei viel zu unterernährt, um bei den Rathausposten rumzulungern.

Sprach's, schleppte mich in seine Stabsküche (unsere Turnhalle!), räumte den nächstbesten Tisch leer und servierte mir ein üppiges, dampfendes, soßiges, fettschimmerndes Menü!

Prompt wurde mir speiübel, und ich fing an zu heulen. Das brachte nun wieder den gutherzigen Bill aus der Ruhe.

«Sister! Honey! Tell me, why are you crying?» flötete er.

«I-am-Eva-and-Hanni-is-not-right-and-sister-is-not-right», schluchzte ich, weil mir einfach nicht einfiel, was Geschwister auf englisch heißt.

«Your sister?» griff Bill eines der wenigen verständlichen Wörter auf. *«How many brothers and sisters do you have?»*

Natürlich, jetzt wußte ich's wieder! Geschwister hieß «brothers and sisters». Wie viele ich hätte? Ich spreizte abwehrend meine tränenbefeuchtete Hand. «I have …»

«Five brothers and sisters?» rief Bill entsetzt aus. Dann lief er weg, und ich fand mich damit ab, daß ich ihn mit meinem Gejammere vertrieben hatte. Ich war schon fast aus der Turnhalle, da schrie er hinter mir her:

«Hej, Eva, wait!» Bills obere Hälfte verschwand fast hinter einem Karton, und der war randvoll mit Weißbrotpäckchen, Schokobarren, Milchpulver, Zucker, Süßkartoffeldosen, Erdnußbutter und wer weiß was. Jeweils fünfmal!

Ich mußte fünfmal laufen, bis ich alles nach Hause geschleppt hatte, und aufpassen sollte ich dabei wie ein Luchs, weil Bill keinen Ärger kriegen wollte. Am ersten Weihnachtstag probte ich «brothers and sisters» mit meinen Klassenkameraden Erni, Sigrid, Paul und Suse. Die ganze Großfamilie genoß von Herzen, daß mein Englisch halt doch nicht so perfekt gewesen war!

Am Dreikönigstag habe ich es Bill dann gebeichtet. Zusammen mit Erni, Sigrid, Paul und Suse rückte ich an, und das war vielleicht ein Fehler. Bill lachte und schenkte jedem von uns eine Dose Maiskolben. Aber wenige Tage später arbeitete an seinem Platz ein dürrer, abweisender US-Soldat.

Ich wagte nicht, ihn nach Bill zu fragen. Hoffentlich war es nicht wegen meiner Geschwister …

Fritz Willms

Insulaner sind zäh!

Diese Geschichte spielt in meiner Kindheit, im ersten Kriegswinter. Meine Eltern und wir fünf Kinder lebten auf der Insel Spiekeroog. Meine Eltern, inzwischen sehr betagt, leben noch jetzt dort, ich selber inzwischen in Leer, nach einigen Wanderjahren in der weiten Welt, als Schiffbauer u. a. in Indien und Brasilien.

Vor einigen Tagen besuchte ich meinen Vater, 86 Jahre, zu seinem Geburtstag auf der Insel. Er freute sich sehr, daß ich trotz Schneesturm und Glatteis zur Küste gefahren war, das Fährschiff war zwar schon abgefahren, aber ein kleiner Frachter nahm mich mit. Beim Teetrinken bedankte sich mein Vater sehr, daß ich trotz aller Hindernisse gekommen war.

Ich konnte ihn nur fragen: «Weißt du noch, Vater Steffen, Weihnachten 1940? Das war doch viel schlimmer.»

Und nun die eigentliche Geschichte:

Beim Spielen auf dem Fußballplatz war mein Schienbein verletzt worden. Nach einigen Tagen ärztlicher Behandlung auf der Insel schwoll mein Bein immer mehr, ich mußte ins Krankenhaus nach Esens. Dort wurde ich operiert und wartete auf meine Genesung. Inzwischen wurde es jedoch tiefer Winter, schon Anfang Dezember, und das Land versank in Eis und Schnee. Auch die Küste vereiste, so war die Insel vom Festland abgeschnitten, da kein Schiff mehr durch die Eiswüste kam. Auch Hubschrauber gab es damals nicht, so waren die Insulaner auf sich selbst angewiesen.

Ich lag im Krankenhaus im sogenannten Männersaal, mit sechs bis acht Jungen und Männern. Es war eine bunte, lustige Gesellschaft, doch vor Weihnachten wurde es immer ruhiger und leerer, bis ich Heiligabend allein in dem großen Saal lag, mit einigen Briefen und Päckchen, gut betreut und verwöhnt von der Schwester.

Doch Weihnachten allein, als zehnjähriger Junge im Krankenhaus?

Trotz eines guten Buches war ich traurig und dachte an zu Hause. Am ersten Weihnachtstag war Chorsingen im Flur, doch dann wurde es richtig Weihnachten für mich: in der Tür stand plötzlich mein Vater, als richtiger Weihnachtsmann, voll Eis und Schnee, mit langen Stiefeln. Ich konnte nur noch fragen: «Wo kommst du denn her, und *wie* vor allem?» Da packte mein Vater seine Gaben aus, und wir feierten kleine Weihnacht, und er erzählte:

«Ja, ich habe heute nacht überlegt, daß du hier so alleine liegst, da bin ich früh aufgestanden. Es war kalt, aber ein heller Mond schien. Da habe ich mich warm angezogen, Mutter hat mich mit Butterbroten versehen, und ich bin übers Watt gelaufen, nach Carolinensiel. Dort lieh ich mir ein Rad, fuhr hierher – ja, und nachher geht es genau denselben Weg zurück.»

Für mich bliebt dies das schönste Weihnachtsgeschenk, wenn ich heute noch an den Besuch meines Vaters denke, der ja dann wieder fast 20 km mit dem Rad durch den Schnee von Esens nach Carolinensiel fuhr, dann dort nach einem Tee wieder über den Deich ca. 12 km durchs vereiste Watt zurück zur Insel, wo er spätabends müde und doch sehr froh wieder eintraf.

Heute machen Badegäste öfter einen Weg übers Watt, mit einem Führer, im Hochsommer, doch stelle man sich einen Mann alleine im Eis und Schnee dort vor.

Irmgard Bittner

Die Weihnachts-Patenschaft

In Schlesien wurde ich als viertes und jüngstes Kind geboren und war für meine Eltern, wie auch meine anderen Geschwister, unerwünscht. Sehr bald bekamen wir das auch zu spüren. Mißhandlungen und Vernachlässigung waren an der Tagesordnung. Alle außer mir haben es trotzdem schadlos überstanden. Eine schwere Rückgratverkrümmung, im zarten Alter von zwei Jahren ausgelöst, ist das Ergebnis, an dem ich noch heute sehr schwer trage. Kurzum, wir kamen alle noch in Schlesien in ein Kinderheim.

1945 mußte das Kinderheim evakuiert werden. Zwei Geschwister von mir kamen zu Pflegeeltern in die heutige DDR. Ich selbst wurde mit einem Kindertransport in ein Heim nach Bayern gebracht. Von der dritten Schwester hörte ich erst im Jahre 1953 wieder etwas. Sie war die ganzen Jahre über auch in Bayern, aber in einem anderen Kinderheim.

Unser Vater war im Krieg gefallen, die Mutter zog ins Rheinland. Aber das Schlimmste war, daß sich unsere Mutter nie mehr um uns gekümmert hat. Wegen meines Rückgrats war ich viel in Behandlung – mit wenig Erfolg. Mutter ließ das kalt, obwohl sie stets informiert wurde.

Nur zum Weihnachtsfest, also einmal im Jahr, kam von ihr eine «Wünscht Dir ...»-Karte. Damit konnte ein solch sensibles Kind, wie ich es war, nicht glücklich werden. Ja, wäre es nur eine Tafel Schokolade von zu Hause gewesen, ich hätte mich riesig gefreut. So war Weihnachten für mich immer das traurigste Fest im Heim. Ich habe viel geweint, so verlassen kam ich mir vor.

Ein Weihnachtsfest sollte für mich dann doch noch sehr schön werden. Ich war inzwischen dreizehn Jahre alt. In der Vorweihnachtszeit kam ein Aufruf im Bayerischen Rundfunk, es sollten sich Familien melden, die bereit wären, eine Patenschaft für verlassene Kinder zu übernehmen. Der Sender hatte auch von meinem Schicksal erfahren. Ich hatte großes Glück, für mich fand sich eine reizende Familie in München. Das erste Paket zu Weihnachten, was für eine Freude! Dann stets regelmäßig, und nicht nur zum Fest, liebe Briefe und Pakete oder gar Besuch. Sie hatten damals schon ein Auto, und so kam ich aus den Kinderheimmauern einmal heraus. Fremde Menschen hatten sich meiner liebevoll angenommen.

Vor einigen Jahren verstarben meine Pateneltern. Bis zuletzt hatten wir einen herzlichen Kontakt.

Ich möchte allen Menschen raten, die sich eines solchen Kindes annehmen möchten: Tut es aus vollem Herzen und nicht nur zur Weihnachtszeit aus falschem Mitgefühl. Eine solche Idee kann nur gut sein, wenn diese nicht nur zum Fest besteht und das Kind nach den Feiertagen wieder verlassen und enttäuscht auf der Strecke bleibt.

Jutta Bölke

Katzen-Weihnachten

Als ich meinen Mann kennenlernte, konnte ich zu Weihnachten kochen, was ich wollte. Später richteten wir uns mit dem Weihnachtsmenu nach den Kindern, aber irgendwann gehörte die offenbar unvermeidliche Gans auch bei uns zum Fest.

Zu Anfang betrachtete ich das Gelingen des Bratens, die Sauce, den wohlabgeschmeckten Rotkohl und die zur rechten

Zeit heißen Kartoffeln als Herausforderung und war stolz, wenn alles klappte. Im Laufe der Zeit wurde mein Schwager eingeladen, weil er noch keine Frau hatte, die sich für einen Weihnachtsbraten verantwortlich fühlte. Später mußte er wieder eingeladen werden, weil seine Frau sich nicht mehr – weder für Braten noch für ihn – verantwortlich fühlen wollte. Die inzwischen verwitweten Großmütter gehörten zu Weihnachten selbstverständlich auch an unsere Tafel. Jedenfalls wurden die Gänse immer größer und reichten trotzdem nicht mehr für beide Festtage. Ich mußte mich schon vor dem Frühstück bis zum Ellbogen in das fettige Innenleben der bemitleidenswerten Vögel stürzen, damit sie zur Mittagszeit knusprig auf dem Tisch stehen konnten.

Natürlich war ich die einzige, die bemerkte, daß die weihnachtliche Familienverpflegung alle Jahre wieder in richtige Arbeit und Streß ausartete. Meine zuerst schüchtern vorgetragenen Änderungswünsche wurden von der Familie glatt überhört. Erst meine Streikandrohung führte dazu, daß mein Mann versprach, sich um die Gans zu kümmern. Wie sich herausstellte, war das natürlich auch keine Hilfe, und ich konnte schließlich durchsetzen, daß im letzten Jahr fertig gespickte, teifgekühlte Hasenrücken gekauft und zum Auftauen am Heiligen Abend in die Speisekammer gelegt wurden.

Am nächsten Tag fand ich sehr nachlässig abgefressene Hasenskelette im Haus verstreut, teilweise auf dem weißen Berberteppich des Wohnzimmers. Unser wohlgenährter Kater war – von dem verführerischen Fleischduft angezogen – nachts auf die Klinke der Kammer gesprungen, woraufhin die Tür bereitwillig aufgesprungen war. Kater Charly und seine Schwester Susi hatten ganz offensichtlich eine schöne Bescherung – und wir auch!

In der Kammer herrschte Chaos, und die Großmütter, von Anfang an gegen die Katzen eingestellt, waren empört. Das

Festessen bestand aus einem Rest Kartoffelsalat, zwei Dosen Linsensuppe und Eierpfannkuchen. Am nächsten Tag gingen wir ins Restaurant.

In diesem Jahr soll es wieder Gänsebraten geben. Mal sehen, wer sich zuerst darum kümmert: wir oder die Katzen.

Ingrid R. G. Buck

Die Eisenbahn

Wir waren jung verheiratet und hatten unsere erste Wohnung – eigentlich war es keine eigene Wohnung, sondern das Obergeschoß eines Einfamilienhauses. Unsere Vermieterin, eine junge Frau, als Seemannsfrau ständige Strohwitwe, lebte im Erdgeschoß mit ihrer Mutter und einem heißgeliebten, vierjährigen Sohn, namens Karl-Hermann (Heearmann).

Weihnachten nahte und somit der erste Heilige Abend, den wir ohne unsere Eltern in unserer schnuckeligen, kleinen Wohnung verbringen wollten. Alles wurde aufs Sorgfältigste eingekauft und hergerichtet. Am späten Nachmittag saßen wir – er im Smoking, ich im langen Abendkleid – bei Kerzenschimmer am Kaffeetisch, dann bescherten wir uns gegenseitig, wie in Kindertagen, saßen und plauderten, lasen in neuen Büchern und fühlten uns rundum wohl und glücklich.

Plötzlich – wie ein Aufschrei – ein schrilles: «Herr Muuuuuhhht!», langgezogen noch einmal: «Herr Muht!» Mein Mann stürzte zur Tür. «Herr Muht!!!» Man hätte meinen können, das Haus brenne ab. «Herr Muht!» Unsere Vermieterin stand im Flur, war hysterisch verzweifelt und brauchte Hilfe. «Können Sie mal kommen, Karl-Hermann hat eine Eisenbahn bekommen, und die funktioniert nicht!»

Mein Mann würde gleich zurückkommen. Ich las ein wenig. Die Kerzen am Baum verloschen eine nach der anderen. Nach einer halben Stunde war ich noch immer allein. Ich deckte den Tisch mit Akribie und Muße. Alles wurde nach ästhetischen Gesichtspunkten ausgerichtet. Dieses Weihnachtsfest sollte vollkommen und wunderschön sein. Nach einer weiteren halben Stunde – es war inzwischen acht Uhr geworden – saß ich noch immer allein, und meine Stimmung trübte sich langsam und beständig. Ich würde nun Kerzen in den Baum stecken und eine weitere Platte des «Messias» auflegen.

Unruhig und nicht mehr in entspannter Verfassung, stand ich auf, setzte mich wieder, stand wieder auf, ging in die Küche und zurück, eilte wieder in die Küche, stellte den Sekt kalt, ordnete hier eine Blume, dort eine Serviette. Halb neun! Nur nicht hinuntergehen, dann wäre der Rest des Abends verloren, dann müßte auch ich dort bleiben, und wir wollten doch allein beieinander sein.

Meine Bewegungen wurden hektischer. Ich raste in die Küche, nahm die Hummer aus dem Kühlschrank. Wenn ich sie zerteilte, würde man es bestimmt unten hören und vielleicht ein Einsehen haben. Ich legte den Hummer auf ein großes Holzbrett, das Ganze stellte ich auf die Spüle, setzte das Messer in der Mitte an, nahm einen Hammer und zerlegte erst den einen, dann den anderen mit lautem Krachen in zwei Teile. Nichts rührte sich! Mit etwas lauteren Schritten stapfte ich in das Wohnzimmer. Nichts! Neun Uhr! Mein erster Heiliger Abend – jung verheiratet – kaputt! Eine Rücksichtslosigkeit! Und mein Mann war natürlich zu höflich, um einen kleinen Jungen und eine technisch unbegabte Mutter zu enttäuschen. Jetzt war's genug! Mit meinem langen Kleid und Stöckelschuhen rannte ich die Treppe hinunter und – stürzte. Kopfüber landete ich am Ende der Treppe. Die Vermieter, Mutter und Tochter, stürzten als erste aus den Zimmern, jammerten und bedauerten mich, ohne jedoch zu verstehen, warum ich heruntergeeilt war.

Mein Mann und ich fielen uns in die Arme, behandelten meine, Gott sei Dank, nur aufgeschlagenen Schienbeine und verlebten den weiteren Abend glücklich und ungestört.

Annelies Grund

Ein ungewöhnlicher Gabentisch

Kalt war es, ein eisiger Wind fegte um das Flughafengebäude, und ich drückte mich frierend in eines der vielen gläsernen Wartehäuschen. Überall leuchteten Kerzen, hasteten Menschen, und jeder schien es eilig zu haben.

Jeder? Nein, denn dann sah ich sie. Sah die alte, hochgewachsene Frau, die langsam und bedächtig näher kam. In den Händen trug sie Plastikbeutel, und auf einem prangte sogar ein Konterfei von Goethe. Was wohl der Herr Geheime Rat zu solcher Gesellschaft gesagt hätte? – Wohl kaum etwas, denn nun blickte ich in ein breitknochiges, zerfurchtes Gesicht unter wirrem, eisgrauem Haar. Um die schmalen Lippen lag ein Zug von herber Melancholie. Ein dunkler Militärmantel umschlotterte die hagere Gestalt, und die Füße steckten in ausgebeulten Reitstiefeln.

Die Frau schien nicht auf ihre Umgebung zu achten, sie schlurfte zielstrebig zu den vielen Abfallbehältern und stopfte alles mögliche in ihre Beutel. Sie nahm es sehr genau, keinen einzigen ließ sie aus. Dann setzte sie sich auf einen bereitstehenden Kofferkuli und sortierte den Inhalt. Was sie nicht brauchte, legte sie beiseite. Ihre Auswahl kam in den Beutel. Das für sie Unbrauchbare trug sie sorgsam in den Abfalleimer zurück, um sich dann wieder zu ihrem Platz zu begeben.

Doch irgendwie wirkte sie jetzt anders. Es war, als warte sie auf etwas. Angespannt saß sie auf dem kümmerlichen Platz, und ihre Augen schienen die einsetzende Dämmerung zu durchdringen. – Sie hatte eine ganze Weile so gesessen, als sie sich plötzlich erhob und ... Auf der anderen Straßenseite stand jetzt ein älterer Herr und schickte sich an, mit gemächlichen Schritten die Fahrbahn zu überqueren. Zielstrebig ging auch er auf einen Abfallbehälter zu. Umständlich öffnete er seine Aktentasche und zog ein Paket hervor, um es dann behutsam hineingleiten zu lassen. Dann deutete er so etwas wie eine Verbeugung an, zog den Hut und dabei schimmerte sein weißes Haar silbrig in der Dämmerung.

Die Frau aber ging langsam, so als kenne sie keine Hast, zu dem ihr vertrauten Platz und holte sich das festlich verschnürte Paket. Behutsam hielt sie es in ihren Händen, und als ein Schimmer des Lichts, das in diesen Tagen so reichlich leuchtete, auch auf sie fiel, da waren die groben Züge weicher, und ein kleines, dankbares Lächeln umspielte ihren Mund.

Das Paket fest an sich gedrückt und in der anderen Hand die gefüllten Tüten, so schlurfte sie davon.

Gerhard Kroll

Ein Licht entzündet sich am anderen

Immer noch denke ich an eine Begebenheit zurück, die für mein weiteres Leben sehr bedeutsam war. Damals, im Alter von dreizehn Jahren, hatten mein Freund und ich eine besondere Vorliebe für technische Dinge. Unsere Väter verdienten wenig und konnten uns unsere diesbezüglichen Wünsche nicht erfüllen. Plötzlich hatten wir eine Idee. Gemeinsam versuchten wir, uns ein elektrotechnisches Gerät zu «organisieren», wie wir es damals nannten. Endlich wollten wir uns einen lang gehegten Wunsch erfüllen. Aber es kam anders. Unser schlechtes Gewissen hat wohl dazu beigetragen, daß wir offensichtlich unbeholfen zu Werke gegangen sind. Jedenfalls ertappte man uns auf frischer Tat. So erfuhren nicht nur unsere Eltern davon, auch die Schule wurde verständigt. Zu Hause gab es natürlich eine gehörige Tracht Prügel, und in der Schule stempelte man uns als Diebe ab. Dementsprechend wurden wir auch behandelt. Doch hartgesottene Sünder waren wir nicht und haben sehr unter dieser Behandlung gelitten. Nur einen Lehrer gab es, der mich – mein Freund besuchte eine andere Schule – wie immer behandelte. Er gab Mathe- und Religionsunterricht in unserer Klasse. Natürlich hatte er mir sehr ins Gewissen geredet und mit mir lange darüber gesprochen. Damit hatte es dann auch sein Bewenden. Obwohl ich mich, wie andere Kinder auch, mit dem Religionsunterricht schwer tat, war dieser Lehrer immer gleichbleibend freundlich. Wir Schüler merkten, daß er fest an das glaubte, was er im Religionsunterricht lehrte und respektierten ihn. Als ein kluger und hilfsbereiter Pädagoge genoß er in der Schule großes Ansehen. Sein Wort galt etwas.

Seit jenem Vorfall war einige Zeit vergangen. Wieder einmal stand die Wahl eines Schülers für den Ordnungsdienst in der Bücherei und der Lehrmittelausgabe an. Ein vertrauenswürdiger Schüler aus unserer Klasse sollte dafür gewählt werden. Alle Lehrer, die in unserer Klasse Unterricht gaben, nahmen an der Wahl in unserer Anwesenheit teil und durften Vorschläge machen. Als erster meldete sich mein Mathe- und Religionslehrer zu Wort. Ich traute meinen Ohren nicht, als er meinen Namen nannte. Zunächst betretenes Schweigen in der Lehrerrunde. Dann plötzlich die Stimme des Schulleiters: «Aber Herr Kollege, der ...» Bevor er den Satz vollendet hatte, fiel ihm der Vorschlagende mit ruhiger und gefaßter Stimme ins Wort: «Ich vertraue diesem Schüler und verbürge mich für ihn.» Wieder betretenes Schweigen in der Runde, dann erneut der Schulleiter: «Gut, Herr Kollege, auf Ihre Verantwortung.» Weitere Vorschläge wurden nicht mehr gemacht. Ich stand da wie angewurzelt und konnte mich der Tränen nicht erwehren. Es war ein wunderbares Gefühl, wieder vertrauenswürdig zu sein.

Ein Licht wurde mir durch diesen gütigen und vertrauensvollen Lehrer angezündet. Immer wenn ich in meinem späteren Leben in einen Gewissenskonflikt geriet, mußte ich an dieses große Vertrauen denken, und das Bild dieses beispielhaften Mannes stand vor meinem geistigen Auge.

Besonders in der Weihnachtszeit denke ich manchmal darüber nach, warum es eigentlich so wenig verständnisvolle und gütige Menschen gibt. – Manchem verzweifelten Mitmenschen könnte wieder ein Licht angezündet werden, wenn es in unserer Welt mehr Güte und menschliche Wärme geben würde.

Heinz Wagner-Richelmann

Viermal Weihnachten

24. 12. 1918

In der Dämmerung begann es zu schneien. Dicke Flocken fielen vom Himmel; es war richtiges Weihnachtswetter. Im großen, abgeschlossenen Zimmer war das Christkind noch immer an der Arbeit. Ein neugieriger Blick durch das Schlüsselloch ließ nur einen silbernen Schein erkennen, von dem die

Mutter sagte, es sei Engelshaar. Um die große Erwartung etwas abzukürzen, sang Mutter mit uns alte und traute Weihnachtslieder.

Endlich war der große Augenblick gekommen. Ein zartes helles Läuten erklang und wir durften eintreten. Mit glänzenden Augen erblickte ich zuerst den Christbaum, an dem leicht flackernd helle Lichter brannten. Der Duft der Tanne vermischte sich mit dem der Kerzen, Großvater spielte am Flügel das Lied von der stillen Nacht, während Großmutter uns zu den Geschenken treten ließ. Ich suchte und fand auch sofort meine sehnsüchtig gewünschte Eisenbahn, mein Vetter sein Pferdchen mit Wagen, meine Basen ihre Puppen und Bilderbücher. Nachdem Großvater sich eine Weihnachtszigarre angesteckt hatte, setzte er sich zu mir auf den Fußboden, steckte die rauchende Zigarre in den Schornstein der Lokomotive und rangierte lustig mit.

Mutter saß in einem Sessel und sah zu. Da bemerkte ich, daß sie still vor sich hinweinte. Ich umschlang sie und fragte nach dem Grund. Sie küßte mich und antwortete: «Ich denke an Vater, der ist in Frankreich in Gefangenschaft und denkt jetzt auch an dich und mich ... Nächstes Jahr wird er wieder bei uns sein, und dann weine ich auch nicht mehr.»

Ich verstand nicht ganz, was Mutter sagte, denn ich wußte nicht, was Frankreich war und Gefangenschaft. Den Vater kannte ich überhaupt nicht, da ich viel zu klein war, als er in den Krieg zog. Aber ich hatte ihn sehr lieb, weil Mutter immer von ihm sprach, und heute wollte ich besonders für ihn beten, daß er bald wiederkommen würde ...

24. 12. 1936

Der Karpfen in der Badewanne war bereits in den Kochtopf gewandert. Das ganze Haus roch nach Pfefferkuchen, Äpfeln und Nüssen. In der Küche klapperte Mutter noch mit dem

Geschirr. Meine Schwester und ich schmückten den Baum, während im Lautsprecher die Regensburger Domspatzen mit hellen, klaren Stimmen sangen: «... gloria in excelsis deo ...» Endlich kam Vater nach Haus. Wir sprangen ihm neugierig und lachend entgegen und nahmen ihm die geheimnisvollen Pakete ab. Später schlüpfte jeder mit den Weihnachtsgeschenken in das dunkle Zimmer und legte sie schnell unter den Baum. Dann wurden wir alle eingesperrt. Wir sangen die schönen alten Lieder. Mutter zündete im Weihnachtszimmer die Kerzen an. Auf den Klang des Glöckchens hin durften wir endlich alle eintreten.

Später rief uns meine Schwester in den Garten. Draußen lag der Schnee wie ein silbernes Tuch, die Luft war klar und rein, Sterne funkelten am Himmel und die Glocken aller Kirchen läuteten. Aber das schönste war eine Kerze, die meine Schwester in einer Tanne im Garten angezündet hatte und die nun ganz allein ihr Licht in die Nacht strahlte. Da faßten wir uns alle an den Händen und sangen ganz leise: «Am Weihnachtsbaume die Lichter brennen ...»

24. 12. 1941

Das unendliche blaue Meer warf sprühende Gischt auf den gelben Strand. Ein unangenehmer, feuchter Wind drang in unser notdürftiges Zelt, in dem wir eng zusammengekauert saßen und uns wärmten. Ich trat ins Freie und blickte in einen bleigrauen Himmel, der weit hinten in der Wüste versank. Ich konnte es nicht glauben, daß Weihnachten war in einer Umgebung, wo es nichts als Sand, Sand und ein paar erbärmliche Palmen gab und wo weiter unten das eintönig rauschende Meer sich dehnte ...

Ich nahm etwas trockenen Kameldorn, zündete ihn an, sammelte die Glut in einer als «Ofen» dienenden, zerlöcherten Blechbüchse und kehrte in das Zelt zurück. Wir schwiegen, rauchten, aßen ein paar Kekse und ließen eine Flasche erbeuteten Whisky reihum gehen. Plötzlich schrie einer: «Süßer die Glocken nie klingen! Fröhliche Weihnachten, prost!» Dabei fuchtelte er wild mit der fast leeren Flasche. Doch bald wurde er wieder still. Ehe es zu dunkeln begann, traten wir noch einmal vor das Zelt. Einige Sterne flimmerten bereits, und wir stellten fest, daß das monotone Wummern der Geschütze aufgehört hatte. Da sagte einer: «Du, da drüben im Norden jenseits des Meeres liegt unsere Heimat, über der diese Sterne auch leuchten. Sie sollen die Brücke sein für all die Gedanken, die wir jetzt in uns tragen …

24. 12. 1947

… In der Dämmerung begann es zu schneien. Dicke Flocken fielen vom Himmel; es war richtiges Weihnachtswetter. Plötzlich stand ich vor dem kleinen einsamen Bauernhof, der die Flüchtlingsunterkunft meiner Angehörigen sein mußte. Als ich gerade die Türklinke niederdrücken wollte, blickte ich durch die Scheibe in eine schwach beleuchtete Küche, in der meine Eltern saßen und zwei Kinder auf dem Schoß hielten. Ich hielt die Klinke immer noch in der Hand und hörte meine Mutter zu den Kindern sagen: «Als euer Vater etwa so alt war wie du, mein Junge, da war der Opa auch in Gefangenschaft. Opa war in Frankreich, während euer Vater in England ist – oder war, denn er ist bereits unterwegs zu uns. Er hat geschrieben und müßte eigentlich schon hier sein.» Da lachte mein Töchterchen, klatschte in die Hände und ich hörte zum erstenmal ihr Stimmchen fragen: «Vielleicht bringt das Christkindchen den Papi mit?» – «Ja, mein Kind, vielleicht …» antwortete leise mein Vater.

Dann sangen meine Kinder das kleine altbekannte Liedchen: «Christkind komm in unser Haus, leer die große Tasche aus …» Plötzlich kam eine junge Frau die Treppe herab, in der ich meine eigene Frau erkannte. Wie im Traum hörte ich meine Frau zu den Kindern sagen: «Ich glaube, jetzt ist das Christkind dagewesen, ich habe so einen hellen Schein gesehen!» Sofort stürmten die Kinder, von den Großeltern gefolgt, die Treppe hinauf. Meine Frau folgte zuletzt langsam nach. Jetzt trat ich ein, und meine Frau drehte sich sofort um und flog mir nach einem leisen Aufschrei in die Arme. Wortlos zog sie mich nach oben, wo meine Eltern mit den Kindern an den Händen vom Kerzenlicht überflutet in der offenen Zimmertür standen und das Lied von der fröhlichen und seligen Weihnachtszeit sangen. Dann stürzte die Junge sich auf seinen Leiterwagen und das Mädchen auf die Puppe, während meine alten Eltern mich im Türrahmen stehen sahen und vor Freude nur flüstern konnten: «Unser Junge!» Erschreckt ließen meine Kinder ihre Spielsachen sofort liegen, und bei dem Ausruf: «Papi!» umschloß ich beide mit meinen Armen.

So stand ich nun, umringt und umarmt als lebendiges Geschenk und selbst beschenkt und konnte es nicht glauben, daß meine jahrelange Sehnsucht endlich erfüllt war. Alles versank um mich, und das ärmliche Zimmer mit seinen roh gezimmerten Bettgestellen, über die alte Soldatendecken gebreitet waren, erschien mir wie ein goldglänzender Festsaal.

Matthias Dämmer

Hansi ist verschollen

Dies ist eine Begebenheit, die sich, soweit ich mich erinnern kann, so zugetragen hat:

Wir wohnten damals in einem jener alten Mehrfamilienhäuser, die der Krieg verschont hatte. Von außen herrlich anzusehen. Unter dem runden Giebelfenster stand aus Stein gemauert: «ANNO DOMINI 1909». Innen war es jedoch eng, zwei schmale Treppenhäuser führten bis hinauf in das vierte Stockwerk. Hier wohnten wir, meine beiden Brüder, meine Eltern und ich, ein damals fünfjähriger Junge namens Matthias. Die große Küche diente als Wohn-, Arbeits-, Eß- und Spielzimmer und für vieles mehr. Von ihr aus ging es in ein Zimmer, das eigentliche Wohnzimmer, in dem außer einem Tisch und einem altmodischen Buffet die Betten von uns Kindern standen. Direkt von hier aus kam man in den letzten Raum der Wohnung, das elterliche Schlafzimmer. Das war unsere Wohnung – halt – da war ja noch die Toilette, eine Treppe tiefer.

Diese Toilette hatte nichts Außergewöhnliches, eine herkömmliche Kloschüssel, ein Putzeimer, der in einer Ecke stand, ein kleines Fenster zum Hof und eine Tür, die man abschließen konnte. Und doch hatte dieses kleine Klo etwas ganz Besonderes für mich, es war ein Ort der Ruhe und Besinnlichkeit, ein Ort, an dem man ungestört seinen Gedanken nachgehen konnte, einfach sch...ön gemütlich.

Es war damals in der Vorweihnachtszeit. Wie so oft in strengen Wintern brannten auch an jenem Tag Kerzen auf der Toilette. Da es keine Heizung gab, stellte meine Mutter Kerzen in die Nähe der auf der Wand verlaufenden Wasserrohre. Es roch nach Kerzenwachs, und im Halbdämmer des frühen Abends warfen die Kerzen gespenstisch tanzende Schatten an die Wand. Um dem alltäglichen Trott ein wenig zu entkommen – in unserer kleinen Wohnung ging es oft sehr turbulent zu – nahm ich Hansi, meinen Goldhamster, aus dem Käfig, um ihn in dem eng ummauerten Toilettenraum laufen zu lassen. In diesen Spätnachmittagsstunden war Hansi wie ausgewechselt. Während tagsüber nicht viel mit ihm anzufangen war – meistens lag er faul in seinem Hamsterhaus –, lief er nun flink und wachsam durch den Raum; verweilte hier, schnupperte dort und versuchte an einem Wasserrohr entlangzuspazieren. Vor den flackernden Kerzen jedoch hatte er mächtigen Respekt. Nur aus gebührendem Anstand blinzelte er mißtrauisch in die kleinen Flammen. Ich fühlte mich wohl, ein Raum für mich, einigermaßen warm und mein Hansi, den ich bei seiner rastlosen Wanderung durch den kleinen Raum beobachten konnte.

Als mir die Beine eingeschlafen waren, mag ich wohl eine gute halbe Stunde auf der Klobrille gesessen haben. Dieses unangenehme Gefühl, das jeder bestimmt einmal am eigenen Körper gespürt hat, sagte mir, daß ich meine Sitzung abbrechen muß, um ins «Diesseits» zurückzukehren. Hose hoch, Hamster einfangen und treppauf in die Hektik unserer Wohnküche. Doch – wo ist Hansi? Hat er sich versteckt, dieser kleine Schlingel? Ich suchte die wenigen Quadratmeter erst oberflächlich, dann mit großer Gründlichkeit ab – vergebens! Hansi war verschwunden! Ich suchte zwischen den Wasserrohren, in der Kloschüssel, zog meine Hose wieder aus, doch alles war vergebens, Hansi war unauffindbar. Aber irgendwo mußte er doch geblieben sein. Völlig ratlos und bleich wie die Wand kam ich zurück in die elterliche Küche. Nachdem ich erzählt hatte, daß Hansi verschwunden war, versammelte sich die gesamte Familie nach und nach auf der Toilette, um nach dem verschollenen Hamster zu suchen. Hansi blieb fort. Es war uns allen ein Rätsel. Wie konnte er aus dem abgeschlossenen Raum entkommen?

Meine Mutter versuchte, mich in den folgenden Tagen zu trösten. Während ich schon alle Hoffnung aufgegeben hatte, streute sie Hamsterfutter auf dem Klo aus. Eines Morgens war das Hamsterfutter weg. Ein Lebenszeichen – Hansi mußte noch leben – meine Hoffnung kehrte zurück. Doch wo war er? Wie konnte man ihn wieder einfangen? Meine Mutter streute weiter, Tag für Tag, Futter an die gleiche Stelle neben den Putzeimer, und in gleicher Regelmäßigkeit war das Futter am anderen Morgen weg.

Der Heiligabend kam näher, doch ich sah dem Weihnachtsfest ohne Freude entgegen. Hansi war immer noch vermißt und das sonst regelmäßig verschwundene Futter blieb seit einem Tag unangerührt liegen – eine Katastrophe.

Heiligabend – Meine Mutter mußte wie an jedem Heiligabend kurz vor der Bescherung auf die Toilette. Mein jüngerer Bruder Michael und ich warteten schon gespannt auf das Klingeln der Weihnachtsglöckchen, die immer aus Richtung Treppenhaus und Toilette zu hören waren ... Klingelingeling ... Klingelingeling ... – «Horch, der Weihnachtsmann kommt!» ...

Der Weihnachtsmann kam an diesem Heiligabend viel später. Erst einmal kam meine Mutter von der Toilette zurück. Sie hatte ein kleines zitterndes schwarzes Knäuel in ihren Händen. Es war mein Hansi, völlig verstaubt und verdreckt. Ach, war ich glücklich. Mein Hansi war wieder da!

Später erzählte mir meine Mutter, daß sie schon die ganze Zeit gewußt hatte, daß mein Hamster hinter der Kloschüssel in einen Spalt des morschen Holzfußbodens gefallen sein mußte. Während er tagsüber wie gewöhnlich schlief, kletterte er nachts aus dem Loch, um sich sein Futter zu hamstern. Doch als das Futter liegenblieb, glaubte auch sie, er sei in seinem Loch verendet. Aber Hansi lebte, er war an dem Feudel, der immer über dem Putzeimer hing, hochgeklettert, hatte auf dem Eimerrand das Gleichgewicht verloren und war in den – Gott sei Dank – leeren Putzeimer gefallen. Da er an der glatten Eimerwand keinen Halt finden konnte, kam er nicht mehr heraus. Durch sein Kratzen in dem metallenen Eimer machte er auf sich aufmerksam, so daß ihn meine Mutter schließlich fand.

Hansi erholte sich bald von seinem Abenteuer. Der Spalt

im Holzfußboden der Toilette wurde verstopft, und mein Hamster Hansi und ich verbrachten noch viele schöne Nachmittagsstunden auf unserer gemütlichen Etagentoilette.

Hans Dietrich

Zu Fuß durch die Heilige Nacht

Ich bin am 20. 10. 1910 in Großrhüden am Harzrand geboren. Mein Vater arbeitete als Bergmann auf dem hiesigen Kalischacht «Carlsfund». Meine Eltern wohnten in einer kleinen Wohnung in der Bergmannssiedlung, der «Kolonie». Ich war von sieben Kindern das jüngste, ein sogenannter Nachkömmling, das Nesthäkchen. Meine Geschwister standen schon alle in Arbeit.

Da es schon immer mein sehnlichster Wunsch gewesen war, einmal das Tischlerhandwerk zu erlernen, trat ich nach Beendigung meiner Schulzeit 1925 bei den «Seesener Möbelhallen» meine Lehre an.

Um zu meiner Lehrstelle zu gelangen, mußte ich die «Braunschweigische Landesbahn» benutzen. Diese war eine Kleinbahn, die zwischen der Kleinstadt Seesen und Derneburg verkehrte. Aus Richtung Seesen führte die Bahnstrecke über Bornhausen nach Rhüden und dann weiter über Bornum und noch einige Ortschaften nach Derneburg. Ich muß diese Bahn so ausführlich erwähnen, da sie bei meinem Heiligabend-Erlebnis eine wesentliche Rolle spielte.

Es näherte sich Weihnachten 1926. Ich befand mich im zweiten Lehrjahr. Anfang Dezember gab uns unser Meister den Auftrag – wir waren vier Lehrlinge –, für unsere Eltern ein Weihnachtsgeschenk herzustellen. Ich hatte mich für eine Blumenkrippe entschieden, denn eine solche war schon lange der Wunsch meiner Eltern. In meinen freien Stunden machte ich mich an die Arbeit, und am Heiligen Abend war die Krippe fertig.

Nun war es in Seesen so üblich, daß viele Kunden, die ein Geschenk in unserem Geschäft gekauft hatten, wie Nähtische, Truhen usw., diese Geschenke erst am Heiligen Abend geliefert erhalten wollten. Diese Lieferungen mußten dann wir Lehrlinge übernehmen, was wir allerdings auch gerne taten, denn es gab von den Kunden manch schönes Trinkgeld. Damit konnten wir unsere damals schmale Börse doch erheblich auffüllen. Es kamen so um die fünfundzwanzig Mark zusammen, was für mich ein kleines Vermögen war, wenn man bedenkt, daß der monatliche Lehrlingslohn im zweiten Lehrjahr acht Mark betrug und ich hiervon fünf Mark zu Hause abgab.

Als wir alles ausgetragen hatten, bekamen wir auch noch von unserem Chef ein schönes Weihnachtspaket mit einem Anzugstoff. Nun war auch für uns Feierabend. Inzwischen war es auch bereits etwa halb neun geworden.

Ich nahm meine Blumenkrippe und mein Geschenkpaket und ging zum Bahnhof. Der Zug, mit dem ich ursprünglich fahren wollte, war bereits abgefahren, und ich mußte wohl oder übel auf den letzten Zug warten, der etwa halb zehn von Seesen abfuhr.

Als dieser Zug zur Abfahrt bereitstand, stieg ich ein. Von dem langen Tag war ich müde und abgekämpft, und da es sich um einen kalten Wintertag handelte, vollkommen durchgefroren. Meine Blumenkrippe verstaute ich ebenso wie mein Geschenkpaket und ließ mich auf einen freien Platz fallen.

Nachdem es draußen bitter kalt gewesen war, war es in dem Zug doch verhältnismäßig warm. Durch diese angenehme Wärme und das eintönige Rattern der Räder auf den Schienen fielen mir die Augen zu, und ich schlief ein.

Ich wachte auf, als der Stationsvorsteher mit der Trillerpfeife das Zeichen zur Abfahrt gab. Beim Hinaussehen aus dem Fenster meinte ich, den Bahnhof Bornhausen zu erkennen, so daß ich bei der nächsten Station aussteigen mußte. Ein älterer Herr, der mir gegenübersaß, fragte mich dann, wohin ich noch fahren wollte, worauf ich antwortete, daß ich in Großrhüden, der nächsten Station, aussteigen würde. Erschrocken sagte er: «Wir fahren doch schon von Bornum ab.» Ich sprang auf wie vom Blitz getroffen, nahm meine Sachen und rannte zur Wagentür. Ich hörte nur noch den alten Herrn rufen: «Junge, mach keinen Unsinn!» Dann sprang ich.

Es hatte vorher tüchtig geschneit, so daß ich eine weiche Landung machte. Da das Abspringen vom Zuge damals wie heute streng verboten war, versteckte ich mich erst einmal schnell hinter dem Güterschuppen. Dies war der letzte Zug gewesen, und ich wartete, bis sämtliche Lichter auf dem Bahnhof erloschen waren.

Nachdem völlige Dunkelheit eingetreten war, verließ ich mein Versteck, schulterte meine Blumenkrippe, die immerhin ein Ausmaß von 1,20 m mal 1,10 m hatte, nahm das Paket unter den Arm und setzte mich zum Nachhausemarsch von etwa fünf Kilometern in Bewegung. Bei eisigem Schneesturm wählte ich den kürzesten Weg nach Großrhüden und ging die Eisenbahnstrecke zwischen den Schienen zurück, denn ein Zug war ja nicht mehr zu erwarten. Alles war still. Nur der eisige Wind pfiff mir heulend um die Ohren und trieb mir die großen Schneeflocken, die vom Himmel fielen, ins Gesicht. Ich hatte die Mütze tief ins Gesicht gezogen und stapfte durch den tiefen Schnee, wobei ich erheblich gegen den Wind ankämpfen mußte, zumal ich mit meiner sperrigen Blumenkrippe und dem Geschenkpaket dem Wind eine große Angriffsfläche bot.

So war es dann auch bereits halb zwölf, als mich meine Mutter, eine kleine zierliche Frau, die in dem Schneesturm am Beginn der «Kolonie» auf mich gewartet hatte, glücklich und vor Freude weinend in Empfang nahm. Glücklich war dann auch mein Vater, als wir ins Haus kamen. Nun zündete er die Kerzen am Christbaum an, und so begann erst um Mitternacht für uns der Heilige Abend, der aber dann um so feierlicher und glücklicher wurde.

Ruth Schulz

Advent in der Rhön

In meinen Kindertagen verlebte ich schöne Sommertage in Großvaters Jagdhütte und -revier in der Rhön. Und genau in diesen Sommertagen begannen die ersten Weihnachtsvorbereitungen. Aus Stanniol durfte ich die Streifen schneiden, die unseren Weihnachtsbaum kennzeichneten, den wir auf langen Spaziergängen für das weit entfernte Weihnachtsfest aussuchten. In den Schonungen waren so viele schöne kleine Fichten, von denen ich behauptete, daß der oder jener unser Lichterbaum werden sollte. Aber der Opa war kritisch, ein Baum stand so schön am Rand und mußte bleiben, um die anderen, schwächeren Bäumchen vor dem Wind zu schützen, und ein anderer war nicht schön genug gewachsen. Aber drei oder vier Bäume fanden wir zwei immer, die es wert waren, mit einer silbern leuchtenden, kleinen Fahne auf das noch vier oder fünf Monate entfernte Fest zu warten.

Bevor ich zur Schule ging, also vor 1935, fuhren meine Mutter und ich immer schon etwa Mitte Dezember nach Ruhla, so daß wir dort waren, bevor die große Treibjagd auf die Hasen stattfand.

Wichtig war dieser Tag für mich, weil dann auch der Christbaum aus dem Wald geholt wurde. Einmal durfte ich zu diesem, für mich so wichtigen Ereignis mit in die verschneite

Rhön fahren. Onkel Herrmann Bach besaß ein herrliches, mit Lammfell gefüttertes Lodencape, und da durfte ich mit ihm «auf die Jagd gehen». Er ließ dann das Gewehr zu Hause und hütete mich. Wir hockten während der Jagd irgendwo, wo wir die ernsthaften Jäger nicht störten.

Onkel Herrmann saß auf einem Holzklotz, hatte dicke Filzstiefel an und das herrlich warme Cape um, und ich saß auf seinem Schoß, hörte ab und zu einen Knall und wartete mehr oder weniger bei den Geschichten, die der Onkel erzählte, auf den für mich wirklich wichtigen Zeitpunkt des Tages, nämlich den, an dem der Baum, den das Christkind für mich schmücken sollte, endlich abgesägt wurde. Sehr sorgfältig wurden seine frischen Zweige gut festgebunden, damit ihm auch wirklich nichts auf dem etwas umständlichen Transport passieren konnte. Der Baum wurde nämlich neben dem Kühler des Autos auf dem Kotflügel festgebunden. Ich paßte nun, solange ich mich nach diesem aufregendem Tag im Auto noch wachhalten konnte, auf, daß unser Baum auch bestimmt während der Fahrt nicht verlorenging. Wenn wir wieder in Ruhla ankamen, hatte ich natürlich fest geschlafen. Als ich wieder wach wurde, hatte des Christkinds Gehilfe, der, nach den Erzählungen der Erwachsenen, im Felsen hinter Nothnagels Haus seine Wohnung hatte, den Baum in Verwahrung genommen und paßte von nun an ganz besonders darauf auf, ob ich auch wirklich ganz artig war.

Das große Zimmer unten rechts neben der Haustür war von da an immer zugeschlossen. Neugier wurde durch einen Zweig, der vor dem Schlüsselloch hing, und die zugezogene Leinengardine, die eigentlich die Stores vor der verderblichen Sommersonne schützten, abgewehrt. Es bestand also keine Möglichkeit für neugierige Kinderaugen, auch nur einen Schimmer der Herrlichkeiten zu erblicken, die sich da wohl hinter der Tür verbergen mochten.

In der großen Küche war es zu dieser Zeit am schönsten. Großmutter, meine Mutti und die Tante Anna, die im Haushalt meiner Großeltern mithalf, waren sehr beschäftigt, um Stollen, Plätzchen, Kuchen und zuletzt auch das geplante Weihnachtsessen vorzubereiten. Die Tage waren unendlich lang für mich, und meine Adventsuhr zeigte mir, wie lange es noch bis zum Heiligen Abend war. Ein wichtiger Tag war für mich noch der Tag, der mit einem Schneemann gekennzeichnet war. Es war mein Geburtstag, der ja auch noch zu feiern war. Da ich lange Zeit das jüngste Mitglied der Familie war, wurde dieser Tag unter lauter älteren etwas Besonderes.

Ganz langsam rückte nun der so ersehnte Termin heran. Die Kerzen am Adventskranz wurden immer kürzer, und im Flur und Treppenhaus fanden sich Zweige, die wohl vom Christbaum stammten. Der Höhepunkt der Vorfreude kam, wenn ich irgendwo Lametta fand. Das war das untrüglichste Zeichen dafür, daß das Christkind sich schon im Haus befand und letzte Hand an die Ausschmückung des Weihnachtsbaumes legte.

Das untrüglichste Zeichen, daß nun endlich «der Heil'ch Oad» (Heilig Abend auf Rühler) gekommen war, war die Tatsache, daß mein Onkel Ernst und ich mit dem Auto nach Eisenach fuhren, um meinen armen Vati, der die lange, aufregende Zeit, die ich nun hinter mir hatte, in Mannheim ganz allein war und arbeiten mußte, abzuholen.

Endlich fuhr der Zug in den Eisenacher Bahnhof ein, und auf der Fahrt nach Ruhla konnte ich wohl gar nicht so schnell reden, wie die Gedanken und Erinnerungen kamen, – über alles, was ich in der letzten Zeit erlebt hatte.

Wenn ich mich richtig erinnere, gab es, wenn wir wieder in der Karolinenstraße ankamen, zu meinem Schrecken erst mal das für die Erwachsenen so wichtige Abendessen. Traditionsgemäß war das Karpfen. Mir schmeckte das an diesem Tag nie, denn ich wurde ja nun doch sehr ungeduldig.

Aber auch die längste Wartezeit geht einmal zu Ende. Unterdessen hatten auch alle gebadet, und im besten Kleid oder Anzug warteten wir auf den Augenblick, wo die schönste Glocke, die es gab, endlich leise ertönte und die Tür der lange verschlossenen Stube sich öffnete. Der erste Blick fiel auf den Lichterbaum, der strahlte und mit herrlich bunten Dingen geschmückt war. In Erinnerung sind mir drei Dinge, die ich besonders liebte, ein kleiner rosa Schirm, der aus Glas geblasen war, ein Engel mit ganz feinen Flügeln aus gesponnenem Glas und eine kleine Trompete, auf der man auch richtig blasen konnte. Damals wurde der Weihnachtsbaum auch immer mit wenig Engelshaar auf den Zweigen geschmückt. Dieses Engelshaar ließ die Kerzen besonders schimmern.

Unter dem Lichterbaum waren immer herrliche Dinge. Die Puppe, die eine Zeitlang verschwunden gewesen war, hatte jedes Jahr ein neues Kleid bekommen. Einmal hatte die Käthe-Kruse-Puppe sogar die gleiche Kleidung, also Kleid, Schürze und Mantel, wie ich bekommen. Als ich meine ersten Ski bekam, hatte auch die Puppe eine volle Ski-Ausrüstung. Die Puppenstube, oder besser: das Puppenhaus, war auch in jedem Jahr in Ruhla etwas verändert. Der Kaufladen, der auch für damalige Zeiten schon beinahe antik war, hatte in allen Schublädchen und Regalen neue Dinge zum Verkaufen.

Die Weihnachtstage waren wunderschön. Im großen Zimmer war viel Platz zum Spielen, und Spaziergänge führten immer wieder zu den Verwandten, bei denen es dann Kaffee und natürlich selbstgebackenen Christstollen gab. Ich kann mich noch gut daran erinnern, daß es unter uns Kindern darum ging, wie viele verschiedene Christstollen wir probiert hatten. Stolz erzählten wir, bei wem wir überall waren.

Da es üblich war, den Christbaum so zu stellen, daß er von der Straße aus zu sehen war, ging ich immer erst freiwillig nach Hause, wenn die Kerzen wieder angezündet waren.

Ruth Schmidt-Mumm

Wie man zum Engel wird

Wie jedes Jahr sollte auch in diesem die sechste Klasse das weihnachtliche Krippenspiel aufführen. Mitte November begann Lehrer Larssen mit den Vorbereitungen, wobei zunächst die verschiedenen Rollen mit begabten Schauspielern besetzt werden mußten.

Thomas, der für sein Alter hoch aufgeschossen war und als Ältester von vier Geschwistern häufig ein ernstes Betragen an den Tag legte, sollte den Joseph spielen. Tinchen, die lange Zöpfe hatte und veilchenblaue Augen, wurde einstimmig zur Maria gewählt, und so ging es weiter, bis alle Rollen verteilt waren, bis auf die des engherzigen Wirts, der Maria und Joseph, die beiden Obdachsuchenden, von seiner Tür weisen sollte. Es war kein Junge mehr übrig. Die beiden Schülerinnen, die ohne Rolle ausgegangen waren, zogen es vor, sich für wichtige Arbeiten hinter der Bühne zu melden.

Nun war guter Rat teuer. Sollte man jemanden aus einer anderen Klasse bitten? Und wen? Und waren nicht bisher alle sechsten Klassen ohne solche Hilfe ausgekommen?

Joseph, alias Thomas, hatte den rettenden Einfall. Sein kleiner Bruder würde durchaus in der Lage sein, diese unbedeutende Rolle zu übernehmen, für die ja nicht mehr zu lernen war als ein einziger Satz – nämlich im rechten Augenblick zu sagen, daß kein Zimmer frei sei.

Lehrer Larssen stimmte zu, dem kleinen Tim eine Chance zu geben. Also erschien Thomas zur nächsten Probe mit Tim an der Hand, der keinerlei Furcht zeigte. Er hatte sich die Hände gewaschen und die Haare naß gebürstet und wollte den Wirt gerne spielen. Mit Wirten hatte er gute Erfahrungen gemacht, wenn die Familie in den Ferien verreiste.

Er bekam eine blaue Mütze auf den Kopf und eine Latzschürze umgebunden, was ihn als Herbergsvater kennzeichnen sollte; die Herberge selbst war, wie alle anderen Kulissen, noch nicht fertig. Tim stand also mitten auf der leeren Bühne, und es fiel ihm leicht zu sagen, nein, er habe nichts, als Joseph ihn drehbuchgetreu mit Maria an der Hand nach einem Zimmer fragte.

Wenige Tage darauf legte Tim sich mit Masern ins Bett, und es war reines Glück, daß er zum Aufführungstag gerade noch rechtzeitig wieder auf die Beine kam.

In der Schule herrschten Hektik und Feststimmung, als er mit seinem großen Bruder eine Stunde vor Beginn der Weihnachtsfeier erschien. Auf der Bühne hinter dem zugezogenen Vorhang blieb er überwältigt vor der Attrappe seiner Herberge stehen: sie hatte ein vorstehendes Dach, eine aufgemalte Laterne und ein Fenster, das sich aufklappen ließ. Thomas zeigte ihm, wie er auf das Klopfzeichen von Joseph die Läden aufstoßen sollte.

Die Vorstellung begann. Joseph und Maria betraten die Bühne, wanderten schleppenden Schrittes zur Herberge und klopften an. Die Fensterläden öffneten sich und heraus schaute Tim unter seiner großen Wirtsmütze.

«Habt Ihr ein Zimmer frei?» fragte Joseph mit müder Stimme.

«Ja, gerne», antwortete Tim freundlich.

Schweigen breitete sich aus im Saal und erst recht auf der Bühne. Joseph versuchte vergeblich irgendwo zwischen den Kulissen Lehrer Larssen mit einem Hilfezeichen zu entdekken. Maria blickte auf ihre Schuhe.

«Ich glaube, Sie lügen», entrang es sich schließlich Josephs Mund. Die Antwort aus der Herberge war ein unüberhörbares «Nein».

Daß die Vorstellung dennoch weiterging, war Josephs Geistesgegenwart zu verdanken. Nach einer weiteren Schrecksekunde nahm er Maria an der Hand und wanderte ungeachtet des Angebotes weiter bis zum Stall.

Hinter der Bühne waren inzwischen alle mit dem kleinen Tim beschäftigt. Lehrer Larssen hatte ihn zunächst vor dem Zorn der anderen Schauspieler in Schutz nehmen müssen, bevor er ihn zur Rede stellte. Tim erklärte, daß Joseph eine so traurige Stimme gehabt hätte, da hätte er nicht nein sagen können, und zu Hause hätten sie auch immer Platz für alle, notfalls auf der Luftmatratze.

Herr Larssen zeigte Mitgefühl und Verständnis. Dies sei doch eine Geschichte, erklärte er, und die müsse man genauso spielen, wie sie aufgeschrieben sei – oder würde Tim zum Beispiel seiner Mutter erlauben, dasselbe Märchen einmal so und dann wieder ganz anders zu erzählen, etwa mit einem lieben Wolf und einem bösen Rotkäppchen?

Nein, das wollte Tim nicht, und bei der nächsten Aufführung wollte er sich Mühe geben, ein böser Wirt zur sein; er versprach es dem Lehrer in die Hand.

Die zweite Aufführung fand im Gemeindesaal der Kirche statt und war, wenn möglich, für alle Beteiligten noch aufregender. Konnte man wissen, wer alles zuschauen würde?

Unter ärgsten Androhungen hatte Thomas seinem kleinen Bruder eingebläut, dieses Mal auf Josephs Anfrage mit einem klaren ‹Nein› zu antworten. Als die beiden Brüder um die Ecke des Gemeindehauses bogen, bekam Tinchen-Maria rote Flecken am Hals und flüsterte Thomas zu, eine zweite Panne würde sie nicht überleben.

Der große Saal war voll bis zum letzten Sitzplatz.

Dann ging der Vorhang auf, das heilige Paar erschien und wanderte – wie es aussah etwas zögerlich – auf die Herberge zu.

Joseph klopfte an die Läden, aber alles blieb still. Er pochte erneut, aber sie öffneten sich nicht.

Maria entrang sich ein Schluchzen.

Schließlich rief Joseph mit lauter Stimme «hier ist wohl kein Zimmer frei?» In die schweigende Stille, in der man eine Nadel hätte fallen hören, ertönte ein leises, aber deutliches «Doch».

Für die dritte und letzte Aufführung des Krippenspiels in diesem Jahr wurde Tim seiner Rolle als böser Wirt enthoben. Er bekam Stoffflügel und wurde zu den Engeln im Stall versetzt.

Sein ‹Halleluja› war unüberhörbar, und es bestand kein Zweifel, daß er endlich am richtigen Platz war.

Maria Wolff

«… leer Dein gold'nes Wägele aus!»

In den letzten Wochen vor Weihnachten begann eine fieberhafte Tätigkeit. Es wurde geputzt, poliert und geschrubbt, als würde das Christkind persönlich herniedersteigen, den Zeigefinger in die Ecken bohren und mit anerkennendem Blick sagen: «Alle Achtung, blitzsauber!» Wenn Mutter und Kuni aus den Strömen von Seifenwasser, Bohnerwachs und Messingputz wieder auftauchten, folgte die zweite Phase: Das Einkaufen. Damit begann der Horizont von der niederen Ebene des Putzeimers, Scheuertuchs und Besens sich auf eine wesentlich höhere zu verlagern. Es wurde geplant, gerechnet und lange Listen wurden aufgestellt. Worte wie Butterzeug, Makronen, Eierzucker, Anisplätzchen und Lebkuchen fielen. Wir Kinder spitzten die Ohren und rieben uns den Magen im Vorgenuß all der Köstlichkeiten. In ein Umhängetuch eingemummelt, einer riesigen Krähe gleichend, eilte unsere Kuni mit einem großen Henkelkorb am Arm in die Stadt. Unmengen von Mehl, Zucker, Rosinen, Sultaninen, Zitronat, Mandeln und Gewürzen wanderten über den Ladentisch zu ihr herüber.

Aus Achtel und Förrenbach lieferten die Botinnen Schmalz, Butter und Eier ins Haus. Gleichzeitig nahmen sie die Bestellung von Weihnachtsgans und -hasen entgegen.

In der Speisekammer türmten sich die Vorräte. Wir standen staunend und sinnend davor und hatten die Hände auf den Rücken gelegt. Die Mutter wurde mit tausend Fragen bestürmt. Doch ohne einen Augenblick in ihrer Werkelei einzuhalten, schob sie uns beiseite. «Geht zum Spielen, Kinder!» Aber die Spiele wollten nicht so recht gelingen, sie waren leer und langweilig. Die weihnachtliche Stimmung, die über dem Haus lag, hatte uns ihr goldenes Netz über den Kopf geworfen, und wir gingen auf Zehenspitzen umher. Wir wagten nur zu flüstern, damit nichts diesen Zauber breche. Oh, diese geheimnisvollen Abende, an denen unsere Eltern im Weihnachtszimmer weilten und endlos lange Beratungen mit dem Christkind abhielten! Das «gute» Zimmer war zum Festzimmer aufgestiegen und vor uns verschlossen wie Blaubarts Stube vor seinen neugierigen Frauen. Manchmal, wenn wir uns allein und unbeobachtet glaubten, wagten wir atemlos und unter fast hörbarem Herzklopfen ein Blinzeln durch das Schlüsselloch. «Ich habe einen goldenen Schein gesehen», sagte ich zu meinem Bruder, der mich wegdrängelte und -schubste, um auch seinerseits etwas von dem Geheimnis zu erhaschen. Doch dieser Blick ins Zauberland war mit Angst, Zittern und schlechtem Gewissen erkauft. Immer und immer wieder hatte uns Mutter eingeschärft, daß Neugier das entsetzlichste Laster auf der Welt sei und daß das Christkind jedem die Augen ausblase, der es bei seinem Tun beobachte.

So versuchten wir denn, unser Weihnachtsfieber zu bekämpfen und uns «nützlich» zu machen. Doch wir standen nur im Weg herum und waren eine rechte Last. («Weihnachten *für* die Kinder, doch Weihnachtsvorbereitungen *ohne* die Kinder», war der Stoßseufzer meiner reichlich gequälten Mutter.) Sie verfrachtete uns auf die Stühle, wir saßen artig am Küchentisch und versuchten es mit Mandelabziehen. Aber die glitschigen Dinger flutschten aus unseren tolpatschigen Fingern weg. Wenn wir endlich aus einem Gewirr von Tisch, Stühlen und Menschenbeinen wieder auftauchten und triumphierend den gefundenen Kern hochhielten, so türmte sich längst ein gelblichweißes Berglein von ihrer braunen Haut befreiten Mandeln auf dem Tisch. Mutters und Kunis fleißige Hände waren schon dabei, sie in duftende Makronen umzuwandeln. Wir stützten den Kopf in die Hände und verfolgten mit großen Augen den Weg von der Kuchenschüssel zum Blech. Das letzte Restchen Teig wurde unseren Händen überantwortet, und wir formten mit vor Aufregung schweißnassen, klebrigen Fingern daraus schwärzlich-graue Männlein, Kringel und Bretzen.

Mit großen Blechen und noch größeren Schritten lief Kuni zum Neumüller, um all die vielen Sorten Plätzchen zum Bakken zu bringen.

Dieselbe Erregung, die uns schon so lange in ihrem Bann hielt, bemächtigte sich nun auch meiner Mutter. Sie wurde fahrig und zerstreut. Jedes Jahr schien sie aufs neue einen Mißerfolg ihrer Backkunst zu befürchten. Und wie jedes Jahr nahm sie dann mit hörbarem Aufatmen die braunen Wundergebilde in die Hand und beäugtes sie wie eine Amsel den Regenwurm mit schiefgeneigtem Kopf. Und siehe: der «Zukker» war wohlgeraten.

Auch Petrus schickte sich an, seine weihnachtliche Zuckerbäckerei zu eröffnen. Denn heimlich und still war über Nacht alles weiß geworden. Unablässig rieselte der Schnee. Jeder Busch und jeder Baum trug ein silbernes Feenkleid, und alle Pfosten hatten eine weiße Pudelmütze übergezogen.

Wir trödelten den Bahnweg entlang, denn man hatte uns aus dem Haus entfernt, «um das Christkind nicht zu stören». Die Flocken schmolzen auf unseren warmen Wegen, und wir streckten die Zungenspitzen heraus, um den klaren sauberen Schnee zu schmecken. Wie lange so ein Nachmittag sein kann, bis es «Heiliger Abend» wird (viel, viel länger, als später ein ganzes Leben dauert)! Wir erörterten in langen Zwiegesprächen, ob unser mit steifen, ungelenken Buchstaben geschriebener Brief auch an die himmlische Adresse gelangt sei. Dabei sahen wir in den grauen, schneeverhangenen Himmel mit dem lichten Streifen am Horizont: wie ein Abglanz des Paradieses. Und noch einmal sagten wir inbrünstig unser Verslein auf, mit dem wir wochenlang unser Nachtgebet beschlossen hatten: «Christkindl, flieg über mein Haus und leer Dein gold'nes Wägele aus!»

Das Haus empfing uns mit seinen warmen, traulichen Armen, und sein Atem roch nach frischem Tannengrün, Backwerk und Weihnachtsbraten.

Feierlich gingen wir die Treppe hinauf, die wir so oft im Sommer mit fröhlichem Gepolter hinuntergesprungen waren. Immer noch war die frische Winterkälte um uns, als die silberne Klingel ertönte und die Weihnachtstür sich langsam öffnete. Einer drängte den anderen: «Geh du zuerst!», denn die Pracht und die Herrlichkeit des strahlenden Lichterbaums verschlug uns fast den Atem.

Dann plötzlich gingen wir beide gleichzeitig durch die Tür, ja einer versuchte den anderen zurückzuschieben: «Ich habe ... wir haben ...» – vor Aufregung blieben uns die Stimmen im Halse stecken: Oh, die Fülle der Gaben, die Fülle der Gaben! Immerwährende Kinderseligkeit! «... und leer Dein gold'nes Wägele aus!»

Bernd Wittmaack

Auf hoher See

Der Hamburger Hafen sah im Jahre 1863 so aus, wie man ihn von alten Fotos und Bildern her kennt. Ein Meer von Masten, Rahen und Wanten, soweit das Auge reicht. Tausende von Seeleuten bevölkerten die Stadt und das Umland. Und einer von ihnen war Heinrich Bessen, von dem diese Geschichte erzählt.

Heinrich Bessen war wie viele seiner Berufskollegen bereits als Fünfzehnjähriger mit der Seefahrt als Schiffsjunge angefangen und hatte es nach langen und harten, entbehrungsreichen Jahren zum Steuermann gebracht. Eine viermonatige Liegezeit, die sein Schiff in der Werft verbringen mußte, nutzte er, um seine langjährige Freundin und Verlobte Lina Kalert zu heiraten. Das Glück der beiden Jungvermählten war aber nur von kurzer Dauer, denn die Werftliegezeit war vorbei. Das Vollschiff «Elfrieda» der Reederei August Bolten lag auslaufbereit am Kai zur weiten Reise ums Kap Horn nach Valparaiso.

Der Abschied war um so schmerzlicher für Heinrich Bessen, als seine Lina ihm sagte, daß sie ein Kind von ihm unter dem Herzen trage.

Die Reise nahm anfangs einen guten Verlauf. Sie hatten nach vierzehn Seetagen den englischen Kanal hinter sich gebracht und kamen auch gut durch die berüchtigte Biskaya. Nach dem Passieren der Kanarischen Inseln wurden die Tage heiß, und die Nächte wurden von den meisten Mitgliedern der Besatzung an Oberdeck verbracht, weil es unter Deck vor Wärme kaum auszuhalten war.

In so einer Nacht passierte es. Am Besanmast zeigte sich ein Elmsfeuer. Es knisterte und leuchtete fast eine Minute lang in seiner bläulichen weißen Flamme und ließ den Seeleuten an Bord trotz der Wärme das Blut in den Adern gefrieren.

Alle wußten jetzt, daß diese Reise unter einem schlechten Stern steht und kein gutes Ende nehmen wird.

Aber die Bordroutine vertrieb den trüben Gedanken. Unter der Ausnutzung des Brasilstromes kamen sie unbeschadet und schnell durch die brüllenden Vierziger und umrundeten das Kap Horn. Es zeigte sich wieder mal, daß die «Elfrieda» ein gutes und handiges Schiff war und die Besatzung aus erfahrenen Seeleuten bestand.

Unter dem Schutz der Küste Chiles laufend, erreichten sie fünfundachtzig Tage nach Verlassen des Kanals den Hafen von Valparaiso. Die Liegezeit von zwölf Tagen wurde von den Seeleuten natürlich ausgiebig genutzt. Wer keine Tätigkeit an Bord verrichten mußte, ging an Land und brachte seine Heuer unter die Leute.

Nur Heinrich Bessen beteiligte sich nicht an diesen Gelagen, denn er dachte immerzu an seine Lina in Hamburg und an das dunkle Vorzeichen, das ihnen im Südatlantik soviel Furcht eingeflößt hatte.

Und noch etwas Ungewöhnliches geschah. Beim Ablegemanöver sprang im letzten Moment der treue Bordhund Pico mit einem riesigen Satz an Land und wurde nie wieder gesehen. Vielleicht spürte er das nahende Unheil.

Die Roaring Forties zeigten sich bei der Rückreise von ihrer unfreundlichen Seite, und die Besatzung hatte alle Hände voll zu tun, um sicher und ohne Havarie ums Kap Horn in den Südatlantik zu kommen.

Wegen des schlechten Wetters liefen sie durch die Magellanstraße, um dann zwischen den Falkland-Inseln und Argentinien in freundlichere Gewässer vorzustoßen. Nach Passieren des 40. Breitengrades beruhigte sich das Wetter, und es ging mit gutem Wind Richtung Norden.

An Bord bereitete man sich jetzt auf das bevorstehende Weihnachtsfest vor. Die Mannschaftsmesse wurde mit Bordmitteln ausgeschmückt, und aus der Kombüse kam ein Geruch, wie ihn ein Seemann nur von zu Hause kannte. Der Alte hatte ein Schwein zum Schlachten freigegeben, und die Stimmung der Besatzung war in Höchstform.

Der 24. Dezember begann wie die anderen Tage vorher mit einem herrlichen Sonnenaufgang. Die See war ungewöhnlich ruhig für diese Jahreszeit, und der Kapitän machte sich schon etwas Sorgen um seinen Zeitplan.

An diesem Morgen erschien der Kapitän mit ernstem Gesicht an Deck und befahl der Besatzung, das Schiff für einen schweren Sturm seeklar zu machen. Das Barometer fiel wie ein Stein, und auch die Temperatur hatte merklich abgenommen; obwohl der Himmel strahlend blau war und der Horizont klar zu erkennen – war dies ein untrügliches Zeichen für ein aufziehendes Unwetter.

Fluchend ging die Besatzung an die Arbeit, weil nun der Braten in weite Ferne gerückt war. Es wurden an Deck Strecktaue gespannt, die Ladung nochmals festgezurrt und die Takelage einer genauen Kontrolle unterzogen.

Das alles passierte keine Stunde zu früh. Denn kaum waren sie mit ihrer Arbeit fertig, verschwand die Sonne hinter einem milchigen Wolkenschleier, der Horizont war nicht mehr klar zu erkennen, die ehemals tiefblaue See färbte sich grasgrün, und die eben noch hellgrauen Wolken wurden zusehends dunkler. Obwohl die Uhr die Nachmittagszeit anzeigte, war es dunkle Nacht. Es herrschte Totenstille. Die an den unteren Rahen befestigten Sturmsegel hingen schlaff herunter. Doch plötzlich hörte man etwas. Es war ein leises Rauschen, das sich langsam immer lauter werdend dem Schiff näherte. Es fuhr ein Wind in die Segel, der der Takelage und den Wanten ein noch nie gehörtes Geräusch entlockte.

Es war ein Heulen und Jaulen wie von einem gequälten Tier, und dann brach mit einer Urgewalt ein Sturm auf das Schiff herein wie es noch keiner der Mannschaft je erlebt hatte. Die Sturmsegel flogen mit lautem Knall in Fetzen davon, und in die wild um sich schlagende Takelage donnerte die erste überkommende See. Schwer legte sich das Schiff auf die Seite. Mit Entsetzen hörte die Mannschaft das Donnern aus dem Laderaum. Ein Teil der Ladung hatte sich losgerissen und verstärkte noch die Schlagseite. Die nächste See wusch das Rettungsboot über Bord und donnerte mit voller Gewalt in die aufgebrochenen Lukendeckel. Die Mastspitzen berührten die hochgehende See, die das Schiff in wenigen Minuten verschlang.

An diesem Heiligen Abend 1863, an dem der Steuermann Heinrich Bessen in der aufgewühlten See um sein Leben kämpfte, wurde in Hamburg ein Kind geboren. Hatte jemand sein abwechselndes Fluchen und Beten bei dem Kampf um sein Leben gehört?

Die Antwort darauf werden wir nie erfahren. Zwei Tage später wurde der halb ertrunkene Heinrich Bessen als einziger Überlebender aus der See gefischt. Ein vorbeikommender Segler hatte sein Rufen und Winken gehört. Zwei Monate später schloß er glücklich seine Frau und den lütten Stammhalter in die Arme.

Susanne Auffarth

Weihnachten – damals

Wenn man alt wird, dann war ja früher immer alles viel schöner; vielleicht weil man weiß, daß alles, was geschehen ist, nie wieder sein kann. Nie wieder. Außerdem, meine ich, lag

Weihnachten immer Schnee, der von Frost und kalter Sonne knirschte.

Wir Kinder bauten Schneemänner, liefen Schlittschuh auf dem zugefrorenen Mühlenteich, rodelten um die Wette den Mühlenberg herunter und saßen endlich mit roten Backen, müde, aber glücklich und zufrieden in der warmen Küche auf der Holzkiste am Herd und sahen der Mutter zu, die herrlich duftende Plätzchen und dickleibige Stollen backte. Manchmal durften wir die Sterne, Tannenbäume und Weihnachtsmänner aus dem Teig stechen. Hin und wieder zerbrach einer der kostbaren Kringel, und wir durften ihn aufessen und hatten schon einen Vorgeschmack auf die Herrlichkeiten am Weihnachtsabend.

In den Vorweihnachtswochen wurde nicht so viel gefeiert wie heute, alle warteten nur auf das eine, große Fest. Die Erwachsenen hatten viel mehr Zeit.

Am Heiligen Abend blieb das Wohnzimmer verschlossen. Mein Bruder schlich leise vor die Tür, um durchs Schlüsselloch zu sehen, während ich furchtsam hinter ihm stand. Was würde geschehen, wenn die Tür aufging und das Christkind heraustrat?

Niemals werde ich die Andacht vergessen, mit der ich einen zerbrochenen Schaumkringel auf der Holzkiste in der Küche verzehrte. Meine Mutter brachte ihn mir aus dem Weihnachtszimmer und sagte, das Christkind habe ihn fallenlassen.

Um uns Kinder abzulenken, bat meine Mutter meinen Bruder und mich, die Weihnachtsgans zu stoppeln. Da uns das aber viel zu langweilig war, kamen wir auf den glorreichen Gedanken, die Gans über das offene Feuer im Herdloch zu halten, dann mußten ja die Stoppeln abbrennen – dachten wir. Aber die fette Gans tropfte ihr Fett in die immer höher schlagenden Flammen, so daß wir schließlich voller Angst um

Hilfe schrien. Die schwarzgebrannten Federkiele in der Gänsehaut gaben beredtes Zeugnis unserer Erfindungsgabe.

Kurz vor Weihnachten durfte ich mit meiner Mutter dann in die Stadt fahren zum Einkaufen. Jedesmal staunte ich über die vielen Straßenlampen und die hell erleuchteten Schaufenster, während es doch abends bei uns im Dorf stockduster war.

Im Kaufhaus Ramelow war immer ein Schaufenster mit einer Märchenszene dekoriert. Das war für mich das Höchste. Ich konnte lange, lange davorstehen: Aschenputtel, Frau Holle, den Froschkönig, Dornröschen oder Hans im Glück leibhaftig vor mir zu sehen, das machte mich sprachlos. Ich träumte. O ja, ich träumte – einmal, einmal mußte ja eine Zeit kommen, wo ich auch eine Prinzessin werden würde. Bestimmt. Aber mein Bruder tippte sich an die Stirn, wenn ich dergleichen geheimnisvoll anzudeuten versuchte.

Der Höhepunkt jedes vorweihnachtlichen Stadtbesuchs war die Einkaufspause im Café Harder. Da saß ich nun auf den grauen Kaffeehausplüschsesseln und war im Geist noch immer mit den wunderbaren Dingen beschäftigt, die ich gesehen hatte.

Am ersten Weihnachtstag besuchten wir Dorfkinder uns gegenseitig, bestaunten die überall anders geschmückten Weihnachtsbäume und bewunderten unsere Geschenke. Bei uns zu Haus hingen zwischen Engelshaar und ganz altem silbernen Baumschmuck geschnitzte Engel mit Posaunen und Flöten, die im Erzgebirge angefertigt worden waren, und ein goldenes Glöckchen, womit das Christkind uns Kinder in das Weihnachtszimmer rief.

Und dann hingen im Baum die herrlichen Schaumringe, die es bei Café Harder gab, rot und weiß, mit Schokolade beringt oder mit bunten Zuckerkügelchen bestreut. Immer durfte jeder, der kam, sich den schönsten herausnehmen, und der schmeckte köstlicher als eben dergleiche, den man auf seinem Bunten Teller liegen hatte. –

Was aus dem allen geworden ist? Erinnerungen, dankbar empfundene Erinnerungen an – damals.

Gundula Wirries

Christmas in Dallas

Wahre Erlebnisse einer Austauschschülerin

Letztes Jahr habe ich Weihnachten in Amerika, genauer gesagt in Dallas, Texas, mit meiner Gastfamilie gefeiert, bei der ich zehn Monate gelebt habe. Kurz darauf schrieb ich diesen Brief an meine Eltern in *«Good Old Germany»*.

Liebe Mami! Lieber Papi!

Weihnachten ist schon einige Tage her, und es wird Zeit, daß ich Euch mal wieder schreibe: Also, meine Geschichte beginnt drei Tage vor Weihnachten. Wir haben noch Schule, es ist viel zu warm, der Tagesablauf ist einfach viel zu normal, als daß man sich weihnachtlich fühlt. Nicht einmal das Haus ist richtig geschmückt, bis auf den ausgetauschten Fußabtreter, auf dem anstatt «Welcome» nun «Merry Christmas» steht.

Wie Ihr ja schon wißt, muß meine Familie zur Zeit noch viele Rechnungen bezahlen und hat kein Geld für unnütze Dinge; so zum Beispiel auch nicht für einen Weihnachtsbaum, der auch in Amerika ziemlich teuer ist.

Wir saßen gerade beim Abendessen. Alle waren da bis auf den Vater, der hatte «mein großer Gastbruder» Joel plötzlich eine tolle Idee: «Zur Zeit», so sagte er, «sind die Weihnachtsbäume wirklich viel zu teuer, aber wie wäre es, wenn wir drei

Tage nach Weihnachten, also am 27. Dezember, feiern würden, da gibt es doch Bäume an allen Ecken im Sonderangebot.» Wir waren begeistert von dieser Idee. Wir wußten, daß Jerry, der Vater, wenn er davon gehört hätte, Weihnachten glatt später gefeiert hätte. Wir nahmen uns aber vor, ihn nicht auf diesen Gedanken zu bringen.

An diesem Abend wurde im Fernsehen zum 999mal der Weihnachtsfilm *It's a wonderful life* gezeigt, bei dem die ganze Familien zum 999mal davor saß und zuguckte. Aber es schien, als ob alle angespannt nachdachten, woher man doch noch rechtzeitig einen Weihnachtsbaum bekommen könnte.

Am nächsten Morgen erschien mir der Tag mal wieder wie jeder andere. Aber es war ja der letzte Schultag, fiel mir ein, und ich machte mich frohen Mutes auf den Weg zur Schule. Im Wetterbericht wurde morgens gesagt, um Punkt 14 Uhr wird es anfangen zu schneien, aber wer glaubt schon daran?!

Die Schule war wie ein riesiger Bienenschwarm: Tausend Schüler liefen durch die Gegend, tausend Schüler suchten ihre Weihnachtskarten an die Freunde zu bringen, tausend Schüler sprachen darüber, was sie in den Ferien machen werden, und dreißig Lehrer versuchten, ihnen doch noch etwas Wissenswertes beizubringen. Aber auch sie waren von der geheimnisvollen Stimmung angesteckt.

Und da geschah es: Auf die Sekunde genau, um 14 Uhr, fiel die erste Schneeflocke. Einige andere Austauschschüler und ich staunten über die freudige Panik, die so plötzlich ausbrach. Als kurz darauf der Unterricht für beendet erklärt wurde, da mußten wir lachen, bis uns die Luft wegblieb. Das hatten wir ja nun doch nicht erwartet, was dieses bißchen Schnee hier auslöst. Aber so unsinnig erschien es uns dann doch nicht mehr, als wir im Schneesturm durch den schon 30 cm hohen Schnee nach Hause stapften. Viele Schüler, die sonst mit Autos kamen, ließen sich heute von ihren Eltern chauffieren.

Mit Schneeflocken auf Haaren und Jacke und einer rotgefrorenen Nase kam ich zu Hause an. Als ich ins Wohnzimmer trat, knisterte bereits ein gemütliches Feuer im Kamin. Ellen, die Mutter, stand in der Küche und backte Weihnachtskekse. Das ganze Haus war nun richtig gemütlich und weihnachtlich gestimmt. Nur noch der Tannenbaum fehlte.

Wir fingen schon mit dem Mittagessen an, obwohl «mein kleiner Gastbruder» Jonathan noch fehlte. Plötzlich ging knatschend die Gartentür auf, wir hörten jemand angestrengt keuchen und etwas durch den Schnee schleifen. Joel guckte erstaunt um die Ecke und staunte noch mehr, als er seinen Bruder erblickte, der mit rotem Gesicht einen riesigen Tannenbaum betrachtete, der neben ihm im Schnee lag.

Überrascht sprangen wir alle auf und liefen ihm entgegen. Laut redeten wir durcheinander, bis er uns mit spitzbübischem Grinsen die ständig gerufene Frage beantwortete, woher er ihn denn habe. Er erzählte uns, daß dies der Schultannenbaum sei. Der Direktor hätte nicht gewußt, wohin damit, und er, Jonathan, habe ihm diese Frage sofort beantwortet. Erfreut wurde ihm und einem Freund der Baum überlassen. Eine Meile weit mußten die beiden nun diese Tanne durch den Schnee schleifen. Was wohl die anderen Leute gedacht haben? Der Baum war größer als die beiden Jungen zusammen, und zu Fuß geht in Amerika eh keiner. Aber immerhin mußte Weihnachten jetzt nicht mehr «ausfallen».

So naß wie er war konnte der Weihnachtsbaum nicht ins Wohnzimmer. Da Weihnachten immer viel zu schnell kommt, mußte der Baum auch sofort getrocknet werden. Aber bloß wie? Und wieder hatte jemand die tolle Idee, den Baum in die Garage zu stellen und dort trocken zu föhnen. Also standen meine beiden «Brüder» und ich mit Ventilatoren und Föhnen drumherum und föhnten und föhnten und föhnten ... und irgendwann hatten wir es geschafft. Doch wie sollte er jetzt aufgestellt werden? Na, ein Glück, sind wir in Amerika, wo die Geschäfte Tag und Nacht geöffnet sind, und konnten noch schnell einen Ständer kaufen. Und endlich, nachdem der Weihnachtsbaum schon einige Male umgekippt war, stand er doch. Aber die Gefahr des Umkippens blieb. So durften alle, um das Wohnzimmer zu durchqueren, nicht den üblichen Weg benutzen, da der zu nah am Baum vorbeiging, sondern mußten über die Couch klettern. Nun waren wir vorbereitet, und Weihnachten konnte kommen.

Die Feier wurde sehr schön, auch wenn mein Gastvater sich die ganze Zeit über American Football anschauen «mußte». Wir hatten viel Spaß, es kam viel Besuch, Schwestern des Vaters aus allen Teilen Amerikas brachten Geschenke mit. Wir saßen gemütlich zusammen, redeten, und Freddy, unsere Hauskatze, schnurrte vor Wohlbehagen. Und dies alles erinnerte mich dann doch sehr an Weihnachten mit Euch in Deutschland.

Nun bin ich neugierig, wie Ihr, Mami, Papi, Weihnachten erlebt habt. Schreibt mir bald!

Tschüs Gundi

Uwe Friedrichsen

Das Baby

Der Krieg war vorbei. Es war ein großer Krieg gewesen. Er hatte die Länder verwüstet, die Häuser zerstört, die Menschen getötet. Das heißt, eigentlich war nicht er es gewesen, der Krieg, der das alles getan hatte, sondern die Menschen selbst. Denn einen Krieg ohne Menschen gibt es nicht. Freilich könnte es Menschen ohne Krieg geben; das wäre denkbar.

Aber wohl nur ein Traum. Denn diese Menschen müßten ohne Neid, ohne Verachtung und ohne Haß sein. Ohne Überheblichkeit und voller Liebe. Aber solche Menschen kommen nicht auf unsere Welt. Höchstens alle paar tausend Jahre einer. Ein einziger. Und der kann den Krieg nicht überwinden. Jedenfalls nicht allein. Die anderen müßten ihm schon helfen dabei. Aber das ist sehr schwer. Deshalb tut es auch keiner.

Dieser Krieg jedenfalls war vorüber, und das war die Hauptsache für den kleinen Klaus, denn er war gerade sieben Jahre alt. Er ging an der Hand seines Großvaters in den warmen Spätsommernachmittag hinein und freute sich an den Blumen und an der Sonne. Selbst die Natur schien aufzuatmen nach der großen Schlacht. Natürlich war Klaus auch froh, daß der Krieg aus war. Gewiß, es gab noch den Hunger und im Winter die Kälte. Man konnte immer noch nichts kaufen fürs Geld; für alles mußte man etwas zum Tauschen haben. Aber eines gab es plötzlich nicht mehr. Die Angst. Sie war aus den Augen der Menschen verschwunden. Und der Junge freute sich.

Sie bogen in einen ausgefahrenen Feldweg ein und standen nun vor einer großen Wiese mit grasenden Kühen. Durch das hölzerne Tor konnte Klaus sehen, wie eine der Kühe gerade von der jungen Bäuerin gemolken wurde. Aber etwas anderes fesselte ihn. Im hohen Gras stand ein Korb. Und in diesem Korb schlief, unter Tüchern und Decken, ein kleiner Mensch. Das Baby lächelte im Schlaf. Vielleicht träumte es gerade von Schokolade, dachte Klaus, oder von Bananen. Zwar wußte er nicht, wie Bananen und Schokolade schmeckten. Aber wenn man den Großen glauben konnte, mußte es ein ganz außerordentlicher, geradezu paradiesischer Geschmack sein. Klaus trat näher an das Tor.

«Ist es ein Mädchen?» fragte er die Bäuerin.

«Ja», sagte sie, «ein Mädchen.»

«Klar», sagte Klaus, «das wußte ich gleich.»

«Wieso?»

«Weil es so lacht.»

«Jungen lachen doch auch.» Die Bäuerin mußte lächeln.

Klaus machte Stirnfalten.

«Schon», meinte er, «aber eben nicht so.»

Dann zupfte er seinen Großvater am Ärmel.

«Frag sie, ob wir es haben können», flüsterte er.

«Was?» Auch der Großvater hatte die Stimme gesenkt.

«Das Baby – das kleine Mädchen.»

Klaus hatte sich schon immer eine kleine Schwester gewünscht, aber er hatte leider nur einen Bruder, mit dem er sich meistens zankte.

«Das geht nicht», flüsterte der Großvater.

«Warum nicht?»

«Sie wird es nicht hergeben.»

«Warum nicht?»

«Sie hat es lieb. Es ist ihr Baby.»

«Dann kauf's ihr ab. Vielleicht verkauft sie's.»

Der Großvater wurde ernst. Er schaute den Jungen lange an, mit einem seltsamen Blick, den Klaus nicht kannte, vor dem er wegblicken mußte. Aber der Alte lächelte schon wieder.

«So viel Geld gibt es nicht.»

«Ich geb's dir zurück, wenn ich groß bin.»

«So viel Geld gibt es nicht. So viel nicht.»

Der Junge dachte nach. Er machte jetzt ganz viele kleine Stirnfalten. Und das half. Er hatte eine Idee. Zu Hause auf dem kleinen eingezäunten Grasstück liefen vier fette weiße Gänse. Ursprünglich waren es sechs gewesen; aber eines Tages war ein Mann an die Tür gekommen, bärtig und in einem alten Soldatenmantel, aus denn Tasche ein kleiner

Hund schaute. Schwarz-weiß gefleckt. Ein echter Terrier, wie der Mann immer wieder sagte. Und dann, als er sah, wie die Kinder nicht aufhörten, das Tier zu streicheln, war er plötzlich bereit, den Purzel herzugeben. Zum Beispiel im Tausch gegen zwei von «denen», wobei er mit einem begehrlichen Blick auf die weißen Martinsvögel deutete. Dem Großvater schien dieser Preis zu hoch, viel zu hoch. Und das war er auch. Aber gegen zwei bettelnde Jungen war er machtlos wie alle Großväter. Und so ging der Bärtige bald vom Hof, unter jedem Arm zehn Kilo Mastgans und fröhlich verabschiedet vom schwanzwedelnden Anderthalb-Kilo-Terrier …

Klaus war jetzt ganz heiser vor Aufregung und ganz dicht an Großvaters Ohr.

«Wir geben ihr die vier Gänse.»

«Wie?»

«Na, für das Baby!»

«Das geht doch nicht.»

«Warum nicht? Für den Purzel haben wir nur zwei gegeben.»

Der Großvater schwieg.

«Frag sie!» drängte Klaus. «Bitte, frag sie!»

Der Großvater öffnete das Tor ein bißchen und ging zu der Frau. Er mußte sich zu ihr hinunterbeugen, weil sie auf dem Melkschemel saß, unter der Kuh. Er flüsterte mit ihr und wurde ein bißchen rot dabei. Aber das konnte Klaus nicht sehen.

Dann hörte die Bäuerin auf zu melken. Sie sah zu dem Jungen hinüber, mit einem seltsamen Lächeln. Belustigt, aber auch sehr traurig.

«Es tut mir leid», sagte sie, «aber ich kann euch die Annegret nicht geben.» Und dann fügte sie hinzu: «Vielleicht, wenn wir noch eins bekommen, dann vielleicht, ja …»

Aber das sagte sie nur, weil der Großvater sie ansah, bittend, und auch ein wenig augenzwinkernd.

Und dann sagte sie noch: «Du kannst uns ja besuchen, wenn du willst. Die Annegret freut sich ... bestimmt ...»

«Vier Gänse», sagte Klaus, als sie weitergingen, und dabei machte er wieder seine Falten. «*Vier* fette Gänse für *ein* Baby.»

Er blickte seinen Großvater an.

«Warum hat sie es nicht gemacht?»

«Annegret ist ihr Baby – sie hat es lieb.»

«Aber ...»

«Wir würden dich auch nicht eintauschen. Nicht einmal gegen ein Fahrrad. Und das brauchen wir wirklich nötig. Das weißt du doch.»

«Ja – ja», sagte Klaus. Nichts weiter, nur : «Ja – ja.»

Und dann sagte er noch: «Vier fette Gänse ...»

Aber das sagte er ganz, ganz leise, und er guckte den Alten nicht an dabei. Denn ihm war etwas ins Auge geflogen. Irgend so ein blödes Tier. Und nun hatte er eine Träne im Auge. Und die durfte der Großvater nicht sehen ... auf gar keinen Fall durfte er das.

Robert Anger

Weihnachtsschutz?

Ach, was hast Du Dich verwandelt,
nein, wie hat man Dich verschandelt,
der Kommerz, hab ich begriffen,
hat von Dir Besitz ergriffen.

Schon nach Allerheiligen
will man uns beteiligen

an dem Tanz ums Gold'ne Kalb,
schämt sich einer hier deshalb?

Denkmalschützer gibt es heute,
das sind ehrenwerte Leute,
die mit Geld und Sachverstand
restaurieren hierzuland.

Alte Kirchen, Fachwerkhäuser,
Burgen, Klöster der Kartäuser,
will man klug, und sehr erfahren,
so vor dem Verfall bewahren.

Wer beschützt den letzten Rest
von dem alten Weihnachtsfest?
Wer gibt uns die schönen Lieder
in der alten Fassung wieder?

So viel gäb es zu erhalten,
für die Kinder zu verwalten.
Laßt uns an die Weihnacht denken,
etwas weniger ans Schenken.

Laßt es uns wie einst erleben,
unser Herz dem Nächsten geben,
viele sind am Fest allein,
und ich frage: «Muß das sein?»

Laßt uns doch auf allen Wegen
unser Weihnachtsfest stets hegen,
daß es, was es war, auch bliebe
Christgedenken – Nächstenliebe.

Ulrike Wüst

Mein Weihnachtstraum

Wenn ich heute so an meinen Weihnachtstraum zurückdenke, muß ich immer ein klein wenig schmunzeln. Mir wird zur gleichen Zeit auch etwas warm ums Herz, habe ich doch damals etwas erlebt, das mich als fünfjähriges Kind auf wunderbare Weise gefesselt hat und mich nicht losließ.

Es war kurz vor dem Heiligen Abend. Draußen schneite es, und es war bitter kalt. Im warmen und gemütlichen Haus verbreitete sich dieser himmlische Duft von Nüssen und Pfefferkuchen, den man so nur zur Weihnachtszeit kennt. Ich wartete damals auf das Christkind, und weil es in unserem Elternhaus so üblich war, daß erst nach dem Abendbrot die Bescherung erfolgte, vergingen für mich die Minuten wie Stunden. Um mir die kindliche Neugier aufs Christkind ein wenig zu vertreiben, lauschte ich den Geräuschen, die aus dem Weihnachtszimmer kamen, in dem meine Mutter nun schon seit einiger Zeit verschwunden war. Außer Papierrascheln und Schubladenöffnen, was meine Neugier aber nur noch größer machte, vernahm ich jedoch nichts weiter Aufregendes. Da meine Mutter die Wohnzimmertür leider sorgfältig verschlossen hatte, legte ich mich auf den Bauch und versuchte, unter dem Türspalt hindurchzuspähen, um auf diese Weise meine Neugier zu befriedigen. So lag ich dann auf allen vieren in der Hoffnung, etwas entdecken zu können, was kein anderer vor mir je gesehen hatte. Und tatsächlich, ich glaubte meinen Augen nicht zu trauen. Ich sah einen langen roten Stab, der ganz sicher dem Weihnachtsmann gehören mußte. Fieberhaft überlegte ich, wozu er ihm wohl dienen sollte. In meiner kindlichen Vorstellungskraft war dieser Stab für mich ein Gegenstand, der es ihm ermöglichte, vom Himmel auf die Erde zu gelangen, und ausgerechnet ich durfte diesen Stab entdecken. Und dies schien mir besonders bedeutungsvoll, daß ich als fünfjähriges Mädchen etwas entdeckt hatte, das höchstpersönlich dem Weihnachtsmann gehörte. Noch ganz benommen und verzückt von diesem Erlebnis stand ich auf, mir vornehmend, auch nicht einer einzigen menschlichen Seele von dieser wundersamen Entdekkung zu erzählen, verband mich doch schließlich mit dem Weihnachtsmann ein ganz besonderes Geheimnis.

Der Weihnachtsabend mit den Geschenken und dem herrlich funkelnden Tannenbaum wurde noch sehr schön, doch das größte Erlebnis bewahrte ich ganz fest in meinem Herzen auf.

Sehr viele Jahre später stellte ich dann eines Tages beim Staubsaugen fest, daß das, was ich für den Stab des Weihnachtsmannes gehalten hatte, nichts weiter war als der rote Rand unseres Wohnzimmerteppichs. Ich fühlte bei dieser Entdeckung ein klein wenig Verlegenheit, andererseits aber auch ein klein wenig Schmerz, war doch mein besonderes Geheimnis nur ein roter Teppichrand.

Dennoch denke ich auch heute noch gerne an dieses weihnachtliche Erlebnis zurück, denn es schenkte mir für einige Zeit ein Stück von diesem märchenhaften Weihnachtszauber, den man so nur als Kind erleben kann. Vielleicht würden heute einige Kerzen mehr in unseren Herzen brennen, wenn wir uns alle von diesem kindlichen Wunderglauben etwas mehr bewahrt hätten.

Ursula Schurz

Lügen am Heiligen Abend

Mein Schutzengel heißt Beier.

Ich taufte meinen Engel auf diesen Namen, nachdem ich als Kind der Nachkriegszeit zwischen Trümmerbergen vom Paradies träumte und zum erstenmal vom Lande Bayern gehört hatte.

Bayern mußte das Paradies auf Erden sein, verglichen mit dem zerstörten Berlin, und da ich wußte, daß im Paradies die Schutzengel der kleinen Mädchen leben und von dort aus ihre Stimme erheben und mit wachen Augen die Schritte der Menschen lenken, konnte ich mir meinen Engel nur mit dem Namen Beier vorstellen.

Beier half mir, ausgerechnet am Heiligen Abend in der Kirche zu lügen. Und das kam so:

Wir Kinder standen am Altar in einer langen Reihe und warteten auf die Weihnachtsbescherung.

Vor uns stand der Gabentisch, und der Pfarrer begann, die Geschenke zu verteilen.

Meine Augen entdeckten ein Buch. Auf dem Umschlag waren Maria und Joseph abgebildet und das Jesuskind in der Krippe.

Die Kleinen, und dazu gehörte ich wohl auch nach meiner Einschätzung, erhielten ein Bildchen, die Großen ein Buch, das Buch mit dem Jesuskind.

Ich verfolgte den Pfarrer mit meinen Augen, kein Geschenk ließ ich unbeobachtet, jedes Kind verglich ich mit meiner eigenen Körpergröße.

Dann war ich dran. Ich gehörte nach Meinung des Pfarrers zu den Kleinen. Ich bekam das Bild und war raus aus der Schlange. Das durfte doch nicht wahr sein.

Da drang Beiers leise Stimme in mein Ohr.

Sie gab mir den Mut, mich wieder in die Schlange zu stellen, älter auszusehen, größer zu werden und dem Pfarrer auf seine Frage zu antworten: «Nein, ich habe noch nichts bekommen.»

Ich bekam das Buch, mein Buch. Ich war selig.

Beier war der richtige Schutzengel für mich, auch mal richtig menschlich verlogen.

Nur so einen konnte ich gebrauchen.

Ich gelobte Beier, auf seine leise Stimme zu hören – immer.

Ich versprach Beier, aus Dank für seinen himmlischen Fehltritt, nicht an irdischen Gütern zu hängen, nur an diesem Buch.

Und ich habe es geschafft, dieses Buch zu hüten.

Auch in diesem Jahr, 42 Jahre danach, wird mich unter dem Weihnachtsbaum Beiers himmlischer Fehltritt daran erinnern, Mut zu haben, der Stimme meiner Wünsche zu folgen.

Beier möge mir verzeihen, daß ich redselig war und heute unser Geheimnis gelüftet habe.

Heidemarie Koch

In einer kleinen Stadt in Bayern

Vierzehn Tage vor Weihnachten 1956 wagten meine Eltern mit mir und meinen zwei jüngeren Geschwistern die Flucht in die Freiheit. Die Freiheit war für uns ein kleines romantisches Städtchen in Bayern.

Über die Angst und Strapazen, die wir vorher hatten, will ich nicht weiter berichten.

Wir kamen in ein verschneites, weihnachtlich geschmücktes Örtchen. Für uns Kinder ein Traum wie im Märchen. Was wir in Hülle und Fülle zu sehen bekamen, konnten wir kaum verkraften. Stundenlang liefen wir durch die Straßen und drückten uns an den Schaufensterscheiben die Nasen platt.

Hilfsbereite, nette fremde Leute gaben uns eine kleine Stube, ein paar Kohlen und das Nötigste zum Leben. Es war Nächstenliebe, wie ich sie mit meinen siebzehn Jahren noch nie erlebt hatte.

Trotz aller Freude über unsere gelungene Flucht, über unsere gewonnene Freiheit und über unsere Unterkunft, merkte ich, daß meine Mutti nach ein paar Tagen immer stiller und trauriger wurde. Zuerst begriff ich nicht, was der Grund war, weil mich all das Neue zu sehr gefangennahm. Eines Abends erfuhr ich ihn, als sich meine Mutti bei meinem Vater ausweinte. Es war für sie furchtbar, das Paradies vor Augen zu haben, aber für ihre Kinder fiel nichts ab, denn keiner hatte Arbeit, und die Unterstützung war knapp.

Sechs Tage vor Weihnachten bekam ich durch Zufall Beschäftigung in einem Hotel. Am Tag kümmerte ich mich um einen kleinen zweijährigen Jungen, und abends half ich noch in der Küche aus. Mein Lohn reichte gerade für die tägliche Verpflegung und ein kleines Taschengeld.

Der Heilige Abend kam. Meine Mutter erstand ein kleines Bäumchen, für jedes Kind eine Tafel Schokolade, eine Apfelsine, und Kartoffeln, Brot und Butter und Schokoladenpudding waren auch da. Wir Kinder, so glaube ich, waren sehr zufrieden, aber meiner Mutti schnürte es das Herz ab.

Da geschah das erste Wunder. Als mein Dienst zu Ende war, bekam ich eine Flasche Wein, einen Christstollen, eine Tüte Gebäck und verschiedene Kleidungsstücke geschenkt. Ich war überglücklich und machte mich auf den Heimweg.

Unterwegs malte ich mir aus, wie ich alles schön unter den Baum legen würde. Ich merkte nicht, daß meine Hände immer kälter wurden, denn Handschuhe hatte ich nicht.

Jetzt war ich da. Schnell die Haustür auf und zu dem Tannenbaum. Da passierte es. Meine kalten Hände konnte die glatte Flasche nicht mehr halten, und mit lautem Knall fiel sie auf das Kopfsteinpflaster. Ich lehnte an der Hauswand und weinte bitterlich. Meine heimliche Überraschung lag nun vor mir. Bloß gut, daß es schon dunkel war und es keiner sah, dachte ich. Doch da irrte ich mich. Gegenüber, rechts, links, und über mir, wurden ein paar Fenster hell.

Jemand hielt mich im Arm und tröstete mich. In wenigen Sekunden hatte ich mehrere Flaschen Wein, warme Handschuhe, Schokolade und vieles andere. Meine ganze Familie wurde zum Festessen eingeladen. Eine Frau nahm uns mit nach Hause. Noch heute, nach über 30 Jahren, sehe ich ihr Wohnzimmer vor mir. Es war der Stall von Bethlehem mit Tieren und Königen und allem, was dazu gehört. Mit glänzenden Augen sahen wir uns an und konnten das Wunder kaum fassen. Weihnachten, das Fest des Friedens. In einer kleinen Stadt in Bayern wurde es zur Wirklichkeit.

Dieter Kroschewski

Stachelige Weihnacht

Natürlich – unterm Weihnachtsbaum haben Tiere, und wenn sie noch so treuherzig und possierlich dreinschauen, nichts zu suchen. Ich meine, als Geschenk, womöglich noch mit einem güldenen Schleifchen im Fell oder mit Glöckchen um den Hals. Das wissen wir ja wohl alle.

Vor einigen Jahren verlebten meine Familie und ich dennoch eines der schönsten Weihnachtsfeste mit einem Vierbeiner.

Als ich am Morgen des Heiligen Abends aus dem Wohnzimmerfenster in den verschneiten Garten schaute, entdeckte ich – ich wollte es zuerst gar nicht glauben – einen Igel! Jawohl, einen Igel! Was macht denn dieser Kaktus jetzt in dieser kalten Jahreszeit im Schnee, dachte ich – und fing das Tierchen mühelos ein.

Eine Handvoll Igel, oje, der war je bei weitem nicht einmal ein Pfund schwer! So kommst du aber nicht durch die kalte Jahreszeit, sagte ich. Und dann überlegten meine Kinder Inga, Jan, Hauke und ich, wie wir dem Stacheltier helfen könnten.

Schnell bauten wir aus einem geräumigen Karton eine Art Igelhaus, das wir mit Papierschnipseln und Tannengrün (davon gab's zu Weihnachten ja reichlich!) ausstatteten. Einer von uns besorgte in der Nachbarschaft Igelfutter (das besteht aus Trockenfleisch, Obst und Kerbtieren), dazu eine kleine Schüssel mit Leitungswasser, und nun: Auch dir frohes Fest, lieber Igel! Fühl dich wohl bei uns!

Das arme Tier muß vorzeitig aus dem Winterschlaf aufgewacht sein, sagten wir uns, weil es sich zuvor nicht genug angefuttert hatte, und nun knurrte also sein Magen. Wir hatten also in der Folgezeit dafür zu sorgen, bei Wohnzimmertemperaturen so um die 20 Grad den Igel nicht wieder einschlafen zu lassen, bis er sich genügend Winterspeck angefressen hatte. Ach, schließlich war Weihnachten, unter die Dusche mußte der Findling auch noch; so wurde er von Flöhen und allen möglichen Parasiten weitgehend befreit.

Stachelige Weihnacht! Die Bescherung mußte bei uns um zwei Stunden verschoben werden, aber das nahmen wir alle gern in Kauf.

Bis Mitte Mai des folgenden Jahres gastierte der Igel bei

uns; schnell hatte er gewichtsmäßig zugelegt. Ein putzmunterer Geselle! Wir setzten ihn schließlich im Rüstjer Forst in der Nähe von Harsefeld aus, fernab der Landstraße.

Helmut Rathke

Ein eigenes Spielzeug

Sohn eines Kaufmanns zu sein, der ein Spielwarengeschäft hat, mochte für andere Kinder einen besonderen Vorzug bedeuten, doch für mich war es manchmal auch schmerzhaft. Zugegeben, ich konnte mir alle Spielsachen ansehen, durfte zeitweise sogar damit spielen, ohne daß mir jemand auf die Finger klopfte, aber was ist das schon ... es waren doch nicht meine Spielsachen – meine eigenen.

Bekam ich Spielzeug von meinen Eltern geschenkt, so war ich nie sicher, wie lange ich es wirklich hatte. Mein Vater war nämlich Geschäftsmann durch und durch, immer darauf bedacht, möglichst alle Wünsche seiner Kunden zu erfüllen – auch die entferntesten, wobei sich die naheliegendsten oft in meiner Spielkiste befanden.

Mit dem Satz: «Du hast schon eine Zeitlang nicht mehr damit gespielt, und nun war da ein Kunde, der so was suchte», wurde mir immer der Verlust meines Spielzeugs erklärt. «Wir müssen uns die Kunden erhalten», fuhr mein Vater dann fort, «... schließlich leben wir von ihnen.»

Um den Ausbruch meiner aufsteigenden Tränen zu verhindern, bot Vater dann immer als Wiedergutmachung ein Ersatzspielzeug an, das ich mir sogleich auswählen durfte. Dabei ergab sich jedoch immer wieder die Frage, wie lange wohl dieses Mal ...

In der Vorweihnachtszeit des Jahres 1950 erhielten wir eine

Sendung elektrischer Eisenbahnen, die es vor dieser Zeit in der damaligen DDR noch nicht gegeben hatte. Der Anblick dieses technischen Spielzeugs löste Faszination in mir aus, und fortan stand mein Weihnachtswunsch fest.

«Sollten wir von den zehn Bahnen nicht alle verkaufen, so kann es sein, daß dein Wunsch in Erfüllung geht», meinte Vater, als er meinen Wunschzettel gelesen hatte.

Nur zehn Eisenbahnen – und so viele Tage noch bis Weihnachten. Ich rechnete mir keine großen Chancen aus ... und doch, ich hoffte ... Täglich nach der Schule führte mich mein erster Gang in unser Geschäft, wo ich aufgeregt den Eisenbahnbestand überprüfte. Dann – einen Tag vor dem Fest stellte ich mit klopfendem Herzen fest, daß nur noch eine Bahn zurückgeblieben war. Nun begann mein Wettlauf mit der Zeit, die jetzt betont langsam zu laufen schien. Kurz vor Geschäftsschluß am Heiligen Abend erfuhr ich von meiner Schwester jene schreckliche Nachricht, daß auch der letzte Eisenbahnkarton verkauft sei. Enttäuscht und mit Tränen in den Augen stürzte ich ins Geschäft, wo sich die Hiobsbotschaft bestätigte. Unendliche Traurigkeit erfaßte mich, als ich an die Bescherung und die Weihnachtstage dachte.

Dann war es soweit. Weder der festlich geschmückte Weihnachtsbaum, noch die Geschenke unter dem Baum, vermochten meine depressive Stimmung auch nur ein wenig aufzuheitern – fehlte doch das wichtigste Geschenk.

Meine Mutter schaute mich an und begann zu lächeln, und auch meine Schwester blickte grinsend zu mir, während Vater sich plötzlich hinter dem Eßtisch langsam hinunterbeugte. Und nun hörte ich es, dieses wunderbare Geräusch – das Geräusch einer fahrenden kleinen Eisenbahn. Mit einem Jubelschrei stürzte ich zu dem unermüdlich kreisenden Zug. Mein Wunsch hatte sich also doch noch erfüllt – die letzte Bahn war nicht verkauft worden. Sie gehörte nun mir.

Wirklich meine eigene für immer? Würde Vater sie nicht irgendwann auch wieder verkaufen?

Zweifel trübten ein wenig die Freude am Spiel, denn ganz sicher war doch nur, daß mein neues Spielzeug zumindest an den Weihnachtstagen sicher war.

Da auf einmal kam mir die entscheidende Idee, die meine Eisenbahn zu meinem sicheren, unverkäuflichen Eigentum machen sollte.

Mit einem Schraubenzieher ritzte ich vorsichtig meinen Namen in den Lack der kleinen Lokomotive. Nun war sie beschädigt und der Besitzer klar erkennbar.

Mutter erzählte mir später einmal, daß Vater nach jenem Fest eine defekte Lok von einem Kunden zurückbekommen hatte und meine als Ersatz weggeben wollte. Er entdeckte aber noch rechtzeitig meinen eingeritzten Namen und vertröstete den Kunden mit dem Versprechen der Neubestellung.

Sicher wären mir nach meinem ersten Erfolg auch noch andere Methoden eingefallen, meine künftigen kleinen Schätze vor der Geschäftstüchtigkeit meines Vaters zu bewahren. Trotzdem – ich hatte einen sehr guten und lieben Vater, der mir übrigens, wie ich später erfuhr, schon am Tag der Anlieferung eine Eisenbahn zurückgelegt hatte.

Edgar Dembeck

Die Rettung des «großen Meisters»

Eine nicht alltägliche Weihnachtsgeschichte

Mühsam stapfte ich durch den schweren Schnee Richtung Seeufer. Kurz vor der Abzweigung zum Steg drehte ich mich um und schaute Richtung Dorf. Einige pechschwarze Krähen suchten unter der alten Eiche nach Nahrung und hüpften lustig im Schnee herum. «Die Vögel haben es inzwischen schwer mit der Nahrungssuche; auch wenn es sehr lustig aussieht», dachte ich mitleidsvoll und ging weiter zum See. An diesem Heiligen Abend ging ich zum erstenmal allein spazieren. «Mach noch einen kleinen Rundgang, bis ich das Essen fertig habe», sagte meine Frau an diesem Nachmittag zu mir.

Inzwischen betrat ich den hölzernen Steg und schaute andächtig über die gekräuselte Wasseroberfläche, wo sich einige Bläßhühner rasch entfernten. In der Ferne hörte ich leise, aber immer wiederkehrende Glockentöne. Das Glockengeläute wird wohl von der Kirche in Bosau kommen, dachte ich, während mein Blick langsam am bewaldeten Ufersaum hoch in den kalten, stahlblauen Himmel wanderte und dabei fast zufällig einen größeren Vogel erfaßte. Ich nahm mein Fernglas und versuchte, den Vogel zu bestimmen. Da sah ich ihn wieder. Fasziniert beobachtete ich die immer größer werdenden Kreise, die der noch unbekannte Vogel langsam, beinahe majestätisch über dem See zog. Endlich flog er in meine Richtung, und ich war mir sicher, daß es ein Raubvogel sein mußte. Konnte ein Bussard auf Fischfang gehen? Unmöglich! Also mußte es ein See- oder Fischadler sein. Ich wagte kaum zu atmen, um nicht mit dem Glas zu wackeln.

Inzwischen kam er so nahe, daß ich ihn mit dem Fernglas gut bestimmen konnte. Und ich war überrascht: Es war ein

Mäusebussard! Ein wohl noch junges Tier, das über dem Stocksee kreiste und eindeutig die Wasseroberfläche beobachtete. Was soll das nur bedeuten? Beeindruckt schaute ich dem Bussard zu, wie er immer näherkam und schließlich nur noch ein paar Meter über dem See kreiste. Ich nahm das Fernglas weg, da ich ihn bei dieser Distanz inzwischen gut mit bloßen Augen sehen konnte. So etwas hatte ich in meinem ganzen Leben noch nicht beobachtet!

Plötzlich wurde sein Flug aufgeregter; hastig flog er ein Stück gegen den Himmel, um sich danach jedoch wieder schnell fallenzulassen. Zeitweise sackte er bis kurz über die Wasseroberfläche, um aber dann doch wieder aufzusteigen. Da – ich hörte einen schrillen Schrei des Bussards! Und dann traute ich meinen Augen nicht! Der Raubvogel legte plötzlich die Flügel an und stürzte sich in das eiskalte, dunkle Wasser des Stocksees! Nicht zu glauben! Ob es doch ein junger Seeadler war und ich den Vogel falsch bestimmte? Zweifel kamen in mir hoch.

Der Vogel tauchte kurz vollständig unter, und für ein paar Augenblicke sah ich ihn fast nicht mehr. Dann aber kam er langsam wieder hoch, schnappte nach Luft und schlug mehrmals mit ausgebreiteten Flügeln laut klatschend auf die Wasseroberfläche. Nein, meine Zweifel waren dann endgültig beseitigt. Es war ein Mäusebussard, der offensichtlich mit letzter Kraft versuchte, sich aus dem Wasser zu hieven. Da ihm das nicht gelang, bewegte er sich mit schlagenden Flügeln langsam Richtung Ufer. Nun erkannte ich eindeutig die hilflose Lage des Vogels. Immer wieder tauchte er unter, kam hoch und ruhte sich mit weit gespreizten Flügeln auf dem Wasser aus. Tatsächlich wurde der Vogel allmählich langsam Richtung Land getrieben. Ich rannte vom Steg ans Ufer und suchte hastig nach einem längeren Stock, um so dem Bussard vielleicht helfen zu können.

Als ich mit einem langen Haselnußstock zurückkam, konnte ich den Vogel nicht mehr sehen. Hoffentlich war er in der Zwischenzeit nicht ertrunken! Schnell suchten meine Augen die schwarze Wasseroberfläche ab – nichts zu sehen. Ich hatte nicht bemerkt, daß es inzwischen fast dunkel geworden war. Ich schwitzte vor Aufregung und rannte ein Stück am Ufer entlang. Da bewegte sich etwas im Wasser! Und dann sah ich ihn. Die Flügel ruhten auf dem Wasser, den Kopf hielt er mühsam hoch. Der Bussard war am Ende seiner Kraft. Tief in meinem Innern spürte ich den Todesschrei des Vogels. Ich trat mit meinen Stiefeln ins seichte Wasser und versuchte mit bloßen Händen nach dem Vogel zu greifen. Das Gefieder war fast vollständig gefroren, als ich ihn aus dem Wasser nahm. Hoffentlich lebte er noch! Ich schaute mir den Bussard genauer an und spürte durch meinen rechten Handschuh sein aufgeregtes Herz schlagen. Gott sei Dank, der Bussard lebte. War ich glücklich!

Der Vogel schaute mich mit weit aufgerissenen Augen an. Ansonsten war er klamm, bewegungslos und sehr schwer. Eilig machte ich mich auf den Heimweg. Und nun fing es auch noch an zu schneien. Nach ein paar Minuten konnte ich meine Hand nicht mehr vor den Augen sehen. So ein Schneesturm! Ich wischte den Schnee von meiner Uhr und sah, daß es inzwischen schon sehr spät geworden war und ich längst hätte zu Hause sein müssen. Aber als ich den Bussard unter meiner warmen Winterjacke spürte, war für mich auf einmal der Weihnachtsbraten nicht mehr so wichtig. Ich hatte ihn gerettet! Voller Stolz sah ich ihn an; nur sein Kopf schaute aus der Jacke.

Als ich endlich an unserer Haustür klingelte, war das Gesicht des Bussards total zugeschneit. Als ich meiner besorgten Ehefrau von dem Erlebnis und der dramatischen Rettung erzählte, nahm sie fast zärtlich den Mäusebussard aus meiner schneebedeckten Jacke und strich ihm vorsichtig über das nasse Gefieder. «Du hast heute am Heiligabend diesem Tier das Leben gerettet», sagte sie. «Das ist mein schönstes Weihnachtsgeschenk. Ich danke dir von Herzen!»

Noch am späten Abend fuhren wir unseren «großen Meister», den wir ab sofort so nannten, in ein bekanntes Wildgehege im Segeberger Forst, wo er fachmännisch versorgt wurde. Aufgrund des strengen Winters war er wohl vor Schwäche in den See gestürzt. Bei starkem Schneetreiben erreichten wir gegen Mitternacht unser Heim. Erschöpft, glücklich und sehr zufrieden. Von weitem läuteten leise die Weihnachtsglocken.

Gerhard Eckhardt

Ein Paket aus dem Himmel

Karl Hampel trug seit vierzig Jahren die Post in Klingenthal aus. Das Paket, das er zwei Tage vor Heiligabend in seinen Händen hielt, sah ganz normal aus, war in braunes Packpapier gewickelt und mit derbem Bindfaden verschnürt. Mit krakeliger Schrift war die Adresse geschrieben:

An Frau Lenchen Kühn in Klingenthal, Haus Nr. 13

Wie zufällig fiel sein Blick auf den Absender, und seine Augen weiteten sich, als er dort las:

Heinrich Kühn, Im Himmelreich 7

Unwillkürlich ließ der das Paket auf den Boden zurückgleiten, denn der, von dem das Paket stammte, war vor zwei Monaten gestorben. Der Tote und er waren im gleichen Alter, hatten zusammen die Schulbank gedrückt und im Gesangverein «Harmonia» gesungen.

Nach dem ersten Schreck las Karl Hampel noch einmal genau den Absender. Er bewegte langsam das Paket hin und her und konnte sich eines Schauders nicht erwehren, als er es dabei rasseln und klappern hörte. Wie lauter Knochen, durchzuckte es ihn.

Kopfschüttelnd und mit großem Unbehagen verstaute er es auf dem Gepäckträger seines Dienstrades und schnürte die Lederriemen fest darum. Als er auch alle Briefsachen in seine Mappe eingeordnet hatte, schwang er sich aufs Rad und begann mit seiner Zustellung. Wenn er über die unbefestigten Wege fuhr, hörte er hinter sich deutlich das Knochengerippe rappeln. Seine Gedanken beschäftigten sich so sehr damit, daß er glatt am ersten Haus vorbeigefahren wäre, hätte nicht Frau Struwe hinter ihm hergerufen: «Hallo, Herr Hampel, haben Sie heute nichts für mich?»

Erschrocken hatte er auf die Bremse getreten und angehalten. Er schob das Fahrrad zu Frau Struwe zurück. Die stand an der Gartenpforte und fragte ihn, als sie seine Zerstreutheit bemerkte: «Fehlt Ihnen was, Herr Hampel?»

«Nein, nein, mir geht es gut», murmelte er, als er ihr die Post reichte. Verwundert schaute sie ihm nach. So kannte sie ihn gar nicht.

Rapp, rapp, machte es wieder hinter ihm. Oh, wenn er doch erst dieses unheimliche Paket los wäre. Das Geräusch würde ihn noch bis in den Schlaf verfolgen. Im nächsten Haus wohnte sein Sangesbruder Ernst Kraft, seines Zeichens Schlachtermeister. Zu ihm ging er heute direkt nach hinten ins Schlachthaus und brachte ihm die Post.

«Karl, was ist mit dir?» fragte der ihn. «Du bist so blaß um die Nase.»

«Ach Ernst, ich habe da in meinem Gepäck etwas, das ist mir auf den Magen geschlagen.»

«Dagegen habe ich ein gutes Mittel. Hier, nimm mal 'nen

Schluck.» Ernst reichte ihm eine Flasche Korn. Karl nahm einen tiefen Zug.

«Was hast du denn so Schreckliches dabei?»

«Wenn du schweigen kannst, will ich es dir verraten. Ich habe da ein Paket an Lenchen Kühn.»

«Na, was ist dabei? Warum soll die nicht auch mal ein Paket kriegen?»

«Ja, aber was meinst du, von wem das kommt?»

«Doch nicht etwa vom Kaiser von China?»

«Nicht doch, als Absender steht drauf: Heinrich Kühn, aus dem Himmelreich 7.»

Fassungslos starrte ihn der Schlachtermeister eine Weile an, dann griff er nach der Flasche und meinte: «Darauf müssen wir uns einen genehmigen!»

Nachdem er sich bedient hatte, reichte er die Flasche an den Postboten weiter. «Aber der liegt doch schon lange auf dem Friedhof», sagte er, als er sich mit dem Handrücken über den Mund fuhr.

«Eben», erwiderte der Postbote, «und es klappert im Paket, als ob er sämtliche Knochen aus dem Himmel zurückschickte.»

«Das ist ja unglaublich.» Karl schüttelte den Kopf, griff wieder zur Flasche und reichte sie weiter. «Was sage ich nur Lenchen?»

«Mein Gott, die wird einen tüchtigen Schreck bekommen.»

«Das befürchte ich auch, ich traue mich gar nicht hin. Aber Dienst ist Dienst ...»

«... und Schnaps ist Schnaps», fuhr der Schlachtermeister fort. «Hier, stärke dich noch mal für den schweren Gang.» Er reichte Karl noch einmal die Flasche.

Der Postbote setzte seinen Dienst fort. Er schob jetzt sein Rad, denn es hatte zu schneien angefangen. Noch drei Häuser weiter, dann mußte er in die Straße einbiegen, in der die Witwe wohnte, die das Paket von ihrem verstorbenen Mann bekam. Karl Hampel atmete schwer. Sollte er heute ausnahmsweise mal seine Route ändern und sich erst zum Schluß die Gasse vornehmen? Aber was würden die Leute sagen, wenn er, der jahrein, jahraus pünktlich bei ihnen erschien, plötzlich seine Tour änderte? Er hatte sich sowieso schon zu lange bei Ernst aufgehalten. Vom nahen Kirchturm schlug es eben elf Uhr. Da schoß es ihm durch den Kopf: Ich gehe erst ins Pfarrhaus und bitte den Pastor um geistlichen Beistand. Sofort wurde ihm leichter ums Herz.

Bim, bim, schepperte es im Pfarrhaus, als er draußen an der Glockenschnur zog. Einen Augenblick herrschte Stille, dann hörte man Schritte. Die Tür wurde von Frau Pastor geöffnet. Sie war wohl bei der Vorbereitung des Mittagessens und trocknete sich die Hände an der Schürze ab.

«Nanu, Herr Hampel, heute schon so früh?»

«Ja, ausnahmsweise», sagte er und trat einen Schritt auf sie zu. «Sie haben aber wieder ganz schön geladen», tadelte sie ihn, als sie den Alkohol roch. «Ach», erwiderte er treuherzig, «nur ein großes Paket heute.»

«Dann geben Sie mir mal unsere Post!» sagte sie und wollte ihm die Briefe aus der Hand nehmen.

«Nein, heute will ich sie Herrn Pastor selbst bringen, ich muß ihn in einer dringenden Angelegenheit sprechen.»

Sie ging ihm voran den Flur entlang und klopfte an das Studierzimmer. Als von drinnen ein lautes «Herein» zu hören war, machte sie die Tür auf und ließ den Postboten eintreten.

«Guten Morgen, Herr Pastor!»

«Grüß Gott, Herr Hampel! Was bringen Sie mir Schönes?»

Der Briefträger reichte ihm die Post über den Schreibtisch.

«Und dann, Herr Pastor ...» Karl Hampel druckste etwas herum ... «Dann habe ich da noch ein Paket ...»

«Nur her damit, wer weiß, wer mir da Gutes zum Fest schickt?»

«Nein, nein, bewahre, Gutes ist da bestimmt nicht drin.»

«Woher wissen Sie das denn? Sie haben doch nicht schon hineingeguckt?»

«Natürlich nicht, aber es klappert darin so komisch, wie ein Menschengerippe.»

«Mann, Hampel», lachte der Pastor los, «sind Sie so ängstlich? Bringen Sie es gleich herein!» Im stillen wunderte er sich über sein Pfarrkind.

«Das Paket ist ja gar nicht für Sie, Herr Pastor!»

«Nicht für mich? Ja, was machen Sie denn für ein Gedöns darum?» Der alte Pfarrer sah ihn verständnislos an. «Es kommt direkt aus dem Himmelreich, also schon für Sie und doch nicht für Sie!»

«Das verstehe einer», murmelte der Pastor.

«Ja, der Absender ist unser Heinrich Kühn, den Sie vor zwei Monaten beerdigt haben!»

«Aber, mein lieber Herr Hampel», entrüstete sich da der Pastor.

«Was ich Ihnen sage, der Absender heißt: Heinrich Kühn, Im Himmelreich 7.»

«Da hat sich wohl jemand einen üblen Scherz erlaubt», wetterte der alte Seelsorger los.

«Und nun muß ich das Paket zu seiner Witwe bringen, die fällt mir doch glatt in Ohnmacht.»

Der Pastor seufzte. «Ich guck mir das Paket mal an.»

Der Pastor beäugte das Paket von allen Seiten, rüttelte es sacht und hörte es darin klappern. «Hinbringen muß ich es ja, das ist meine Pflicht, Herr Pastor. Aber könnten Sie nicht mitkommen, als Beistand, weil es doch gewissermaßen himmlische Post ist?» kam es dem Briefträger über die Lippen.

«Der Pastor überlegte kurz. Dann sagte er: «Nun gut.»

Dem Postboten fiel ein Stein vom Herzen, nun brauchte er diesen schweren Gang nicht allein zu tun.

Die beiden stapften durch den immer höher werdenden Schnee los. Bei Lenchens Haus angekommen, öffnete die Witwe selber auf ihr Klingeln. Verwundert guckte sie auf die beiden Männer im Schneegestöber und sagte auf deren Gruß: «Guten Morgen, Herr Pastor! Guten Morgen, Karl! Gleich zwei Herren vor der Tür?»

«Frau Kühn», ergriff der Pastor das Wort. «Herr Hampel hat hier ein etwas seltsames Paket für Sie.» Bei diesen Worten stellte es der Postbote auf den Treppenabsatz.

«Ja, was ist damit?» wollte sie wissen.

«Als Absender steht Heinrich Kühn, Im Himmelreich 7 darauf», sagte der Pastor. «Da hat sich wohl jemand einen makabren Scherz erlaubt.»

«Und es klappert so verdächtig darin», ergänzte Karl Hampel.

Die Witwe sah von einem zum anderen und dann auf das Paket. Gleich darauf ging ein Lächeln über ihr Gesicht, und sie sagte: «Das hat schon seine Richtigkeit, meine Herren. Unser alter Onkel Heinrich wohnt tatsächlich in der Straße Im Himmelreich und hatte versprochen, für unseren Otto zu Weihnachten die alte Eisenbahn mit den Schienen zu schikken. Aber er ist schon tüdelig und hat wohl den Ortsnamen im Absender vergessen. Da wird sich unser kleiner Otto aber Heiligabend freuen.»

Der Pastor und Karl Hampel guckten sich verdutzt an.

«Ach, so verhält sich das», fand als erster der Pastor die Sprache wieder.

«Dann hat ja alles seine Richtigkeit», atmete Hampel erleichtert auf.

«Noch einen schönen Tag», verabschiedeten sich Pastor und Briefträger und kehrten um.

«Das nächste Mal tragen Sie bitte Ihre Pakete allein aus, Herr Hampel», sagte draußen der Pastor.

«Wenn's kein Paket aus dem Himmel ist», meinte der Postbote kleinlaut und verabschiedete sich von ihm.

Wolfgang Hochhaus

Eine wunderbare Begebenheit in Litauen zur Weihnachtszeit

Diese Geschichte schreibe ich in Erinnerung an Litauer, die in schwerer Zeit auch in den Deutschen – trotz allem was geschehen – die Schwester, den Bruder sahen und halfen.

Im zweiten Friedensjahr – 1946 – lebte ich als Fünfzehnjähriger mit anderen Landsleuten, ständig zwischen Tod und Leben schwebend, in meiner verwüsteten Heimatstadt Königsberg, die nun Kaliningrad hieß und mir fremd geworden war. Zwar regte sich neues Leben in den Trümmern, leider aber russisches. Uns Deutsche verdrängte man an den Stadtrand, ohne für einen geregelten Lebensunterhalt zu sorgen.

Es war Dezember. Nach dem Kalender Adventszeit, wovon Frost und Schnee zeugten. Die grimmige Kälte jedoch sowie der ständig nagende Hunger diktierten unser ganzes Tun und Lassen, und Rührseligkeit konnte so erst gar nicht aufkommen.

Unter meinen Leidensgefährten verbreitete sich das Gerücht, daß die Bauern in Litauen sich im allgemeinen freundlich und hilfsbereit gegen uns verhielten. Diese vage Aussicht erschien mir als eine Chance, zu überleben. Zusammen mit einem Altersgenossen brachen wir auf. Leichter gesagt als getan. Doch es glückte uns, auf einen ostwärts rollenden Zug aufzuspringen. Schutz vor den Wachposten sowie der Kälte bot ein Bremserhäuschen. In dieser Bude saßen wir beide zusammengekauert und zitterten wie Espenlaub. Gar nicht weit weg, jenseits der Memel, lag Litauen, das war mir bekannt.

Nach Stunden endlich polterte und rasselte der Zug über eine Brücke, unter uns lag die vereiste Memel. «Zogen einst fünf wilde Schwäne ...», dieses Lied kam mir unwillkürlich in den Sinn. Später, irgendwo, irgendwann hielt der Zug auf freier Strecke. Die Gelegenheit zum Absprung! Stockbeinig und frierend wateten wir mühsam durch tiefen Schnee und erreichten eine Chaussee. Auf ihr ging es leichter voran. Ein Waldstück nahm uns auf und bot angenehmen Schutz vor dem eisigen Wind. Während wir so hintereinander dahintrotteten, näherten sich von hinten Motorengeräusche. Ein Militärlastwagen fuhr vorbei, blieb aber plötzlich stehen. Vorsicht! signalisierten all meine Sinne, aber ich ging, mit einem unguten Gefühl im Nacken, weiter.

«Stoi, Idissuda! Dawai, dawai!» Diese gutturalen Laute, die immer wieder beängstigend drohend klangen, waren mir aus schlimmer Erfahrung zur Genüge bekannt. Sie hören und fliehen war eins! Über Buschwerk hinweg, durch Schneewehen hindurch hastete ich in den Wald hinein, stolperte unter Bäumen weiter, blieb dann nach einer Weile erschöpft und keuchend stehen. Mein Gefährte war mir nicht gefolgt! Vielleicht in eine andere Richtung davongelaufen? Nach einer Verschnaufpause pirschte ich mich zurück zur Chaussee. Nichts! Keine Spur von meinem Begleiter.

Inzwischen dämmerte es. Was blieb mir anderes übrig, als allein weiterzuziehen. Schleppender wurde der Schritt und schwerer die Glieder. Die Lauferei hatte mich erschöpft, kein Wunder bei meiner Unterernährung! Um ein wenig auszuruhen, setzte ich mich unter einen Chausseebaum auf einen halbwegs schneefreien Platz. Mit dem Rücken am Stamm lehnend, zusammengekauert und frierend wie ein Schneider hockte ich da. Leichter Schneefall setzte ein. Die Stille, die sanft schwebenden Schneeflocken und meine Mattheit ließen mich beschwingt in eine lichte, strahlende Traumwelt gleiten. Angenehme Wärme umfloß unverhofft meine Gliedmaßen, und gelöst streckte ich alle viere von mir.

Jedoch – eine Kleinigkeit störte hartnäckig meine Glückseligkeit. Irgend etwas geschah mit meiner Nase und nervte mich. Auch verspürte ich mehr und mehr eine merkwürdige Beengtheit an Händen und Füßen, wie gefesselt. Begleitet wurde diese eigentümliche Unbeweglichkeit von einem deutlich vernehmbaren surrenden, gleitenden Geräusch, unter mir, dazu ein rhythmisches Stapfen, und über allem der hohe, scheppernde Klang einer Glocke. In meinem Kopf kreiste einiges, allerdings gedämpft wie durch Watte. Jemand fummelte ständig an meiner Nase herum. Ich blinzelte in die mondbeschienene Gegend. Langsam dämmerte es mir. Ich lag auf einem Bauernschlitten, eingehüllt in Stroh. Mein Kopf ruhte im Schoß einer Frau, meine Hände steckten in ihren Ärmeln, und mit einer Hand massierte sie meine Nase. Eine weitere Frau hatte meine Füße unter ihrem Pelz geborgen. Was ist los? Fragte ich mich, und dann fiel mir schließlich mein Baumplatz ein. Klar! Eingeschlafen! Ich schreckte hoch, doch gab man mir durch beschwichtigend klingende, aber unverständliche Worte und Gesten zu verstehen, ruhig zu sein. Meinen Zustand empfand ich in der Obhut der beiden als sehr behaglich und blieb liegen, bis wie einen Bauernhof erreichten. Dort gab es erst mal ein aufgeregtes, mir unverständliches Palaver. Aber da war auch Hans Endrulat, ein älterer Mann. Er floh, das hörte ich von ihm am nächsten Tag, aus russischer Gefangenschaft und stammte aus Rossitten. Über die Kurische Nehrung wollte er sich dorthin durchschlagen, doch allgegenwärtiges Militär ließ es ihm ratsam erscheinen, fürs erste hier in Gordoma beim Bauern Draugas zu bleiben und als Knecht zu arbeiten. Mittlerweile sprach er leidlich Litauisch.

Von Hans erfuhr ich nun, was die Frauen so erregte. «Da kannst deinem Herrgottche danken oder auch dem Max, unserm Pferdchen. Der scheute foorts vor so 'nem halbverstiemten Pungel aufer Chaussee. Mang dem Schnee haben die Frauen dann dich Lorbaßchen entdeckt, am Kreppschull gegrapscht und aufn Schlitten gepackt. Wärst amend glatt erfroren. Die Tuntel war schon ganz weiß, sagt die Frau!»

Nun sollte ich erst mal bleiben, und man legte in die Kammer von Hans einen zweiten Strohsack.

Am folgenden Tag – Heiligabend – streifte ich neugierig durch das Haus. Es herrschte weihnachtliche Stimmung, von der Dielendecke hing ein geschmückter Adventskranz, und auf dem Tisch stand ein duftender Tannenstrauß, behängt mit Lametta. Über allen Gerüchen schwebte der Duft von frisch gebackenem Brot. Man gab mir ein Stück Flamfladen, dick mit Zucker bestreut. Die Bauersleute behandelten mich freundlich, und dankbar packte ich hier und da helfend zu. Inzwischen brachte der Bauer gemeinsam mit Hans eine Tanne aus dem Wald und stellte sie zum Abtauen an den Küchenherd. Später haben wir sie in der Diele aufgestellt, geschmückt und mit bunten Wachskerzen besteckt, so, wie von daheim bekannt. Trotzdem mutete mich alles unwirklich an, war es doch lange her, daß meine Augen einen Weihnachtsbaum gesehen hatten. Was war inzwischen nicht alles geschehen! Von der friedlichen Stimmung wurde mein Gemüt ergriffen, und ich genoß, ja, man kann wohl sagen, mein wiedergewonnenes Leben.

Gegen Abend fuhr die Familie im Schlitten, in Pelze vermummt, in die Kirche. Nach dem Kirchgang sollte Hans mich in die Diele mitbringen. So geschah es. Feierlich herausgeputzt erschienen die Familienangehörigen. Die Frauen trugen lange, gebauschte, mit grünen und violetten Längsstreifen versehene gewebte Röcke, dazu ein schwarzes Mieder und darunter eine bunt bestickte weiße Bluse. Eine mit Lochstikkerei versehene Schürze zierte die Tracht. Der Bauer kleidete sich weniger bunt, hatte einen schwarzen Anzug an, eine farbige Weste, und in blanken, schwarzen langschäftigen Stiefeln steckte die Hose. Unsere Garderobe wirkte wahrhaftig nicht festlich, doch unsere Stimmung war trotzdem feierlich.

Wir durften die Kerzen anzünden. Als die Lichter erstrahlten, sprach der Hausherr ein Gebet. Alle hatten die Hände gefaltet, und gemeinsam erklang das Amen, was auch ich verstand. Die Bauersleute sangen einen Text aus ihrem Gesangbuch und bekreuzigten sich anschließend. Dann gab es Umarmungen, Küsse auf die Wangen, händeschüttelnd Glückwünsche, und wir beide wurden davon nicht ausgenommen. Alles lief so natürlich herzlich ab, daß es mich rührte. Mitfühlend tätschelte mir die Bauersfrau die Wange und drückte auch mir ein Päckchen in die Hand. Es waren wollene Fausthandschuhe! Noch heute, nach mehr als vierzig Jahren, besitze ich sie. Jede Weihnacht liegen sie auf dem Gabentisch und erinnern an Menschen, die in einer chaotischen und gnadenlosen Zeit christlich fühlten und handelten!

Doch das allergrößte Geschenk war, daß man mich aufforderte zu bleiben, bis die Sonne wieder wärmer schien. Inzwischen sollte ich im Haus arbeiten. Es gab keinen eifrigeren Hausburschen als mich.

Bleibt als erwähnenswert nachzutragen, daß ich Jahrzehnte später auf einem Heimattreffen zufällig meinem ‹verlorengegangenen› Gefährte traf. Meine damalige Angst war in dem Fall ganz unbegründet. Die Russen wollten nur gefällig sein und uns bis zum nächsten Dorf mitnehmen. So spielt das Leben!

Ines Lachnit

Ungestörte Vorweihnacht

Während ich die Treppe hinauflaufe, wird das Geschrei und Gezeter hinter mir stiller, verklingt endgültig, als ich die Tür zu meinem Zimmer schließe. Bevor ich den Schlüssel herumdrehe, hänge ich noch das Schild mit der Aufschrift «Vorsicht, Weihnachten» vor die Tür. Jetzt kann ich sicher sein, daß mich niemand in den nächsten Stunden, solange das Schild dort hängt, stören wird. Denn sosehr meine Verwandtschaft auch neugierig – eher gierig als neu – auf die Geschenke ist, die große Weihnachtsüberraschung unter dem Tannenbaum wollen sie sich nun doch nicht verderben. Immerhin, es gibt genug Möglichkeiten, Weihnachten ad absurdum zu führen, da kann man sich wenigstens die halbe Stunde unter dem Weihnachtsbaum im Kerzenschein zusammennehmen und friedliche Familienfreuden heucheln. Ich möchte bei niemandem den Eindruck erwecken, daß ich etwas einzuwenden hätte gegen eine Familienweihnacht, bei der sich die entfernteste Sippschaft Segenswünsche sendet und der Frieden über uns lastet, aber im Lauf der Jahre habe ich meine wachsende Mißstimmung über die alljährliche Weihnachtsshow beim Alle-Jahre-wieder-Singen nicht zurückhalten können und flüchte daher lieber in mein eigenes Reich.

Nirgends und niemals spüre ich den Geist der Weihnacht so eindrucksvoll wie in der Vorweihnachtszeit. Diese vier Wochen vor dem großen Weihnachtsbaumabbrennen widme ich mir selbst, gönne ich mir die Muße und Ruhe, über Geschenke nachzusinnen, sie zu besorgen und sie liebevoll zu verpacken.

Auf dem kleinen Teetisch unter der Fensterbank stehen frischgeschnittene Tannenzweige, die ihren grünen Duft und die milde Herbe von Harz verströmen. Dieser Duft empfängt mich jedesmal, wenn ich den Rest des Hauses und der Welt hinter mir lasse und der sanften Einladung dieses behaglichen Duftes folge. Rechts und links von der Vase mit den geschmückten Zweigen stehen Kerzen; an den Füßen der Kerzenhalter haben sich schon kleine Wachsskulpturen vom ständigen Gebrauch gebildet, in denen man sich mit ein wenig Phantasie die verschiedensten und schönsten Figuren vorstellen kann. Auf dem Bord über meinem Bett aber steht mein stolzester Vorweihnachtsbesitz: ein kleines Kerzenhäuschen.

Es ist eine kleine Keramikfigur, auf dem Dach des Häuschens liegt Schnee und durch die Fenster fällt sanftes, unheimliches Licht in die schattenhafte Umwelt.

Wie immer, wenn ich die Zeit für mich haben möchte, lösche ich das Licht und zünde diese Kerzen an, öffne mein Fenster ein wenig und lausche der Musik aus dem Radio. Der kühle Luftzug läßt die Flammen zittern und tanzen, wirft wechselnde Schatten an die Tür. Ich nehme die Wolldecke von meinem Bett, wickle mich fest in sie ein und lehne mich an die Wand neben dem Radio. Meist sitze ich da und schaue mir mein Zimmer an, so als ob ich ein Fremder hier wäre. Betrachte meine Katzenskulpturen aus schwarzem Glas, auf denen sich die Lichter der Kerze spiegeln und verzerren. Dann wandert mein Blick weiter über die Poster an den Wänden, und meine Gedanken schweifen ab in eine stille, weit entfernte Welt, zurück bleiben die lästigen Gedanken an zu erledigende Hausarbeiten, an Wäschewaschen, Kartenschreiben an unbekannte Verwandte und Bekannte.

Vor dem Fenster hat sich nun endgültig die Dunkelheit breitgemacht, und nur die Straßenlaterne von gegenüber wirft verschwommenes Licht in mein Zimmer, bleibt in den Schneebildern hängen und erleuchtet mein Zimmer nur noch als einen diffusen Schimmer.

Ein wohliges Seufzen kommt mir über die Lippen, ich spüre förmlich in meinem Körper, wie die Anspannung, aufgestauter Ärger und Probleme von mir abfallen und für den Augenblick wegschmelzen wie das Wachs der Kerzen unter der unsteten Flamme. Ich bemerke, wie meine Nase kalt wird, ansonsten bin ich bis zum Hals in die Decke eingemummelt und nehme die Vorboten der kalten Nacht nicht wahr. Schließlich überkommt mich die Lust, etwas zu tun, etwas für Weihnachten herzustellen. Ich ziehe unter dem Bett den braunen Karton hervor, in dem ich die verschiedensten Geschenke, Papier, Karten, Bastelkram und die Ideenliste versteckt halte. Diese Liste ist das Bedeutsamste der ganzen Ansammlung. Auf ihr trage ich nun schon seit fünf Jahren Ideen für Geschenke ein, wem ich was basteln, kaufen oder schicken könnte, und daneben verzeichne ich auch noch, was ich tatsächlich geschenkt habe. Diese Liste ist für mich das gesamte Jahr über gültig, nicht erst ab Anfang November, wenn die Weihnachtsdekorationen signalgerecht von der friedlichen Zeit verkünden und den Käufer zum Geldausgeben stimulieren sollen. Ich bin ständig auf Ideenfang; wenn ich etwas sehe oder mir etwas Schenkenswertes in den Sinn kommt, schreibe ich es auf, und im Advent wähle ich dann das Geschenk aus, das von Herzen kommt.

Aber heute ist mir nicht nach Geschenkeeinpacken zumute, viel lieber möchte ich Papier bemalen oder bekleben. Es machte mir eine unvorstellbare Freude, schlichtes Papier zu Collagen zu verkleben, die ich dann als Weihnachtspapier weiterverwende. Alles, was mir in den Sinn kommt, wird dazu benutzt: von Kunstschnee über Mickymaus-Aufkleber bis hin zu Tannenzweiglein und Zeitungsbildern.

So sitze ich eine ganze Weile über die verschiedensten Blätter gebeugt, male einen Weihnachtsbaum, oder das, was ich dafür halte, auf den weißen Bogen, schnippele mit der Schere

Weihnachtssterne und schaue zwischendurch immer einmal zum Fenster hinaus, ob es nicht zu schneien anfinge. Ja, genau solch eine Stimmung herrscht in diesem dunklen Zimmer in der Vorweihnachtszeit: Schneestimmung; die Krönung eines jeden Weihnachtsfestes, wenn sich die Erwachsenen ärgern über die Nässe und ach, wie glatt es doch sei, aber für Kinder und diejenigen, die noch immer ein wenig Kind in sich sind, gibt es keinen schöneren Anblick als die dicken, warm anmutenden Flocken, die in aller Stille und unfaßbarer Menge vorbeischweben.

Das Radioprogramm nehme ich nur noch im Hintergrund wahr, es ergänzt wunderbar mein Verlangen nach Einsamkeit in diesen überfüllten Tagen. Diese wenigen Stunden gehören nur mir, sie haben etwas Geheimnisvolles, einen Reiz des Verborgenen, da nur ich weiß, wie leicht man Frieden und Weihnachtsfreude erleben kann. In diesen Augenblicken wird Alleinsein zum Freund, ich löse mich von den unnützen Gedanken, wem ich was wie schnell noch besorgen muß, wo ich dann und dort erscheinen muß, wem ich wo und was noch mitzuteilen habe. Nichts dergleichen, die Menge der eindringenden Menschen bleibt ausgesperrt aus der Friedenszeit des Weihnachtsfestes, nur das Radio stellt noch eine kleine Tür, ein Fenster dar, durch das ich die lärmende, unnötig hektische Welt beobachten und mich darüber freuen kann, daß ich das Schlupfloch gefunden habe.

Mit einemmal dringt ein Bericht deutlich zu mir vor, hebt sich aus der verschmelzenden Menge von Stimmen, Musik und Interviews hervor. Jeder, der Lust hat, soll über Weihnachten schreiben, egal wie, egal was, nur Weihnachten als großer Rahmen.

Zuerst finde ich den Gedanken albern und kitschig, an meinem inneren Auge ziehen die unendlichen Geschichten von Kindheitserinnerungen an schneebeladene Weihnachtsbäume vorbei, aber dann sticht es mich geradezu. Warum nicht? Ich habe auch eine Weihnachtsgeschichte zu bieten, nämlich die, wie ich meine Vorweihnachtszeit verbringe. Nein, das ist doch keine Geschichte, oder soll ich doch? Na klar, warum nicht, ich brauche ja nur das zu beschreiben, was ich vor mir sehe und wie ich mich dabei fühle, schon habe ich eine Geschichte, die Geschichte einer ungestörten Vorweihnacht.

Beate Werst

Vanessas Traum

Nebel lag über Hamburg, als sich Engel Vanessa auf ihrer Wolke auf den Heimweg nach Himmelpforten begab. «Typisches Hamburger Weihnachtswetter!» schimpfte sie. «Hoffentlich nimmt mein Computer keinen Schaden.» Sie blickte besorgt auf den kleinen handlichen Reise-Computer, in dem nun alle Weihnachtswünsche von Hamburgs Kindern gespeichert waren. Ja, auch der Weihnachtsmann und seine Engel waren im Laufe der Jahre auf EDV umgestiegen. Es war ja so praktisch und sparte ein Menge Zeit.

Eben passierte sie das PLAZA-Hotel. Vanessa dachte bei sich, es könne nicht schaden, auch hier einmal haltzumachen, um die Wünsche der Gäste zu erkunden. Also parkte sie ihre Wolke ordnungsgemäß in der Tiefgarage und schwebte hinein.

Was für ein Treiben herrschte in der Hotelhalle! Vanessa war als Engel für die Menschen nicht sichtbar, und so flog sie ungestört durch das Hotel. Plötzlich fiel ihr Blick auf ein Plakat, das über der Rezeption aufgehängt worden war: ‹LEROY THUNDERBIRD – Konzert am 23. Dezember im

Congress-Centrum› war darauf zu lesen. Leroy Thunderbird! Keiner sang so schöne Songs wie er! Seit jeher hatte Vanessa, die als erste Sängerin dem Engelschor angehörte, einen Traum: Sie wollte einmal mit Leroy Thunderbird ein Duett singen. Aber daraus würde wohl nie etwas werden: sie war eben ein Weihnachtsengel und für die Menschen unsicht- und unhörbar. Also würde weder Leroy noch sonst irgend jemand Vanessa sehen und hören. «Aber ich kann ihn sehen und hören», tröstete sie sich, «und das Konzert schaue ich mir an!»

Und doch war sie ein wenig traurig, als sie in Himmelpforten wieder gelandet war.

«Hallo, Vanessa», begrüßte sie der Weihnachtsmann.

«Hallo, Chef», erwiderte sie seinen Gruß.

«Nanu, du siehst so traurig aus, Vanessa ...»

«Ach, Chef, es gibt Momente, da beneide ich die Menschen. Ich habe heute gelesen, daß Leroy Thunderbird am 23. Dezember ein Konzert gibt. Ich würde so gerne mal ein Duett mit ihm singen!»

«Aber Engelchen, du singst doch so schön mit Engel Victor!»

«Ach, Victor!» Vanessa machte eine wegwerfende Handbewegung. «Victor ist so unflexibel!»

Der Weihnachtsmann schwieg eine Weile.

«Liegt dir denn soviel daran?» fragte er schließlich.

«Ich weiß nicht, ob du es verstehen kannst», entgegnete Vanessa. «Leroy singt die Lieder, die aus meinem Herzen kommen, und ich möchte wissen, ob ich wirklich gut singen kann. Darum ist es mein Traum, einmal vor einem Menschenpublikum zu singen.»

«Und warum muß es ausgerechnet dieser Leroy ... Dingsda sein?»

«Leroy Thunderbird», verbesserte Vanessa nachsichtig. «Ich weiß, daß er bei jedem seiner Konzerte ein Mädel auf die

Bühne bittet, um mit ihr gemeinsam einen Song zu singen. Ich stelle mir das einfach toll vor. Aber als Engel habe ich da keine Chance.» Vanessa gähnte. «Ich laß eben noch die Wunschliste ausdrucken. Brauchst du mich noch?»

«Nein, mein Engel, du kannst gehen. Gute Nacht!»

«Gute Nacht, Chef, bis morgen!»

Als Vanessa das Büro des Weihnachtsmannes verließ, hörte sie, daß er Victor zu sich rief. «Was die beiden wohl noch zu besprechen haben?» dachte sie, doch sie war einfach zu müde, um sich darüber Gedanken zu machen, und ging zu Bett.

Am 23. Dezember machte sich Vanessa auf den Weg in das Hamburger Congress-Centrum. Obwohl kein Mensch sie sehen würde, hatte sich Vanessa heute abend besonders hübsch gemacht und machte ihrem Berufsstand alle Ehre: sie sah aus wie ein Engel. Kurz vor Beginn des Konzerts schwebte sie in den Saal und suchte sich einen Platz, von dem aus sie die Bühne gut sehen konnte. Plötzlich wurde es dunkel, und dann erhob sich brausender Beifall: Leroy Thunderbird war erschienen! Schon mit seinem ersten Song verstand er es, die Menschen in seinem Bann zu ziehen. Vanessa schloß die Augen und sagen jedes seiner Lieder hingebungsvoll mit. Leroy bedankte sich bei den Zuhörern und flirtete mit den Damen, um dann wieder sein Lieblingsspiel zu spielen:

«Welche Dame möchte den nächsten Song mit mir gemeinsam singen?» Sehnsüchtig starrte Vanessa auf die Bühne und beneidete die Dame, der gleich das große Glück zuteil werden würde.

«Die Dame dort hinten in Weiß-Gold!» winkte Leroy plötzlich in Vanessas Richtung. Vanessa schaute sich um, wer gemeint war.

«Ja, Sie, dort hinten bitte!» hörte sie Leroy rufen.

Auf einmal schien es Vanessa, als ob alle Menschen im Saal

sie anstarrten. Der Herr, der in der Reihe neben ihr saß, raunte ihr zu:

«Nur zu, junge Dame, Sie sind gemeint!»

Vanessa verstand nicht. Hatte der Mann wirklich mit ihr gesprochen? Verwirrt blickte sie an sich herunter. Was war das? Sie trug auf einmal Schuhe, und überhaupt, wo war ihr Engelsgewand? Schneeweiße Leggings, ein mit goldenen Pailletten besetztes Bustier und eine weiße Bolerojacke schmückten statt dessen ihre Gestalt. Ihre Füße steckten in goldenen Ballerinas. Vorsichtig tastete ihre Hand hin zu ihrem Rücken, doch auch die Flügel waren verschwunden. Vanessa hatte sich von einer Sekunde zur anderen in einen Menschen verwandelt und war für alle sichtbar. Eine Ahnung stieg in ihr auf, und sie lächelte. Sie wurde ganz ruhig, stand auf und schritt den Gang entlang zur Bühne, wo Leroy sie erwartete. Sie spürte die bewundernden Blicke des Publikums. Charmant begrüßte Leroy sie und fragte nach ihrem Namen. Dann ertönten die ersten Klänge. Vanessa konzentrierte sich ganz auf ihren Einsatz. Als sie zu singen begann, wurde es still im Saal. Beinahe andächtig lauschten die Menschen ihrer wundervollen Stimme. Vanessa sang, wie sie noch nie gesungen hatte.

«Die Kleine ist super!» hörte sie Leroy murmeln.

Als das Lied beendet war, erhob sich rasender Beifall.

«Zugabe! Zugabe!» schrien sie.

Und so brachten sie noch ein Duett.

«Wie gut, daß ich alle seine Konzerte besucht habe und alle Songs kenne», dachte Vanessa bei sich.

Unter stürmischem Beifall verließ Vanessa nach diesem Lied die Bühne.

«Vanessa, du hast gesungen wie ein Engel!» tönte Leroy durch das Mikrophon hinter ihr her. Vanessa drehte sich noch einmal um und lächelte. Doch ihr Lächeln erreichte Leroy schon nicht mehr: sie hatte sich bereits wieder in einen unsichtbaren Engel verwandelt. Doch Vanessa war nicht traurig darüber. Sie war nur verwirrt. Was war mit ihr passiert?

Als die Show zu Ende war, flog Vanessa auf ihrer Wolke wieder nach Hause. Ihr Weg führte sie sogleich zum Weihnachtsmann.

«Chef, mir ist heute abend etwas sehr Merkwürdiges passiert! Ich habe mich in dem Konzert in einen Menschen verwandelt und mit Leroy Thunderbird gesungen ...» Sie hatte immer noch einen leicht verträumten Ausdruck in den Augen.

Der Weihnachtsmann blickte sie an, ein warmes Lächeln lag auf seinem Gesicht.

«Tja, mein Engel, manchmal gibt es eben doch Wunder, und einige Träume werden wahr, wenn man nur fest genug daran glaubt.»

Der Weihnachtsmann nahm sie in den Arm und drückte sie fest an sich.

«Ich freue mich für dich, Vanessa, doch nun geh schlafen. Wir haben morgen einen anstrengenden Tag vor uns. Gute Nacht!»

«Gute Nacht, Chef!»

Als sie in ihrem Zimmer war, klopfte es zaghaft an ihrer Tür. Vanessa öffnete.

«Victor!»

«Guten Abend, Vanessa. Darf ich hereinkommen?»

Vanessa ließ ihn eintreten.

«Ich möchte dir etwas schenken. Morgen werde ich kaum Gelegenheit dazu haben.»

«Was hast du denn da?»

«Mach es auf!»

Vanessa öffnete das liebevoll eingewickelte Päckchen. Eine Videokassette kam zum Vorschein.

«Was für ein Film ist das?» fragte sie.

«Das bist du. Ich habe dich heute abend auf Video aufgenommen, damit du für immer eine Erinnerung daran hast.»

In Vanessas Augen traten Tränen der Rührung.

«Du bist süß, Victor! Tausend Dank!» Vanessa drückte Victor einen Kuß auf die Wange. Victor wurde verlegen.

«Bedanke dich beim Chef. Er hat das alles arrangiert. Bis morgen, Vanessa, schlaf gut!»

«Du auch, Victor, und nochmals vielen Dank. Ich habe noch nie ein so schönes Geschenk bekommen.»

Victor ließ eine glückliche, aber auch nachdenklich gewordene Vanessa zurück. Was für ein schönes Gefühl, von Wesen umgeben zu sein, die einen lieben, dachte sie, und die einem ein Weihnachtsgeschenk bereiten, das von ganzem Herzen kommt …

Piroschka Bohnsack

Weihnachtsgedanken …

Wenn der Nordwind die letzten Blätter vom Baum weht, verschwinden die letzten Sommergäste im Garten. Nur die treuen Meisen trillern noch wehmütig ihr Lied und singen dem Sommer nach. Eine Ahnung läßt sie für den kommenden Winter ein sicheres Versteck suchen. Die Kälte naht, und Frau Holle meldet sich an. Die ersten Schneeflocken fallen zaghaft vom Himmel. Die Erde wird sanft zugedeckt. Langsam kommen die Weihnachtsgedanken. Und sie eilen der Zeit entgegen. Was gibt es noch bis zum Fest der Liebe alles zu tun? Schnell noch zu Ende stricken, das Festkleid für die Kinder nähen, Kekse backen, Kerzen gießen und noch vieles mehr.

Auf dem Marktplatz steht bereits die große Edeltanne, das

jährliche Geschenk des norwegischen Volkes. Es ist Adventszeit im Jahre 1957. Ich schließe die Augen, um in die Vergangenheit und in die Zukunft zu reisen. Schon steigen die traditionellen Weihnachtsdüfte von Bratäpfeln, gebrannten Mandeln und Nüssen in die Nase. In diesem Jahr wurde ein sehr kalter Winter erwartet. Aber die tapferen Händler stellten trotzdem ihre Verkaufsstände auf, um ihr bescheidenes Angebot anzubieten und uns hier in der östlichen DDR auf das kommende Fest einzustimmen. Zaghaft erklangen einige «harmlose» Weihnachtslieder – bloß kein christliches Getue. Das war nicht erwünscht. Meine Kinder und ich gingen langsam durch die Verkaufsstände, als die ersten Schneeflocken fielen.

Die Karussells drehten sich, aus den Lautsprechern dröhnten weit über den Platz immer wieder dieselben Lieder «O Tannenbaum» – «Schneeglöckchen» usw. Schaukelpferde, Wurfbuden und ein Ponystand erfreuten die Kinderherzen. Für den Hunger gab es eine Bratwurst, für Naschkatzen Spritzgebäck und rotglasierte Äpfel. Wir Großen konnten den Glühwein genießen. Nun wird es langsam dunkel und kälter. Die Lichterketten strahlen bis in die Nacht hinaus. Wir möchten etwas kaufen, aber was? Das Angebot ist mager: einige bescheidene Textilien, Porzellankitsch, einfaches Kinderspielzeug.

Aber da hinten, was ist denn das? Ein Thüringer Händler hat sich mit seinen Pflaumenmännchen nach Rostock gewagt, und mit Erfolg erstanden wir ja auch je eine dieser Kostbarkeiten. Die Kinder sind glücklich. Was für ein Erlebnis! Backpflaumen!

Seither ist eine lange Zeit vergangen. Auch heute, im Jahr 1990, besuchen wir wieder den Weihnachtsmarkt, diesmal mit den Enkelkindern. Sie staunen. Auch heute erklingen Lieder des Christfestes, aber frei, unzensiert gehen uns «Alle Jahre wieder», «Ihr Kinderlein kommet», «O Tannenbaum» usw. ins Herz. Es ist winterlich, Schneeflocken fallen. Durch die Auslagen schlendernd, wischen wir uns heimlich die Tränen. Tränen der Freude. Welch ein Angebot! Bananen, Apfelsinen, Äpfel, Nüsse, Mandeln, Feigen, Datteln und vieles mehr. Fleisch, Wurst und sogar die Weihnachtsgans «Auguste» liegen aus. Alles, das Beste vom Besten. Doch die Farben und Glitzerpracht locken weiter. Kunstwerke aus dem Erzgebirge, Pyramiden, Schaukelpferdchen, Engelshaar, Nußknacker, Glockenspiele, sogar Spieldosen mit tanzenden Püppchen, Märchenbücher ... so etwas haben wir noch nie gesehen. Fröhliche Kinderaugen, freudige Zeit! Schnell vergehen die Stunden, und wir ziehen glücklich und zufrieden mit den erworbenen Schätzen heimwärts.

In der warmen Stube zünden wir Kerzen an und feiern Weihnacht, dabei musizieren wir und hören Bachsche Orgelmusik.

Wir schauen uns an, reichen uns die Hände und freuen uns, daß wir uns haben. Es weihnachtet, das Herz ist froh, die Seele ist frei! Es läuten die Glocken

«Christkind, komm herein!»

Wir vergessen die Kälte und die Schlangen von einst, blikken in die Zukunft und wissen, auch das «Zusammenwachsen» muß gelernt sein.

Inge Schneider-Malecki

Wiedersehen mit Papa Noël

28. Oktober – noch fast zwei Monate bis Weihnachten –, und doch liegt bereits eine große Weihnachtsüberraschung auf meinem Tisch. Der Nebel, der in diesen Tagen grau vor

dem Fenster liegt und jede Freude am bunten Herbstlaub verschluckt, lichtet sich vor meinem inneren Auge und läßt wieder das goldene Licht der Provence erstrahlen, wo ich noch vor wenigen Wochen in des Wortes wahrster Bedeutung so «Wunder-volle» Tage verbracht hatte, woran auch Papa Noël, mein französischer Weihnachtsmann, nicht schuldlos war.

Ich war im Herbst an jenen Ort zurückgekehrt, wo ich ein Jahr zuvor die zauberhafte Begegnung mit Papa Noël und den Krokussen hatte. Mein täglicher Spaziergang führte mich an jenem kleinen schmucklosen Ruheplatz vorbei, wo ich im letzten Jahr die Krokusse entdeckt hatte; Krokusse im September, und das unter der noch glühenden südlichen Sonne, die dem ausgedörrten Boden sonst kein Wachstum gewährte. Wieder blühten sie in kräftig-gelber leuchtender Schönheit, diesmal allerdings umgeben von ein paar zaghaft wachsenden Grashalmen, denn es hatte bereits ein wenig Regen gegeben. Man spürte die etwas spätere Jahreszeit. Mehr als einmal hatte ich mich dort auf der Bank niedergelassen und meinem Erlebnis mit jenem fremden Herrn, dessen faltenreiches und gütig wirkendes Gesicht sich mir so eingeprägt hatte, nachgesonnen. Wie ich hatte er sich an den kleinen Krokussen erfreut und mir mein Bemühen um ein Foto abgenommen und meinen Fotoapparat dazu, um mich mit den kleinen Wundern aufs Bild zu bannen. Bei Rückgabe des Apparates hatte er mir sein Kärtchen überreicht mit der Bitte um Übersendung eines Abzuges. Mr. Noell war sein Name, und in der Folge blieb er als «Papa Noël», der Weihnachtsmann, in meiner Erinnerung. Als dann am Heiligabend das gleichnamige französische Weihnachtslied im Radio erklang, wurde das kleine Erlebnis wieder lebendig. Obgleich das Foto unabgeschickt dalag, hatte es mich dazu getrieben, Mr. Noell ein «Bon Noël» zu wünschen. Seine Stimme, seine Freude hatten mein Weihnachtszimmer mit der Helle und Leichtigkeit der Provence gefüllt und mir einen speziellen Heiligabend geschenkt.

Meine Telefonnummer hatte er erbeten – aber dann waren mit dem neuen Jahr die Wochen durch den Wechsel der Jahreszeiten gelaufen, ohne daß ich ein Lebenszeichen von «Papa Noël» erhielt. Freilich hatte ich mich wiederum nicht entschließen können, das erbetene Foto abzusenden; ich wußte ja so gut wie nichts von ihm! Und: Sollte man kleine Weihnachtswunder der Wirklichkeit aussetzen?

Jetzt, ein Jahr später, hier auf diesem kleinen Platz, wo das Erlebnis wieder so nahe war, kamen mir Zweifel, ob ich richtig gehandelt hatte. Wie war es wohl «Papa Noël» in den verflossenen Monaten ergangen? Meine Urlaubstage gingen schon fast dem Ende entgegen, als ich eines Tages auf dem sonst immer leeren Bänkchen einen Herrn sitzen sah, offenbar in den Anblick der Krokusse vertieft. Einen Moment stockte mein Schritt, um ihn dann zu beschleunigen. Konnte es möglich sein, daß …? Nein, rief ich mich zur Ordnung, solche Zufälle gibt es nicht! Endlos schienen die paar Schritte, bis ich den kleinen Platz erreicht hatte – da hob der Fremde aus seiner Versunkenheit den Kopf – und ein gütiges Augenpaar, diesmal voller Ungläubigkeit, fiel auf mich. «Papa Noël!» Diese zwei Worte rutschten mir unversehens raus, und seine Ungläubigkeit verwandelte sich in Lachen: «Madame Crocus» – diese Anrede erschien mir nun schon vertraut – «c'est vraiment vous?» (Sind Sie es wirklich?) Er kam mir entgegen und drückte voller Wärme und Herzlichkeit wortlos meine Hände. Dann überschlugen sich die Fragen, und wie zwei uralte Bekannte saßen wir bald im Gespräch vertieft. Zum erstenmal waren nicht die kleinen Krokusse das Wichtigste – obwohl sie unsere Begegnung herbeigeführt hatten. – Er erzählte mir, daß das Schicksal in diesem Jahr hart mit ihm umgegangen sei, aber dann auch freundlich, denn nach einer langen Krankheit fühle er sich wie neu geboren. Seit die Sommerhitze vorbei ist, halte er sich eine Autostunde von hier in einem Ferienhäuschen auf, um sich einer langen, geruhsamen Rekonvaleszenzzeit hinzugeben, und wo könne man das besser als in diesem gesegneten milden Klima, wo die Lebensfreude wieder aufblüht. – Ja, damals nach Weihnachten habe er schon ein wenig auf das Foto gewartet, aber dann, als es nicht kam, habe er sich gesagt, daß ich meine Gründe dafür haben werde. Schließlich war unsere Begegnung so kurz gewesen und ganz vom Zufall bestimmt; und überhaupt, wer kenne sich schon mit sich selbst aus und wisse, warum er das eine tue und das andere lasse! Wie sprach er mir aus dem Herzen, mein weiser «Papa Noël»! – Nun aber, seit er in der Provence ist, habe er immer wieder an «Madame Crocus» und das Plätzchen hier denken müssen. So sei er heute hergefahren, um sich zu überzeugen, ob die reizenden kleinen Krokusse wiederum ihre Überlebenskraft beweisen konnten, als gutes Omen für sich. Und nun sitze sogar «Madame Crocus» neben ihm, er könne es noch immer nicht ganz glauben! War das nun auch noch Zufall? Auch ich machte mir darüber meine Gedanken! Was überhaupt ist Zufall? War nicht alles eigentlich Fügung! – Als er dann am Ende unseres langen Gesprächs seine Bitte vortrug, die mir verbleibenden Urlaubstage mit ihm zu verbringen, gemeinsam die Schönheiten dieser Landschaft zu erleben – die ihm als Franzosen noch vertrauter waren als mir und die ich bereits begonnen hatte zu lieben. Da bedurfte es keines Zögerns mehr, ich sagte zu, und meine schönsten und wundervollsten Ferientage vergingen in ungeahnter Harmonie.

Ich hatte zurückkehren müssen in den Alltag, natürlich; Ferien dauern nicht ewig, aber ein wenig von ihrem Glanz war mir in Erinnerung geblieben – und nun lag vor mir auf dem Tisch die schönste Weihnachtsüberraschung, die ich mir vorstellen konnte; ein Brief von «Papa Noël». Er schrieb, daß die Stabilisierung seiner Gesundheit gute Fortschritte gemacht habe, nicht zuletzt dank der guten Pflege seiner Schwester – ich hatte sie im Herbst noch kennengelernt –, und da ihm die Ruhe so gut tue, habe er sich entschlossen, diese mindestens bis zum Jahreswechsel in der schönen Umgebung zu genießen. Nun komme es aber vor, daß auch ein «Papa Noël» einen Weihnachtswunsch habe. Meine Zuneigung zur Provence habe er in unseren wenigen gemeinsamen Tagen herausspüren können, und so wage er die Bitte, auch im Namen seiner Schwester, die Weihnachtstage bei ihnen zu verbringen. – Weihnachten in der Provence! Ich sah das Häuschen auf dem Hügel vor mir liegen, von hohen Zypressen und weit ausladenden Pinien schützend umgeben, sich nach Süden, der Sonne hin, öffnend. Behaglichkeit hatte es ausgestrahlt, zusammen mit seinen beiden warmherzigen Bewohnern. Und nun sollte ich an all diesem teilhaben! Ich konnte es kaum fassen! Lieber «Papa Noël», du sollst deinen Weihnachtswunsch erfüllt bekommen! Seltsam, in aller Freude tauchte plötzlich ein kleines Zögern auf: Ich sah meine Weihnachtsstube, wie ich sie seit jeher zu schmücken pflegte, mit dem kleinen Bäumchen und dem duftenden Weihnachtsgebäck. Ich verstand mich selbst nicht ganz, war ich diesen Dingen so verhaftet? Aber es ging schnell vorüber! Ja, die Weihnachtsplätzchen würde ich herstellen wie in jedem Jahr, sie sollten mein kleines Gastgeschenk sein. Und dann würde ich mich all dem Neuen aufschließen, vielleicht eine ganz andere Art von Weihnachtsfest kennenlernen – und mit einem «Papa Noël» an der Seite mußte es ja schön werden!

Gerhard Bröhl

Vorweihnachtszeit 1992

Nun bin ich schon über zehn Jahre als Vormund für Kinder und Jugendliche im Jugendamt tätig.

Wie jedes Jahr will ich wieder einige der Kinder und Jugendlichen beschenken. Wünsche werden erfragt, die Geschenke besorgt und ansprechend verpackt, mit Anhängern versehen und für jeden ein Beutel mit Süßigkeiten zusammengestellt. Dann wird die Mehrzahl der Jugendlichen zum Empfang der Geschenke bei einem Gespräch mit mir eingeladen.

Dies alles trägt sich in der Vorweihnachtszeit zu. Wie schon mehrere Jahre, so ist diese Zeit wieder einmal nicht gerade von Besinnlichkeit geprägt, sondern im Gegenteil von Hektik und problematischer Arbeit. Weihnachtsstimmung will sich trotz mannigfaltigen Bemühens auch bei Kerzenschimmer, Weihnachtsliedern und -geschichten nicht so recht einstellen.

Ende 1992 ist ja auch unter anderem die Zeit der Ausländerfeindlichkeiten und der Asyldiskussion. Gerade in diesem Jahr bin ich Vormund eines nicht von den Eltern begleiteten Jugendlichen aus Angola geworden. Er spricht schon ganz gut deutsch und will auch bei uns in Deutschland bleiben. Wenn er die Schule abgeschlossen hat, möchte er gern Arzt werden.

Zu Weihnachten wünscht er sich Sachen, die er sich lieber selbst kaufen möchte. Also bekommt er das Geld ausgehändigt und will mir nach dem Kauf die Quittungen bringen.

An dem Tag aber, als wir verabredet waren, kommt mit der Dienstpost ein an mich adressiertes Päckchen. Absender ist mein Mündel aus Angola – der unbegleitete jugendliche Asylbewerber, der nun wirklich nicht über viel Geld verfügt. Neugierig öffne ich das Päckchen und lese die beiliegende

Weihnachtskarte, mit der er mir «Frohe Weihnachten und ein gutes neues Jahr» wünscht. Dann packe ich das nett in Walt-Disney-Papier eingewickelte Geschenk aus: eine schleichende Katze auf zwei Büchern aus Porzellan.

Meine Freude ist groß. Sicher, es ist nicht die erste Aufmerksamkeit, die ich als Vormund im Laufe der Jahre von einem Mündel bekommen habe – aber das ist jetzt doch etwas Besonderes in diesem Jahr.

Später an diesem Tag kommt er mit einem Freund und bringt die Quittungen. Aus meinem herzlichen Dankeschön entwickelt sich ein Gespräch über Weihnachten. Ich erzähle von der deutschen Weihnacht – wir hören dazu bei Kerzenschein Weihnachtslieder und essen Süßigkeiten. Er berichtet, daß es in seiner Heimat – zumindest bei seiner Religionsgemeinschaft – das Weihnachtsfest nicht gibt. Er wird dieses Jahr den Weihnachtsabend in einem Heim für jugendliche Asylbewerber mit seinen Mitbewohnern gemeinsam bei Julklapp, Essen und Trinken feiern.

Nachdem wir uns allgemein über Musik unterhalten haben, scheiden wir mit den besten Wünschen für den anderen voneinander.

Jetzt ist doch auch in diesem Jahr noch ein bißchen Weihnachtsstimmung bei mir aufgekommen, obwohl nicht nur in Deutschland, sondern auch im ehemaligen Jugoslawien und in Somalia die Welt aus den Fugen zu geraten scheint.

Susana Röckseisen

Ein ganz anderer Weihnachtsmann

Ein ganz besonderes Weihnachten erlebte ich vor drei Jahren, als ich mit meinen Eltern durch die Vereinigten Staaten Amerikas reiste. In Großstädten wie Los Angeles herrschte bunter Weihnachtstrubel. Vor jedem Kaufhaus stand ein «Santa Claus» mit Rauschebart und rotem Mantel, der eine große Glocke schwang und sich mit Kindern fotografieren ließ. An den Straßenrändern wurden Christbäume mit silbernem Glitzerschnee verkauft, auf Wunsch auch nadelfest aus Plastik. Aus unzähligen Lautsprechern plärrten ständig Weihnachtslieder. Die Menschen hasteten überladen mit Kartons und Tüten durch die *«malls»*, riesige überdachte Einkaufszentren, und rafften noch die letzten Geschenke zusammen.

Viel ruhiger wurde Weihnachten in Santa Fé, einer Stadt in New Mexico, gefeiert. Überall auf den Dächern und Mauern der flachen Lehmhäuser flackerten Kerzen in braunen Papiertüten und tauchten die ganze Stadt in warmes Licht. So blinzelten die unzähligen *«luminarias»* wie ein Sternenmeer in der Dunkelheit. In den Hinterhöfen wurden *«bon-fires»*, Freudenfeuer, entzündet. Diese umringten die Menschen mit Freunden und Nachbarn, faßten sich an den Händen und sangen Weihnachtslieder. Die Luft war erfüllt vom Duft der Feuer und leiser Musik.

Doch am meisten hat mich beeindruckt, wie die Indianer ihr Weihnachtsfest feiern. Heiligabend erreichten wir das Indianerdorf Santo Domingo. Sofort fiel uns auf, wie still es war. Die Straßen waren menschenleer. Nur ein Hund döste an einer Mauer.

In diese fast gespenstische Stille grollte plötzlich fernes Donnern. Wir stiegen aus dem Auto und folgen dem dumpfen Dröhnen, das sich beim Näherkommen immer mehr in rhythmische Schläge auflöste. Als wir aus einer engen Gasse bogen, öffnete sich vor uns ein riesiger Platz. Er war umringt von unzähligen Indianern. In bunte Decken eingemummelt, hockten sie auf Arkaden und Balkonen, kauerten auf den flachen Dächern und Mauern. Alle verharrten völlig reglos und schauten schweigend auf den Platz. Es schien, als wären sie in einen geheimnisvollen Zauberbann geschlagen. Niemand beachtete uns, als wir uns leise dazugesellten.

Das Trommeln kam immer näher. Schon dröhnte es wie Herzschlag in unseren Ohren. Da traten aus einer Seitengasse etwa fünfzig Musiker. Einige der Männer trugen große Holztrommeln an Riemen um die Schultern. In der Mitte des Platzes angelangt, ließen sie die Trommeln verstummen. Es war auf einmal so still, daß wir kaum zu atmen wagten.

Dann drang aus der Seitengasse geheimnisvoller Schellenklang. Und schon erschienen die ersten Tänzer. Ihre Gesichter und Oberkörper waren schwarz bemalt. Um die Schultern trugen sie Büffelfelle. Mit gesenkten Hörnern stampften sie schnaufend über den Platz, daß der Sand um ihre Füße wirbelte. Die Musiker schlugen wieder auf die Trommeln, und der Männerchor stimmte einen mächtigen Gesang an. Die Töne hallten von allen Mauern wider, so daß die ganze Luft von der Musik schwirrte.

Den Büffeltänzern folgten Tänzer mit Hirschfellen. Auf ihren Kappen wippten kleine Geweihe. Sie stützten sich mit den Armen auf lange Stöcke und staksten damit wie hochbeiniges Wild umher. Nach den Hirschtänzern traten Tänzer in Antilopenfellen auf. Sie hielten grüne Zweige in den Händen, die sie abwechselnd in alle Himmelsrichtungen schüttelten. Zuletzt kamen die Jäger mit Pfeil und Bogen. Ihr langes schwarzes Haar war geschmückt mit bunten Papageien- und Adlerfedern.

Jede Tänzergruppe bewegte sich in besonderen Schritten, je nachdem, welche Rolle sie spielte. Bei jedem Schritt schellten die abertausend Glöckchen an ihren Arm- und Fußbändern. In einer langen Prozession tanzten sie rund um den Platz, bis sich ihr Kreis schloß. Obwohl ihnen der Schweiß schon in Strömen über die bemalten Gesichter rann, sprangen die Tänzer so leichtfüßig, als würden sie nie müde werden. So tanzten sie wie in Trance, stundenlang. Es war ein großartiger Anblick: die geschmückten Tänzer, dazu der dramatische Gesang und der Herzschlag der Trommeln, rundherum die reglosen Zuschauer – mit ihren bunten Decken wie ein Tupfenkranz – und über den flachen Lehmhäusern ruhten die blauen Berge im Morgendunst.

Tief in Gedanken versunken, die Ohren noch voll Musik, gingen wir schließlich zurück zum Auto. Das Indianer-Lied wollte mir nicht aus dem Kopf gehen. Leise summte ich es vor mich hin. Deshalb erschrak ich sehr, als ich plötzlich dicht neben mir in einem dunklen Hauseingang in ein verrunzeltes Gesicht blickte. Der alte Indianer war offensichtlich genauso überrascht wie ich. Wortlos starrte er uns an. Als wir unschlüssig stehenblieben, kniff er die schwarzen Augen zusammen und musterte uns mißtrauisch. Mit einem *«Merry Christmas»* brach mein Vater das gespannte Schweigen. Der Alte zuckte zusammen und huschte zurück ins Haus.

«Wie kannst du einem Indianer nur ‹Fröhliche Weihnachten› wünschen?!» fuhr ich meinen Vater an. Ich war sicher, daß wir den alten Mann mit diesem Gruß tief verletzt hatten. Als die Europäer vor 500 Jahren nach Amerika kamen und versuchten, den amerikanischen Ureinwohnern den christlichen Glauben aufzuzwingen, haben sie so viel Unglück über sie gebracht. Deshalb dachte ich mir, daß die Indianer wohl nicht gerne an Jesus oder Weihnachten erinnert werden. Beschämt ging ich weiter.

Doch dann geschah ein kleines Wunder, das unsere weihnachtliche Stimmung rettete: Als wir gerade ins Auto steigen wollten, kam uns der alte Indianer nachgelaufen. Er legte mir eine Papiertüte in die Hände und lächelte zahnlos. Aus der Tüte duftete es wunderbar nach frischem Brot. *«Merry Christmas»*, krächzte der Alte in gebrochenem Englisch, und ehe ich mich bedanken konnte, war er schon im nächsten Hauseingang verschwunden. «Also doch ‹Fröhliche Weihnachten›!» meinte mein Vater und zwinkerte mir vergnügt zu. Da lachten wir alle befreit. Mit frohen Herzen brachen wir Stücke von dem leckeren Brot und schmausten sie auf der Weiterfahrt.

Später erfuhr ich, daß wir in Santo Domingo den Büffeltanz gesehen hatten. Mit diesem Tanz danken die Indianer dem «Großen Geist» für das Wild und die Büffel, die sie erlegt haben, und für den Regen, der auf ihre Felder gefallen ist. Auch sie feiern also ein Freudenfest – genauso wie wir die Geburt Jesu, das Geschenk Gottes an uns.

Seit diesem Tag braucht mein Weihnachtsmann keine rote Zipfelmütze und keinen langen Rauschebart mehr. Er kann auch aussehen wie dieser alte verrunzelte Indianer.

Michael Walter

Brief an die Schwester

Meine liebe Sophie!

Den gestrigen Tag sandte ich ein Päckchen mit einigen kleinen Dingen für den Heiligabend und einen Weihnachtsbrief an Euch und wird sicher die nächsten Tage bei Euch eintreffen. Der heutige Brief, den ich in einer kalten Nacht schreibe, ist nur für Dich bestimmt. So bitt ich Dich, wenn Du ihn erhalten und gelesen, verschlossen zu halten, für Augen und Ohren, welche nicht die Deinen sind.

Damit sende ich Dir auch die versprochene Feengeschichte für Deine Sammlung.

Entsinnst Du Dich noch, wie wir als Kinder im großen Garten hinter dem Haus spielten und uns an «geheimen Orten» gegenseitig Feenmärchen erzählten? Du warst, obwohl die jüngere von uns beiden, stets die beste Erzählerin und wirst, wenn Deine Sammlung an Feenmärchen weiter wächst, bestimmt einmal eine zweite Madame d'Aulnoy*.

Ach, wie wunderschön muß jetzt unser «Zaubergarten» sein. Ich stelle mir vor, er liegt unter einer dicken Schneedecke und träumt dem Frühling entgegen.

Obwohl – manchmal verwünsche ich den Winter. Er ist in diesem Jahr besonders kalt und geht doch der Ofen in meiner Kammer nicht …

Seltsam, daß der Mensch sich stets wünscht, was er im Augenblick nicht haben kann.

Dabei leide ich nichts. Im Gegenteil: Das Studium macht mir große Freude, und ich bin umgeben von vielen lieben Menschen, die versuchen, mir den Aufenthalt in der für mich fremden Stadt so angenehm wie möglich zu machen.

Und doch –

Immerhin ist es mein erstes Weihnachten ohne Euch, meine Familie.

Bitte sage dem Herrn Papa nichts von meinen Gefühlen. Ich fürchte, ihn zu verletzen, wenn er davon erführe. Ich will nicht klagen, wo es nichts zu klagen gibt.

Wien ist eine außergewöhnliche Stadt.

Gerade ist Mozarts Geist, der sie beseelte, verweht, da wendet sich Wien schon einem neuen Klangzauber zu, der von Tag zu Tag neue Freunde findet. Beethoven oder Schubert sind noch frisch im Gedächtnis, da erhebt sich eine neue Stimme. Sie gehört Johann Strauß, den man hier den «Walzerkönig» nennt.

Vor vier Jahren gründete er sein eigenes Orchester, und seitdem schlagen die Herzen der Menschen im Dreivierteltakt. Wien ist heller geworden …

Doch unter dem Schein liegt das Sein, und das ist nicht immer so lustig. Allein der Schein macht es erträglicher.

Nun muß ich Dir eine seltsame Begebenheit erzählen. Vor zwei Tagen hat sich etwas sehr Unheimliches zugetragen. Doch braucht es, damit Du die Zusammenhänge besser verstehst, eine kleine Vorgeschichte:

Die Hanslicks, bei denen ich Quartier bekommen habe, sind sehr freundliche Leute – ein kinderloses Ehepaar, das mich beinahe wie einen eigenen Sohn aufnahm.

Vielleicht sind sie etwas wunderlich: Das ganze Haus steht voll mit Uhren aller Größen. Noch nie habe ich so viele Uhren zusammen gesehen. Das ist ein Geticke und Getacke, daß es einen manchmal recht verwirrt. Herr Hanslick nämlich, mußt Du wissen, ist ein sehr künstlicher Uhrmacher.**

Nun geschah es, daß er mich vor ungefähr drei Wochen einmal mit in seine Werkstatt nahm, um mir sein Handwerk zu zeigen. Dabei kamen wir auch in ein ungewöhnliches Gespräch.

«Franz, jede Uhr hat ihr Eigenleben. Ist Ihnen das schon aufg'fallen?»

«Nein.»

«Schaun's I will Ihnen das mal erklären. Sie san a junger Bursch und fremd hier: Wir Wiener haben eine besondere Beziehung zu den Uhren – oder sagen wir lieber eing'weihte Wiener. Wir glauben, daß jede Uhr ihren eigenen Charakter hat. D. h., wir glauben's net nur, wir wissen's.

Diese Standuhr zum Beispiel, was sagt sie?»

«Ich weiß nicht. Was sollte sie sagen?»

«Ja, Sie verstehn halt die Uhrensprache net. Sie sagt: Tick – – tack – – tick – – tack – – tick – – tack. Das bedeutet, daß sie eine sehr gemütliche Uhr ist. Sie lädt ein zur Ruhe, erzählt G'schichten ...

Dagegen diese», er zeigte auf eine kleine, dafür außerordentlich kunstvoll gearbeitete Tischuhr, «sie sagt: Tick-tick-tick-tick-tick-tick-tick-tick-tick ... Das heißt in der Sprache der Uhren: Komm mit – komm mit – komm mit – komm mit –

Sie hat es sehr eilig und läßt Ihnen keine Ruhe. Viele kranke Menschen wissen vielleicht gar net, daß sie bloß krank san, weil sie solch eine Uhr besitzen.

All denen, deren Blut ruhig und geordnet fließt, fügt sie Schaden zu, denn das ewige ‹Komm mit – komm mit› geht aufs Gemüt. Denen aber, die so ab und zu einen kleinen Schubs brauchen, tut sie gut und ist die richtige ‹Gefährtin›.

Nur – Franz, das all's wissen eben nur wir Wiener.»

«Vielleicht sind Sie deshalb so lebenslustig.»

«Lebenslustig und ausgeglichen, soweit man das heutzutage sein kann – jetzt, da Fürst Metternich die Rolle einer eiligen Uhr übernommen hat.

Jedenfalls gibt es in der Familie der Uhren sogar Exemplare, die lügen. Sie sehen mich ungläubig an, aber das ist so. Es sind einige Wecker, die diese Unart besitzen. Sie sagen alle fünf Sekunden nur einmal ‹Schnarr› – das ist ein sehr langsames Tempo – und achtet man net drauf, schrillen sie so laut los, daß es einem durch Mark und Bein fährt.

Dann gibt es noch die Uhren, die Sie vor die Wahl stellen: Ticke tacke tick – ticke tacke tack – ticke tacke tick – ticke tacke tack.

Möchtest du es so – oder lieber so?

Die beste Uhr ist jene, die kontinuierlich tick-tack-tick-tack-tick-tack sagt. Sie erhält den ruhigen, steten Fluß des Blutes.

Nun, mein lieber Franz, möchten S' sicher wissen, warum ich Ihnen das alles erzähle.

Die heutige Nacht ist die Nacht vor dem ersten Advent. Das bedeutet den Beginn der Weihnachtszeit. Scharen von Wintergeistern, Elfen, Feen und anderen Dämonen, verlassen ihre Dimensionen, um unsere Nächte mit Magie aufzuladen und einen großen, bisweilen gefährlichen Zauber zu erfüllen. Wir haben hier ein Sprichwort:

‹Wenn in der Nacht die Uhren stehn,
hast du die Weihnachtsfee gesehn.›

Möchten Sie die ganze G'schichte hören?»

Natürlich wollte ich. Jetzt nämlich hatte mich Herr Hanslick neugierig gemacht.

Liebe Schwester, er verstand es, mich an seine Lippen zu bannen und all meine Sinne ganz ihm zu leihen.

Inzwischen war es in der, vorher kühlen Werkstatt, durch unseren Atem angenehm geworden. Die Dunkelheit war hereingebrochen, so daß Herr Hanslick eine (!) Kerze anzündete. Hernach nahm er wieder Platz und – Sophie, die Szene Dir zu beschreiben, fällt mir schwer.

Es war gespenstisch.

Das Licht der Kerzenflamme warf zahlreiche Schatten an die Wände und das Ticken der Uhren, deren Charakter ich nun kannte, ließ mich – schaudern.

Herr Hanslick selbst war mir nicht mehr so vertraut wie sonst. Eine Gesichtshälfte im Dunkeln, die andere in warmes Kerzenlicht getaucht, saß er mir gegenüber, und seine Stimme klang mir im Ohr bald selbst wie die einer Uhr. Schnarrend ...

Und doch hatte er nichts von seiner freundlichen Art verloren. Da war eine Vielschichtigkeit, etwas das schwer faßbar, aber stark spürbar war.

Jedoch – ich fühlte mich nicht gerade unwohl; ein wenig in die Zeit versetzt, da wir uns noch erzählten.

Ich sehe vor meinem geistigen Auge, daß ich Dich neugierig gemacht habe. Deshalb will ich auch mit meinem Bericht fortfahren:

«Vor langer Zeit», begann Herr Hanslick, «gab es irgendwo in Skandinavien einen recht eigentümlichen Weihnachtsbrauch: Am Heiligabend, wenn die Familie ihre Weihnachtsstube für die Verstorbenen mit Speis und Trank hergerichtet hatte, damit diese das Weihnachtsfest noch einmal genießen konnten, sollten sie wenigstens eine Uhr im Hause für eine Stunde anhalten. Das war wichtig, damit die Toten in der Welt der Lebenden längere Zeit verweilen konnten. Denn wie wir wissen, ist es schwer für eine Seele das Jenseits für länger, als ein kurzes Auftreten zu verlassen.

Am Heiligabend des Jahres 1529 gab es jedoch eine Frau, die das Anhalten der Uhren mutwillig versäumte.

Sie hatte eine Gesellschaft gegeben und bis spät in die Nacht hinein mit Freunden gefeiert, die ihrerseits alle Uhren in ihren Häusern angehalten hatten.

In dieser Heiligen Nacht verschwand die Frau spurlos und ward nie wieder gesehen.

Es heißt, sie sei in die Welt der Feen übergewechselt und verwünscht, den Menschen jedes Jahr in der Weihnachtszeit Gutes zu tun, an einem Ort, wo man den Brauch, den sie so schmählich mißachtete, nicht kennt; fortwährend auf der Suche nach einem Menschen, der ihr zuhört und ihre Geschichte glaubt, damit sie am Heiligabend erlöst werde.»

«Das ist ein wunderbares Märchen ...»

«Ich bin noch nicht zu Ende.

Nun behaupten die Wiener, wozu ich mich auch zählen muß, seit 300 Jahren, die Weihnachtsfee gesehen zu haben. In der Tat kennen wir den skandinavischen Brauch net. Die Fee soll immer in einer anderen Gestalt erschienen sein und angeblich jedes Jahr die Uhren einer anderen Familie zum Stehen gebracht haben …

Nur – erlösen konnte sie bisher keiner.

Und was die Uhren angeht, so hab i wirklich nach Weihnachten die meisten Reparaturen.

Franz, es ist spät geworden! I hab Sie bestimmt zu lang von Ihrer Arbeit abg'halten.»

«Oh, nein, nein, es war schon gut. So habe ich wenigstens neue Ideen.»

«Recht so, Franz. Das muß auch mal sein … I werd noch ein wenig an einem neuen Uhrwerk arbeiten. Bis später. Und – lassen S' sich von meiner Frau einen starken Kaffee kochen.»

Ich hatte soeben die Werkstatt verlassen, da mich Frau Hanslick auch schon an der Tür erwartete.

«Na! Hat mein Mann Ihnen von seinen Uhren und der Weihnachtsfee erzählt?»

«Ja, aber woher …»

«Wußt i's doch. I kenn doch meinen Mann. Er erzählt gern. Manches mag ja stimmen, aber alles dürfen S' ihm net glauben.»

«Ja, ich muß dann wieder an meine Arbeit.»

«Gehn S' nur. Der Ofen funktioniert zwar noch net – weiß Gott, wann der Kohlenhändler kommt – aber i bring Ihnen gleich einen heißen Kaffee rauf.»

So weit erst die Vorgeschichte.

Sie war schon unheimlich genug, magst Du vielleicht denken, aber es wird noch unheimlicher:

Vor zwei Tagen suchte mich Frau Hanslick abends in meiner Kammer auf:

«Franz, Sie arbeiten zuviel. Wollen S' net einmal ausgehn?»

«Ausgehn? Ich wüßte ja nicht einmal wohin und allein ...»

«Net allein. I hab das hier für Sie angenommen.»

Sie reichte mir eine Einladung zu einer Kaffeegesellschaft im Hause einer Gräfin.

«Ein junges Mädchen hat sie für Sie abgegeben. Sie hat sich net getraut, Sie selbst zu fragen.

Jedes Jahr vor dem heiligen Christfest gibt die Gräfin Zalinska eine Gesellschaft für junge Menschen, die hier fremd sind. Schaun S', sie können doch net den ganzen Tag bis spät in die Nacht hinein über Ihren Büchern sitzen. Irgendwann braucht der Geist Erholung.»

Nachdem sie mich so überzeugt hatte, nahm ich die Einladung an.

Nach einer viertelstündigen Fahrt mit dem Fiaker, erreichte ich die auf der Einladung angegebene Adresse.

Man führte mich in eine Halle, wo die Gäste bereits versammelt waren; etwa fünfzehn junge Leute, von denen ich viele von der Universität wiedererkannte.

Ich möchte mich in meinem Bericht auf das Wesentliche beschränken, da die Einzelheiten, so hübsch sie auch sein mögen, zu lange erzählt werden wollen. Und ich möchte Dich doch, meine liebe Schwester, nicht langweilen.

Die Gräfin Zalinska war eine hochgewachsene Frau mittleren Alters mit listigen, kleinen Augen und, wie sie selbst von sich sagte, mit sehr viel Verständnis für junge Menschen.

Wir wurden also auf das herzlichste begrüßt und angehalten, uns noch ein wenig zu gedulden.

Was würde jetzt kommen? Dies dachte wohl jeder – obwohl wir mit Gesprächen über Studium und andere Themen uns recht gut abzulenken verstanden.

Unsere Unterhaltung wurde durch dreimaliges Händeklatschen der Gräfin unterbrochen.

«Kommt Kinder! Kommt in die Weihnachtsstube!»

Zu unserer Rechten wurde eine Flügeltür geöffnet, die einen kleinen Saal verschlossen gehalten hatte.

Unser jugendlicher Übermut brach jäh ab; wir standen einfach da und staunten, wie in unseren Kindertagen.

In der Mitte des Saales war ein großer Christbaum aufgestellt; geschmückt mit zahlreichen Wachslichtern und – nein, ich will es Deiner Phantasie überlassen, die Einzelheiten auszumalen. Wüßtest Du sie, würdest Du vielleicht in Versuchung kommen, mein erlebtes Weihnachtszimmer mit dem Deinen zu Hause zu vergleichen. Und ich weiß, daß oftmals die Phantasie geneigt ist, mehr zu schmücken, als zu Realitäten, womit ich meine, daß sie die Wirklichkeit gern außen vor läßt, und mag dies dann schmerzlich sein.

Darum sei mir bitte nicht böse, daß ich Dir die Beschreibung vorenthalte. Es ist für den Fortgang der Geschehnisse auch nicht allzu wichtig. Und hat sogar subtile Wirkung, wenn ich sage:

Stell Dir einfach ein Weihnachtszimmer vor.

Um die Sache spannender zu machen, habe ich Dir vorher etwas verschwiegen: In der Einladung nämlich stand auch die Bitte, der Hausherrin nichts mitzubringen, als sich selbst und eine eigene Geschichte, mochte sie wahr oder erdacht sein.

Nachdem unser Leib mit den herrlichsten, weihnachtlichen Genüssen und reichlich Wiener Kaffee verwöhnt worden war, ging es an das Erzählen der Geschichten.

Da wurden Dinge berichtet, von denen nie jemand hörte: Unheimliches, Weihnachtliches, Trauriges, Erfreuendes – ein jeder von uns bemühte sich, nach Kräften etwas Eigenes, völlig Neues zu erzählen.

Als schließlich die Reihe an mich kam, erzählte ich, Du magst mir verzeihen, eines der vielen Feenmärchen aus unserer Kindheit.

Nachdem jeder seine Geschichte beendet hatte, wurden plötzlich alle Lichter gelöscht, bis auf die Kerzen am Christbaum. Eine geheimnisvolle Atmosphäre breitete sich aus und ließ uns wieder verstummen.

Im Laufe der nächsten Minuten wurden wir zu staunenden Zuhörern einer Geschichte, die uns die Gräfin selbst erzählte:

«Die Sage von der Weihnachtsfee.»

Obwohl ich sie bereits einmal gehört hatte, erschien mir alles neu. Die Gräfin wußte die Worte so magisch einzusetzen, daß sie uns in einen Zauberbann schlugen.

Hernach, als wir eine Weile darüber diskutiert hatten, wurde die Gesellschaft mit dem Anzünden der Lichter aufgehoben. Ein wenig müde, aber voller neuer Ideen schickte ich mich eben an, mit den anderen das gräfliche Haus zu verlassen, als plötzlich jemand meinen Namen rief. Kurz vor dem Eingang trat eine Dame auf mich zu, die sich als Madame Gevron vorstellte.

Sophie, ich sage Dir, nie sahen meine Augen ein schöneres weibliches Wesen als Madame Gevron. Sie mochte Anfang Dreißig sein. Goldbraune Haare umrahmten ihr zartes Gesicht, aus dem mich freundliche, dunkelbraune Augen anblickten.

Gekleidet in Schwarz, stand sie vor mir und lächelte mich an, daß mir beinahe die Sinne schwanden.

«Excusez-moi! Verzeiung, daß isch Sie einfach anspreche. Ihre Geschischte vorin at mir ser gut gefallen.»

«Sie waren auch auf der Gesellschaft?»

«Oui, Monsieur.»

«Ich ... habe Sie gar nicht gesehen ...»

«Sie se(h)en misch jetzt.»

«Ja, aber ...»

«Puis-je vous raccompagner? Darf isch Sie begleiten? Wir könnten uns dabei unteralten. Isch möschte misch aber auf keinen Fall aufdrängen.»

«Das tun Sie nicht. Im Gegenteil: es ist schön, in dieser kalten Nacht nicht allein zu sein.»

«Ja, Sophie, Du magst jetzt sehr staunen, aber ich bin diesen ungewöhnlichen Weg gegangen und habe mich von einer Dame nach Hause begleiten lassen, obwohl es doch hätte umgekehrt sein müssen.

Dabei hatte ich das Gefühl, nicht selbst zu handeln, sondern von einer fremden Kraft magischen Ursprungs geleitet zu werden. Ich weiß, das klingt schauerlich.

Du wirst Dir vorstellen können, wie wir zumute war. Ich bemerkte, daß ich völlig in Madame Gevrons Bann geraten war.

«Sie sind fremd ier – nischt wahr?»

«Ja, ich studiere.»

«Ah, l'étudiant! Was studieren Sie?»

«Musik.»

«Oh, die geheimnisvollste aller Künste!»

«Sie kommen aus Frankreich, Madame?»

«Isch abe eine ser lange Reise inter mir. Im Moment komme isch aus Frankreisch, das ist rischtig.»

Diese orakelhafte Antwort erstaunte mich etwas. Doch ließ mich Madame Gevron gar nicht erst zu längerem Nachdenken kommen.

«Wie isch vorin schon sagte, at mir Ihre Geschischte gut gefallen. Man ört an Ihrem Stil, daß Sie gern erzälen.»

«Danke. Ja, meine Schwester und ich haben uns als Kinder oft Feenmärchen erzählt.»

«Und – glauben Sie an Feen?»

«Ich ... Werden Sie mir versprechen, mit niemandem darüber zu sprechen? Ja, ich glaube an Feen.»

«Diese Tatsache scheint Ihnen unangenehm zu sein. Das muß es nischt. Der Glaube allein läßt Märchen wahr werden.»

«Sie haben sicher recht.»

«Bestimmt. – Wenn Sie also an Feen glauben, alten Sie es dann auch für möglisch, daß die Sage von der Weihnachtsfee nischt erdacht, sondern wahr ist?»

«Ja. Wir leben in einer sehr geheimnisvollen Zeit. Der Märchenglaube bewahrt uns ein Stück Kindheit.»

Wir waren in eine enge Gasse gebogen, als es neben mir still wurde, und ich mich plötzlich allein fühlte.

Als ich mich umwandte, mußte ich feststellen, daß mich mein Gefühl nicht getäuscht hatte, denn Madame Gevron war – verschwunden ... Ich mußte der Sache einfach auf den Grund gehen und ging die paar Schritte bis zur Ecke zurück – sie konnte nur in der vorigen Gasse sein – doch sie blieb fort. Ich konnte sie nirgends entdecken.

War mir Madame Gevron auch mystisch, ja sogar unheimlich erschienen, so fehlte sie mir plötzlich.

Ihren einnehmenden Blick und ihr glockenhelles Lachen konnte ich nicht vergessen.

Ich glaube, ich habe mich ein bißchen verliebt.

Nun mußte ich meinen Weg allein fortsetzen.

Als ich später den Hanslicks von der Begebenheit berichtete, meinte Herr Hanslick: «Das war ganz bestimmt die Weihnachtsfee.»

«Ach, was! Franz, lassen S' sich net von meinem Mann einschüchtern.»

«Warten wir's ab. Warten wir's ab – ob heut nacht die Uhren stehenbleiben.»

In dieser Nacht schlief ich sehr unruhig.

Gegen Mitternacht wachte ich durch einen Grund auf, den Du vielleicht nicht für möglich halten wirst.

Ich erwachte, weil die zahlreichen Uhren, die mich die erste Zeit beim Schlafen gestört hatten, *nicht* tickten.

Sämtliche Uhrwerke im Hause Hanslick – standen.

«Wenn in der Nacht die Uhren stehn,
hast du die Weihnachtsfee gesehn.»

An diesen Spruch mußte ich die ganze Zeit denken.

Was wird erst am Heiligabend geschehen?

Meine Studienfreunde, die beobachtet hatten, wie ich das Haus der Gräfin Zalinska verließ, behaupten, niemanden an meiner Seite gesehen zu haben …

Liebe Sophie, ich will nun schließen.

Solltest Du meine erdachte Feengeschichte vermissen, die ich versprach dem Brief beizulegen, so sollst Du wissen, daß ich mein Versprechen, wenn auch nicht auf den ersten Blick sichtbar, eingelöst habe.

Ich grüße Euch alle, den Herrn Papa, die Frau Mama und Dich ganz herzlich und denke viel an Euch.

Bleibe immer «meine kleine Fee».

Dein Bruder Franz

Anmerkungen:

* Madame d'Aulnoy: Marie-Catherine Le Jumel de Barneville, Baronne d'Aulnoy, 1650–1705, franz. Schriftstellerin, schrieb u.a. Feenmärchen.

** künstlicher = altmod. für künstlerischer.

Hilda Dinse

Aus war der Traum

Es war Weihnachten im Jahre 1922. Ich war acht Jahre alt, meine Schwester neun. Unsere Mutter lag im Krankenhaus. Wir Kinder wußten nicht, was ihr fehlte. Am Heiligen Abend gingen wir mit unserem Vater die Mutter besuchen.

Es war ein weiter Weg. Damals fuhr man nicht gleich mit der Straßenbahn oder mit dem Autobus. Man ging auch weite Wege zu Fuß. An das Krankenhaus kann ich mich nicht erinnern; desto mehr aber an den Rückweg. Es wurde schon dämmrig. Vereinzelt sahen wir durch die Fenster der Wohnungen die Lichter an den Tannenbäumen brennen. Wir hatten keinen Tannenbaum, über den wir uns hätten freuen können.

Wir Kinder wurden müde, und die Füße taten uns weh ... Um uns etwas aufzumuntern, sagte unser Vater: «Wenn Mama wiederkommt, bringt sie etwas mit.» Wir rieten nun hin und her, was das wohl sein könnte; aber Vater sagte nur immer wieder: «Nein, das ist es nicht.» Als wir nun gar nichts mehr zu raten wußten, sagte unser Vater: «Es ist etwas Lebendiges.»

Nun wußte ich, daß manche Leute zu Weihnachten Gänsebraten essen. Ach, ich hätte auch so gerne Gänsebraten gegessen; aber der war für uns unerschwinglich. Eine leise Hoffnung stieg in mir auf. Sollte Mama vielleicht eine Gans mitbringen?! «Papa», fragte ich, «bringt Mama eine Gans mit?» – «Nein», sagte er, «sie bringt ein kleines Mädchen mit.» Aus der Traum vom Gänsebraten. Eine kleine Schwester war geboren.

Jeanette Esch
Klasse 9 c 1

Vorfreude

Wenn die Tage kürzer werden
denk' ich nicht ans Robbensterben.
Auch an Aids denk ich nicht gern,
ich freu' mich auf den Weihnachtsstern.

Wenn die Tage kürzer werden,
weiß ich, uns're Wälder sterben.
Das Ozonloch stört mich kaum,
ich freu mich auf den Weihnachtsbaum.

Wenn die Tage kürzer werden
in aller Welt die Kinder sterben.
Sie haben nicht einmal ein Haus,
ich freu mich auf den Weihnachtsschmaus.

Stefan Heinrichs
Klasse 9 c 1

Weihnachten heute

Viele Menschen auf der Welt
denken in der Weihnachtszeit nur an Geld.
An Geschenke, Süßigkeiten, ach wie fein,
aber wie mag es bei den Menschen
in den Notgebieten sein?
Sie haben nicht einmal ein Stück Brot,
und in der kalten Weihnachtszeit
beginnt für sie die Not.

In der Weihnachtszeit ist es üblich
sich zu freuen und zu lachen.
Die armen Menschen müssen sich nur Sorgen machen.
In manchen Teilen der Erde gibt es Menschen,
die sich für Gott bekriegen,
anstatt sich in der Weihnachtszeit zu lieben.

Ist das denn eine normale Welt?
Nein, Schuld ist, wie gesagt, das Geld!

Sandra Hucks
Klasse 9 c 1

Ist das wirklich Weihnachten?

Ist Weihnachten wirklich die schönste Zeit im Jahr?
Ist das denn wirklich wahr?
Ist das denn wichtig?
Und ist alles, was wir machen, richtig?

Dieser Streß heute und morgen
macht uns jedes Jahr Sorgen!

Was braucht denn die Tante für Geschenke?

Man bedenke!

Dieser Streß auf den Straßen
bringt uns immer ins Rasen.
Ein Gedränge in den Läden,
da kommt es häufig zu Schäden.
Viele Menschen streiten sich heute
mit großen Taschen um die Beute.
Ist das der Sinn
bei dem Gewinn?
Hast du schon gehört,
was viele stört?

Viele Menschen kaufen, laufen um die Sachen.
Was will man damit denn bloß machen?
Ist das Schenken denn gar so wichtig?
Ist das geplante Geschenk denn auch richtig?

Ist das der Sinn
bei dem Gewinn?

Weihnachten, wo bist du?
Leg dich nicht zur Ruh!
Denn das Licht auf Erden
soll uns're Hoffnung werden.

Ja, *das* ist der Sinn!!

Patrick Vorgerd
Klasse 9 c 1

Wie sieht Weihnachten wirklich aus?

In der Weihnachtszeit wird es christlich und bunt,
und überall sieht man einen lächelnden Mund.
Doch die Welt ist anders, sie ist gemein.
Die Skinheads verbrennen das Ausländerheim.

In Jugoslawien fliegen die Fetzen,
da geht es echt rund.
Es wird geschossen und zerstört ist der Bund.
Die Führer schrien: «Wir wollen Krieg!»
Erringen kann aber niemand den Sieg!

Der Dauerkrieg muß enden, wir wollen nicht mehr.
Wir brauchen Hilfe, Christus muß her.

Ulf Heimann
Klasse 9 c 1

Die Welt zu Weihnachten

In einer Zeit,
in der die Gewalt regiert,
in der die Bösen herrschen und
in der die Umwelt zerstört wird,
kann man nicht leben.

In einer Zeit,
in der sich sogar Kinder gegenseitig töten,
in der die Kinder der Dritten Welt verhungern und
in der das Geld regiert,
kann man da denn leben?

In einer Zeit
wo zu Weihnachten nicht gesungen wird,
wo zu Weihnachten nur gegessen und
getrunken wird und
wo die Kinder zu Weihnachten mit Geschenken
überhäuft werden,
wie soll man da leben?

Es wird Zeit, daß wir etwas ändern!

Wolfgang J. Hochhaus

Madonna von Stalingrad!

Am Vormittag des ersten Heiligabend nach dem ‹Fall der Mauer› stand ich wartend und frierend vor der Kaiser-Wilhelm-Gedächtniskirche in Berlin. Ein eisiger Wind toste und trieb ein Gemisch von Schnee und Regen über den Platz. Mich schubberte, wie wir in Ostpreußen sagten. Um mich herum lärmendes Treiben, hastende Menschen, hupende Autos.

«Kein sehr gemütlicher Ort, den Egon mir als Treffpunkt vorgeschlagen hat», dachte ich und schlug meinen Mantelkragen hoch. Egon ist mein früherer Kriegskamerad und Freund. Wegen der Teilung, er West, ich Ost, hatten wir uns jahrzehntelang nicht gesehen, aber ständig Briefe und Fotos ausgetauscht. Unsere Freundschaft entstand in schwerer Zeit. Als blutjunge Rekruten begegneten wir uns 1940 in einer Ausbildungskompanie, zogen gemeinsam in den Krieg und durchlitten den ganzen Jammer als «Frontschweine». Erst Stalingrad trennte uns. Heute nun sollte es ein Wiedersehen geben. «Warum aber», so fragte ich mich, «so umständlich hier an der Gedächtniskirche? Dazu dieses Sauwetter!»

Egons Ankunft unterbrach meine Gedanken. Er kam im Rollstuhl, bremste und streckte mir lachend beide Hände entgegen. Natürlich wußte ich, daß er nicht gehen konnte, aber so unvermittelt konfrontiert, erschreckte es mich. Er bemerkte meine Verwirrung und überspielte die Situation mit der lakonischen Bemerkung: «Mein Panzer, Heinz! Zwar kein Tiger, aber immerhin das modernste Gerät auf seinem Gebiet, und, gottlob, ohne Kanone!» Wir dienten seinerzeit bei einer Panzertruppe. Ich umarmte ihn so gut es ging und entgegnete: «Ich bin auch nur noch ein zahnloser Tiger, mein Alter!»

Egon fröstelte und drängte zum Aufbruch. Er fuhr vorweg, ich eilte hinterher, und dann befanden wir uns zu meinem Erstaunen in der Kirche. Welch ein Kontrast! Eben noch Verkehrslärm, Kälte und Nässe, nun Stille und Wärme. Ein unwirkliches Licht sickerte durch die lila getönten Kirchenfenster, wohltuend für Auge und Herz. Vor dem Altar verharrten wir, Christus schaute auf uns herab, und mir wurde richtig feierlich zumute. Egon rollte nach rechts ab, ich folgte – und traute meinen Augen nicht. Vor uns hing die ‹Madonna von Stalingrad›.

Dasselbe Bild, vor dem wir beide – ich überlegte – vor genau siebenundvierzig Jahren standen. Richtiger gesagt, ich stand, Egon aber lag mit blutverschmierten Verbänden an den Beinen auf einer Trage zum Schlitten umfunktioniert, und wir starrten die Madonna an, eine Kohlezeichnung, die in einem Lazarett hing, wo ich hoffte, Hilfe für meinen Freund zu finden. Vergeblich, wie in vielen Lazaretten davor. Überall herrschten die gleichen drang- und grauenvollen infernalischen Zustände. Mit Egon im Schlepp war ich über Eis und Schnee gezogen, beide frierend und hungernd. Auf einem Verbandsplatz erhielt er nur eine erste Wundversorgung – vor Tagen! Kraftlos und verzweifelt fiel ich damals vor der Madonna nieder und heulte. Egons Hand fühlte ich tastend auf meiner Schulter und hörte ihn mit schwacher Stimme sagen: «Laß gut sein, Heinz! Uns hilft niemand mehr. Wir krepieren hier für Großdeutschland.» Ich aber sah, durch Tränen hindurch, das Kind auf dem Bild, in Liebe geborgen wie im Mutterleib. Ich las die Umschrift: Licht! Leben! Liebe! Weihnachten 1942! In mir stieg neue Kraft hoch. Ich raffte mich auf, packte die Leine der Trage und sagte trotzig: «Noch leben wir!»

Mein nächstes Ziel war der Flugplatz Pitomnik, obwohl ich oft hörte, daß dort katastrophale Verhältnisse herrschen sollten und die Chance für Verwundete, ausgeflogen zu werden, gleich Null war. Trotzdem, eine winzige Hoffnung. Man sprach davon, daß es Heiligabend war. Vielleicht führte uns das Christkind, zwar auf einem Leidensweg, aber jedenfalls zum Flugplatz. Ein wüster Ort. Zwischen haufenweise zerbombtem Gerät zahllose Verwundete und Tote. «Keine Hoffnung», ging es mir bei der Einschätzung der Lage durch den Sinn. Resigniert und bekümmert schaute ich auf das herrschende Chaos, derweil ich meine Hände in den Hosentaschen wärmte. Mein Diebesgut fiel mir in die Hand. Vor einigen Tagen, auf der ständigen Suche nach Eßbarem, fand ich in einem Depot eine Kiste voller Orden. Einen davon steckte ich einfach so, ohne besondere Absicht, ein. Vielleicht reizte mich das bunte Halsband, wo in unserem farblosen, tristen Leben Grautöne allerorts dominierten. Einer Eingebung folgend, hängte ich Egon dieses Ritterkreuz um. Nun prangte es in leuchtenden Farben auf seiner dreckigen Uniform. Vorsorglich nahm ich ihm das Soldbuch ab und redete beschwörend auf ihn ein: «Das Ding muß weg, verstehst du? Lag in der Schreibstube beim Spieß wegen der Ordenseintragung. Dann Volltreffer! Alles klar?» Er nickte.

Wenig später stoppte uns ein Feldgendarm mit angeschlagener MP. Heute noch sehe ich sein feistes Gesicht. Er raunzte mich an: «Hau ab hier!» Dann aber schaute er verdutzt auf das Ritterkreuz. «Dein Kumpel?» Sein lauernder Blick warnte mich. «Jetzt nur keinen Fehler machen», dachte ich und antwortete: «Nee, kenn den nich. Führ nur ’nen Befehl vom Oberst aus. Der Heldenheini», ich wies mit einer Kopfbewegung auf Egon, «soll drei Panzer geknackt haben. Vorm Gefechtsstand. Lage bereinigt, wie man immer sagt. Das hat er nun davon», ich zeigte auf die Beine. «Wird genauso krepieren wie wir.»

Der Brocken im Schafpelz richtete wieder seine MP drohend auf mich und bellte: «Wie sprechen Sie von einem Ritterkreuzträger?» und drohend: «Zieh Leine, sonst ...», und er machte mit seiner MP eine wegscheuchende Bewegung. Ich bemerkte den müden Abschiedswink von Egon und schleppte mich davon. Der Kettenhund brüllte hinterher: «Wie heißt der Oberst?» Ich wankte weiter. Über uns donnerte gerade eine Ju zum Landeanflug hinweg, und ich schrie meine ganze Wut heraus: «Du kannst mich mal! Du Etappenschwein. Blöder Hund! Kettenhund!» Das tat mir gut, zumal er in dem Gedröhne nichts verstand.

All das ging mir durch den Sinn, beinahe wie ein Filmablauf, als wir nun vor dem Bild standen. Richtiger, ich stand, Egon saß. Mit tränenumflortem Blick las ich wieder: Licht! Leben! Liebe!

Im Jahr 1954 gehörte ich zu den sogenannten Spätheimkehrern. Kehrte jedoch nicht heim, von wo ich einst ausgezogen war – nämlich von Königsberg. So gelangte ich nach Wismar, wo meine Eltern nach ihrer Flucht ein neues Zuhause fanden. Die Verhältnisse waren zu jener Zeit dürftig, aber irgendwie würde es schon wieder werden, meinte ich. Hatte ich doch auf wundersame Weise den Stalingrader Kessel und die Gefangenschaft überlebt. Wenn ich damals verzagt war und glaubte, «nun geht's nicht mehr weiter, laß dich fallen, Junge!», dann erschien vor meinem inneren Auge das Bild der Madonna und gab mir neuen Mut.

Daß Egon Berliner war, wußte ich, und ich kannte auch die Anschrift seiner Eltern in Zehlendorf. Doch brauchte ich Jahre, bis ich die Kraft besaß, an sie zu schreiben. Und dann, o Wunder!, erhielt ich einen langen Antwortbrief von – Egon! Viel hatte er zu berichten und dankte mir für meine selbstlose Hilfe in Stalingrad, besonders aber für meinen Trick mit dem Ritterkreuz. Es verhalf ihm tatsächlich zu einem Platz im Flugzeug.

Schweigend verharrten wir in Erinnerungen versunken immer noch vor der schlichten Kohlezeichnung. Egon ergriff meine Hand, drückte sie und sagte mit unsicherer Stimme: «Laß gut sein, Heinz! Wir leben! Nun ab nach Potsdam. Meine Hanna wartet mit 'ner Weihnachtsgans auf uns.»

Alfred W. Henkmann

Der Krämer Mispelhorn

In Altona geboren, wuchs ich zum größten Teil in Eimsbüttel auf. In der Henriettenstraße. Schräg gegenüber von unserem Wohnhaus befand sich im Parterre ein Kolonialwarenladen, den führte der alte Krämer Mispelhorn. Allein, denn er war zu der Zeit, von welcher ich erzählen will, schon seit längerer Dauer Witwer.

Der Krämer Mispelhorn war ein echtes Original, lang und dürr, die Brille meistens in die Stirn geschoben; er trug eine bräunliche Krämerjacke und handelte außer mit Kolonialwaren auch noch mit Wurst und Speck und Eiern und Käse. Und! – Er schrieb an! Nicht aus reiner Gutmütigkeit, sondern aus berechtigtem Konkurrenzgefühl, denn fast alle kleineren Läden schrieben damals an. In den ärmeren Gegenden natürlich, und die Henriettenstraße gehörte damals auch dazu.

Damals, das war 1938. –

Auch ich mußte beim Krämer Mispelhorn oft anschreiben lassen, mein Freund Zippel Zäpfelkern für seine Mutter auch.

Wir waren beide zwölf Jahre alt und richtige kleine Strolche, wann immer wir den alten armen Krämer Mispelhorn ärgern konnten, taten wir es. Streiche, gewiß, aber manchmal waren diese Streiche schon keine Streiche mehr, sondern richtige üble Bubenstücke. Über die Einzelheiten möchte ich lieber nichts sagen, nur so viel: Wir Lausebengels waren manchmal richtig gemein. Von einem bösen Bubenstreich durch Zippel Zäpfelkern und mich, den Krämer Mispelhorn betreffend, möchte ich doch erzählen.

Weihnachten 1938. Am Mittag des Heiligen Abends, die Schule war früh aus gewesen, vertrieben der Zippel und ich uns ein wenig die Zeit durch Herumtreiben und schlichen schließlich zum Laden des Krämers Mispelhorn. Nur so. – Der Krämer hatte seine Ladenfront zur Henriettenstraße, sein Wohnzimmer in der Wohnung hinter dem Laden lag mit zwei Sprossenfenstern zum Hinterhof hinaus zu ebener Erde. Eines der Fenster stand offen, wir spähten vorsichtig hinein, wußten Mispelhorn noch vorn im Laden, und siehe da! Was sahen wir! – In der Mitte der halbdunklen Stube stand auf einem kleinen Tisch ein kleiner, fein geputzter Tannenbaum! Mit bunten Kugeln, weißen Wachslichtern, einer silbernen Spitze, und das Bäumchen trug Lametta im Haar!

Wir staunten. Ein Tannenbaum für einen ganz allein?

Und dann taten wir etwas ganz Böses.

Wir stiegen in die Wohnstube des Krämers Mispelhorn, rissen den liebevoll geschmückten kleinen Tannenbaum vom Tisch, zertraten die Kugeln, zerbrachen die Lichter und rissen dem Bäumchen die Zweiglein aus. Da hörten wir Schritte!

Mispelhorn!

Eiligst sprangen wir aus dem Fenster und rannten atemlos davon. – Das war ein Streich, was?

Eine Heldentat!

Und das am Heiligen Abend. –

Ein paar Stunden später trafen wir zwei Lümmel, schon auf die eigene Bescherung wartend, uns noch einmal auf der Straße wieder. Zippel Zäpfelkern, mein Freund, schien ziemlich bedrückt, und auch ich hatte ein ganz schlechtes Gewissen.

Wir sprachen über unseren üblen Streich, schämten uns plötzlich fürchterlich und überlegten, wie wir das alles wieder gutmachen könnten. Wenn es überhaupt noch ging. –

Was tun? Gleich kam die Idee! –

Zuerst brauchten wir einen Tannenbaum. –

Aber vorher Geld! Geld brauchten wir! Unsere Taschen waren leer, woher also nehmen? Die Spartöpfe! Droben in der Wohnung!

Nix wie rauf! Ohne daß unsere Eltern etwas merkten, sie waren ja auch mit Weihnachtsvorbereitungen vollbeschäftigt, plünderten wir unsere Sparbüchsen und zählten unten auf der Straße das Geld zusammen. Donnerwetter! Fünf Reichsmark und zwanzig Pfennige! Viel Geld damals für zwei zwölfjährige Buttjes.

Ob das reichen würde? Für einen neuen Baum und so?

Gleich sausten wir los! Der nächste Tannenbaumstand war nicht weit weg, gleich am Heußweg.

Der Tannenbaumhändler war noch da! Zum Glück, denn wer kaufte denn jetzt, kurz vor der Bescherung, noch einen Baum? – Wir.

Der Mann gab uns einen Meterbaum für fünfzig Pfennige. Fichte natürlich. Edeltannen standen damals nur bei wohlhabenden Leuten. In Blankenese und so. Einen vierarmigen Holzfuß gab uns der Händler noch kostenlos dazu. Nun ab in die nächste Drogerie! Tannenbaumkugeln, Spitze, Kerzenhalter, Kerzen und Lametta! Macht zusammen? «Vierachtzig», sagte der Drogist. Fehlten zehn Pfennige. «Ist schon gut», sagte der Drogist, und: «Fröhliche Weihnachten!»

Fröhliche Weihnachten. – Die wollten wir nun unserem Krämer Mispelhorn bescheren. Wir schlichen mit unseren Schätzen zu seinem Laden, der war schon geschlossen, denn es ging auf fünf Uhr.

Dunkelheit, Bescherungszeit.

Am Laden vorbei durch den Hausflur. Links die Haustür. Schild daran: Mispelhorn. Wir stellten den Baum vor seine Tür, schmückten ihn fieberhaft, zündeten die Lichter an, klingelten – und blieben beklommen stehen.

Schritte schlurften, die Tür ging auf, und da stand er nun, der alte Krämer Mispelhorn. –

Atemlos sahen wir ihm zu. Er hob bedächtig das brennende Weihnachtsbäumchen hoch, drehte sich um und trug es schlurfenden Fußes in seine Stube. –

Dann kam er zurück, sah uns lange an, lächelte dann und sagte: «Fröhliche Weihnachten, ihr lieben Jungen.» –

«Fröhliche Weihnachten, Herr Mispelhorn!»

Zippel Zäpfelkern und ich haben den Krämer Mispelhorn nie wieder geärgert. –

W. Wolfgarten

«Bin unterwegs»

Eine wahre Nikolausgeschichte

Immer wieder drehte sie das Telegramm ihres Mannes aus Frankfurt an der Oder in ihren vor Aufregung zitternden feuchten Händen hin und her; immer wieder las sie mit tränenumflorten Augen die knappen, inhaltsschweren, erlösenden Worte: «Bin unterwegs», Worte, die alles Glück dieser Welt beinhalteten, auf die sie so lange gewartet, die sie so innig herbeigesehnt hatte und die nun, immer wieder tonlos über die bebenden Lippen gemurmelt, langsam die Mauer zwischen Traum und Wirklichkeit abzubauen und einem Begreifen, Verstehen und Erfassen dieses Glücks Platz zu machen begannen.

Es war der Nikolausabend des Jahres 1949, zu der Zeit, als endlich die Massen der russischen Kriegsgefangenen in ihre Heimat zu ihren Lieben heimkehren konnten. Alles Hoffen und Bangen, alle Entbehrungen und alles Leid der daheim Wartenden und der Heimkehrenden würde nun bald ein Ende finden. Hätte es ein schöneres Geschenk des Nikolaus geben können?

Zur gleichen Zeit rollte unser Heimkehrer in einem Sammeltransport durch die sowjetische Besatzungszone der Demarkationslinie entgegen. Noch war er «unterwegs», noch war er nicht am Ziel. War doch so mancher vorher noch dicht vor der Grenze von der NKWD aus dem Transport heraus- und abgeführt worden. Eine letzte, bange, unruhige Nacht voller Ungeduld und sorgenvoller Ungewißheit auf den Pritschen einer Turnhalle unmittelbar vor der Zonengrenze trennte ihn noch von der endgültigen, sicheren Freiheit. Die Späße eines «Väterchen Frost», der mit Musik, Spiel und Antifa-Parolen zur Unterhaltung unter einem schreiend bunten «Weihnachtsbaum» aufgeboten war, vermochten die Zeit nicht zu verkürzen und die Heimkehrer nicht fröhlicher und lockerer zu machen.

An Schlaf war nicht zu denken. Kein Wunder, daß schon vor dem ersten Morgengrauen alle bereitstanden, den letzten kurzen Weg zur Zonengrenze im Fußmarsch anzutreten, begleitet von wenigen Wachtposten, aber vielen Bewohnern des kleinen Dörfchens, die auf ein Stückchen Brot aus unserer Marschverpflegung hofften.

Eine erwartungsvolle Stille lag über der Marschkolonne, die langsam weiterzog, bis plötzlich vor aller Augen eine Eisenbahnunterführung wie ein Tor weit offen sichtbar wurde, in der laut rufend und winkend ein Geistlicher stand: «Hierher! Hierher! Willkommen in der Heimat!»

Wie ein elektrischer Funke sprangen die Rufe auf die bisher so stumpfsinnig dahin Marschierenden über, und mit einem Schlag begann in großen Sätzen ein Rennen, ein Stupsen, ein Hasten, ein Wettlauf bis an und durch die Unterführung hindurch in die Freiheit! Ein überschäumendes Glücksgefühl machte sich lautstark Luft, wie von Sinnen tanzten und sprangen, riefen und schrien alle durcheinander, umarmten sich und boxten aufeinander ein, als wollten sie sicher sein, daß alles kein Traum, sondern Wirklichkeit sei. Pelzmützen, Wattejacken und vieles andere für einen Gefangenen sonst so «Wertvolle» flogen, weil jetzt ja nicht mehr notwenig, auf einen sich hoch auftürmenden Berg von echtem Plunder. Hinter dem Bahndamm standen reihenweise große, moderne, saubere Busse – welch ungewohntes, erstes neues Erlebnis! –, die alle aufnahmen und über saubere Straßen durch saubere Dörfer in das Lager Friedland brachten.

Der Tag im Lager verging mit Registrierung, Entlausen und Baden, ärztlicher Untersuchung, mit Befragungen über die Lager, ihre Führung, über Kranke, Verstorbene und Vermißte, mit dem Empfang von Entlassungspapieren und Marschverpflegung und vor allem mit einem ersten direkten Telefonat mit den Lieben daheim sehr schnell und doch noch viel zu langsam.

Gegen Abend stand endlich der Sonderzug Richtung Westen, nach Duisburg, bereit. Man machte es sich in den Abteilen bequem, und mit der hereinbrechenden Dunkelheit begann sich dann bei dem gleichmäßigen, eintönigen Rattern des rollenden Zuges die Spannung der letzten Tage und Wochen zu lösen und einem ruhigen tiefen Schlaf Platz zu machen.

War der Schlaf doch nicht so fest gewesen? Es war Nacht. Wie spät mochte es sein? Man spürte, wie die Fahrt sich verlangsamte, glaubte Menschenstimmen zu hören und Musikfetzen einer Blaskapelle in der Ferne. Hellwach war man im

Nu, riß die Abteilfenster auf und – o Wunder! Ganz, ganz langsam rollte der Zug in einen großen hellerleuchteten Bahnhof ein; eine freudig rufende, winkende, gestikulierende Menschenmenge füllte Kopf an Kopf dicht gedrängt den großen Bahnsteig; weiter vorne spielte eine Blasmusikkapelle Weihnachtslieder, Heimatlieder. Mit einem leichten Ruck stand der Zug, die Türen flogen auf, und eine Begrüßungswelle von Mensch zu Mensch voll unvorstellbarer Herzlichkeit und Freude rollte über die Menschenmenge hinweg.

Worte der Begrüßung, des Dankes, des Jubels in den Lautsprechern wurden von den Stimmen einer überschwenglichen Freude übertönt, Geschenke in einer Überzahl und Vielfalt wurden in die Abteile gereicht, man hatte nicht Hände genug, sie alle anzunehmen. Und siehe da! Vom Anfang des Zuges her bewegte sich langsam an den Abteilen vorbei ein kleiner offener Plateauwagen, von einem geduldig braven Eselchen gezogen und von kräftigen Pagen begleitet. Darauf stand in seinem vollen Bischofsornat ein echter Nikolaus, der Paderborner Erzbischof Dr. Jäger. Mühsam bahnte sich das Gespann den Weg durch die Menge, der Nikolaus-Bischof nach allen Seiten segnend und grüßend, Hände schüttelnd, zusätzliche Geschenke austeilend, für jeden freundliche Worte und fromme Wünsche findend. Ja! Das war der leibhaftige Nikolaus, der an seinem Festtag gekommen war, die Heimkehrer selbst zu begrüßen.

Mitternacht war es auf dem Bahnhof von Paderborn geworden, und plötzlich wurde es still im weiten Rund; der Bischof sprach ein Dankgebet, das «Vaterunser» und erteilte allen nochmals seinen bischöflichen Segen; da war wohl keiner, der nicht mitgebetet hätte. Und kaum war das Amen verklungen, da stieg aus tausenden Kehlen wie ein Orkan das «Großer Gott, wir loben dich» in den dunklen, klaren Nachthimmel der Heimat empor. Da wurden selbst den härtesten und abgestumpftesten Plennys die Augen feucht; die Stimmen drohten zu versagen, und immer wieder mußte man heftig schlucken, um Haltung und Fassung nicht zu verlieren. Die ungeheure Spannung der letzten Tage und Wochen begann sich vollends zu entladen und baute sich rasch in einem befreienden tiefen Auf- und Durchatmen bis zur nun glücklichen inneren Gelassenheit und Ruhe ab. Die Heimat hatte uns wieder, wir hatten die Heimat wieder. Die Menge hielt noch eine Weile aus, begann sich dann langsam zu zerstreuen, die Türen wurden geschlossen, und der Zug rollte wieder weiter der Heimat entgegen. Noch war man «unterwegs». In der Frühe des nächsten Morgens fuhr man über den Rhein, und nun trennten nur noch wenige Kilometer und wenige Stunden den Heimkehrer von seinem Ziel: seiner Familie. Eine Odyssee ging zu Ende, als er endlich Frau und Kind überglücklich in seine Arme schließen konnte. Er war nicht mehr «unterwegs», er war am Ziel. – Vorerst!

Unsere Nikolausgeschichte geht hier zu Ende; die unseres Heimkehrers aber geht weiter, schon einundvierzig Jahre lang. Die Worte seines Telegramms: «Bin unterwegs» begleiten ihn sein Leben lang – bis Gott ihm einst, wer weiß, wie bald, sein Endziel setzt. – Dann ist er endlich heimgekehrt.

Georg Brix

Weihnachten in Angeln

Mein großer Bruder, meine beiden jüngeren Schwestern und ich hatten eine sehr schöne Jugend. Wir wohnten bei unseren Großeltern. Mein Großvater besaß damals, es war in den dreißiger Jahren, eine Gastwirtschaft. Das war im äußersten Norden unseres Heimatlandes Angeln. Für Ahnungslose ist es die

Landschaft zwischen der Schlei und der dänischen Grenze an der Ostseeküste in Schleswig-Holstein. Die Gastwirtschaft selbst lag in einem großen Wald. Nur schräg gegenüber gab es noch einen kleinen Bauernhof. Der Ort hieß Husbyries; ein alter plattdeutscher Name. Er bedeutet «Haus beim Wald». Meine Eltern waren in dem Wirtshaus mit angestellt.

Um die folgende Geschichte besser zu verstehen, möchte ich das Haus genauer beschreiben. Unten zu ebener Erde war die Gaststube, eine Küche und ein Eßzimmer, wo wir Kinder auch immer spielten. Im anderen Flügel des Hauses befand sich ein Telefonzimmer mit dem ganz alten Apparat mit einer Kurbel; daneben lag der Sängersaal. Dort tagte während meiner Kinderzeit jeden Montag der Gesangverein «Fidelitas von 1842». Wenn man den Sängersaal durchquerte, kam man in den großen Saal. Der wurde im Winter mit zwei großen gußeisernen Öfen beheizt. In der ersten Etage waren die Schlafräume, die nicht beheizbar waren. Mein Bruder und ich hatten ein kleines Schlafzimmer und mußten in einem Bett zusammen schlafen. Das Zimmer selbst diente noch meinen Großeltern zum Waschen. Zur Körperpflege gehörte ein Waschtisch mit einer Marmorplatte. Auf derselben stand eine große Waschschüssel aus Porzellan mit dem dazugehörigen großen Henkeltopf, in dem das Wasser zum Waschen aufbewahrt wurde. Auf dem Fußboden befand sich ein Eimer für das gebrauchte Wasser. Dann war oben noch das Schlafzimmer meiner Eltern. Dort hatten auch meine Schwestern ihr Bett. Gleich nebenan war ein Gästezimmer und dahinter das Zimmer für die beiden jungen Mädchen. Sie waren im Haushalt und in der Gastwirtschaft mit angestellt.

An der Straßenseite des Hauses befand sich eine Durchfahrt. Hier konnten die Bauern mit ihren Pferdegespannen, im Winter mit dem Schlitten, an einer Seite hereinfahren und nach Beendigung des Besuches am anderen Ende wieder hinausfahren. In der Durchfahrt befanden sich Befestigungsmöglichkeiten für die Pferde mit den dazugehörigen Krippen für das Futter.

Ich möchte noch erwähnen, daß vom Frühjahr bis zum Herbst immer vier Hengste vom Landgestüt Traventhal in einem besonderen Gebäude untergebracht waren.

Einen Tag vor Heiligabend gingen Vater und Großvater in den zum Haus gehörenden Wald. Die für Weihnachten bestimmten zwei Tannen hatten sie schon Tage vorher ausgewählt; sie mußten eine Mindesthöhe von 3 m haben. Eine wurde im großen Saal neben der Bühne aufgestellt und die zweite dann am Nachmittag des Heiligen Abends in die Gaststube gebracht. Dort fand dann am Abend auch die Bescherung statt.

In der Küche lagen dann immer zwei große fangfrische Dorsche auf dem Tisch. Diese gab es abends zum Festessen – gekocht – mit Kartoffeln, Buttersoße und Meerrettich. Mein Großvater machte sich gerne über die Fischköpfe her. Dort sollte das beste Fleisch sitzen. Ich war immer ganz stolz, wenn ich davon etwas abbekam. Mein Wunsch war es, auch so groß und stark wie mein Großvater zu werden.

Einmal hatte ich eines unserer Mädchen dazu gebracht, mit den Fingern die spitzen und scharfen Zähne der Fische zu prüfen. Im selben Augenblick schlug ich mit meiner kleinen Faust auf das Maul des Fisches, so daß der Finger dazwischen saß und anfing zu bluten. Beinahe wäre für mich das Fest schon gelaufen gewesen.

Zur Kirche am Nachmittag des 24. Dezembers fuhren wir in das Nachbardorf mit dem Schlitten. Schnee lag bei uns zu Weihnachten immer. Unten im Fußraum des Schlittens war alles mit Stroh ausgelegt, um die Füße warm zu halten. Das Pferd hatte extra ein Geschirr mit Schellen und bunten Verzierungen. Die Hufeisen bekamen Stollen eingeschraubt, um ein Ausgleiten zu verhindern. Durch das Geläute der Schlitten wurden Fußgänger von dem Nahen des Gespanns gewarnt. Am Schlitten waren vorne rechts und links Laternen, in denen Wachskerzen brannten. Es war immer sehr romantisch, was wir Kinder aber damals gar nicht so mitbekamen. Für uns war das «Schlittenstehen» viel schöner. Dabei standen wir an der Seite des Schlittens auf den Kufen und suchten mit den Händen einen Halt. Bei der Rutschpartie, wobei das Pferd meistens im Trab lief, stob der Schnee an unseren Schuhen und Hosenbeinen hoch. Dabei wurde dann abgesprungen und bei einem Gespann, das schneller war und uns überholte, wieder aufgesprungen. Das war auch das Vergnügen für uns Kinder den ganzen Winter über, so daß wir oft gewaltige Strecken von Dorf zu Dorf zurücklegten.

Wir hatten auch eine eigene Technik entwickelt, um im Winter eine gute Fläche zum Schlittschuhlaufen zu haben. Dafür hatten wir im Herbst eine Wiese mit Senke erkoren. Um die Wiese trocken zu halten, war sie mit einer Drainage zum nächsten Graben mit den früher üblichen kleinen Tonrohren versehen. Wir haben dann im Spätherbst den Abfluß des Rohres mit Lumpen verstopft. Wenn im Winter alles unter Wasser stand und sich eine dicke Eisschicht gebildet hatte, wurden die Lumpen mit einer Stange, an deren Ende sich ein Nagel befand, entfernt. Dann lief das noch nicht gefrorene Wasser unter der Eisfläche heraus, so daß diese sich senkte und wir dadurch eine wunderbare gewölbte Bahn – ähnlich eines großen Tellers – hatten, auf der es sich besonders gut Schlittschuh laufen ließ.

Wenn wir Heiligabend – bei uns wurde immer Weihnachtsabend gesagt – von der Kirche zurückkamen, wurde in der Durchfahrt alles für den Besuch des Weihnachtsmannes vorbereitet. Der Esel, der den Schlitten des Weihnachtsmannes ziehen mußte, sollte ja auch nicht hungern. Er bekam Stroh, Heu und einen Eimer voll Wasser hingestellt. Früher glaubten wir Kinder länger an einen Weihnachtsmann, als es heute so üblich ist. Das Schöne war, daß unser Glaube dadurch in jedem Jahr wieder neu gestärkt wurde; denn nach der Bescherung gingen wir immer in die Durchfahrt, um uns zu vergewissern, ob auch alles seine Richtigkeit hatte. Ja, er war wieder mit seinem Esel dagewesen. Vom Stroh und Heu hatte der Esel gefressen und einen Teil des Wassers aus dem Eimer gesoffen und verschüttet. Auch seine Hinterlassenschaft in Form von apfelgroßen Bällen lagen auf dem Boden. Daß dieselben aber aus dem Pferdestall mit einer Schaufel dorthin gebracht wurden, haben wir erst gemerkt, nachdem wir schon einige Jahre zur Schule gingen.

Für uns Kinder war Weihnachten immer das schönste Fest des Jahres, woran wir uns heute noch gern erinnern.

Tobias Tantius

Weihnachten im All

Leise zischend ging die Metalltür zur Seite. Ich betrat mein Abteil. Leise verschloß sich die Tür wieder.

Stille!

Nur das gleichmäßige Brummen des Raumschiffes war zu hören. Ich ging langsam durch den metallenen Raum. Dann setzte ich mich vor den Computer.

Es war der 24. Dezember 2150 der alten Zeitrechnung. Meine Füße legte ich auf den Metalltisch und gab meine Hausaufgaben ein. Es war die Wiederholung der letzten Geschichtsstunde. Während ich sprach, sah ich mich in meinem Abteil um.

Der Raum war dunkel. Nur einige Kontrolleuchten blinkten in meiner Kabine. Ein Lichtstrahl fiel durch den Raum. Draußen im All sah ich irgendeinen Mond. Ein Meer von Sternen umgab den leuchtenden Planeten.

Ich stoppte mit den Hausaufgaben und versank in die Unendlichkeit. Mein Blick galt den Sternen. Ich dachte an mein Leben. Seit meiner Geburt hatte sich hier nichts verändert. Ich lebe seit siebzehn Jahren in diesem Schiff. Ich bin einer von vielen Generationen.

Ich bin einer der wenigen, letzten Menschen.

Seit vielen Jahren sind wir auf der Suche nach einem Planeten, auf dem wir leben können. Ich spüre die Kälte, die mich durchzieht.

In der Geschichtsstunde hatten wir es wieder einmal gehört. Der Aufbruch der Menschheit ist in der Geschichtsstunde immer ein langes Thema. Ich kann mir die Vergangenheit sehr gut vorstellen. Es muß ein grausamer Kampf gewesen sein. Ein Kampf auf Leben und Tod. Die Menschen flüchteten von ihrem Planeten, der Erde!

Es waren keine Kriege, keine Krankheiten und keine fremde Macht, die der Grund für die Flucht waren. Es waren die Menschen selbst!

Die Sonne vernichtete die Erde durch ein Loch in der Ozonschicht. Panik brach unter der Bevölkerung aus. Der Überlebenskampf begann.

Bald war ein Raumschiff fertig, das vielen Familien Platz bot. Auch Tiere, Pflanzen und das Menschheitswissen nahmen sie mit. Dann begann eine Reise in die Unendlichkeit – ins Ungewisse. Jahre vergingen, und eine Generation löste die vorangegangene ab. Bald kannten diese wenigen Menschen nur noch das Raumschiff. Die Erde wurde zur Vergangenheit und zu einer Legende. Nur Filme und Microchips bewiesen uns, daß es den blauen Planeten wirklich einmal gab.

Ich ließ meinen Blick kreisen. Der Weltraum war dunkel und kalt. Ich dachte an die Bilder von der Erde, die ich im Schulsektor sah. Dieser Planet mußte fantastisch gewesen sein. Es gab wildlebende Tiere und Pflanzen aller Art. Es gab Vehikel mit Benzinantrieb, riesige Städte und viele verschiedene Sitten und Gebräuche.

Nach der alten Zeitrechnung wäre heute wieder ein Tag, an dem ein bestimmtes christliches Fest gefeiert würde. Die Menschen auf der Erde nannten es Weihnachten. Es war erstaunlich, wie man damals zu feiern wußte. Aus den alten Filmen weiß ich, daß man sich zu diesem Fest beschenkte. Die Menschen beteten zu Gott und waren froh dabei. Auch die Natur soll einen bestimmen Zweck dabei erfüllt haben. Aus gefrorenem Wasser fiel etwas vom Himmel, das sie Schnee nannten. Schnee, was für ein seltsames Wort das ist. Auch Weihnachten ist seltsam.

Hier auf dem Raumschiff sind die meisten Feiern und Gebräuche verlorengegangen. Das ist schade.

Mir bleibt nur der kalte, dunkle Weltraum. Ich werde in den Schulsektor schleichen und mir ein Filmband vom blauen Planeten ansehen. Vielleicht kann ich sogar einige meiner Freunde vom Weihnachtsfest anstecken.

Weihnachten im All, das wäre schön. Und den Schnee, den denken wir uns dann.

Ich drehe mich um und verlasse den Raum.

Viele, viele Jahre später!

Ich bin der einzige, der diesen Gedanken und die Hoffnung an ein Weihnachtsfest hat. Niemand anderer denkt wie ich. Nur in meinen Gedanken lebt die Vergangenheit.

Jetzt bin ich achtzig Jahre alt. Ich habe aufgehört, die Jahre zu zählen, in denen ich versucht habe, meinen Kindern und Enkelkindern von Weihnachten zu erzählen. Aber sie gehören einer neuen Generation an. Wenn es mich nicht mehr gibt, verschwindet das letzte Stück Weihnachten bei den Menschen auf unserem Schiff. Dann existiert es nur noch auf den Filmbändern und Microchips.

Vielleicht aber sitzt irgendwann wieder jemand vor seinem Bullauge seines Abteils und schaut ins All. So, wie ich es damals tat. Und vielleicht denkt gerade dieser Jemand an seine Geschichtsstunde und an sein Leben auf diesem Schiff und … an das Weihnachtsfest.

Ich wünschte mir das so sehr. Mein Leben geht zu Ende. Bald bin ich ein Teil der kalten Galaxie, ein Teil der Geschichte!

Wilhelmine Weißenbrücher

Ein Wunsch geht in Erfüllung

Einmal das Adventssingen in Salzburg, der Mozartstadt zu erleben, war ein langgehegter Wunsch von uns. Vor vier Jahren nun hatten wir endlich die Gelegenheit dazu. Eine Reisegesellschaft machte es möglich. Vier Tage Salzburg mit Eintrittskarte ins Große Festspielhaus.

Wir erlebten ein wunderschön verschneites Salzburg. Für uns ein Wintermärchen. Wir kamen in einem guten Hotel unter, es war so richtig heimelig, alle Räume waren warm, gemütlich und dezent vorweihnachtlich geschmückt. Am anderen Morgen, nach dem gemeinsamen Frühstück, brachte uns der Bus ins Stadtinnere.

Diese Stadt ist zu jeder Zeit ein lohnendes Ziel. Aber die Winterpracht und die fast überall überschwenglich liebevoll geschmückten Häuser und Schaufenster überstiegen unsere Erwartungen. Überall Tannengirlanden, geschmückt mit Blumen und edlen Bändern. Große Menschenscharen zogen durch die Straßen, schauten, staunten, kauften und freuten sich sichtlich. Über der geschäftigen Stadt mit den Brücken über die Salzach, dem Schloß mit dem Mirabellgarten, dem Dom, den vielen Kirchen und schönen Häusern, steht stark und trutzig die Feste Hohensalzburg. Wir besuchten in der Getreidegasse auch das Mozarthaus und wandelten durch die, einmal von dem Musik-Genie und Familie genutzten, liebevoll erhaltenen und bewahrten Räume.

Auf allen verfügbaren Plätzen der Stadt, auch auf dem Residenzplatz am Dom, boten Weihnachtsmärkte ihre vielseitigen weihnachtlichen und praktischen Sachen an, zur Freude von jung und alt.

Wir erlebten ein abendliches Blaskonzert vom Turm des Domes. Auch besuchten wir eine Krippenausstellung. In mehreren Etagen waren kleine und große Kunstwerke an Krippen aus vielen verschiedenen Ländern ausgestellt. An einem Abend erlebten wir ein wunderbares klassisches Konzert, welches uns Studentinnen und Studenten der Musikakademie boten, das uns sehr beeindruckte.

Am Sonntag nahmen mit uns viele Gläubige an der Heiligen Messe im Dom teil. Der Gottesdienst wurde durch die Darbietungen eines großen Chors untermalt und stimmte uns fast unbewußt auf das eigentliche Ziel unserer Reise ein, denn am Abend sollte nun das Adventssingen im Großen Festspielhaus stattfinden.

Abends betraten wir voller Erwartung dieses Haus. Unzählig viele Menschen hatten das gleiche Ziel. In den Wandelgängen begegneten wir neben einigen Gästen, wie uns, vielen, vielen Einheimischen, die alle in Trachten erschienen waren. Die Damen in kostbaren Kleidern, die Herren in ihren hübschen Trachtenanzügen. Erwartungsvoll und stolz sahen sie alle aus. Es war ja sozusagen *ihre* Veranstaltung.

Im weiten Raum über der Bühne hatten etliche Chöre, auch alle in Trachten, Platz genommen. Sie sollten das Spiel auf der Bühne musikalisch begleiten. Das Spiel begann. Ein kleiner Junge wollte wissen, was eigentlich Weihnachten geschehen war. Die Eltern erzählten es ihm, wie sie es aus der Bibel kannten. Nachts träumte der Kleine dann davon, was auf der Bühne in Form einer Aufführung dargestellt wurde. Er sah, wie der Engel der Maria erschien und ihr weissagte, sie würde ein Kind gebären, eben das Jesuskind. Er sah, wie Maria und Josef nach Betlehem wanderten und keine Herberge fanden. Er sah die Hirten auf dem Feld und den Stern, der über dem Stall leuchtete. Und immer, wenn eine der Begebenheiten auf der Bühne vorgetragen worden war, ertönten von den verschiedensten Gruppen wundervolle Adventslieder, Choräle oder Musikinstrumente. Ein ganz festlicher, zu Herzen gehender Zusammenklang zwischen Bildern und Musik.

Nach Beendigung der Aufführung erfolgte ein ganz besonderer Schlußpunkt. Bei der wundersamen Musik des Andachtsjodlers erhoben sich alle Anwesenden und summten dankbar und ergriffen mit.

Da ist nichts mehr hinzuzufügen, *unser* Traum wurde wahr!

Kurt Mielke

Das Steckenpferd

In dem alten Kinderweihnachtslied «Morgen, Kinder, wird's was geben», singen wir mit einer Zeile: «Wißt ihr noch vom vor'gen Jahr, wie's am Weihnachtsabend war?»

Oft aber gehen, an den Advents- und Weihnachtstagen, die Erinnerungen «Jahrzehnte» zurück.

Meine Erinnerung: mehr als ein halbes Jahrhundert.

Es war Weihnachten 1943. Ich war damals ein Junge von knapp fünf Jahren. Es war das letzte Weihnachtsfest, das wir in unserer ostpreußischen Heimat feierten. Im darauffolgenden Jahr ging die Kriegswalze über dieses Land, und Flucht und Vertreibung ließen die Heimat in eine Ferne tauchen, die der «Eiserne Vorhang» als unerreichbar besiegelte.

Wie ein Geschenk müssen wir es ansehen, daß nun, nach mehr als fünfundvierzig Jahren, Grenzen gefallen sind und man das Land seiner Kindheit wieder besuchen kann. Ich bin jetzt schon oft dort gewesen und russische Menschen, die jetzt dort wohnen, sind mir zu Freunden geworden.

Zurück aber zum Weihnachtsfest 1943, in Pillupönen Kreis Stallupönen.

In unserer Region bescherte nicht der Weihnachtsmann am Heiligabend, sondern es kam das Christkind.

Still und unerkannt legte es in der Nacht zum ersten Weihnachtstag Geschenke unter den Tannenbaum.

Als ich am Wihnachtsmorgen erwachte, fiel mein erster Blick auf den Tannenbaum, und unter ihm stand das von mir so sehnlich gewünschte Steckenpferd.

Ich war voller Glückseligkeit! –

Wenn ich heute daran denke, dann habe ich diese Situation eines «Kinderglücks» noch vor Augen.

Die glitzernden Kugeln und leuchtenden Kerzen am Baum verzauberten dieses Glück ins unendliche.

Weihnachten zu Hause! –

Schön, daß einem niemand diese Erinnerung rauben kann.

Als wir dann im Herbst 1944 die Heimat verlassen mußten, konnte ich mein Steckenpferdchen nicht mitnehmen, weil andere Dinge – so sagte Mutter – wichtiger waren. Es sind dann viele Tränen geflossen.

Fünf Jahrzehnte sind darüber vergangen! –

Vor ca. zwanzig Jahren habe ich schon einmal Freunden davon erzählt. Als dann mein Geburtstag folgte, stand an meinem Geburtstagstisch ein Steckenpferd. Sie hatten sich diese schöne Idee einfallen lassen.

Wieder war es für mich das schönste Geschenk, weil damit soviel kindliche Erinnerung verbunden war.

Im Treppenhaus meines Pfarrhauses steht nun das «neue Steckenpferd», und es erinnert daran, daß man auch einmal Kind war, mit kindlichen Hoffnungen und Wünschen.

Als ich im Jahr 1990 das erste Mal wieder in der Heimat weilte und auch in unserer alten Wohnung war, erinnerte ich mich an Weihnachten des Jahres 1943.

Ich sah in Gedanken den Christbaum in der Ecke des Zimmers stehen und darunter auch mein über alles geliebtes Steckenpferd.

Heinz Hamm

Weihnachtsapfel und Neujahrsbäumchen

In meinem kleinen Heimatdorf in den Waldecker Bergen gab es noch in meiner Jugend eine schöne Sitte, die wohl ursprünglich auf heidnische Vorstellungen zurückging, uns Kindern aber deutlich machte, daß Weihnachten nicht am Abend des zweiten Weihnachtstages zu Ende war. Doch ich muß der Reihe nach erzählen und will versuchen, auch nichts auszulassen.

Auf dem bunten Weihnachtsteller, den wir alljährlich unter dem Christbaum fanden, lag meistens obenauf ein besonders schöner Apfel. Der stammte immer vom gleichen Baum, war sehr fest und fing erst um die Dezembermitte an, dunkelrot zu werden. Keinem von uns Kindern wäre es eingefallen, diesen Apfel aufzuessen, denn er hatte einen ganz bestimmten Zweck.

Am dritten Weihnachtstag, bei uns wurden die Tage «zwischen den Jahren» alle noch als Weihnachtstage gezählt, am dritten Weihnachtstag also machte man sich auf und brachte diesen Apfel seinem Paten oder seiner Patin.

«Onkel, ich bringe dir meinen Weihnachtsapfel», war der vorgeschriebene Satz.

Der Pate nahm den Apfel an, und das Patenkind gab ihn gern, weil es wußte, daß er wieder zu ihm zurückkam. Das war dann am Neujahrsmorgen, wenn man der Patentante oder dem Patenonkel ein gutes neues Jahr wünschte und sein Neujahrsbäumchen bekam.

Ich selber hatte das Glück, daß mein Großvater auch mein Taufpate war, und so habe ich viele Male zuschauen dürfen, wie so ein Neujahrsbäumchen entstand.

Wenn Opa in seiner Werkstatt verschwand, um sein Taschenmesser, dieses vielseitige Wunderwerkzeug, auf dem uralten Wetzstein zu schärfen, dann stieg Großmutter auf den Dachboden und holte ein Säckchen mit besonders schönen Haselnüssen, die sie vorausschauend vor der weihnachtlichen Nußknackerei gerettet hatte.

Großvater brachte von draußen einen gut gewachsenen Buchsbaumzweig mit und setzte sich dann in seinem Sessel zurecht, um mit Geschick und Geduld das Neujahrsbäumchen entstehen zu lassen. Der Buchsbaumzweig wurde in die Blüte des Apfels gesteckt, und dann mußte probiert werden, ob der Apfel auch genug Standfläche hatte, um das Bäumchen zu tragen.

Mit seinem scharfen Messer schnitt Großvater darauf die Spitze einer Nuß ab und spaltete die Schale ein wenig auf. In den schmalen Ritz wurde ein Buchsbaumblättchen geklemmt. Das war eine mühevolle Geduldsarbeit und mußte so oft wiederholt werden, bis zwölf Nüsse am Bäumchen hingen, für jeden Monat des neuen Jahres eine.

Ich hatte nichts dagegen, wenn ab und zu eine Nuß aufplatzte, denn dann bekam ich den Kern und durfte ihn aufessen. Meine Sorge war nur, Großvater könne einmal die Geduld verlieren, ehe mein Bäumchen fertig war. Das ist aber zum Glück niemals der Fall gewesen!

Wenn ich dann am Neujahrstage die Großeltern besuchte, um ihnen «Glück und Gesundheit zum neuen Jahr» zu wünschen, bekam ich meinen Weihnachtsapfel zurück mitsamt dem schmucken Neujahrsbäumchen. In meinem Apfel steckte auch immer noch ein «Neujahrstaler», das war ein blankgeputztes Fünfmarkstück. Es wanderte in meine Sparbüchse, «damit mir im ganzen Jahr nie das Geld ausgehe», wie Oma erklärend sagte.

So stand das Neujahrsbäumchen noch auf der Fensterbank, wenn der Weihnachtsbaum längst abgeräumt war. Fiel eine Nuß von selber herunter, durfte man sie essen und sich insgeheim etwas wünschen.

Zu Lichtmeß aber, am 2. Februar also, mußte das Bäumchen weichen, und die letzten Nüsse wurden geknackt. Dann war Weihnachten endgültig vorbei.

Ich habe oft darüber nachgedacht, wie diese Sitte wohl entstanden sein könnte. Der Apfel als Symbol der Liebe und des Lebens, der immergrüne Buchsbaum als Zeichen der Beständigkeit und die Nüsse als Abbild des täglichen Brotes hatten bestimmt eine tiefe Bedeutung. Eine gesicherte Erklärung fand ich aber weder durch eigenes Nachdenken noch in klugen Büchern. Doch ungeachtet dessen haben unsere Kinder auch ein Neujahrsbäumchen bekommen, und jetzt bewahren unsere Enkel ihren Weihnachtsapfel für den gleichen Zweck auf.

Nun bin ich der Großvater, und ich erinnere mich gern an die Neujahrsbäumchen meiner Kindheit, die zu einem einzigen Bild zusammengewachsen sind, denn das Nußbäumchen war ein fester Bestandteil unserer Weihnachtsfeste.

Karl Keller

Familienfeste

Die Feste des Jahres wurden bei uns zu Hause wirklich schön gefeiert. Da wir auch eine im ganzen noch ordentlich funktionierende katholische Familie waren, spielten die Kirchenfeste natürlich eine primäre Rolle. Katholisches Brauchtum wurde daher sehr gepflegt.

Das fing schon mit dem *Namenstag* an. Man feierte nämlich nicht so sehr den Geburtstag, sondern vielmehr den Namenstag des Heiligen, dessen Namen man trug. Deshalb habe ich auch heute noch ein irgendwie gestörtes Verhältnis zum Geburtstag. Aber am 4. November, dem Namenstag des Hl. Carl Borromäus, saß ich als Kind vor einem mit einem bunten Blumenkranz verzierten Teller und mußte Geschichten aus der Heiligenlegende wissen, die ich selbstverständlich vorher gelesen hatte und die mir als Wegweisung fürs Leben dienen sollten. Daher weiß ich heute noch viel aus dem Leben des Hl. Carl Borromäus, des Pest-Erzbischofs von Mailand.

Später begriff ich, daß dieser Brauch, den Namenstag des Heiligen zu feiern, direkt auf den altrömischen Geniuskult und -glauben zurückgeführt werden kann.

An *Ostern* – nachdem wir in den Tagen der Karwoche sehr eifrig an den zahlreichen Liturgien in der Kirche teilgenommen hatten – verstanden es unsere Eltern sehr gut, in uns Kindern Osterfreude zu erzeugen. Das fing am Ostersonntagmorgen mit dem Suchen der vom Vater im Garten versteckten Ostereier und des Schokolade-Osterhasen an – dabei konnten Eier auch auf Bäumen in Astgabelungen gefunden werden – und hörte mit dem sog. «Schurgeln» der gekochten und buntgefärbten Ostereier auf Wiesen oder im Wald auf. Dies geschah im Rahmen eines für die ganze Familie verbindlichen Osterspaziergangs. Wie schade war es doch, und welcher Kummer für eines von uns Kindern, wenn gerade sein Ei dabei «zerdeppert» wurde. Manchmal schmuggelte mein Vater auch ein sog. «Lege-ei» oder ein «Stopf-ei» (beide aus festem Material) unter die Ostereier und hatte sein diebische Freude daran, wenn wir Kinder uns vergeblich bemühten, es aufzuklopfen.

Beim *Erntedankfest* (Anfang September) stolzierten wir Kinder aus dem Hause Keller stets mit den schönsten Erntekränzen, die an einem Stab hoch oben hingen, in die Kirche und zur Erntedankprozession. Da baumelten dann über unseren Köpfen Karotten, Kartoffeln, Lauch u. a. Gemüse. Einmal hat mir meine Mutter sogar einen kleinen Gugelhupf-Kuchen an den Kranz gehängt. Darauf war ich besonders stolz. Denn auf die Gugelhupf-Idee war keine andere Mutter gekommen.

Weihnachten – das schönste aller Feste, war für uns Kinder ein unvergeßliches Erleben. Das verdanken wir den Eltern, und soviel ich weiß, haben alle ihre Kinder diesen Brauch, wie er sich am Heiligen Abend bei uns vollzogen hat, in ihre eigenen Familien – mehr oder weniger – übernommen und fortgesetzt.

Das Weihnachtsfest wurde bereits in der Adventszeit vorbereitet.

Basteln – Mutter selbst war hierin unser großes Vorbild – und gemeinschaftliches Singen an den Abenden stimmten auf das kommende Fest ein.

Was habe ich selbst doch Krippen gebaut!

Auch mein älterer Bruder Adolf, der so früh in Rußland Umgekommene, war ein meisterhafter Krippenbauer. Bei einer Krippenausstellung bekam er einmal einen Preis.

Einmal habe ich selbst eine so große und schwergewichtige Krippenlandschaft gebaut, daß zwei ausgewachsene Personen benötigt wurden, um sie am Hl. Abend in der Wohnstube aufzustellen. Sie hatte Naturfelsen aus rotem Sandstein und fließendes Wasser, das im Rundlauf ein Bächlein und einen See speiste. Leider fiel diese besonders schöne Krippe später im Krieg den sog. Entrümpelungsaktionen im Speicher zum Opfer, die wegen der möglichen Brandbombengefahren von Amts wegen angeordnet worden waren.

Am Hl. Abend hatte Vater den mütterlichen Auftrag zu erfüllen, mit uns Kindern am Nachmittag einen Weihnachtsspaziergang zu machen. Oft führte Vater uns Kinder dann in den Wald, der am 24. Dezember, wie uns Kindern schien, ein besonderes Fluidum hatte. Alles war weihnachtlich, die Bäume und die Tiere. Besonders schön war es, wenn es bereits geschneit hatte oder gerade schneite. Die Assoziation zu dem uns bekannten Weihnachtslied: «Leise rieselt der Schnee, still und starr liegt der See ...» war sodann sofort in uns wach. Dies schien uns schon die halbe Weihnachtsfreude zu sein.

Wenn wir dann, etwa um 15 Uhr, wieder nach Hause kamen, hatte Mutter bereits alles vorbereitet. Aber die gute Stube blieb für uns Kinder noch immer verschlossen. Dort, so wußten wir, stand bereits der mit silbernen Kugeln, Lametta, Kerzen und Weihnachtsgebäck geschmückte Weihnachtsbaum, darunter stand die Krippe, der alte gußeiserne Ofen war bereits seit der Frühe angeheizt und wärmte nun bis zum Abend die Stube auf.

Dann wurden wir Kinder gewaschen bzw. gebadet (von 15–16 Uhr) und in Sonntagskleider gesteckt. Um diese Zeit etwa hörten wir von unten ein erstes, noch sehr weit entferntes Läuten oder Klingeln. Jedenfalls glaubte ich, daß es Engel(-chen) seien, die in Begleitung des Jesuskindleins, d. h. Christkindchens, von Haus zu Haus gehend oder schwebend, klingeln würden. Und wir waren brav wie nie während des ganzen Jahres. Mutter äußerte dann so nebenbei, man müsse sich jetzt gut vorbereiten, denn das Christkindlein käme bald auch zu uns, es habe sich ja bereits angekündigt. Wir Kinder übten daher unsere Gebete und Sprüchlein, die Mutter mit uns während der Adventszeit auswendig gelernt hatte. Die Spannung stieg immer mehr, bis dann, etwa um 17 Uhr, ein lautes Klingeln erfolgte und Mutter uns sagte, daß jetzt das Christkind auch zu uns gekommen sei.

Mutter öffnete die Tür zum Treppenhaus – wir wußten dabei nicht, ob das Christkind unten im ersten Stock oder bereits oben in unserer Wohnung sei –, und wir Kinder, meine Schwester Martha und ich – die älteren Kinder standen von uns unbemerkt im Hintergrund – sie waren ja bereits «aufgeklärt», hatten also keinen Kinderglauben mehr – knieten auf der Türschwelle zum Gebet nieder. Wir beteten beide angstvoll um die Wette, sangen ein kurzes Weihnachtslied – Mutter sang mit – und beteuerten unser absolutes Gutseinwollen für das nächste Jahr.

Ich habe letzteres einige Jahre offensichtlich besonders dramatisch vorgetragen, so daß die älteren Geschwister, wie ich sehr wohl bemerkte, insgeheim doch lachen mußten. Der Grund für dieses mein Verhalten war wohl, daß ich einmal im Kindergarten – so im Alter von fünf Jahren – vom Knecht Ruprecht als «Bösewicht» mit der Rute gezüchtigt worden war und nun befürchten mußte, daß mir ähnliches wieder passieren könnte.

Nach diesem Ritual – von meiner Mutter hintergrundsleise gesteuert –, bei dem wir übrigens nie ein «sinnlich faßbares Christkind» erblickt haben – es erfolgte also bei uns Kindern keinerlei Desillusionierung –, kam es zur Bescherungsszene. Mutter sagte: «Ei, das Christkind war da» oder ähnliches, und öffnete die Tür zur Wohnstube. Vater hatte inzwischen die Kerzen des Christbaums entzündet, und wir mußten zunächst dieses Bild – Christbaum und Krippe – in uns aufnehmen. Dann sangen wir alle vor der Krippe eines der alten und schönen Weihnachtslieder, zumeist aber das Lied: «Stille Nacht, heilige Nacht ...» Erst dann durften wir Kinder uns unseren Geschenken widmen. Als Geschenke aber gab es fast nie etwas, was gekauft, aus einem Laden stammte. Meistens waren es Basteleien oder von der Mutter gehäkelte bzw. gestrickte Wollsachen (wie Handschuhe, Zipfelmützen, Hausschuhe u. ä.)

Erst viel später erfuhren wir Kinder, wer eigentlich das «läutende Christkind» gewesen war. Vater war es gewesen, dessen jeweiliges rechtzeitiges Weggehen und Wiederauftauchen von uns Kindern nicht bemerkt worden war. Zum Klingeln nahm er dabei die eisernen Schürhaken aus Großmutters Küche.

Fazit: Wenn auch die Verursachungsmittel rein «irdisch» waren, so erzeugten sie bei uns Kindern doch stets eine «himmlische Illusion».

Das Weihnachtsfest wurde mit einem Gang der Familie zur mitternächtlichen Christmette abgeschlossen.

Werner Schmitt

Unser Goldenes Buch

In den fünfziger – und sechziger – Jahren war ich etliche Jahre an der Volksschule des schmucken Schifferdorfes Haßmersheim am Neckar als Lehrkraft tätig. Am Ende eines jeden Schuljahres war es üblich, daß die Schülerarbeiten eines Jahrgangs an die Kinder als deren Eigentum zurückgegeben wurden. Meist landeten auch teilweise sehr feine Aufsatzniederschriften neben anderem im heimischen Altpapier und waren dann unwiederbringlich verloren. Das betrübte mich oft, weil immer wieder Schülerarbeiten verschleudert wurden, die es nach meiner subjektiven Meinung wert waren, gesammelt zu werden, um sie vielleicht einem größeren Kreis zugänglich zu machen.

Eines Tages hatte ich einen Gedanken: Unser Goldenes Buch! – In ihm sollten «bemerkenswerte» Schüleraufsätze gesammelt werden, damit sie nicht am Schuljahrsende wie bisher verlorengingen. Oft waren es gerade nicht Niederschriften mit dem Prädikat einer besonders guten Zensur – nein –, «bemerkenswerte» Aufsätze sollten es sein, die von den Kindern und Jugendlichen freiwillig und (zugegeben!) auch mit ein wenig Stolz in «Unser Goldenes Buch» mit «peinlicher» Schönschrift eingetragen wurden. Muß man noch sagen, daß manchmal auf Elternabenden oder Klassenfesten das Gemeinschaftswerk der Schüler der «Interessenpunkt Nr. 1» war, wenn es dann von Hand zu Hand ging und darin geblättert und gelesen wurde?

Weihnachten 1956 war gerade vorbei. Da geriet auch die nachfolgende Aufsatzniederschrift einer dreizehnjährigen Schülerin in «Unser Goldenes Buch»:

Am Heiligen Abend

Das Weihnachtsfest stand vor der Tür. In den letzten Tagen wurden in allen Häusern die Geschenke zur Bescherung hergerichtet. Auch in unserer Familie war es nicht anders. Hinter verschlossenen Türen hörte man Papier rascheln, leises Geflüster, Schranktüren gehen, ja, man vernahm im Haus manche geheimnisvollen, festlichen Laute.

Endlich, ja, endlich war der Heilige Abend da! Klopfenden Herzens stand ich mit meinen Eltern und mit meiner Schwester vor der Tür des Wohnzimmers. – Die Tür ging auf –, da sah ich den strahlenden Lichterbaum. Während ich ins Weihnachtszimmer eintrat, dachte ich: «Der Christbaum kommt mir vor wie eine Krone. Es ist, als ob dieser Baum, mit dem Kerzenschein umgeben, diesen Abend, der so hoch und heilig ist, krönen würde.»

Nun stimmte mein Vater das Lied «Stille Nacht, heilige Nacht» an. Ich war im Innern gerührt von dem Lied. Und da fühlte ich nur einen einzigen Wunsch in meinem Herzen: «Immer ganz lange vor dem Weihnachtsbaum stehen, um Lieder zu singen zur Ehre Gottes.» In mir war ein Gefühl, das ich noch nie gespürt hatte. Es war mir, als wenn der Heiland erst dieses Jahr als kleines, hilfloses Kind zur finsteren, dunklen Welt gekommen wäre.

Meine kleine Schwester trippelte ungeduldig auf den Füßen. – Endlich durfte sie an den Gabentisch treten und ihre Geschenke auspacken. Auch ich öffnete meine Geschenke und freute mich sehr darüber. Danach setzte ich mich in einen Sessel und nahm ein Buch zur Hand. Aber ich las nicht! – Ich dachte nur an die große Erniedrigung, die Gott aus Liebe zu den Menschen vollbrachte, indem er als kleines Kind zur Welt kam. – Noch lange blieb ich diesen Abend wach, um in die Christmette um Mitternacht zu gehen. Als die Glocken des Kirchenturms feierlich läuteten, betrat auch ich mit vielen anderen Menschen mit einem dankbaren Herzen das Gotteshaus.

Rosamunde Sp . . ., 7. Klasse

Wen wundert es da, wenn nach vier Jahrzehnten Tätigkeit der Pädagoge «i. R.» manchmal in der dunklen vorweihnachtlichen Zeit am heimeligen Kamin sitzend und in «Unserem

Goldenen Buch» blätternd gesteht, daß er dabei im Gemüt eine stille Freude und beglückende innere Angerührtheit verspürt, wenn die Botschaften der gesammelten Niederschriften seiner ehemaligen Schüler zu ihm sprechen? – O ja –, um uns wächst schon eine bemerkenswerte Jugend auf – auch heute noch! Wir müssen nur verstehen zu lauschen, genau hinzuhören, damit wir auch ihre stillen und feinen Töne vernehmen.

Christa Schrott-Mäder

Das Weihnachtspaket

Es war der 23. Dezember 1948. Ich war gerade acht Jahre alt. Der Krieg war seit drei Jahren vorbei. Es herrschte überall Not und Elend. Die einen hatten ihre Heimat verloren, die anderen ihre nächsten Angehörigen. Es wurde getauscht und geschoben, nur um etwas Eßbares zu ergattern.

Es war also ein Tag vor dem Heiligen Abend. Nach dem Mittagessen ging meine Mutter fort, um noch etwas zu besorgen. Wir lebten allein, Vater war in der Gefangenschaft gestorben.

Ich saß am Tisch und malte in meinem Buch. Plötzlich klingelte es. Die Postbotin brachte einen Paketschein und fragte, ob Mutter zu Hause ist. Ich verneinte es. Dann müßte sie eben den Schein wieder mitnehmen.

Wir bekamen zweimal im Jahr ein Paket aus Amerika von unseren Verwandten. Es konnte nur das Weihnachtspaket aus Amerika sein, allein der Gedanke daran brachte mich schon in Hochstimmung.

Nach langer Bettelei von meiner Seite ließ sich die Postbotin erweichen. Ich durfte unterschreiben und den Zettel an mich nehmen.

Nun saß ich da und wartete auf Mutter. Die Zeit verging, es wurde schon schummrig draußen, und sie kam nicht. Die Post würde am anderen Tag geschlossen sein und wir könnten das Paket erst nach dem Weihnachtsfest abholen.

«So ein Mist.»

Mutter würde bestimmt auch traurig sein, zu dem Fest all die schönen Sachen nicht zu besitzen.

Voller Ungeduld schaute ich laufend auf die Uhr. Mutter kam und kam nicht. Da faßte ich den Entschluß, das Paket selber abzuholen. Es lag schon Schnee auf den Straßen. Ich konnte den Schlitten nehmen. Wußte ich doch von den vorher bekommenen Paketen, daß sie sehr schwer waren. Auch lag die Post ein ganzes Stück von unserer Wohnung entfernt.

Angezogen, Zettel eingesteckt, Schlitten geholt und los ging es. Geschäftiges Treiben herrschte auf der Straße. Die Leute, mehr oder weniger dick angezogen, versuchten noch etwas zu erstehen. Keiner beachtete mich, alle hatten sie mit sich zu tun. Meine Schulfreundin kam mir entgegen, ich wollte sie mitnehmen, aber sie mußte nach Hause.

Der Weg wollte kein Ende nehmen. Nach einer Weile sah ich endlich den hohen Eisenzaun und das Postgebäude, was dahinter lag. Gott sei Dank. Meine Überraschung war groß, als ich die vielen Leute in der Schlange sah. Ich war nicht die einzige. Als ich nun endlich als nächste dran war und voller Erwartung und Freude meinen Zettel abgab, wollte mir der Postbeamte das Paket nicht aushändigen.

«Kinder ohne Ausweis bekommen nichts.»

Nun konnte ich über die Enttäuschung meine Tränen nicht mehr zurückhalten. Ich heulte wie ein Schloßhund. Zu meinem Glück hat unsere Wohnungsnachbarin auf der Post gearbeitet. Aus Mitleid mit mir, und weil sie uns kannte, hat sie für mich gebürgt. Das Paket wurde auf den Schlitten geladen, allein hätte ich es nicht tragen können, und frohen Herzens zog ich davon.

Am Anfang ging ja noch alles gut. Aber mit der Zeit ließ sich der Schlitten immer schwerer ziehen. Einige Stellen auf dem Bürgersteig waren mit Asche bestreut. Ich mußte mich mächtig anstrengen, um den Schlitten mit seiner Last überhaupt noch vorwärts zu bringen. Meine Kräfte ließen merklich nach. Das Paket rutschte zu allem Überfluß dauernd nach der Seite und nach vorn. Jedesmal mußte ich anhalten, um es wieder in die richtige Lage zu bringen.

Es war nun schon spät geworden, die Straßen leerten sich langsam. Ein alter Mann überholte mich und sprach mich an. Er hatte gesehen, wie ich mich abmühte. Er sah fast so aus wie der Weihnachtsmann. Natürlich glaubte ich in diesem Alter nicht mehr daran.

Der Mann hatte einen langen grauen Bart, sehr gütige Augen und war so freundlich. Er hatte einen Militärmantel an, der ihm fast bis zu den Knöcheln reichte.

Er sagte: «Komm, Kleine, setz dich auf den Schlitten hinter das Paket und halte es fest. Ich ziehe dich nach Hause, allein schaffst du es doch nicht.»

Ich war so froh, mich nicht mehr anstrengen zu müssen.

Meine Mutter war in der Zwischenzeit nach Hause gekommen. Da ich keine Nachricht hinterlassen hatte, wo ich war, begann sie nach mir zu suchen. Als sie zu meiner Schulfreundin kam, erzählte diese, daß ich zur Post gegangen war. Voller Angst kam sie uns entgegen. Ich hätte ja auch in falsche Hände geraten können, Kriminelle gab es ja genug.

Sie unterhielt sich mit dem Mann und faßte Vertrauen zu ihm. So erfuhr sie, daß er allein lebt. Seine Angehörigen sind alle im Krieg umgekommen. Aus Erleichterung, daß mir nichts passiert war und der Mann mir geholfen hat, lud sie ihn zum Heiligen Abend ein.

Erst am anderen Tag, das war die Strafe für meine Neugier und mein unerlaubtes Handeln, wurde das Paket geöffnet. Was waren da für köstliche Sachen darin. Alle Arten von Naschereien, Buntstifte, Kleider und für Mutti Zigaretten und Bohnenkaffee. Außerdem noch weißes Mehl, was es zu der Zeit gar nicht gab, und Zucker.

Als der alte Mann am späten Nachmittag des Heiligen Abends kam, war die Überraschung perfekt. Er brachte mir, weiß Gott woher, ein paar Haarschleifen und der Mutter eine schöne Tischdecke mit. Es roch schon nach Bohnenkaffee, und ein Teller mit Keksen stand auch auf dem Tisch. Der alte Mann bekam Zigaretten als Geschenk, die Mutter sonst gegen Lebensmittel eintauschte.

Es war ein wunderschöner Heiliger Abend. Wir saßen zu dritt in der warmen Stube, betrachteten das glitzernde Bäumchen und sangen Weihnachtslieder. Es war wirklich so, als ob der Weihnachtsmann mitten unter uns wäre.

Gabriel Schubert

Am Ende des Tages

Und es begann dunkel zu werden.

Diese Stimmung in der Vorweihnachtszeit mußte man einfach empfinden.

Hier draußen fielen einem Bruchstücke von romantischen Weihnachtsgeschichten ein; auch Geschichten, die sich vor langer Zeit zugetragen hatten.

In den Häusern – im täglichen Alltag – gab es kaum noch Erlebnisse, die eine Geschichte ausmachen konnten.

So konnte doch dieses Weihnachten nicht wieder vorübergehen.

Und sie sah die schöne winterliche Natur, die bläuliche Nacht und spürte die Stille. Und diese Stille hatte soviel zu erzählen, wenn man es nur verstand, ihr richtig zuzuhören.

Sie erzählt von den Winterlandschaften, die noch eisiger sind als hier, die Felder noch weiter, die Luft noch klarer.

Sie erzählt von den Kutschen, die einst bis zur nächsten Herberge fuhren, deren Pferdehalter mit Glöckchen versehen waren und die man so von weitem schon hörte.

Von den Menschen, die ausgefroren in der Herberge Rast machten und bei einem Abendmahl zu einem Gespräch zusammenfanden.

Von dem Wind, der um die Dächer pfiff, und dem Kamin, der die Wärme verbreitete.

Und mit jedem neuen Morgen begann ein neues Leben.

Der Tag brachte die Eiszapfen zum Vorschein, ließ den Schnee in der Sonne glitzern und machte aus einer Landschaft ein Bild, auf dem die Zeit stillzustehen schien.

Die Menschen im Schnee bewegten sich langsamer, stiller und waren nachdenklicher.

Die Glocken der Kirche klangen und läuteten den Abend ein, der wieder diese Sehnsucht brachte, die Winterlichkeit bewußter zu erleben.

Und ihre Gedanken neigten sich mit dem Ende des Tages und erkannten, daß in der Hast des Alltags der Sinn für das Interessante verlorengeht.

Doch inmitten dieser Bedeutungslosigkeit entschwindet der ein oder andere dieser materiellen Welt durch die Kraft seiner Phantasie.

Katharina Seidel

Jesus wurde in Belén geboren

Pater Berni ritt durchs Gebirge von Chapiquiña nach Belén. Drei Andendörfern sollte er in diesen Tagen die frohe Botschaft bringen: Der Erlöser ist geboren. Er hatte, nach dem Kalender zwei Tage verfrüht, in Murmuntani Weihnachten gefeiert, einen Tag darauf in Chapiguiña, um die Heilige Nacht selbst in Bethlehem zu verbringen. Nichts anderes nämlich bedeutet der spanische Name Belén, und die Belenenos sind stolz auf diese Namensgleichheit. Sie würden Stein und Bein schwören, daß es ihr Dorf gewesen sei, wo die Madonna und Sankt Joseph unterkamen, als sie in jenem anderen, engherzigen Bethlehem nicht aufgenommen wurden. Die Ururgroßeltern ihrer Ochsen und Esel waren es gewesen, die mit ihrem warmen Atem das Christkind vor dem Erfrieren bewahrten. Und in dieser Deutung, die auf geographische Finessen pfeift, war eine Menge Wahrheit.

Während Berni auf seiner Stute bei wachsender Dunkelheit hinauftrabte, geschah es, daß ihn die Erschöpfung überkam. Zwar aufrecht, aber den Kopf nach vorn gesunken, gelangte er zum Paß, von dem der Weg sich wieder abwärts nach Belén hinunter neigt. Die Stute kannte jeden Steig und Stein von hundert Wanderungen über das Gebirge, und sicher haben Pferde, genau wie Menschen, einen Schutzengel:

Um Mitternacht schlug Berni die Augen auf und fuhr zusammen: Im leichenblassen Licht des Vollmonds sah er, daß nur eine Handbreit und kein Finger mehr die Hufe seiner Stute von einem finstertiefen Abgrund trennte. Er gab keinen Laut von sich, denn ihm war augenblicklich bewußt, daß dann das Pferd zur Seite treten würde – in seinem Herzen aber schrie er auf in Todesangst: «Herr, rette mich, wenn Du meinen Dienst noch willst! Ich verspreche Dir, daß ich den ersten Wunsch, den ein Mensch an mich richtet, als Deinen Wunsch erfüllen will, was immer es auch sei.»

Und siehe, die Stute wandte sich, gottlob, soliderem Gelände zu.

«Danke!» rief Berni aufatmend.

Dann aber überfiel ihn mit neuerlicher Beklemmung die Vorstellung, was sein Gelübde anrichten könne. Seine junge, ansehnliche Gestalt und seine blonden Haare konnten irgendeine Señorita zu abwegigen Wünschen verleiten. Oder die Gier irgendwelcher Desperados konnte sich auf die Börse richten, die alle die Pesos enthielt, die seine Freunde und Verwandten aus dem Emsland ihm geschickt hatten und die in seinen Gedanken längst vergeben waren.

Doch als er alle Möglichkeiten so hin und her erwogen hatte, lachte er hellauf: «Du wirst Dir schon das Rechte einfallen lassen!» Und er dankte noch einmal von Herzen, daß er diesen Morgen, der sich mit einem Aufglühen der höchsten Gipfel anzeigte, noch erleben durfte.

Er überschlug in Gedanken genau den Plan für diesen Tag:

Maria, die Frau des Nachbarn, würde schon mit dem Frühstück auf ihn warten. Dann kämen die Mayordomos, Protagonisten jener uralten seltsamen Liturgie, die in Belén zur Christnacht gehörte, damit er ihnen die bunten Bänder und Wimpel herausgäbe. Er würde den Prozessionsweg begutachten und mit den Mayordomos an die Spitze treten, um mit ihnen bei Gitarrenspiel der Pachamama – Mutter Erde – und ihrem Schöpfer Wein zu opfern. Dann würden sie im Mittelgang der Kirche die Krippe vorbereiten. Anschließend würde er im wurmstichigen Beichtstuhl sitzen und den kleinen Verfehlungen seiner Indios lauschen bis zur Mette.

Die Pläne des Paters griffen wie Zahnräder ineinander.

Wenn nur niemand, bitte niemand! diese Maßarbeit stören und ihn aufhalten würde!

So bog er um die letzte Biegung seines Weges. Im hellen Morgenlicht lag das Tal von Belén. Die Hütten drängten sich um Kirche und Campanile – ein Anblick, der ihn jedesmal vor Zärtlichkeit fast auseinandersprengte.

Der erste Mensch, dem Berni an diesem Tag begegnete, war Fermin Hernandez, ein Tagelöhner ohne eigenen Besitz, der Letzte in der Wertschätzung des Dorfes. Er saß auf der Mauer am Hohlweg wie ein Rabe auf dem Ast in seinem dunklen Poncho, mit dem hageren Gesicht, aus dem die Hakennase vorsprang. Neben ihm lehnte die übervoll mit frischem Gras gefüllte Kiepe.

Fermin schien den Priester bereits zu erwarten. «Gott grüß dich, Fermin!» rief Pater Berni und wollte vorbeireiten. Aber der Alte glitt mühsam von der Mauer. «Gelobt sei Jesus Christus, Padrecito!» Gebeugt von den Lasten seiner siebzig Jahre, den Hut in den Händen, die Augen zur Erde gerichtet, stand Fermin mitten auf dem Weg.

«Darf ich nachher bei der Messe, auch bei der Kommunion, dabeisein?»

«Aber sicher, Fermin! Sie ist doch da für alle.»

«Ich habe nie Erstkommunion gemacht und mich bis heute nie getraut zu fragen.» – «Wie geht das zu?» fragte Berni verwundert.

«Damals nahm der Patron meinem Vater das Land, weil wir ganz verschuldet waren. Aber ohne Fest, sagte Vater, sollte sein Ältester nicht Erstkommunion halten.»

Er schluchzte auf.

«Ich sehne mich, den Herrn zu empfangen, wenn ich auch weiß, daß das eigentlich ganz unmöglich ist.» –

«Er wartet bestimmt besonders auf dich», sagte Berni.

«Ich bin ein großer Sünder, Padrecito, bitte hören Sie meine Beichte!» –

«Am Abend vor der Mette bin ich im Beichtstuhl.» –

«Nein, jetzt gleich, Padrecito, es möchte sonst nicht reichen für über sechzig Jahre Sünden.» –

«Das also wünschst du dir von mir!» murmelte Berni und blickte zum Himmel.

Fermin, der meinte, es gelte ihm, antwortete: «Ja, Padrecito, ich weiß, daß ich es nicht wert bin.»

«Geh schon voraus!» sagte der Pater.

Unter der niedrigen Tür der Pfarrhütte wartete Maria und strahlte ihm entgegen. Ihr bräunliches Gesicht ließ Berni unwillkürlich an heißen Kaffee denken. Aber gehorsam seinem Versprechen, winkte er ab. «Nicht böse sein, Maria! Ich muß erst in die Kirche hinüber und Beichte hören.»

«Vor der Mette!»–

«Nein, gleich. Fermin Hernandez ...»

«Der Säufer!» brach Marias Zorn heraus. «Das Säuferlein, Sohn eines Säufers und einer Säuferin, kann er nicht warten wie andere?» – «Der Freund des Herrn!» korrigierte Berni, und ihr ärgerliches Lachen verfolgte ihn, als er zur Sakristei hinüberging.

Die Mayordomos standen schon an der Tür. Doña Dora und Don Baldomero waren dieses Jahr die Autoritäten; sie trugen die Verantwortung für das kirchliche Inventar und alle Marienfeste. Jetzt warteten sie mit den Mayordomos des Vorjahres und ihrer ganzen Großfamilie auf den Stoffschmuck. Berni schloß die riesige Truhe auf und verteilte bunte Bänder und Wimpel an die beiden Paare. Dann schwärmten alle aus, die Kinder über Wiesen und Felder, um Gräser und Blumen zu sammeln, die Männer, um junge Eukalyptusbäume zu schlagen. Und das festlich erregte Geschrei verlor sich.

Der Pater trat in die tiefe Stille der Kirche ein und kniete vor dem Altar nieder, während aus dem dunklen Raum ab und zu ein Stöhnen, Murmeln, Schluchzen zu ihm drang. Er bekreuzte sich, stand auf, schritt zum Beichtstuhl hinüber und schlüpfte hinein. Der schlurfende Schritt des Alten näherte sich, und Berni hörte die Gelenke knirschen, als Fermin niederkniete.

«Hast du Schmerzen?» fragte er unwillkürlich.

«Ja, und mein ganzes Leben schmerzt mich», sagte Fermin, «ich bin ja dem Teufel Alkohol verfallen.» Er schluckte. «Mein Vater fing das Saufen an, als wir nach zwei Mißernten beim Patron verschuldeten und unser kleines Stück Land verloren. Bald trank auch die Mutter. Wir Kinder hatten nichts zu essen. Ich habe oft gestohlen: Mais, Eier, manchmal auch ein Huhn.»

Ohne Übergang mischten sich Selbstanklage, Lebensbericht und Anklage in Fermins Beichte.

«Ich hüte die Kühe des Patrons. Ich trage den Bauern das Heu von den Bergwiesen herunter und schiebe den Karren mit Kartoffeln oder Ziegeln die Dorfstraße hinauf. Dafür darf ich im Haus, das dem Patron gehört, wohnen. Sie geben mir Essen – und Pisco. Sie lachen mich aus und verachten mich. Ihre Hunde heben an mir das Bein. – Aber ich bin ja auch ein großer Sünder, bei Gott und der Heiligen Jungfrau.» –

«Gott hat dich lieb. Er ist es ja, der dir in all den Jahren die große Sehnsucht eingegeben hat.»

Fermins Stöhnen ging in ein Aufjauchzen über, bevor er fortfuhr, dem Faden seines langen, elenden Lebens nachzutasten. –

Als Pater Berni den Beichtstuhl verließ, stand der Alte mit gebreiteten Armen im Mittelgang. Berni hörte im Hausgehen, wie er mit seiner brüchigen Stimme zu singen begann. «Adeste fideles ...» – Er sang wahrhaftig Latein, wie man es ihn in seiner Kindheit gelehrt hatte.

Auf dem Kirchplatz war inzwischen das ganze Dorf versammelt. Ein junger Mann im schwarz-roten Poncho stimmte seine Gitarre, und die Prozession formierte sich, zog vor das Haus der Mayordomos, wo sich unter den gewaltigen Triumphbögen aus Blumen und Gras das Opferritual vollzog.

«Ein heidnischer Brauch!» hatte im Vorjahr ein Besucher bemerkt, Tadel in der Stimme.

«Ein getaufter Brauch», hatte Berni erwidert.

Mit einem Dank an Gott goß er jetzt ein wenig von dem Wein auf die Erde, ehe all die Menschen herantraten und ihren Schluck empfingen.

Berni gewahrte, daß Fermin abseits stehenblieb, seines Vorsatzes eingedenk, den Alkohol zu meiden. Aber seine Augen über den hageren Backenknochen strahlten.

Als Fermin zwei Stunden später Erstkommunion hielt, stießen die Leute sich an und tuschelten – er bemerkte es nicht einmal. Sein rauher, verstimmter Baß übertönte am Schluß der Mette den Gemeindegesang: «Noche de Dios, noche de Amor ...»

Er umarmte seine Nachbarn, sang ihnen die Botschaft ins Ohr: «Christ, der Retter ist da!»

Und alle in Belén waren sich einig, Fermin Hernandez sei wieder einmal stockbetrunken gewesen.

Der Priester brach am Weihnachtstag erneut auf, um seine frohe Botschaft nach Arica weiterzutragen. –

Zum Fest der Unschuldigen Kinder erreichte ihn die Unglücksbotschaft. Sein Blick traf am Kiosk auf die Schlagzeile des «Stern von Arica»: «Blitz erschlug Landarbeiter.»

Er griff nach der Zeitung. «Am Ortseingang des Kordillerendorfes Belén wurde im Unwetter ein Landarbeiter vom

Blitz erschlagen. Es handelt sich um den neunundsechzig Jahre alten Fermin Hernandez.»

Schon fand der Bote des Dorfes den Pater und bat ihn mitzukommen, um das Totenamt für den Verunglückten zu halten. Auf dem Weg ins Hochgebirge hinauf erzählte der Mann, seit Menschengedenken habe es in Belén kein solches Unwetter gegeben. Die Leute seien ganz verängstigt; sie mieden den Ort, wo Fermin vom Blitz getroffen worden sei und den jetzt ein Holzkreuz kennzeichne. Manche meinten, sagte der Bote, jemand habe ihr Dorf behext oder verflucht.

Pater Berni zog aus dieser Erzählung seine eigene Konsequenz: Kaum angekommen, lud er – von Haus zu Haus – seine Gemeinde für den Abend vor Fermins Beerdigung zu einer Prozession ein. Doña Dora trug die Weihrauchschale, Baldomero den Weihwasserkessel, ihr ältester Sohn läutete die Handglocke. Bald singend, bald schweigend folgten die Leute mit Fackeln und Laternen.

Am Ortseingang versammelten sich alle um das roh gezimmerte Kreuz. Der Priester segnete den Flecken Erde, wo der Blitz Fermin getroffen hatte.

«Nichts kann uns trennen von dem Gott, der uns in seinem Sohn Jesus Christus seine ganze Liebe geschenkt hat», sprach der Priester. Er erzählte, wie Gott den Fermin Hernandez aus seiner ersten Kommunion geradewegs in die himmlische heimgeholt hatte. Und unter seiner strahlenden Stimme lebten die dunklen Gesichter auf.

Doña Dora blies den Weihrauch über das versengte Buschwerk und Gras, danach in alle vier Himmelsrichtungen. Baldomero reichte dem Pater den Weihwasserkessel, und Berni besprengte mit dem Wasser reichlich die Stätte, danach die Gemeinde, so daß die Fackeln knisterten.

Dabei kamen ihm die Worte des Angelus Silesius in den Sinn von Christus, der in uns geboren werden müsse. «Christus wurde in Belé geboren», sagte er, «unter unseren Augen.»

Heinz Hamm

Das wundersame Weihnachtsbrot

Es war wieder still geworden im Stall von Bethlehem, das Christkind schlief, seine Eltern hatten die Augen geschlossen, und selbst Ochs und Esel gaben durch gleichmäßiges Schnaufen zu erkennen, daß sie vor sich hin dösten. Die Engel waren zurück in den Himmel geflogen und die Hirten zurückgegangen zu ihren Schafen, zurück in die Zelte, Hütten und in ihre Dörfer.

Dort hatten sie natürlich von dem unerhörten Erlebnis berichtet, von dem Licht, vom Gesang der Engel und von der bettelarmen Familie, die in einem Stall schlafen mußte und ihr neugeborenes Kind in die Krippe gelegt hatte.

Die Mütter und Frauen der Hirten hatten zunächst neugierig und dann betroffen zugehört, und zugleich regte sich in ihnen der uralte Trieb zu helfen, zu umsorgen und zu pflegen. Ja, wovon sollen denn diese Asylanten leben? Wenn sie kaum eine Windel für das Kindchen hatten, woher sollten sie dann wohl etwas zu essen nehmen? Und sogleich fing Recha, die älteste der Frauen, an, Aufgaben zu verteilen. Jede Frau sollte in ihrem Haushalt nachschauen, was sie von ihren wenigen Vorräten etwa entbehren und abgeben könne. Nun müßt ihr wissen, es war Winter, und die Lebensmittel wurden knapp, denn Hirten waren auch damals keine reichen Leute. So kam nicht allzuviel zusammen, und es war ein buntes Durcheinander, das sich am Feuerplatz von Mutter Recha ansammelte:

helles Mehl, dunkles Mehl, gemahlene Hirsekörner, etwas Honig, ein winziges Stückchen Ziegenbutter, ein Krug Öl und allerlei Gewürze, die zum Teil im Land wuchsen oder von einer durchziehenden Karawane erhandelt waren. Da war nun guter Rat teuer! Aus diesen Vorräten war weder eine nahrhafte Suppe zu kochen noch kräftiges Brot zu backen. Doch Recha fiel etwas ein! Während die Buben sofort losgeschickt wurden, um dürres Brennholz zu sammeln, sollten die Mädchen schon die flachen Steine säubern, auf denen die Frauen ihre Brotfladen backten. Die Mütter und Großmütter dagegen begannen alle Vorräte in ihren flachen Knetschüsseln zu einem Teig zusammenzukneten. In einer Schüssel wurde er heller, in einer anderen etwa dunkler, und als dann noch die Gewürze dazukamen, duftete es recht gut an der Feuerstelle. Längst hatten die Buben das Holz gebracht, und die Mädchen hatten die Backsteine schon im Feuer ganz heiß werden lassen. Ihr müßt wissen, daß man zu der Zeit noch keine Backöfen kannte, sondern den Brotteig auf heißen Steinen zu Fladenbrot ausbackte.

Mutter Recha mit Lea, Rahel und Rebekka gingen nun daran, aus dem wunderlichen Teig, der da entstanden war, ganz viele kleine Brötchen zu backen, denn schließlich sollten alle satt werden: Josef, Maria, die Hirten, die noch Wache beim Stall hielten, die vielen neugierigen Leute aus Bethlehem und die große Engelschar, von der die Männer berichtet hatten. Woher sollten die einfachen Hirtenfrauen auch wissen, daß die Engel als Boten Gottes keinen Hunger auf Brot oder Brötchen hatten? Nie zuvor hatte eine von ihnen etwas mit Engeln zu tun gehabt!

Als nun die vielen kleinen Fladenbrote auf den heißen Steinen gebacken wurden, stieg ein ganz wunderbarer Duft von ihnen auf, und die Frauen meinten, vielleicht schmeckten diese kleinen Brote ebensogut, wie sie dufteten. Die Kinder hätten ja am liebsten gleich probiert, aber Mutter Recha scheuchte sie davon mit den Worten: «Wollt ihr etwa den armen Leuten noch das bißchen Brot wegessen, was wir ihnen bringen wollen?» Nein, das wollten die Mädchen und Buben nun auch wieder nicht, und so halfen sie eifrig, die noch warmen Brote in Körbe zu packen, und dann machten sich alle auf, um ihre Spende zum Stall zu bringen und zu verteilen. Aber wer beschreibt ihre Enttäuschung, als sie den Stall leer und verlassen vorfanden. Nur der Ochse glotzte sie mit großen Augen an und schnupperte nach dem Duft, der aus den Körben stieg. Die Krippe aber war leer, und Engel konnte man gar keine mehr sehen. Obwohl es noch früh am Tag war, wußte niemand, nicht einmal der Besitzer des Stalles, wo die kleine Familie geblieben war. Wir allerdings wissen es! Der Engel Gottes hatte sie eiligst auf die Reise nach Ägypten geschickt, damit das Christkind vor den Soldaten des Königs Herodes in Sicherheit war.

Da standen nun die fleißigen Hirtenfrauen und schauten ratlos auf Mutter Recha. Die aber lächelte still: «Weil die Kinder so fleißig gewesen sind, dürfen sie von den frischen kleinen Brötchen probieren», meinte sie. Das aber hättet ihr nun miterleben müssen, wie die sich den Mund wischten und die Augen verdrehten. Einige hielten sich die Bäuche, und alle waren sich einig, daß die kleinen Brote nicht nur wunderbar dufteten, sondern auch wunderbar schmeckten.

Da hatte also der gute Wille zu einer wunderbaren Entdekkung verholfen. Seither quälten die Hirtenkinder ihre Mütter, doch öfter solche kleinen Brote zu backen. Aber die gab es nur einmal im Jahr, an dem Tag nämlich, an dem die Väter die Engel sahen und ein kleines Kind in der Krippe gelegen hatte.

Nur dumm, daß die Mütter nicht mehr genau wußten, welche Zutaten sie in die einzelnen Knetschüsseln getan hatten. Aber nur so ist es zu erklären, daß es bis heute so vielerlei

Arten von Weihnachtsbrot gibt. Wir nennen es Plätzchen und dazu gehören Honigkuchen, Kipferl, Zimtsterne und – ach, was zähle ich das alles auf, ihr wißt das doch viel besser! Auch wie die Mütter oft gebeten werden, doch endlich mit der Weihnachtsbäckerei anzufangen.

Aber echte Plätzchen gibt es eben nur einmal im Jahr: zu Weihnachten! Denn nur dann schmecken sie genausogut wie damals in Bethlehem.

M. A. Misevicius

Wie St. Nikolaus zu den Eskimos kam

«Die Aale kommen, die Aale kommen!» rief Ootah aus vollem Halse. Ned Cooper lief sofort über das glatte Eis des Flusses zu ihm hin, um alles zu sehen. Die beiden Jungen, der eine Eskimo, der andere Amerikaner, waren unzertrennliche Freunde. Diese Freundschaft hatte angefangen, als Neds Vater hierher nach Alaska als Prospektor – als Schürfer – gekommen war. Der Junge lebte und arbeitete mit seinem Vater – die Mutter war kürzlich gestorben – wie der Junge eines Pioniers aus alten Zeiten. Nur suchte sein Vater diesmal nicht nach Gold, sondern nach Uran.

Ootah und Ned standen nun an einem großen viereckigen Loch im Eis und schauten zu, wie das Wasser in der Wuhne anschwoll und wie sich darin unzählige schlüpfrige Geschöpfe schlängelten und weiterwanderten.

«Die Aale, die Aaale sind da!» begann jetzt auch Ned zu schreien. Die dichten Reihen der Eskimos, die die Ufer des Flusses säumten und ungeduldig auf die Beute warteten, lösten sich plötzlich auf. Alle liefen sie zu den Eislöchern, wo sie nur ihre Tauchnetze in die Wuhnen zu senken brauchten, um die schlüpfrigen schwarzen Geschöpfe herauszuziehen, die ungefähr 18 Zoll lang und einen Zoll dick waren. Ihre Beute schütteten sie einfach auf den neben den Eislöchern zusammengestapften Schnee, so daß dort der ganze Boden nur so von Aalen wimmelte. Die Hunde – die ewigen Freunde der Eskimos –, die auf den Ufern an den verkümmerten Weiden angebunden waren und ruhig schliefen, zogen jetzt ihre Schnauzen unter den buschigen Schwänzen hervor. Sie hatten den Geruch der Aale gewittert. Und da sie hungrig waren, begannen sie jetzt fürchterlich zu heulen.

«Hu!» rief Ned entsetzt. «Sie sehen ja wie Schlangen aus, kann man sie denn wirklich essen?»

«O ja! Die schmecken prima!» erwiderte Ootah. «Man kann sie kochen, man kann sie trocknen ... Auch die Hunde mögen sie sehr. Der Aal bedeutet das Leben für die Eskimos weit und breit an den Ufern des Yukon-Flusses.»

Und Ootah wollte nicht aufhören, davon zu erzählen. Die Wanderung der Aale vom Beringmeer in den Yukon-Fluß und diesen hinauf ist eines der seltsamsten und geheimnisvollsten Naturereignisse, die es gibt. Sie findet regelmäßig jedes Jahr um die Mitte des Oktobers statt. Diese Zeit ist für die Eskimos das größte Fest des Jahres, und sie bereiten sich darauf gründlich vor. Die ganze Strecke entlang, die die Aale wandern, schlagen sie große Löcher in das 6 Zoll dicke Eis und schicken vier Männer als Beobachter mit einer Meute Hunde an den Teil des Yukon, der am nächsten der Mündung liegt. Tag und Nacht steht dann diese Wache – ganz gleich wie das Wetter ist – dort, bis das große Ereignis beginnt.

«In diesem Jahr bin ich der Glückliche», prahlte Ootah stolz seinem Freund gegenüber. «Die Aale kamen, während ich Wache hielt!»

«Und ich habe auch großes Glück», sagte Ned, «weil ich dabeisein darf. Nicht viele Menschen haben die Gelegenheit, die Aale auf ihrer Wanderung zu beobachten. Wohin wandern sie eigentlich, Ootah?»

Der Eskimojunge wollte gerade auf die Frage antworten, als er über Neds Schultern blickte und zwei junge Eskimos sah, die, bekleidet mit den besten Parkas – den dort üblichen Anoraks –, mit ihren Schlitten und bellenden Hunden um die Biegung des Flusses sausten, um die freudige Nachricht weiterzubringen. Die Bewohner vieler Dörfer – auch in ihren besten Kleidern – schrien ihnen entgegen, jubelten ihnen zu und riefen ihre Grüße.

«Ja, wohin schwimmen diese Aale eigentlich, Ootah?» wiederholte Ned seine Frage. – »Sie wandern nur bis zum kleinen Ort Anvik, und dann verschwinden sie ...» – «Verschwinden? Du machst Spaß, Ootah. Es kommen doch Millionen und Abermillionen Aale, die in manchen Jahren so zahlreich sind, daß sie das Wasser aus dem Flußbett verdrängen. Es tritt über die Ufer, wo es nur kann, und du siehst ja, wie lang und breit der Yukon ist.»

«Nein, Ned! Ich mache keinen Spaß! Kein Eskimo hat je gesehen, daß ein einziger Aal in Anvik vorbei stromaufwärts schwimmt. Aber wohin sie verschwinden, weiß kein Mensch.»

Obwohl es erst spät am Nachmittag war, wurde es bald dunkel. Nur der Vollmond streute sein blasses Licht vom klaren, kalten Himmel. Aber gerade die anbrechende Nacht brachte einen der schönsten Augenblicke dieses Aalfestes. Die Eskimofrauen – auch festlich gekleidet – begannen an den Eislöchern Feuer zu entzünden. Das war nun ein prächtiger Anblick, wenn man ihn aus der Ferne genießen konnte. Aber diese, sich in die Weite schlängelnden Feuer dienten auch einem praktischen Zweck: Sie beleuchteten die Wuhnen, und die Eskimos schrien nur so vor Freude, als sie sahen, wie das Wasser langsam anschwoll und ihnen den lebendigen, glänzenden Schatz des Meeres nach oben warf. Und in die Freudenrufe der Eskimos mischte sich das vergnügte Quietschen der Kinder und das helle Kläffen der Welpen.

Ned kannte die Eskimos gut. Da er keine Mutter mehr hatte und der Vater oft weit fortmußte, um nach Uran zu suchen, war ihm die Familie seines Freundes Ootah zur eigenen Familie geworden: Er nahm an ihren vielen Picknicks teil, er spielte ihre Eskimospiele, er schaukelte gern mit den Eskimomädchen auf ihrem Schaukelbrett und sprang von diesem Schaukelbrett hoch in die Luft ...

Der heutige Aalfang aber hatte ihn doch am meisten beeindruckt. Er sagte zu Ootah: «Du weißt, daß ich morgen in die Stadt Fairbanks zurückmuß, wo ich ständig wohne und die Schule besuche. Leih mir bitte einen Augenblick dein Tauchnetz. Ich möchte einmal selbst ein paar Aale fangen, damit ich den anderen Schülern davon erzählen kann.»

«Aber selbstverständlich, Ned!» Ned beugte sich tief über eines der Eislöcher, um die Aale genau zu erkennen. Da erscholl plötzlich von einem der nahen Ufer ein langgezogenes Heulen wie von einem Wolf.

In Ootahs Augen funkelte es zornig auf. Ein Eskimojunge wird immer ein Freund des Hundes sein. Er sagte: «Das ist der Hund von diesem blöden Ilko. Das arme Tier kriegt nie genug zu fressen ...»

Kaum hatte er das gesagt, da war der Hund, der ein richtiger schwerer Brocken war, auch schon bei ihnen. Durch den Geruch der Aale angelockt, hatte er sich von seinen Stricken losgerissen und fiel nun wie ein Verrückter über einen großen Aalhaufen her. Dabei aber glitt er aus und hätte beinahe den Tod Neds verursacht. Als er Junge nichtsahnend am Eisloch saß und tief gebeugt ins Wasser blickte, kriegte er plötzlich einen kräftigen Schubs von hinten durch den ausgeglittenen, schweren Hund in den Rücken. Kopfüber flog er in die Wuhne, wurde von der Strömung erfaßt und unter die Eisfläche gedrückt. Nun aber stellte sich heraus, wie geschickt ein Eskimojunge bei allen Naturgefahren ist und wie gut es ist, einen solchen zum Freund zu haben. Nach ein paar Sekunden zog Ootah seinen amerikanischen Freund mit Hilfe eines Tauchnetzes aus der nächsten, stromabwärts gelegenen Wuhne heraus. Die Eskimos brüllten nur so vor Dankbarkeit und Freude, was der amerikanische Bub allerdings nur mit einem Keuchen und Schnappen nach Luft beantworten konnte.

Als Mr. Cooper von seinem Erkundungsflug zurückkehrte und von dem Unfall seines Sohnes hörte, wurde er ganz bleich vor Entsetzen. Er drückte Ootah immer wieder die Hand und fragte immer wieder seine um ihn versammelte Eskimofamilie: «Was kann ich bloß tun, was kann ich bloß tun, um euch meinen Dank zu zeigen?»

«Nichts! Gar nichts!» riefen ihm die Eskimos wie aus einem Munde entgegen. «Ned ist unser bester Freund!»

Mr. Cooper spürte plötzlich ein sanftes Ziehen am Ärmel seiner Jacke. Sein Sohn hatte sich von hinten an ihn herangeschlichen und flüsterte: «Frag sie nicht, Dad. Sie werden immer rufen: Nichts! Ich sage dir, was wir tun können, wenn wir in unserer Bellanca sitzen und nach Fairbanks fliegen.»

Beim Abschied schüttelte Mr. Cooper jedem Eskimo die Hand, bedankte sich für die Freundschaft, die sie seinem Sohn gezeigt hatten, und stieg dann mit Ned in sein Privatflugzeug. Als die Abschiedsrufe vom Gedröhne des Motors verschluckt waren und die Winkenden langsam unter ihnen verschwanden, sagte Mr. Cooper zu seinem Sohn: «Na, schieß los, Ned. Ich bin gespannt!»

«Dad», fing der Junge an, «diese Eskimos waren so gut zu

mir wie die eigene Familie. Und Ootah hat mir erzählt, daß sie keinen Christbaum kennen. Da es bald Weihnachten ist, könnten wir ihnen vielleicht ein Christbäumchen aus Dankbarkeit schenken – mit allem, was dazugehört: den kleinen Kerzen, den glitzernden Kugeln, dem Flitterzeug, dem künstlichen Schnee ...» – «Ich könnte mir die kleine Tina gut vorstellen», sagte der Vater, «wie sie fröhlich zu lachen beginnt, wenn ich St. Nikolaus spielte und ihnen viele Geschenke vom Himmel brächte ...» – «Genau, so ist es, Dad. Wir kriegen zwar keine Rentiere, aber auch Hunde vor einem Schlitten sind nicht zu verachten. In einer Wolke von Schneestaub und Schneeflocken tauchen wir am Heiligen Abend mit lautem Gekläff vor der Tür der Eskimos auf und haben unser Bäumchen auf dem Schlitten angebunden.»

«Ja, ja, Ned ...» Mr. Cooper klopfte seinem Sohn auf die Schulter. «Vergiß auch den amerikanischen Truthahn und den Plumpudding nicht. Die guten Eskimos werden sich die Finger lecken ...»

Nun hatte Ned mit all den Vorbereitungen viel Arbeit. Die Überraschung mußte klappen. Viele Päckchen mußten von den Staaten geschickt und viele Einkäufe in Fairbanks selbst getätigt werden. Über eine Sendung aus den Staaten freute sich Ned besonders: In dem Paket lag die komplette Ausrüstung für seinen Vater – ein rotes Flanellkostüm für St. Nikolaus mit weitem Mantel und einem dazugehörigen hohen Bischofshut sowie eine Perücke mit einem langen weißen Bart. Es machte dem Jungen auch viel Spaß, in der Stadt eine Menge Flittergold und Flittersilber, viele bunte und glänzende Glaskugeln und Sterne in verschiedenen Größen zu kaufen. Da die vielen Geschenke kaum noch Platz auf dem Schlitten fanden, beschlossen die beiden, den Christbaum nicht zu kaufen, sondern ihn unterwegs in dem Wald, durch den sie fahren mußten und der dicht bei der Eskimosiedlung lag, persönlich zu schlagen. Damit schienen alle Fragen gelöst zu sein. Nur eines machte Ned noch Kummer: Würde sein Vater die Hunde auch richtig lenken können?

Zum Glück aber zeigte es sich, daß Mr. Cooper ein wahrer Meister im Umgang mit einem Hundegespann war. Als Uranschürfer hatte er bereits vor seiner Heirat mit Neds Mutter Hundegespanne gelenkt. Dazu hatten die beiden noch den Segen des Himmels: Kurz vor Weihnachten wurde das Wetter schön und kalt, und es war geradezu ein Vergnügen, auf dem harten, tiefen Schnee zu fahren. Als die Eskimosiedlungen bereits in Sicht waren, machte sich Mr. Cooper sogar einen krummen Bischofsstab aus einem Ast, und so stand er dann auf dem Schlitten – unbeweglich und majestätisch – wie ein Standbild. Und dann sausten sie mit viel Hundegekläff in das kleine Dorf, in dem nur ein paar Familien lebten. Zuerst kam ihnen Ootahs Familie entgegen, und ihr folgte das ganze kleine Dorf. Mr. Cooper als St. Nikolaus grüßte jeden von seinem Schlitten aus, winkte allen zu, näher heranzutreten, nickte mit dem Kopf, lachte und gestikulierte, daß sein weißer Bart nur so im Winde wehte und sein hoher roter Bischofshut mit dem gestickten, gelben Kreuz nur so hin und her wippte. Er beschenkte alle mit vielen kleinen Päckchen, so daß unter den Eskimos großer Jubel ausbrach.

Als sie dann die Hütte von Ootahs Familie betraten, waren sie überrascht, das kleine Töchterchen Tina, für die das Schauspiel insbesondere gelten sollte, dort allein zu finden. In ihren Pelz gehüllt, saß sie teilnahmslos auf dem Fußboden in einer Ecke, und neben ihr schlummerte ein weißes Eisbärjunges und hatte seinen Kopf in ihren Schoß gelegt.

«Ist sie krank?» fragte Ned besorgt.

«Nein», erwiderte Ootah, «sie ist nur ein wenig sonderlich – sie lacht nie.»

«Aber heute, am Heiligen Abend, wird sie lachen», gab Mr.

Cooper zur Antwort, wobei er voller Vertrauen an seine Künste als St. Nikolaus dachte.

«Zuerst bekommst du einmal den roten St. Nikolaus-Hut auf ...» sagte er und setzte dem Mädchen seine hohe Mütze mit dem gelben Kreuz auf den Kopf. Die war natürlich für das kleine Mädchen zu groß und wackelte lustig auf dem kleinen Köpfchen, wodurch alle Eskimos, die jetzt ins Haus eingetreten waren, schallend zu lachen anfingen.

Dann sollte der Christbaum geschmückt werden. Mr. Cooper erklärte alles und bestand darauf, daß es die Eskimofamilie selber tat. Einem drückte er den großen silbernen Stern in die Hand und bedeutete ihm, ihn an der Spitze des Baums anzubringen, einem anderen gab er die ganze Schachtel mit glänzenden Glaskugeln und zeigte ihm, wie man sie an die Zweige hängt, und einem dritten Eskimo reichte er die Schachtel mit den Kerzen und den Haltern, die er schön über den ganzen Baum verteilen mußte.

«Und du, Ootah», Mr. Cooper warf ihm eine Schachtel Zündhölzer zu, «du zündest die Kerzen an.»

Als alle Geschenke unter den Zweigen lagen und das letzte Kerzchen bereits brannte, löschte Mr. Cooper die Lampe in der Stube aus.

«Oh!» riefen die Eskimos wie aus einem Munde vor Entzücken und Begeisterung. Die kleine Tina war für diesen Augenblick vergessen, und sie starrten den Christbaum wie ein Wunder an. Er stand in einer Ecke, war voller Gold- und Silberflitter und strahlte in allen Farben.

Plötzlich hörten sie alle einen lauten Schrei der Freude und ein schläfriges Brummen des Eisbärjungen. Sie drehten sich um und sahen, wie Tina ihren kleinen Eisbären am Schopf gepackt hatte und ihn zum Bäumchen zog. Aber sosehr sie ihren Liebling auch rüttelte und schüttelte, er wollte auf keinen Fall wach werden und die Begeisterung mit seiner Herrin teilen. Tina aber klatschte in die Hände und lachte und lachte, und ihre Augen leuchteten so hell wie die Sternchen an dem Christbaum …

(Nach Hobson)

Regina Winkler

Die hellen Lichter

Weihnachten, diese Zeit hat einen Zauber, der in der Kindheit beginnt und für die meisten von uns nie ganz verlorengeht. Und wenn wir es einmal nicht so empfinden können, warten wir auf etwas, das bis zum 24. Dezember noch eintreten kann, dann nicht mehr, trotz der noch folgenden Feiertage. Wir müssen dann wieder ein Jahr auf die Möglichkeit warten, daß sich der Zauber einstellt. Zwar gibt es eine Menge Dinge, mit denen man das Aufkommen einer weihnachtlichen Stimmung unterstützen kann, angefangen mit Tannenzweigen, mit brennenden Kerzen bis hin zu festlicher Musik, aber all das hilft nichts, wenn unser Inneres nicht bereit ist, die Signale der Weihnachtszeit zu empfangen.

Über diese Zeit gibt es auch viele Erzählungen, so daß man annehmen müßte, daß sich das Thema bereits zu sehr erschöpft hat. Aber es ist ja ewig neu, jedes Jahr wird wieder Weihnachten. Und immer wieder erleben es Menschen das eine oder andere Mal so, daß eine Begebenheit daraus wird, eben eine kleine Geschichte.

Es war in einer dunklen Zeit, dunkel in zweifacher Hinsicht. Einmal, weil das Jahr sich zum Ende neigte und die Tage immer kürzer wurden, zum anderen, weil es eine traurige und von Gewalt und Krieg geprägte Zeit war. Es war ein Dezembertag im Jahr 1944. Da war in einer kleinen Stadt eine noch junge Frau auf dem Weg nach Hause. Sie führte ein kleines Mädchen an der Hand. Es war am Spätnachmittag und bereits dunkel, Straßenlaternen brannten damals keine, nur die Menschen trugen einen winzigen «Leuchtkörper» an sich selbst mit sich herum in Form eines Ansteckers. Die Mutter hatte am Kragen ihres Mantels zwei kleine Elefanten angebracht, die grünlich leuchteten. Die Vierjährige hatte so etwas nicht anzustecken, deshalb hielt die Mutter sie ständig an der Hand. Die kleine Marianne grübelte. Sie hatte in der letzten Zeit öfters ein Wort bei den Erwachsenen gehört, dessen Bedeutung sie noch nicht kannte. Dabei kannte sie die Texte mehrerer Bilderbücher auswendig und konnte sich auch sonst durchaus verständlich ausdrücken, aber dieses Wort – es wurde auch nie so richtig laut ausgesprochen, ob es ein Geheimnis war? Sie war ein stilles Kind und nicht gewohnt, jeden Gedanken sofort herauszusprudeln, aber hier kam sie wohl allein nicht weiter. «Mutti, was ist das – Frieden –?» Die Mutter, aus schweren Gedanken gerissen, hielt inne, einen Moment lang schien sie ratlos, was für eine Antwort sollte sie einem vierjährigen Kind geben, ihrem Kind, das nicht nur das Wort noch nicht kannte, sondern auch den Zustand nicht, den dieses Wort meinte. Viele Gedanken kamen ihr, aber sie sprach sie nicht aus. Dann ließ sie die kleine Hand los, hockte sich neben das Kind, um auf gleicher Höhe zu sein, und sich vom Augenblick leiten lassend, gab sie dem Kind eine Erklärung, die es nie vergessen würde, an die sich auch die erwachsene und nicht mehr junge Frau noch erinnerte, als wäre es erst gestern gewesen. Das Kind umfassend, zeigte die Mutter, den Arm eng an der Wange des kleinen Mädchens, nach vorn in die graue Finsternis, wo sich nur schemenhaft die Umrisse der nächsten Häuser abzeichneten. «Marianne», sagte die Mutter, «wenn Frieden ist, gibt es eine solche Dunkelheit nicht. Dann hat die Stadt tausend helle Augen, die freundlich auf uns herabsehen, als wollten sie sagen, kommt nach Hause, da ist Licht und Wärme und Geborgenheit. Das ist das Licht hinter den Fenstern, viele, viele Lichter in den Fenstern ohne Verdunklungsrollos! Die braucht man dann nicht mehr, denn es gibt keinen Fliegeralarm mehr, keine unterbrochenen Nächte, keine Angst mehr, und du und alle Kinder können von abends bis zum Morgen in ihren warmen Betten bleiben. Und vielleicht kommt dann auch der Vati nach Hause. Ja, so ist es, wenn Frieden ist.» Nachdenklich, wohl mehr für sich selbst, fügte sie noch hinzu: «Eigentlich ist es wie ein anderes Wort für Glück, beinahe.» Das Kind sagte lange Zeit nichts, es mußte das Gehörte erst überdenken, und da gab es viel, was es bewegte. So gingen sie wieder Hand in Hand die ansteigende Straße hinauf, die fast wie ein kleiner Berg nach oben führte, rechts und links die Häuser wie in Hanglage, und Marianne stellte sich vor, wie das wäre mit erhellten Fenstern, der Weg, den sie gingen, wäre dann wie gesäumt von Lichtern. Das ließ sie an das nahe Weihnachtsfest denken. «Weihnachten», sagte sie, «da ist wohl nicht der Frieden?» – «So müßte es sein, aber es wird nicht so sein, es sind ja nur noch Tage bis zum Heiligabend. Aber wir wollen es wenigstens zusammen zu Hause verbringen», sagte die Mutter. Das Kind freute sich so darauf und sie auch. Marianne war schon fast das ganze Jahr bei den Großeltern und schlief auch dort, da der Vater im Krieg war und die Mutter, die arbeiten ging, nicht täglich mit dem Kind noch spät in die ziemlich entfernte eigene Wohnung gehen wollte. Aber die Weihnachtstage wollten sie unbedingt da verbringen. Deshalb waren sie auch heute, am Wochenende davor, hierher unterwegs, um das Weihnachtsfest vorzubereiten, etwas Wärme und Behaglichkeit in die zur Zeit wenig genutzte Wohnung zu bringen. Sie waren nur angekommen. Marianne lief rasch die Treppe hinauf und wartete schon, daß die Mutter die Tür aufschloß, damit sie schnell alles wiedersehen und in Besitz nehmen konnte, was sie längere Zeit nicht gehabt hatte. Der Ofen in der Wohnstube war geheizt, die Mutter war schon hier gewesen, ehe sie das Kind holte. So konnten sich beide gleich behaglich fühlen. Die Mutter holte aus der Tiefe des Wohnzimmerschrankes einen Leuchter hervor, mit zwei flach geschnitzten Engelchen zu beiden Seiten einer Kerze. Aus der mitgebrachten Tasche holte sie einige Tannenzweige und gab sie in eine Vase. Ein paar Sternchen und Lamettafäden, die sie schon in einer Schale bereitgelegt hatte, hängte sie an die Zweige und zündete dann die Kerze des Leuchters an. Mutter und Kind setzten sich an den Tisch und schauten in die kleine Flamme. «In ein paar Tagen, wenn wir wieder hierherkommen, ist Weihnachten da. Dann bleiben wir hier einige Tage zusammen. Es wird noch schöner sein als heute. Ich habe noch mehrere Kerzen und vielleicht sogar ein Bäumchen, und das Christkind wird wohl auch etwas für dich haben», sagte zärtlich die Mutter. Marianne lächelte erfreut, antwortete aber nicht. Sie war schläfrig geworden und blinzelte, als die Mutter die Kerze und auch die Lampe löschte und ans Fenster ging. Die Mutter schob das Rollo beiseite und blickte zum Himmel, es war nebel- und dunstverhangen. Sie lächelte. «Vielleicht können wir heute nacht in unseren Betten bleiben», sagte sie hoffnungsfroh, «und zu Weihnachten bestimmt. Am Heiligabend wird es keinen Fliegeralarm geben, auch wenn die Sterne am Himmel sind.» Sie sann einen Augenblick nach. «Oder sogar, weil die Sterne am Himmel sind, gerade deshalb», fügte sie dann mit einem Lächeln hinzu. Das Kind schlief ein, die Mutter saß später noch ein bißchen am Bettchen, sie konnte das jetzt so selten. Die kleine Marianne schlief. Sie würde diese Nacht von vielen Lichtern träumen, Weihnachtsliedern und anderen.

Rolf Schmitz

Eine Geschichte, die das Leben schrieb …

Weihnachten 1945

Es war an einem sehr kalten Abend ein paar Tage vor Weihnachten 1945. Der scharfe Wind peitschte die karge Hofbeleuchtung hin und her. Endlich war Feierabend, ich war der letzte – wie jeden Tag –, schloß gerade das Hoftor ab und wollte nach Hause gehen.

Mein Magen knurrte, außer ein paar Pellkartoffeln mit Salz, zur Mittagszeit, hatte ich nichts gegessen, und jetzt lag noch ca. eine Stunde Fußweg, nach Sachsenhausen, vor mir.

Meine Mutter hatte mir versprochen, daß es heute abend Bratkartoffeln mit Blutwurst geben sollte. Da kann ich mich mal wieder richtig «satt essen».

Doch plötzlich stand am Hoftor ein Mann mit einem gesteppten Mantel vor mir und sagte:

«Guten Abend – meine Zugmaschine steht vor der Festhalle und hat den Geist aufgegeben. Können Sie mir helfen?»

Meine Antwort war: «Kommen Sie bitte morgen früh. Ich bin nur der Autoschlosserlehrling, habe Hunger und noch einen langen Heimweg vor mir.»

Er schaute mich an, lachte und sagte: «Junge, wenn du mir hilfst, dann bekommst du von mir heute abend das schönste Weihnachtsessen, das du je hattest.»

Ich glaubte ihm kein Wort … Ein Märchenerzähler aus Tausendundeiner Nacht … So ein Sprücheklopfer …

Dann sagte er noch: «Meine Firma ist für die Brennstoffversorgung einiger Frankfurter Krankenhäuser und sonstiger Ämter zuständig. Wenn wir keine Brennstoffe liefern, dann werden in einigen Krankenhäusern die Heizungen – über die Feiertage – auf ‹kalt› stehen ...»

Jetzt dachte ich nach ... Hier mußte ich helfen, ohne Wenn und Aber ...

Ich machte sofort die Hof- und die Werkstattür auf, zog meinen Arbeitsanzug wieder an, nahm eine Kundenzugmaschine und schleppte das Fahrzeug in unsere Werkstatt. Diese Werkstatt lag in einem Hinterhof in der Nähe vom Westbahnhof und war eine ehemalige große Garagenhalle, aber ohne Heizung. Um die Garagenhalle nur Ruinen und Trümmerberge.

Die Notheizung war ein offenes Feuer, d. h. ein oben offenes ehemaliges Ölfaß und mit unten eingeschlagenen Löchern, das man mit Trümmerholz, Koks oder Kohle füllte. Auf diesem Faß stand ein Blechkasten, mit Wasser gefüllt. Hier wurden mittags, ab und zu, die Henkelmänner mit Suppe warm gemacht oder «nur» die Kartoffeln gar gekocht.

Gekochte Kartoffeln waren zeitweise die einzige Nahrung für das Frühstück und für das Mittagessen. Die Lebensmittelzuteilung lag damals täglich unter tausend Kalorien. Der Schwarzmarkt blühte in Frankfurt am Main.

Nun machte ich mich an die Arbeit, um diese Zugmaschine wieder flottzumachen ... Immer das gleiche Problem ...

Da der Dieselkraftstoff in der damaligen Zeit nicht besonders rein war und die Fahrer beim Einfüllen von Diesel kaum ein Einfüllsieb benutzten, waren die Zuleitungen und die Ansaugpumpe laufend verstopft. Außerdem flockte der Dieselkraftstoff bei dieser Kälte. Ersatzteile waren nicht vorhanden, und man mußte immer improvisieren.

Inzwischen hatte sich der Fahrer verabschiedet mit der Bemerkung: «Ich komme in ein bis zwei Stunden wieder ...»

Es war bereits kurz vor Mitternacht, und der Fahrer war

immer noch nicht da. Der Motor lief bereits wieder einwandfrei.

Diese Zugmaschine war nicht gerade in bestem Zustand, und es mußten noch einige Kleinigkeiten erledigt werden.

Plötzlich stand der Fahrer mit einer großen, selbstgenähten Stofftasche vor mir und sagte: «Mache bitte weiter, ich mache dir dein Abendessen zurecht ...»

Er reinigte die Werkbank, legte sauberes Papier aus. Schmückte die Tafel mit einem Tannenzweig und steckte noch eine kleine rote Kerze an ...

Ich hatte noch mit der Motor- und Gaseinstellung zu tun, da rief er mich und sagte: «Komm, Junge, du hast lange genug gewartet, komm und iß ...»

Ich hatte zwölf Stunden nichts gegessen ...

Nun sah ich die brennende Kerze, den Tannenzweig, belegte Brote, Butter, Schinken, Wurst, Käse und Bohnenkaffee, gefüllt in eine alte Konservendose ...

Ein Traum wurde wahr ...

Es war wirklich ein Weihnachtsessen, und das um Mitternacht. Mir kamen die Tränen ... vor Freude ... «Danke.»

Diesen einfachen gedeckten Tisch sehe ich heute noch vor mir. Höre noch die Worte «Iß langsam» – ich aber haute rein ...

Schnell war über die Hälfte verputzt ...

Auf einmal konnte ich nicht mehr ... und dann hatte ich Bauchschmerzen, wurde müde und schlief ein ...

Nach etwa einer Stunde wurde ich wach und stellte fest, daß ich mit alten Decken gut eingepackt war ...

Mein erster Gedanke: «Wie springt der Motor jetzt an?» Mit der Handkurbel einmal durchgedreht, und schon lief der Motor. Das war eine Freude ...

Ich hatte das Gefühl, daß der Fahrer kein Berufsfahrer war. Das Geheimnis erfuhr ich fünfundzwanzig Jahre später ...

Ich gab ihm noch ein selbst hergestelltes Einfüllsieb mit und erklärte, daß er bei dieser Kälte den Dieselkraftstoff mit etwas Benzin mischen soll.

Ich fuhr das Fahrzeug auf den Hof und schrieb für die Abrechnung die Arbeitszeit und das Material auf.

Dann kamen Zug um Zug gegen 7 Uhr die vier Gesellen und staunten über meine Nachtarbeit. Mein Meister und gleichzeitig der Chef, Herr L., hörte sich meine Geschichte an, sagte vorläufig nichts, dann schickte er mich nach Hause ... Wie ich nach Hause kam, weiß ich nicht mehr. Ich mußte mich unterwegs ein paarmal übergeben. Schade um das gute Essen, war halt auf einmal zu viel und zu fett ...

Der Fahrer bat mich noch vorher um meine Anschrift und sagte so nebenher: «Für die schnelle gute Leistung komme ich am 24. Dezember und bringe dir drei Festmeter Holz.» Sollte ich das glauben ...?

Ein paar Tage später bei der wöchentlichen Lohnauszahlung sprach unser Chef und dankte für die Mitarbeit im vergangenen Jahr und gab jedem Mitarbeiter noch zusätzlich zum Lohn ein Weihnachtsgeld ...

Nur ich bekam kein Weihnachtsgeld für das Jahr 1945.

Ich fragte vor der Mannschaft: «Warum ich nicht?».

Mein Chef und Meister sagte: «Du bist sechzehneinhalb Jahre alt, Kraftfahrzeuglehrling mit guten Ansätzen, aber du hast ohne Führerschein und ohne meinen Auftrag mit einer Kundenzugmaschine eine andere abgeschleppt und hast ohne mein Wissen eine Nacht hier durchgearbeitet.

Dafür muß ich dich heute bestrafen ...»

Ich dachte mir, das sehr gute Mitternachtsessen war mir mehr wert als die 30,– oder 50,– RM Weihnachtsgeld ...

Anmerkung: Später staunte mein Lehrmeister, daß ich bereits mit «siebzehn Jahren» meine Gesellenprüfung und meinen Führerschein gemacht habe und mit achtzehn der jüngste Maschinenbau-Student war.

Am 24. Dezember 1945 beim Frühstück sagten mir meine Eltern, daß wir wenig zu essen haben und fast kein Brennmaterial. Ich sagte so nebenbei: «Vielleicht kommt um 12 Uhr eine Holzlieferung.» Meine Eltern sahen sich gegenseitig an und sagten: «Was kommt ...» Ich sagte nur: «Vielleicht Brennholz.»

... und tatsächlich, um kurz nach 12 Uhr klingelte es Sturm. Ein großer Langholzwagen, mit meiner reparierten Zugmaschine, stand vor unserer Haustür, Launitzstraße 5, und lud, wie versprochen, drei Festmeter Holz ab.

Mein Vater, der um diese Zeit sehr krank war, mußte auf der Straße den Aufpasser spielen, während meine Mutter und ich das Holz in den Keller schafften. Viele gute Nachbarn bekamen Anteile von der Holzlieferung ab. So gegen 18 Uhr fing ich im Keller an, Holz zu sägen.

Ich war bereits «hundemüde», und Hunger hatte ich auch.

Nach drei Scheiten gesägten Holzes fing ich an, die Holzstücke zu hacken. Meine Mutter holte die gehackten Holzstücke sofort, um die Wohnung am Heiligen Abend warm zu halten.

Doch plötzlich verklemmte sich ein Holzstück an meiner Axt, ich schlug die Axt verkehrt auf den Hackklotz auf, ein Holzstück splitterte ab und traf meine rechte Augenbraue.

Plötzlich war alles voller Blut – eine Platzwunde – drei bis vier Zentimeter –

Eine Nachbarsfrau gab mir noch ein Handtuch, das drückte ich auf die Wunde und rannte so schnell, wie ich konnte, zum Krankenhaus Sachsenhausen.

Am Eingang hörte ich den Chor der Krankenschwestern:

«Leise rieselt der Schnee, still und starr ruht der See. Weihnachtlich glänzet der Wald, freue dich, Christkind kommt bald ...»

Sofort war ein junger Arzt zur Stelle und brachte mich ins OP. Ich erzählte ihm mein Unglück.

Er sagte ganz ruhig: «Junge, es wird sehr, sehr weh tun, ich habe keine Betäubungsspritze, ich habe kein Garn zum Nähen und ich habe kein Schmerzmittel. Ich kann das nur mit einer Klammer zusammendrücken. Aber ich besorge dir zum ‹Festhalten› zwei junge, hübsche Krankenschwestern, und später bekommst du noch einen Teller Suppe mit einem Stück Brot ...»

... und der Chor sang weiter: «Alle Jahre wieder kommt das Christuskind auf die Erde nieder, wo wir Menschen sind ...»

Nun saß ich im OP auf dem Stuhl angeschnallt, und zwei hübsche Krankenschwestern in festlicher Kleidung hielten mir auf jeder Seite meine Hände nach hinten.

Während mir der Arzt eine Klammer ansetzte und ich vor Schmerzen schrie, hörte ich im Hintergrund das Weihnachtslied: «Kling, Glöckchen, klingelingeling, kling, Glöckchen, kling!»

Dann wurde mein Kopf mit «Papierbinden» umwickelt. Ein Drahtgestell wurde mir noch auf den Kopf gesetzt und festgebunden. Zur Schmerzenlinderung bekam ich keine Medizin ...

Später brachte mir eine ältere Krankenschwester die versprochene Suppe ... Das war mein Weihnachtsessen 1945.

Da das Krankenhaus voll belegt war, wurde ich nach Hause geschickt ... aber mit der Bitte, am zweiten Weihnachtsfeiertag wiederzukommen ...

Während ich das Krankenhaus verließ, sang der Chor: «Stille Nacht, heilige Nacht. Alles schläft, einsam wacht nur das traute hochheilige Paar. Holder Knabe im lockigen Haar, schlaf in himmlischer Ruh, schlaf in himmlischer Ruh ...»

... und dann kam ich nach Hause ... Der Papierverband war inzwischen durchgeblutet ... Die ganze Hausgemeinschaft war in unserer Wohnung. Unser «Bub» ist wieder da ... Wie sah ich aus? Alle Kleidungsstücke waren blutverschmiert.

Meine Mutter zog mich aus, wusch mich ab, zog mich neu an ... Und ich hatte Schmerzen ...

Nachbarsfrauen brachten Schmerztabletten ...

Und so hat jeder dazu beigetragen, daß der Heilige Abend 1945 zwar mit wenig Essen, aber mit einer guten Nachbarschaftshilfe zu Ende ging.

Die Wundverheilung ging sehr langsam vonstatten. Meine Wunde ist zwar sehr gut verheilt, aber zur Weihnachtszeit schmerzt die Narbe ...

Und die Jahre flossen nur so dahin ...

Beruflicher Aufstieg, Hochzeit, Kinder, Familie ...

... und dann kam der Zufall ...

An einem schönen Sommertag 1971 ging ich mit meiner Frau am südlichen Mainufer spazieren. Ein alter Mann mit einem Stock kam uns sehr langsam entgegen. Auf gleicher Höhe blieb er stehen und sagte: «Hallo.»

Ich schaute diesem alten Mann in die Augen und dachte: «Das ist ein bekanntes Gesicht.»

Er sagte nur: «*Weihnachten 1945.*»

... und schon kam die Erinnerung an das weihnachtliche Mitternachtsessen in der Autowerkstatt ...

Und er hatte Tränen in den Augen, vor Freude ...

Auf einer Parkbank unterhielten wir uns über zwei Stunden.

Er erzählte, daß er ein Beamter und ein Parteigenosse war. Wurde 1945 strafversetzt zum Brennstofftransport. Dann aber wieder ins Amt berufen. Klein mußte er wieder anfangen. Aber er hat den Menschen geholfen, auch im Dritten Reich. Heute kommt seine damalige Hilfe überall als Dank zurück.

Auf die Frage, woher er in der Dezembernacht 1945 das gute Essen herhatte, schwieg er ... Er lächelte nur, wie damals ... Sah er vielleicht in meiner Person seinen gefallenen Sohn ...?

Dann kam der Abschied, es war der letzte, er hatte sich seiner Tränen nicht geschämt – ich auch nicht – Wochen später starb er …

Good-bye, mein väterlicher Freund, hast geholfen in der Not. «*Danke.*»

Meine Geschichte, die das Leben – nur so am Rande – schrieb, soll dazu beitragen, daß man heute Menschen helfen soll, die in Not geraten sind …

… denn Hunger tut weh …

Christel Weckmann-Müller

Auch eine Krippengeschichte

Einmal würde er wahr werden, der Traum, geträumt seit Kinderzeiten, jahrzehntelang gehegt und poliert, ausgeschmückt mit Liebe und goldenem Flitter. Sämtliche Weihnachtskrippen ihrer Kindheit, die liebevoll aufgebaute im Elternhaus, die mit prächtigen Figuren ausgestattete bei der Schulfreundin, der winzige Krippenstall auf einer Alm im Haus von Bekannten und das mit Schätzen beladene Dromedar in der heimatlichen Pfarrkirche, all dies trug sie als ein im Kerzenlicht schimmerndes, leicht verschwommenes Bild mit sich herum.

Bis, ja, bis eines Tages sie das Träumen aufgab und zu handeln begann. Zuerst würde sie die Figuren besorgen. Das stieß überraschenderweise auf Schwierigkeiten. Läden, in deren Schaufenstern früher die Karawanen, Könige und Mohren zu bewundern waren, gab es nicht mehr. In der Werkstatt des Herrgottschnitzers, während der Ferienreise aufgesucht, hätte sie vom geplanten Budget statt der Heiligen Familie samt Ochs, Esel und Schafen nicht viel mehr als einen Hirten erwerben können. Im folgenden Dezember dann, bei einem Gang über den Weihnachtsmarkt, stockte ihr der Atem. Da standen sie, unglaublich schön und auch erschwinglich, Abgüsse einer italienischen Barockkrippe, in Farbe gefaßt nach den Originalen! Glücklich und unwissend trug sie ihre Beute nach Hause. Doch die Lawine war schon losgetreten.

Es stellte sich heraus, daß nirgends – aber auch wirklich nirgendwo – ein Krippenhaus zu haben war, das einerseits ihrem ästhetischen Empfinden und seinen Vorstellungen, andererseits aber auch der Art und Größe der Figuren angemessen gewesen wäre. In diesem Jahr gab es einen Christbaum ohne Krippe darunter.

Im darauffolgenden Sommer reifte der Plan: Er, voll guten Willens, doch handwerklich nicht gerade geübt, würde den Stall selbst bauen, zuerst jedoch ein maßstabgerechtes Modell aus Pappe.

Die nachfolgenden Monate waren durch viele und heftige Ehekräche gekennzeichnet. Baumaterial mußte angesammelt werden, aus Wäldern, Sperrmüllcontainern, von Baustellen und Flußufern. Eisenwarenhandlungen, Baumärkte, Bastelgeschäfte wurden aufgesucht. Samstags, nach dem Großreinemachen, sortierte er seine Schätze, nach Material und Größe streng getrennt, in den verschiedenen Räumen. Die Schraubzwingen ruinierten den Küchentisch, das Pappmodell brach zusammen – es hatte ihr übrigens nicht gefallen! –, die Dachschindeln ließen sich nicht schnitzen, Sägeblätter wurden stumpf, und immerzu fehlten die richtigen Bohrer. Heiligabend jedoch war unter dem Baum ein Krippenhaus zu bewundern, das dem ihrer Träume weitgehend entsprach. Die Landschaft drum herum war noch etwas kärglich, und kurz vor der Bescherung hatte sich herausgestellt, daß die Lämpchen für Laterne, Hirtenfeuer und Stern von Bethlehem defekt waren.

Seitdem hat sich die Krippenanlage stark erweitert. Zu den Hirten haben sich mittlerweile Schalmeienspieler, Wasserträgerinnen, Bettler, Weise aus dem Morgenland, himmlische Boten und Karawanenführer gesellt. Die Hügel, Täler, Abhänge und Weidegründe, die Uferstreifen und verschlungenen Pfade bieten Ausblick auf kleine Seen, Zisternen, Schafpferche und schmale, Abgründe überbrückende Stege. Die Tierwelt umfaßt außer den obligatorischen Stallbewohnern Ochs und Esel und der Schafherde eine Katzenmutter mit ihren Jungen, farbenfrohe Enten und nicht zuletzt ein Kamel, ein Dromedar und einen Prachtelefanten. Außerdem sind alle Darsteller reichlich mit Zubehör versehen, vom Feuerholzbündel bis zum kostbaren Fächer für den Mohrenkönig. An Gaben für das Himmlische Kind herrscht somit kein Mangel.

Glücklicherweise sind sie inzwischen in eine größere Wohnung gezogen, die nur einen Nachteil hat: der Keller ist zu klein. Dort lagern Bretter und Kisten für den Unterbau, Beutel mit Steinen vom feinsten Grus bis zu backsteingroßen Felsbrocken, Sand von der Adria, Baumwurzeln aus dem Bayerischen Wald, glattgeschliffene Rheinkiesel, Treibholz vom letzten Hochwasser und Heu und Stroh aus der Eifel.

Ein paar Schwierigkeiten sind, wie alljährlich, noch zu überwinden. Sie wird auch diesmal die von ihm gewünschte Aufstellung eines Bethlehem-Panoramas im Hintergrund strikt verweigern. Andererseits will sie von ihm Moos zum Krippenbau haben, viel Moos, frisches Moos, ungefähr zwei Quadratmeter, auch bei Regen oder vielleicht Schnee.

Übrigens wird noch ein kleiner Schäferhund benötigt, mit grauen Augen. Zwei mit gelben haben sie schon.

Brigitta Stolpe

Wie ich am zweiten Weihnachtstag vom Glauben fiel

Bis zu jenem zweiten Weihnachtstag, an dem ich vom Glauben fiel, waren die Weihnachtsfeste für mich stets in einem stabilen Rahmen und einer Folge nahezu vorhersehbarer Ereignisse abgelaufen.

Heiligabend war natürlich der Höhepunkt, voller Superlative. Wir feierten im engsten Kreise der Familie, wir: Vater, Mutter, die große Schwester und ich. Schon am frühen Nachmittag ins Weihnachtskleidchen gezwängt und verbannt aus dem Wohnzimmer, das Weihnachtszimmer werden sollte, wurde meine Geduld auf das äußerste strapaziert.

Das Warten war das schlimmste. Meine Klostererziehung sollte hier gleichermaßen ihren Härtetest und ihre Erfüllung finden: durch Warteleiden zur Weihnachtslust.

Die Christmette dauerte Stunden. Der von den Eltern hochgeschätzte Prälat zelebrierte das Weihnachtsspektakulum und hielt die längste Predigt des Jahres. Ich verstand kein Wort, zählte die rhetorischen Pausen, in der Hoffnung, es sei die letzte. Doch dann setzte er zu neuer Dramaturgie an.

Endlich, nach überstandenem Orgeldonner, gingen wir nach Hause und setzten uns um den Weihnachtsbraten, das größte und prächtigste Stück des Jahres.

Nach Weincreme, Weihnachtsliedern und Weihnachtsgedicht kam die Bescherung: Jetzt bekamen wir die schönsten Geschenke ...

Am ersten Weihnachtstag fiel die Spannungskurve deutlich ab, und alles fiel etwas kürzer und kleiner aus: Der Weihnachtsgottesdienst war auf ein überstehbares Feierritual reduziert, die Geschenke der Verwandten waren kleiner, der Braten war geschrumpft, und die Weihnachtstischdecke hatte braune Soßensprenkel.

Auch die Kleiderordnung wurde aufgelockert: Statt der weißen Spitzenbluse trug meine Mutter nun eine rote, und meine Schwester und ich durften die neuen Pullover präsentieren. Nur mein Vater blieb in konstanter Kostümierung: Schwarzer Anzug, weißes Hemd, Silberschlips, und an der oberen rechten Jackettasche glänzte der päpstliche Orden in Gold, den er zu besonderen Anlässen wie Hochzeiten und Beerdigungen zu tragen pflegte. Am zweiten Weihnachtstag kamen immer die Nachbarn vom Parterre: Herr Oberstudienrat Stürzebecher nebst Gattin und Mutter. Die Stürzebecherfrauen, zu denen meine Mutter ein herzliches Verhältnis pflegte, besuchten uns öfters; Herr Stürzebecher hingegen kam nur am zweiten Weihnachtstag. Dafür hörten wir ihn aber gelegentlich grölen oder brüllen, und am nächsten Tag stand dann ein leerer Bierkasten vor Stürzebechers Tür.

An jenem zweiten Weihnachtstag, an dem ich vom Glauben fiel, verlief zunächst noch alles in dem bekannten Rahmen. Wir Mädchen bekamen eine Tafel Schokolade, die Mutter Pralinés und der Vater eine Flasche Hennessy. Nachdem Christbaum und Krippe andächtig und anständig angeschaut waren, zogen sich die Frauen in die Küche zurück, und die Männer blieben im Weihnachtszimmer, wo der Oberstudienrat von seinem Cognac anbot und mein Vater en revanche eine Weihnachtszigarre spendierte.

Die Frauen in der Küche süppelten ein Gläschen Eierlikör und erzählten von Weihnachtsbraten und Weihnachtsgaben. Meine Mutter schwärmte vom Heiligen Abend, wie wunderschön wieder alles gewesen sei und wie schön meine Schwester Flöte gespielt habe und wie schön ich mein Weihnachtsgedicht aufgesagt hätte und wie sehr wir uns gefreut hätten – und ich besonders über meinen Puppenwagen.

Weihnachten schien in Ordnung …

Mit einemmal drang aus dem Weihnachtszimmer ein heftiges Stimmengewirr, und es zog mich dorthin. Im Zigarrenqualm war weißärmliges Gestikulieren zu identifizieren, Hände wie Pistolen aufeinander gerichtet und dazwischen leere Cognacschwenker.

Wenngleich ich nicht verstand, worum es ging, so war doch klar: Nicht Weihnachtsplätzchen waren das Thema, sondern irgend etwas brachte die beiden Männer derart in Rage, daß sie sich ins Wort und aufeinander fielen, wobei der Zweizentneroberrat nicht nur stimmlich Oberwasser zu haben schien. Mit Spannung und Schrecken versuchte ich aus den Satzfetzen, mit denen sie sich schlugen, einen Sinn zu finden.

Endlich kam auch ein Satz, den ich verstehen konnte. Deutlich und definitiv kam er aus Stürzebechers Mund: «Der Adenauer ist doch verkalkt.»

Mein Vater schnappte nach Luft, verwahrte sich gegen die Respektlosigkeit seines Kontrahenten und hub an, die Leistungen des christdemokratischen Bundeskanzlers zu verteidigen. Doch schon holte Stürzebecher zum nächsten Schlag aus: «Die ganze CDU ist bankrott!»

Und ehe mein Vater auf diese neuerliche Ungeheuerlichkeit reagieren konnte, hatte Stürzebecher sich schon erhoben und – Belsazar gleich – zu einer gotteslästerlichen Rede angesetzt, die in dem vorläufigen Schlußsatz gipfelte:

«Und der Pfaffe hat 'nen Knall!»

Und damit meinte er unseren verehrten Prälaten, das Oberhaupt der weihnachtlichen Liturgie.

Nun war mein Vater auch aufgestanden, weiß wie sein Weihnachtshemd, zwei Köpfe unterhalb von Stürzebechers Kinn stellte er – trotz Atemnot – klar:

«Das ist kein Pfaffe, sondern ein Prälat, und zwar ein päpstlicher. P. P.!»

Vielleicht wären der Weihnachtsfriede und mein Weihnachtsglaube noch zu retten gewesen, wenn Stürzebecher nun geschwiegen und meinem Vater das letzte Worte gelassen hätte. Statt dessen kippte er den letzten Cognac, hielt sich mit einer Hand am Glas und mit der anderen den Bauch fest und prustete los: – «P. P.?»

«Pe Pe!»

Pepepepepepe!

«Dat is doch nur 'n päpstlicher Pißpottschwenker!»

Die Frauen kamen aus der Küche gestürzt. Die Stürzebecherschen umkreisten ihren Hausherrn, und meine Mutter stützte meinen Vater, der infarktartig zusammenzubrechen drohte. Die Stürzebecherfrauen, die in Eierlikörlaune nichts vom Drama im Weihnachtszimmer mitbekommen hatten, gleichwohl die Sauferuptionen ihres Ernährers kannten, versuchten diesen zu beschwichtigen und ihn aus der Arena zu lotsen, was ihnen nach einiger Zeit und Mühe auch gelang. Sie entfernten sich und ihn ... aber Stürzebecher schrie im Treppenhaus weiter:

«Pe Pe – päpstlicher Pißpottschwenker ...

Pepepepe – päpstlicher Pißpottschwenker!»

Schließlich schloß sich die Stürzebechertür, und nach einigen gurgelnden «Pepepe-Lauten» wurde es wieder still.

Während meine Schwester und meine Mutter meinem Vater Erste Hilfe leisteten und ihn zu beruhigen versuchten – «Der Stürzebecher ist ein Prolet!» –, verkroch ich mich in mein Zimmer und setzte mich aufs Bett. Mit den Händen stützte ich meinen Kopf ab, und die Ellbogen gruben sich tief in meine Oberschenkel, während die Spitzen meiner Zöpfe daran kitzelten. Da stand mein Puppenwagen, in dem noch zerknülltes Weihnachtspapier lag ...

Weihnachten war vorbei!

Ich wagte es kaum, mir die Szene noch einmal vorzustellen,

und versuchte, mich auf den Puppenwagen zu konzentrieren. Aber immer wieder erschienen mir die beiden Männer: mein Vater, klein, mit großem päpstlichen Orden, Disziplin und Haltung mühsam wahrend, und der hemdsärmlige Nachbar, Cognac schwenkend und Beleidigungen ausstoßend.

«Päpstlicher Pißpottschwenker!»

Ich erschrak, als ich mich selbst diese ungeheuerlichen Worte wiederholen hörte, und wiederholte diese Ungeheuerlichkeit trotzdem!

Niemals hätte einer aus der Familie das Wort «pissen» in den Mund genommen, und das Wort «Pißpott» war gleichermaßen tabu. Die Bezeichnung «Pißpottschwenker» hatte ich noch nie gehört. Gleichwohl stellte sich wie von selbst eine ganz plastische Vorstellung ein: Ich sah einen Uniformierten vor mir, der den weißen Emaillenachttopf meiner verstorbenen Großmutter in der Hand hielt und diesen mit kreisenden Bewegungen vor sich her schwenkte.

Und dieser uniformierte Pißpottschwenker hatte noch ein besonderes Attribut: Er war ein päpstlicher.

In dieser Zusammenstellung lag der Skandal, der sich zudem vor zwei guterzogenen Töchtern, kleinen Klosterschülerinnen, abgespielt hatte. Wie sehr ich auch schauderte vor dem ungehobelten Auftritt unseres Nachbarn und seinen unflätigen Worten, so eindringlich kamen sie mir jedoch immer wieder ins Ohr und auf die Zunge zurück – und zwar in verschiedenen Klangvariationen:

«Päpäpstlilicher Pipipottschwenker ...

Pipipstlilicher Popopottschwenker ...

Popopobstlicher Papapißschwenker ...»

Da ich Lust hatte, dieses Spiel weiterzutreiben, laut und schamlos, grub ich mein Gesicht ins Kopfkissen hinein, um meine ungemeinen Lustworte vor eventuellen Lauschern und mich vor Strafe zu schützen.

So ins Kissen gepreßt, erschienen mir mit einemmal ganz seltsame Bilder, deren Folge und Sinn ich zunächst nicht verstand. Doch plötzlich war ein Bild so übergroß und deutlich, als säße ich im Kino in der ersten Reihe.

Ich sah den Papst in einem goldenen Saal auf seinem heiligen Stuhl, und seinen goldenen Stab ließ er auf und nieder fahren. Um ihn herum standen goldfrackige Lakaien, ein jeder mit einem goldenen Pißpott in der Hand, den sie im Takt des päpstlichen Hirtenstabes schwangen, und dazu skandierten sie die Lauretanische Litanei. Und als sich die Uniformierten umwandten, erkannte ich ihre Gesichter.

Es war der gefürchtete Hausmeister,
die gestrenge Direktorin,
der geile Küster,
der gnadenlose Straßenbahnkontrolleur,
die gespenstische Nadelarbeitslehrerin,
der Metzger Reuter
und Schwester Genoveva vom Heiligen Blute Jesu.

Ich erkannte sie scharf und übergroß, aber sie konnten mich nicht sehen.

Ich ließ sie sich wieder umdrehen und hieß sie, ihre goldenen Pißpötte weiter zu schwenken.

Der Duft der goldgelben Pisse berauschte mich wie Weihrauch.

Ich vergnügte mich höllisch ... und fiel vom Glauben.

An die Weihnachtsfeste der folgenden Jahre habe ich keine Erinnerung mehr. Die Phalanx der päpstlichen Pißpottschwenker hatte Krippe und Christbaum vertrieben.

Ob ich später einem Funktionär, Militär oder gar dem Generalissimo begegnete, ich steckte sie sogleich in die Uniform des päpstlichen Pißpottschwenkers, und ihre Waffen mußten sie gegen Pißpötte eintauschen, und ich befahl ihnen, katholische Choräle zu singen.

Gertrud Neuling

Weihnachten in Manhattan oder New Yorker Impressionen

Das kleine Mädchen neben mir schaut mich unentwegt an. Schwarzes Kraushaar, unergründlich dunkle Augen, die Haut tiefbraun wie Mokkaschokolade. So steht sie neben mir und gibt sich ganz der Betrachtung meiner Person hin. Oder ist es der kleine Teddy, der halb aus meiner Manteltasche ragt und diese Anziehungskraft ausübt?

Sie mochte zehn bis zwölf Jahre zählen. Die langen Beine in verblichenen Jeans, um die mageren Schultern eine phantasievolle Fransenjacke gehängt, so ist sie nur eine von vielen in dem Hexenkessel der New Yorker Subway.

Sie schaut mich voller Interesse an; das ist ungewohnt in einer Stadt, wo Weiß von Schwarz unmißverständlich ignoriert wird.

Wir donnern mit D-Zug-Geschwindigkeit unter dem heißen Boden von Manhattan dahin.

Seit einem halben Jahr lebe ich hier, habe einen schwierigen, aufreibenden Job und fühle mich recht unglücklich.

Weihnachten steht vor der Tür.

Heute am 4. Advent bin ich für zwei Stunden meinem täglichen Joch entwischt und will die berühmte Candlelight-Messe in der herrlichen Riverside Church miterleben.

Die Kirche von der Größe einer Kathedrale liegt mitten in Harlem am Hudson River. Ich weiß nur ungenau wo aussteigen und frage meine kleine Nachbarin.

Ihre braunen Augen schauen mich sachlich an.

«Willst du in die Candlelight-Messe?»

«Ja.»

«Allein?»

«Ja.»

Wieder betrachtet sie mich abschätzend, doch nicht unfreundlich.

«Next station. Ich wohne da und bringe dich hin. That's better for you.» Ihr Ton duldet keinen Widerspruch.

Ich muß lächeln; ein kleines schokoladenfarbenes Mädchen als Beschützerin in Harlems dunklen Straßen!

Die donnernde Subway hält abrupt. In dem herausquellenden Menschenstrom ergreift sie energisch meine Hand, und gehorsam folge ich ihr die unzähligen Stufen hinauf an das Licht des Tages.

Wir stehen mitten auf dem Broadway. Von den dreiundzwanzig Kilometern dieser berühmtesten Straße von New York führen einige auch durch Harlem. Hierher verirrt sich zu Fuß kein Weißer!

Urplötzlich bin ich in das tiefste Afrika versetzt. Es wimmelt von Menschen.

Teenager in allen Variationen. Mütter, die ihre Schokoladenbabys auf dem Arm oder in großen Tüchern auf dem Rücken tragen. Gruppen von schwatzenden, gestikulierenden Männern und Frauen. Dazwischen unzählige Kinder, wie überall auf der Welt lärmend und Schabernack miteinander treibend.

Alle vom Kaffeebraun bis zum tiefsten Ebenholzschwarz! Kein einziges weißes oder wenigstens gelbes Gesicht!

Es ist die zauberhafte Stunde der beginnenden Dämmerung.

Noch hängt ein helles weiches Grau wie ein zarter Schleier in der Luft und nimmt den bereits funkelnden, auf und ab blitzenden Leuchtreklamen die Härte und Knalligkeit.

Der Broadway, breit wie ein Boulevard, hat hier fast Vorstadtcharakter. Unzählige Geschäftchen, vollgestopft mit allem, was man zum Leben braucht, wechseln sich ab mit schmutzigen Gastwirtschaften und kleinen zwielichtigen Bars.

Trotz Sonntag nachmittag ist alles geöffnet. Zahllose Krippen, Nikolause, Weihnachtsengel, geweihte Kerzen ... wechseln den Besitzer. Von den Riesenschirmen der Straßenverkäufer baumeln glänzende Ketten bunter Tannenbaumkugeln.

Geschwätzige Fröhlichkeit überall.

Vor lauter Begeisterung bleibe ich immer wieder stehen und schaue mich um.

Hinter der Tür jener Kneipe mögen sonst dunkle Geschäfte ausgebrütet werden, heute leuchtet rein und unschuldig ein großer goldener Weihnachtsstern davor.

Meine kleine Führerin zieht mich weiter. Ich gehöre zu ihr; sie läßt es unmißverständlich spüren. Kein Mensch beachtet mich.

Wie recht sie hatte!

«Wie heißt du?» frage ich.

«Pat ... und du?»

«Gertrude.»

Ein zögerndes Lächeln auf beiden Seiten.

«Warum nimmst du den Teddy mit?» In ihren Augen funkelt ein wenig Spott und viel Neugierde.

Also doch der Teddy! Ich werde etwas verlegen. Schließlich habe ich bereits graue Haare, da schleppt man keine Teddys mehr mit sich herum.

«Es ist ein Talisman! Ich wußte ja nicht, daß ich dich treffen würde.» Pat nickt verständnisinnig.

Es ist tatsächlich ein Talisman. Seit meiner Kindheit zieht er auf allen Reisen im Koffer mit. Der Gedanke an Harlem ließ ihn in meine Manteltasche schlüpfen.

Kreuz und quer durch dunkle Nebenstraßen geht es noch,

dann ragt urplötzlich der hohe Turm der Riverside Church vor uns in den Himmel.

Wissen es alle in unserer glaubenszersplitterten Welt, daß hier eine Kathedrale steht, die der gesamten Christenheit gehört? Sie wurde für diese Idee als einzige Kirche in der Welt vor etwa hundertfünfzig Jahren von allen christlichen Konfessionen und Sekten in Gemeinschaftsarbeit erbaut!

Himmelhohe gotische Bogen beherrschen das Kirchenschiff. Keine Heiligenbilder. Keine Madonnenfiguren. Kein Altar. An seiner Stelle ein großes schlichtes, frei hängendes Kreuz aus glänzendem Gold!

Das einzige Wahrzeichen, welches alle Christen vorbehaltlos anerkennen.

Noch stehen wir vor dem Portal. Ich schaue Pat an, will mich bedanken. Doch sie erklärt rundheraus:

«Ich komme mit.»

«Deine Mammi wird warten?» wende ich ein. «Oder Daddy ... vielleicht die Grandma?»

«Nobody at home», wischt Pat den Einwand unbekümmert fort und zieht mich durch das große Portal.

In der Kirche drängen sich Tausende von Menschen aller Hautfarben. Wer nicht in Harlem wohnt, ist mit dem Auto über den Stadt-Highway am Hudson River gekommen.

Ich werde mit Pat auf die Empore geschoben; gerade noch rechtzeitig, um den Einzug des Chors zu sehen. Einhundert Sänger und Sängerinnen, in festliche Gewänder gekleidet, ziehen leise singend durch den Mittelgang und gruppieren sich unter dem goldenen Kreuz.

Nur vereinzelte Lampen erleuchten das riesige Kirchenschiff.

Stille jetzt, im Halbdämmer verbreitet sich andächtige Spannung.

Orgelklänge eröffnen ein kleines Konzert. Die Sänger singen meisterhaft alte fromme Weisen. Ein Solosopran schwingt sich rein und klar darüber, als schwebe unsichtbar ein Engel durch den Raum.

Wieder Stille. Die wenigen Lichter erlöschen bis auf eine große brennende Kerze unter dem Kreuz.

In ihrem Schein wird eine Bibel aufgeschlagen. Ein weißer und ein schwarzer Priester lesen abwechselnd die alte, ewig neue Geschichte von dem Wunder in Bethlehem vor.

Voll klingt die Stimme der Verkündigung bis in den letzten Winkel des Riesenraumes. Die einmalige Akustik dieses Baus macht jedes Mikrofon überflüssig.

Stille. Schweigende Erwartung liegt über den Menschen aus allen Ländern der Welt.

Der schwarze Priester steht nun allein unter dem goldenen Kreuz. Weithin tönt seine Stimme durch die dunkle Kirche:

«Und Gott sprach: Es werde Licht!
Und es ward Licht ...
Und Gott sah, daß es gut war.»

Die Stimme schweigt. Der Priester zündet eine kleine Kerze an der großen brennenden an und hält sie dem nächststehenden Sänger hin. Der zündet seine Kerze an und bietet wiederum sein Licht dem Nachbarn dar. Und siehe, alle Sänger haben Kerzen in der Hand.

Das Licht wandert durch ihre Reihen. Von einem zum anderen. Bei jedem Stückchen Weg, den es zurücklegt, wird es ein wenig heller.

Dies alles geschieht in vollkommener Stille. Die Augen der Tausenden von Menschen blicken gebannt auf die kleine Flamme, die von Hand zu Hand wandert, das Gold des Kreuzes wundersam erglänzen läßt und unmerklich die Dunkelheit verdrängt.

Als jeder Sänger sein Licht entzündet hat, und die hundert Kerzen alle Menschen, auch den letzten in der hintersten Bank, in ein sanftes, warmes Licht einhüllen, singt der Chor zart und verhalten das alte deutsche Weihnachtslied «Stille Nacht, heilige Nacht».

Friede senkt sich in jedes Herz.

Ich vergesse meinen Kummer und spüre, wie Pat ihre kleine Hand in meine schiebt.

Schwarz und Weiß? Wie unwichtig ist das!

Jubelnder Orgelklang begleitet den zweiten Vers. Jetzt singen alle aus vollem Herzen mit. Jeder in seiner Sprache. Der Gesang von Tausenden Menschen, geführt von Orgel und Chor, braust durch das hohe, weite Kirchenschiff, als würde die gesamte Menschheit hier gemeinsam singen. Könnte sie es nur einmal, denke ich, nichts mehr würde sie voneinander trennen!

Wieder eine kleine Stille. Nun geschieht wirklich ein Wunder. Das Kuppeldach scheint sich zu öffnen; ganz in der Ferne, in höchsten Höhen, intoniert eine Himmelsorgel den dritten Vers.

Atemlos lauschen wir. Die Melodie kommt langsam näher, schwebt um die hohen gotischen Pfeiler, sinkt sanft anschwellend hernieder. Der Chor stimmt behutsam mit ein, und sehr zart und innig verklingt der letzte Ton.

Wunderbares Schweigen. Kann es noch mehr Glückseligkeit geben?

Die Sänger schreiten durch den Mittelgang hinaus. Mit ihren brennenden Kerzen nehmen sie das Licht mit. Nur unter dem Kreuz leuchtet noch einsam die große Kerze.

Wie hingezaubert steht auf einmal eine goldene Harfe davor. Ein Spieler tritt heran. Ein zweiter mit einer Viola in der Hand gesellt sich zu ihm. Sie tragen das festliche Gewand der Chorsänger. Aber während jene noch irdischer Herkunft sind, wenn sie auch wie die Engel sangen, diese tragen gewiß unsichtbare Flügel! Sie musizieren, wie man nur im Himmel musizieren kann.

Der weiche Ton der Viola trägt ein Adagio so voll und klar durch den Riesenraum, als stünde der Musikant überall gleichzeitig. Die Orgel untermalt leise, und der Harfe helle Töne umspielen die sanfte Melodie wie übermütige Barockengelchen.

Verzaubert sitzen wir und lauschen.

Wie lange? Es gibt keine Zeit! Wir hätten bis zum Jüngsten Tag so gesessen, hingegeben dieser Musik aus himmlischen Sphären!

Auf einmal verklingt der letzte Ton. Unbemerkt, wie sie gekommen, sind die Musikanten verschwunden.

Eine kleine aufatmende Stille.

Leise beginnendes Gemurmel.

Langsam erheben sich die Menschen und streben zum Ausgang. Die Erde hat uns wieder.

Und doch ist es anders. Waren wir vorher Fremde untereinander, jetzt verbindet uns etwas; und wenn es nur der gleiche Glanz in aller Augen ist!

Ich schaue Pat an, das Licht in ihren unergründlich dunklen Augen.

«Wonderful!» seufzt sie tief auf.

Wieder eilen wir durch einsame Seitenstraßen, gehen Hand in Hand über den Broadway, auf dem nun das lärmende hektische Nachtleben beginnt.

Welch ein Kontrast! Mit welcher Selbstverständlichkeit so nah beieinander! Das ist faszinierend an dieser Stadt; denn auch die Riverside Church ist New York!

Am Eingang zur Subway hat eine dicke Zeitungsverkäuferin ihren Stand. Knallroter Wollschal um den Hals, gelbe Pudelmütze auf dem Kraushaar. Blendend weiß leuchten ihre

Zähne in dem tiefschwarzen Gesicht, als sie uns anlacht, um dann wieder energisch und lautstark die neuesten Schandtaten der Menschheit in die Gegend zu schmettern. Von dem Zeitungstisch baumeln goldene Weihnachtssterne. Ein besonders schönes Exemplar prangt an ihrer Brust.

Wir sind neben ihr stehengeblieben. Pat entläßt mich genau dort, wo ihre Schutzbegleitung begonnen hatte.

«Good luck, Gertrude», sagt sie schnell, denn auf der anderen Straßenseite lockt ein Rudel gleichaltriger Kumpane. Ich ziehe den Teddy hervor und schiebe ihn in die Tasche ihrer abgewetzten Fransenjacke.

«Den brauch ich nicht mehr, Pat, ab heute wird er dir Glück bringen. Good luck!» Fest drücke ich die kleine schwarze Hand.

Meine Beschützerin strahlt von Kopf bis Fuß, greift blitzschnell in die Tasche, um den Teddy festzuhalten, macht einen übermütigen Hopser und ist im Nu in dem Broadway-Gewimmel untergetaucht.

Ich stehe noch ein wenig verblüfft ob Pats plötzlichem Verschwinden, als die Zeitungsfrau mich anstößt.

«All right Madam», lacht sie, «Christmas-time!»

Wie recht sie hat! So muß Weihnachten sein. Nur so, wie ich es heute erleben durfte. In der Riverside Church; mit Pat; und auch der Teddy gehört dazu!

Peter Bengs

Adventsbrief

Wer glaubt, der heilige Nikolaus führe ein geruhsames Leben, der dreihundertvierundsechzig Tage im Jahr sich ausruht und nur am 6. Dezember auf die Erde kommt, um die artigen

Kinder zu beschenken, der irrt sich gewaltig. Und man bedenke auch sein biblisches Alter! Als Gottvater vor eintausendsechshundertneunundvierzig Jahren, also im Jahre des Herrn 342 n. Chr., unseren Nikolaus, damals Bischof von Myra in Lykien, zu sich ins himmlische Reich zurückrief, ernannte er ihn zum Schutzpatron der Kinder und wies ihm als Heimstatt ein gemütliches Haus mit angrenzender großer Kinderspielzeugwerkstatt auf dem Stern Nummer sieben der Plejaden an. Seitdem lebt er dort oben und beobachtet das Treiben der Kinder auf Erden.

Jeden Tag ist er in seiner großen Kinderspielzeugwerkstatt und gibt die Wünsche der Erdenkinder an seine vielen guten Geister weiter, die dort ohne Ruh und Rast hämmern, sägen, schneiden, feilen, klopfen, kleben, weben und malen, damit all das viele Spielzeug rechtzeitig zum Festtag des St. Nikolaus am 6. Dezember fertig ist. Aber unser Nikolaus hat Sorgen. Von Jahr zu Jahr werden es mehr Kinder, die beschenkt werden müssen. Er hat schon seine Werkstatt mehrmals vergrößert, sie bedeckt jetzt schon den ganzen Stern Nummer sieben, ja, sie ragt schon ein Stück darüber hinaus. In sternenklaren Nächten kann man das sogar von hier unten fast sehen, wie da unten rechts sich ein Zacken zum Stern Nummer sechs reckt. Gott sei Dank hat aber St. Nikolaus viele Helfer auf der Erde gefunden. Eltern, Großeltern oder auch Onkel und Tanten nehmen ihm die Arbeit ab und stecken viele gute Gaben an seinem Festtag in die Schuhe der Kinder.

Im Jahre des Herrn 1990 aber geschah es, daß St. Nikolaus ein paar Tage vor seiner Reise zur Erde wieder mal einen Kontrollblick durch sein Superinterstellarriesenteleskop wirft und dabei wie zufällig die Stadt Berlin im Visier hat. «Hhm», brummelt er so vor sich hin, «mächtiges Gewimmel da unten, kaum was zu erkennen.» Er stellt an der Feineinstellung seines

Superinterstellarriesenteleskops ein bißchen rum und hat auf einmal das Kinderheim des Dr. Janusz Korczak in Lichtenberg ganz groß vor Augen. Aber was muß er da sehen? Vor lauter Schreck fällt ihm fast seine alte Schmauchpfeife aus dem Mund. Er sieht lauter elternlose Kinder in dem Heim. Kinder ohne seine wichtigsten Helfer auf Erden. «Ach herrjeherrje», denkt er, «die habe ich ja beinahe vergessen. Da tut aber Eile not.» Er greift zu seinem Verzeichnis von humanitären Organisationen und blättert das alphabetische Register durch. Bei «O» stockt sein Finger, denn «O» ist dieses Jahr dran. «Mal sehen, was wir bei «O» alles haben. Oa... Ob... Oc... Od... halt, da haben wir ja was: Odd Fellow Orden. Ah ja, in Berlin gibt's die also auch.» Er greift zu seinem Satellitentelefon, mit dem er sich in jedes Telefonnetz der Erde einschalten kann, und wählt viermal die Null für die Erde, dreimal Null für Europa, zweimal die Null für Deutschland, einmal die Null und die Dreißig für Berlin und dann 8 26 13 82.

Die Verbindung klappt sofort, es meldet sich ein Bruder Wolfgang der Concordia-Loge Berlin. Der heilige Nikolaus trägt dem Bruder Wolfgang seine Sorgen wegen der Kinder ohne Eltern im Kinderheim Dr. Janusz Korczak in Berlin im Bezirk Lichtenberg vor und bittet darum, ihn doch zu unterstützen. Bruder Wolfgang bedankt sich bei Herrn Nikolaus (er kommt gar nicht auf die Idee, daß es unser St. Nikolaus ist) für den Tip und verspricht im Namen der Brüder zu helfen.

Aufatmend beendet St. Nikolaus das Gespräch und wendet sich anderen wohltätigen Aufgaben zu.

Unterdessen hat Bruder Wolfgang den Bruder Obermeister und seine anderen Logenbrüder informiert, und im Sinne der Ordensregeln beginnen sofort große Aktivitäten. Der Bruder Obermeister setzt sich mit der Heimleitung in Verbindung, erfährt, daß es einhundertneunundachtzig Kinder sind, wird bei dieser großen Zahl doch etwas blaß, bittet sofort den

Schwesternbund der Concordia-Loge um Hilfe, und dann geht es erst richtig los. Die Schwestern häkeln, stricken, kaufen, backen, braten, packen für jedes Kind eine große Geschenktüte. Die Brüder arbeiten dazu ein richtiges Nikolaus-Programm aus.

Pünktlich dann am Ehrentag von St. Nikolaus am 6. Dezember fahren die Brüder und Schwestern vollbepackt mit all den guten Gaben zum Kinderheim, wo sie schon voll Ungeduld von all den Kindern erwartet werden. Nachmittags gibt es Kaffee, Kuchen und Kakao. Abends gibt es leckere Braten und Salate und noch vieles andere. Der weltberühmte russische Zauberer Jelzin verzaubert nicht nur die Kinder mit seinen verblüffenden Tricks. Die persönlichen Geschenke für jedes Kind machen nicht nur die Beschenkten, sondern auch die Schenkenden ganz froh.

Als spät am Abend die Brüder und Schwestern das Kinderheim verlassen, da ist's, als hörten sie in der Ferne Schellengeläut.

Wer weiß, vielleicht ist St. Nikolaus eben doch mal mit seinem von Rentieren gezogenen Schlitten vorbeigefahren, um einhundertneunundachtzig glückliche Kinder zu sehen.

Vielleicht findet der eine oder andere in der Adventszeit auch ein elternloses Kind, das er beschenken kann.

In diesem Sinne wünsche ich allen eine gesegnete Advents- und Weihnachtszeit!

Alexander Rajcsányi

Annonce

Christkind sucht
neues Quartier

Instandbesetzt
und viel zu teuer jetzt
für arme Zimmerleute
ist Bethlehems Stall

Von den Wänden verkünden
Plakate das morsche Holz
verdeckend Glück für
neunundvierzigneunzig
Dutzende Düfte verleugnen
der Armut Gestank
Der Engel ist heiser
Sein Friedensgruß
kommt nicht an
gegen die Lautsprecher
der Glückverkäufer

Christkind sucht
neues Quartier
In Bethlehems Stall
thront das goldene Kalb

Conrad H. von Sengbusch

Licht aus dem Dunkel

Wir schrieben das Jahr 1947. Die Kriegs- und Nachkriegswirren hatten unsere Familie vom Baltikum in den Warthegau verschlagen und von dort nach Thüringen. Die Familie trennte sich, und mit elf Jahren kam ich zusammen mit meiner zwei Jahre älteren Schwester Monika zu meinem Vater. Er lebte inzwischen in einer kleinen schleswig-holsteinischen Stadt direkt an der Elbe.

Mein Vater war bis 1945 Fabrikant. Nach der Flucht und einer Episode als Volkssturmmann hatte er sich bei der noch vermögenden Ost-Verwandtschaft gemeldet. Es reichte in deren großen Betrieben aber nur zu Hilfsarbeiterposten ... So blieb ihm kaum eine Wahl: Er «setzte sich in den Westen ab», wie man damals sagte, und eröffnete in der Ruine des örtlichen Schützenhauses eine kleine Seilerei. Für eine Seilerei brauchte man eine Seilerbahn und viel Platz, und den bot der lange, mit Wällen und Kugelfang abgeschlossene Schießstand. Seilerei, das war schwere körperliche Arbeit, die Tag für Tag und auch bei eisiger Kälte im Freien verrichtet werden mußte. Das Rohmaterial gewannen wir aus altem, verrotteten und verbrannten Schiffstauwerk. Abends saßen wir alle im winzigen, notdürftig beheizten Zimmer unserer Wirtschafterin, dröselten die Tampen, Taue und Trossen auf und lösten die Fasern heraus, die noch brauchbar waren. Daraus entstanden wieder Wäscheleinen, Viehstricke und Fußmatten, die uns ein Grossist in Hamburg abnahm. Reich wurde mein Vater mit diesen Waren nicht. Es langte gerade so zum Leben und Kompensieren.

Die Hilfe meines Vaters war Juris F., ein wirklich feiner und gebildeter Herr der «alten Schule». Er hatte in seinem Leben bessere Zeiten gesehen und war bis 1939 lettischer Forst- und Landwirtschaftsminister. Der Krieg hatte ihn nach Deutschland verschlagen, und er teilte das Schicksal mit Zehntausenden von Landsleuten. Nie sah ich ihn gereizt, immer dagegen gütig und gut aufgelegt.

Hier in Schleswig-Holstein war es uns bestimmt, gemeinsam das Tief zu durchwandern und neu zu beginnen. Unsere Familie stammte aus dem Baltikum. Hier waren wir seit Jahrhunderten ansässig, kamen zu Reichtum und Ansehen, stellten für Jahrzehnte das Stadthaupt und lebten vom Großhandel und einer Reederei. Die alte und ehrwürdige Hansestadt Riga war unsere gemeinsame Heimat.

Juris F. war eine Seele von Mensch: Untersetzt, bärenstark und gesund, trotzte er sibirischer Kälte und haderte nie. Ich erinnere mich, daß er stets freundlich, offen und zugänglich war. Obwohl schon Mitte der Sechzig, schaffte er unermüdlich und war mit Freude an der Arbeit. Soviel Harmonie konnte nur von einer intakten Familie ausgehen. Und richtig, dazu gehörte seine liebevolle, einfühlsame und herzliche Frau.

In unserem Ort waren während des Krieges zwei große Munitionsfabriken in Betrieb. Tausende von Ostarbeitern waren hier eingesetzt. Unmittelbar nach dem Krieg konnten oder wollten diese Menschen nicht wieder in ihre angestammte Heimat zurückkehren. Diese «DPs» oder «Displaced Persons» hatten ihr eigenes Schicksal, sie lebten in Polen-, Russen- oder Lettenlagern. Versorgt wurden die «DPs» von der Weltorganisation der UNRRA. Diese Organisation sorgte für Lebensmittel, Kleidung und gegebenenfalls auch für eine neue Heimat.

Unser «Zuhause» war mehr eine Schlafstätte als eine Wohnung. Wir hausten in einem ungeheizten Mansardenzimmer in einem Mehrfamilienhaus, das mitten im ehemaligen Munitionswerk stand. Diese Häuser wurden im Krieg für die Wissenschaftler des Werkes gebaut und waren nun bis unters Dach, und sehr zum Mißfallen dieser ehemals Privilegierten, mit Flüchtlingen belegt. Den Blick, den die Hausherrin uns zudachte, falls wir ihr begegneten, muß man erlebt haben, um ihn zu bewahren oder zu vergessen. Verdrängen kann man ihn nicht.

Dieser Winter war so bitterkalt, daß das Wasser in der Waschschüssel fror. Unser Mobiliar waren drei Feldbetten aus einer US-Zuteilung und drei alte und muffige englische Militärdecken, ebenfalls auf Bezugsschein bezogen. Den wiederum gab es nur, wenn man das «Influx»-Lager in Lübeck passiert hatte und mit dem «Entlaust»- und «Entwanzt»-Stempel als Zugezogener in Schleswig-Holstein registriert war. Ach ja, unser «Luxus» war ein kleiner Detektorapparat und Kopfhörer aus einer Fliegerhaube. An dem kleinen schwarzen Bakelitkasten trafen sich alle unsere Schnüre. Die Sprungfedermatratze wurde zur Antenne erklärt, und mit etwas Stocherei auf dem empfindlichen Detektorkristall fanden wir die richtige Stelle, um Radio Hamburg empfangen zu können.

Das war schon alles. Aber in dieser tristen Umgebung ohne Baum und Kerzenschein konnte einfach keine festliche Stimmung aufkommen. Kinder haben da so ihre Vorstellungen, wenn sie es früher feierlicher erlebt hatten.

Weihnachten öffnet bekanntlich die Herzen, und wenn ich mir das einzig verbliebene Foto von damals anschaue, dann kann ich heute verstehen, daß wir um 1. Weihnachtstag bei Herrn und Frau F. eingeladen waren. Wir wurden freundlich empfangen. Dann verschwand Juris F. für eine Weile, und wir warteten gespannt. Weit entfernt, aber vernehmbar, klingelte leise und silberhell ein Glöckchen. Langsam tat sich die Tür zum Nebenraum auf, und uns wurde der Blick in eine unwahrscheinlich schöne Welt beschert. Dieses festliche, stimmungsvolle Bild, zu dem nach alter Art die Eltern und

Kinder in festlicher Kleidung gehörten, das gemeinsame Singen, das Verlesen der Weihnachtsgeschichte, aber auch das Aufsagen von Gedichten, kannte ich noch, aber es lag weit zurück.

Ein richtiger Weihnachtsbaum war aufgestellt und mit farbigen Glaskugeln, bunten Papierketten, Christkindhaar, Äpfeln, Kringeln, vergoldeten Nüssen und vielen strahlenden Kerzen liebevoll geschmückt worden. Der unnachahmliche Duft von Wachskerzen, Äpfeln, Schokolade, Gebäck und dem frischen Tannengrün stand im Raum. Die Familienbande hatten sich bewährt, und der Sohn im fernen Ottawa sowie die emigrierte Verwandtschaft in Schweden und natürlich auch die UNRRA hatte ihren Teil beigetragen. Anstatt eines Gabentisches war liebevoll eine festliche Kaffeetafel gedeckt worden. Es gab Herrentorte, Zarentorte, Kümmelkuchen, Anisplätzchen, Sakuskas, verschiedene Schnäpse. Wir durften essen und trinken, soviel und solange wir wollten. Frau F. schenkte uns eine Tasse Kakao ein. Es war aber wohl mehr eine Trinkschokolade, so zäh lief das edle Getränk in die Tasse. Ich hatte gerade die Hälfte davon ausgetrunken, da verspürte ich bereits ein Sättegefühl. Das konnte und durfte doch einfach nicht wahr sein! Mich gelüstete es dann nach einem Stück Zarentorte. Gerade die Hälfte davon schaffte ich, doch dann streikte mein ausgezehrter Magen, und «nichts ging mehr». Meiner Schwester und meinem Vater erging es ebenso: Die Augen wanderten in einem wirklichen Schlaraffenland umher, wollten sich hindurchessen, aber die Natur in uns verfügte die totale Blockade. Wir waren dieses Essen nicht mehr gewohnt. Tag für Tag bekam ich von der Wirtschafterin eine Doppelscheibe Kommißbrot mit Vierfruchtmarmelade. Das für den nächsten Tag bestimmte Frühstück aß ich oft schon abends auf. Wer einmal wirklich gehungert hat, weiß, daß man sehr langsam, bedächtig und bewußt ein Stück Brot so lange kauen kann, bis es sich verflüssigt zu einer süßen Masse. Es gab am nächsten Tag ja noch die Schulspeisung …

Doch Frau F. zeigte sich auch hier mitfühlend und war voller mütterlicher Fürsorge. Wir bekamen von dieser schönsten Kaffeetafel aller Zeiten noch so viel mit auf den Weg, daß es für die nächsten Tage reichte.

Wie vielen anderen kleinen Nachkriegsfirmengründern ging es auch meinem Vater. Er hatte gegenüber der gewaltigen Konkurrenz der Tauwerksfabriken keine Chance und gab den Betrieb 1949 wieder auf.

Auch die «DPs» integrierten sich im Nachkriegsdeutschland oder nutzten Quoten und wanderten aus. Viele fanden in Kanada, den USA oder Australien eine neue Heimat. Der Sohn der Familie F. war inzwischen in den Staaten ein bekannter Arzt geworden. Er holte seinen Eltern nach und gab ihnen ein neues Zuhause. Bis in die späten sechziger Jahre hielten wir noch brieflichen Kontakt. Dann verstarb Juris Freimanis, dessen Identität ich hier als Beispiel für wahre Freunde und Helfer in der Not preisgebe und damit für alle Zeiten der Nachwelt erhalte.

Falko Kalino

Das dunkle Licht

Schon viele Male war es in der Familie Weihnachten geworden. Immer wieder mit der gleichen Vorfreude, der Neugier, der Spannung, dem Flair der erwartungsvollen Unruhe. Das war so, als die Eltern noch Kinder waren, das war so, als eigene Kinder ins Leben traten. Ein sorgsam gehüteter Brauch, von den Großeltern übernommen, wahrscheinlich schon Generationen zuvor so begründet und stets nur behutsam den Zeitläuften angepaßt, vollzog sich alljährlich in der dunklen Jahreszeit ein geheimnisumwitterter Wandel in der Familie. Die Anzahl der kleinen Heimlichkeiten stieg rapide an, Plappermäuler, die während des ganzen Jahres nicht verstummt waren, übten sich in Zurückhaltung, und immer wieder konnten neue und außergewöhnliche «Komplotte» geortet werden, wahre Glanzstücke an stillen Koalitionen auch jener, die sich sonst eher wenig zu sagen hatten. Auch dies war ein Stück des Weihnachtswunders, über das so oft geredet wurde in diesen Tagen.

Es hatte sich viel verändert seit den letzten Kriegstagen und dem Wiederaufbau des geschundenen Landes. Die Menschen setzten nicht mehr bedingungslos auf einen Glauben, der überliefert war, gepredigt wurde, aber immer weniger in den Alltag Einzug hielt und der viele von ihnen auch enttäuscht hatte. Die Kirchen wurden leerer und leerer, die Zahl der Austritte aus den großen Religionsgemeinschaften stieg, und auch die Familie, die hier eine Rolle spielt, hatte daran teil. Die Eltern waren aus der Kirche ausgetreten, die Kinder nicht getauft, um ihnen eine solche Entscheidung nicht vorwegzunehmen. Sie entschieden sich aber nicht für einen Kircheneintritt, auch nicht, als sie volljährig wurden. Dennoch wurde zu Heiligabend stets die Weihnachtsgeschichte vor der Bescherung vom Vater verlesen, und als die Kinder noch kleiner waren, wurde sie auch erklärt, interpretiert. Alle sollten wissen, daß es sich um ein christliches Fest mit einem ganz bestimmten geschichtlichen und geistigen Hintergrund handelte, auch wenn niemand mehr einer Kirche angehörte.

So, dachte der Vater, würde eines Tages auch die Außergewöhnlichkeit des Menschenkindes, an dessen Geburt man sich symbolisch erinnerte in diesen Tagen, dem Nachwuchs deutlich werden: die Gebote der Liebe, der Friedfertigkeit, der Hilfe für die Schwachen, der Rücksicht und dergleichen mehr, was nicht nur den Christen auszeichnen sollte. Und es war stets auch ein Erinnern an die eigene Jugend, an verflossene, glücklichere Zeiten dabei, wenn der Lichterbaum erstrahlte und die Augen glänzten.

Aus den Kleinkindern wurden Kinder, aus den Kindern wurden Teenager und weiter Heranwachsende.

Und da begab es sich, daß der Vater unfreiwillig Zeuge eines Gesprächs dieser Heranwachsenden mit Freunden wurde. Wie denn Weihnachten sich so «abspiele» daheim, wollte man wissen, wie das denn so «laufe»?

Die Antwort der eigenen Kinder wäre besser verborgen geblieben. Aus ihr sprach kalte Distanz und ein Grad an Unsensibilität, die erschrocken machte: Na ja, immer dasselbe, Vater besteht auf festlicher Kleidung, furchtbar unbequem, dann diese Geschichte aus der Bibel, die wir schon hundertmal gehört haben, immer dasselbe, Familie nimmt sich in die Arme, Küßchen, «Frohe Weihnachten» im Kreis gewünscht, Vater hat Tränen in den Augen, wie immer, dann können wir auspacken, anschließend ein Glas Sekt oder ein guter Wein, Toast und Aal, immer wieder und immer wieder dasselbe, alle Jahre wieder! Klassische Musik, kein Fernsehen, no action ...

Es mußte die Kinder seit Jahren eher belastet als erfreut haben, diese Art des Heiligabends. Aber die Eltern wußten es nicht, der Zufall hatte es ans Tageslicht gespült und mit einem Male deutlich gemacht, welche Kluft entstanden war. Eine Familie hatte sich auseinandergelebt und hatte es nicht einmal bemerkt.

Mit diesem Zufallswissen gewappnet und auch verletzt, fielen in diesem Jahr die Festvorbereitungen merklich kühler aus, eine gewisse Gleichgültigkeit machte sich breit beim Vater, der das Beste gewollt, aber den Spott geerntet hatte. So wurde auch kein Nachdruck mehr auf das rechtzeitige Beschaffen eines Weihnachtsbaumes gelegt. Er sagte, er könne auch ganz darauf verzichten, eine «Weihnachts-Show» brauche er nicht.

Er erklärte sich auch damit einverstanden, den Heiligabend ganz ausfallen zu lassen, zumal er ja wisse, daß sich die Clique der Jungen außerhalb treffen wolle. Nach der Bescherung und dem unvermeidlichen Familienkram! Die Mutter sagte nichts, nahm die Spannung wahr, unterband sie nicht, aus welchen Gründen auch immer. Sie widmete sich den Festvorbereitungen, zwar traurig, aber tapfer, als wolle sie etwas festhalten, das gerade mit einiger Gewalt abgestreift worden war.

Das Fest nahte, es war der 23. Dezember, ein Samstag, und kein Baum war im Haus. Die Kinder, darauf angesprochen, erklärten, sie hätten «keine Zeit» einen Baum zu besorgen. Schließlich machten sich die beiden Alten auf den Weg, um das zu erledigen. Die Mutter, weil sie es wollte, der Vater, weil er einfach «mitspielte», ohne Engagement, ohne innere Überzeugung.

Am Heiligabend selbst benahmen sich die Kinder wie all die Jahre zuvor. Heuchelten sie, ging es dem Vater durch den Kopf, halten sie eine Maskerade aufrecht? Und warum und für wen? Er jedenfalls hatte, weil's die Kinder auch abgelehnt hatten, der Mutter Handreichungen beim Schmücken des Baumes gemacht, ohne große Lust, ohne Überzeugung, und er hatte dies auch so zum Ausdruck gebracht. Seine Gedanken waren weit weg, an einer Stelle, wo er hoffte, keine Lüge, keinen Mummenschanz, zu finden …

Er legte diesmal keine festlichen Kleider an, er verzichtete auf die Bibellesung, er «brachte es hinter sich», enttäuscht, getroffen und auch seiner eigenen, völlig veränderten Situation in dieser Familie plötzlich sehr bewußt. Es war ihm aufgegangen, wie wenig man sich hier noch zu sagen hatte, wie dies im Alltag überspielt und wie wenig man dessen gewahr wurde. Er sprach es an, als sich diese Familie am Eßtisch gegenübersaß, er löste damit einen Wust an Vorwürfen aus, an Abgrenzungen, an Vorhaltungen, und er hatte begriffen, daß für ihn Weihnachten plötzlich eine ganz besondere Art der Erleuchtung mit sich gebracht hatte, gewiß keine der Sorte, auf die man sich freut, aber immerhin eine, die falsche Vorstellungen ausräumte, die Träumen ein Ende machte.

Nie wieder würde Weihnachten werden, wie es war, das wußte er bestimmt. Etwas von der Unschuld dieses Festes war plötzlich verloren, und der Jahresalltag mit seinen Schatten hatte sich auch über diese bislang gehüteten Stunden gelegt. Seitdem fragte er sich, was er in diesem Haus, in dieser Familie noch tut, warum er noch dort ist, wo ihn offensichtlich keiner mehr braucht, wo er eher die Kreise stört, die andere ziehen.

Für ihn hatte diese Weihnacht ein seltsames Licht entzündet, ein sehr dunkles. Aber er hatte keine Träne in den Augen gehabt an diesem Abend, über die man hinter seinem Rücken hätte herziehen können, nicht eine einzige. Dazu war das Licht zu dunkel gewesen, dieses «Licht der Welt», das einigen wohl doch geleuchtet haben muß – auch in diesen Tagen, so es eine Gnade Gottes gibt …

Ursula Wiemer-Angerer

Wie der Teddybär unter die Menschen kam

Alle Spielzeughändler, -museen und -sammler behaupten, der Teddybär sei zu Anfang unseres Jahrhunderts in einer heute sehr bekannten württembergischen Plüschtierfabrik erfunden worden. Dies ist die offizielle Geschichte, wie sie Erwachsene erzählen.

Dabei weiß doch jedes Kind, daß das allererste Modell

eines jeden guten Spielzeugs in der himmlischen Werkstatt des Weihnachtsmannes entworfen, gebaut und getestet wird. Ballermänner, Kriegsspielzeug, Videospiele und dergleichen gehören natürlich nicht dazu. Die sind Menschenwerk und können Kinder nicht wirklich glücklich machen.

In einem Herbst vor vielen Jahren, als in der Werkstatt des Weihnachtsmannes wieder einmal Hochbetrieb herrschte, wurde ein kleiner dicker Engel namens Ted als Hilfskraft dort hingeschickt. Zuvor war Ted in der Weihnachtsbackstube gewesen, wo man ihn aber nicht gern behalten wollte, da er ständig vom Teig und von den fertigen Plätzchen naschte.

Ted war nicht der Fleißigste und nicht der Flinkste. Er aß für sein Leben gern, und wenn er sich sein Bäuchlein so richtig rund gefuttert hatte, machte er am liebsten ein Nickerchen.

In der Weihnachtswerkstatt sollte Ted nun die Pinsel reinigen, die zum Bemalen von Krippenfiguren gebraucht wurden, Hobelspäne vom Fußboden fegen und für die Maler- und Schnitzerengel Brotzeit holen.

Mit letzterem hätte man ihn lieber nicht beauftragen sollen, denn natürlich holte Ted auch für sich selbst eine Riesenportion, mampfte, bis er müde war, und machte sich auf die Suche nach einem Schlafplatz.

In einer Ecke der Werkstatt lagerte weißer und brauner Zottelplüsch, aus dem die Krippenschäfchen ihr Fell bekamen, denn zu den Krippenfiguren, die hier entstanden, gehörten natürlich auch Hirten und Schafe.

Ted, der vor Müdigkeit fror, wickelte sich in ein großes Stück braunen Plüsch und fing alsbald an zu schnarchen.

Die ringsum arbeitenden Engel wurden auf das Geräusch aufmerksam. Sie folgten den seltsamen Lauten und entdeckten ein rundliches pelziges Wesen in der Ecke.

«Seht mal, ein kleiner Bär!» – «Er liegt da und brummt.» –

«Ach, wie niedlich!» – «Ob man ihn anfassen darf?» So riefen sie aufgeregt durcheinander.

Sie holten den Weihnachtsmann, um ihm ihre Entdeckung zu zeigen, und der wollte natürlich gleich wissen, wer sich das «neue Spielzeug» ausgedacht und wer es angefertigt habe.

Niemand meldete sich, aber alle waren hellauf begeistert von dem neuartigen Zottelbär mit Brummstimme.

Der Weihnachtsmann entschied, daß das vermeintliche Bärchen sorgsam zu den fertigen Geschenken gepackt und für ein besonders liebes Kind reserviert werde. Zuvor wolle man den Plüschgesellen aber noch genauestens untersuchen und vermessen, damit man ihn originalgetreu nachbauen und noch viele Kinder damit erfreuen könne.

Als nun die ganze Engelschar mit Maßband und Skizzenblock um ihn herumwimmelte und sich an ihm zu schaffen machte, wachte Ted erschrocken auf und warf sein Plüschfell ab.

«Aber das ist ja unser Ted!» riefen die Engel und der Weihnachtsmann erstaunt. «Und wir haben dich für einen Zottelbären gehalten.»

Zuerst hatte Ted ein schlechtes Gewissen, aber bald platzte er fast vor Stolz, als er auf dem Skizzenblock der Engel den Entwurf eines entzückenden Plüschbären mit seinen eigenen rundlichen Maßen und Formen sah.

TEDDYBÄR schrieb der Weihnachtsmann eigenhändig in großen Buchstaben darunter und verzieh Ted großmütig seine Drückebergerei.

In diesem Jahr mußten die Hirten bei den Krippen ohne Schafe auskommen. Tag und Nacht wurden in der Weihnachtswerkstatt Teddybären angefertigt, und viele Kinder unter dem Weihnachtsbaum schlossen Freundschaft fürs Leben mit ihrem neuen Plüschkameraden. Die Nachfrage wurde im Lauf der Jahre so gewaltig, daß der Weihnachtsmann mit seinen Engeln längst nicht mehr alle Wünsche nach einem Teddybären erfüllen konnte, und so kam der Entwurf aus der himmlischen Werkstatt eines Tages heimlich und über Nacht in die Plüschtierfabrik in Württemberg.

Schaut eurem guten alten Teddybären nur aufmerksam in sein treues Plüschgesicht. Auch wenn er aus der Fabrik kam, so werdet ihr doch noch heute ein kleines himmlisches Funkeln in seinen lieben Augen finden.

Siegfried Ketschker

Eine Begegnung im Erzgebirge

Der Lichterbergmann aus Seiffen

November 1952, Urlaub im weltberühmten Spielzeugdorf Seiffen in der Adventszeit. Aus Böhmen zogen graue Schneewolken über die Berge, es war ein Tag, an dem man in der Nußknackerbaude lieber in die Nähe des warmen Kachelofens rückte. Doch ich wollte heute einmal eine Familie kennenlernen, die sich ganz der Seiffener Volkskunst widmet. Das Haus der Füchtners stand am Dorfrand in Richtung böhmischer Grenze, die nur drei Kilometer entfernt war. Ich wurde freudig begrüßt und war sofort in einer großen Weihnachtsstube. «Bei uns ist sozusagen das ganze Jahr Weihnachten, denn wenn kurz vor Weihnachten die letzten Lichterbergmänner oder Engel verkauft sind oder der letzte Nußknacker in Richtung Amerika auf die Reise gegangen ist, wird nach den Weihnachts- und Neujahrstagen schon die Produktion für das kommende Jahr begonnen.» Vater Füchtner stand an der Drechselbank und formte die groben Holzklötze zu Nußknackern. Und die Füchtnerfamilie, die um einen großen

Tisch saß, verwandelte die roh geformten Holzkörper in Nußknacker. Am beliebtesten ist er in der Gestalt eines Königs. So gaben die Schnitzer schon seit alten Zeiten dem König die Nüsse zum Knacken. Jeder am Tisch hatte seine Aufgabe. Der eine malte den roten Rock, der andere die schwarze Kappe, und schließlich erhielt er aus weißem Fell noch einen Bart. Lichterbergmann und Lichterengel wanderten aus Seiffen in die weite Welt, seitdem die Drehbank ihre Herstellung in größerem Umfange ermöglichte und sich Seiffen vom Bergflecken zum Spielwarendorf entwickelte.

Räuchermänner kamen dazu, und alle vertrauten Gesellen des Gebirgsdorfes sind unter ihnen vertreten, vom Förster und Holzfäller bis zum Briefträger und Essenkehrer. Fremd scheinen der Türke und Slowake zu sein. Bestimmt erfuhr man vom Türken durch die Weihnachtsgeschichte, oder er fand mit dem türkischen Tabak den Weg in das Erzgebirge. Das Vorbild für den Slowaken war wiederum der slowakische Handelsmann, der noch am Anfang unseres Jahrhunderts in den Dörfern des Erzgebirges von Haus zu Haus zog und den Hausfrauen den nötigen Hausrat brachte. Er verstand auch die Kunst des Topfeinstrickens und wurde deshalb auch Rastelbinder genannt. Beim Zuschauen verging die Zeit wie im Fluge, und man hätte noch lange den Füchtners lauschen können, die mit ihren geschickten Händen das Werk ihrer Vorfahren fortsetzten. Zum Schluß bat ich Herrn Füchtner, mir doch einen Lichterbergmann zu verkaufen. «Aber nicht weitersagen, sonst kann ich mich vor Käufern nicht retten, denn ich stehe bei der Vertriebsgenossenschaft noch in der Kreide ...» Glücklich zog ich mit dem Lichterbergmann wieder hinauf zur Bergbaude, denn nun verwandelte der Schnee, der in großen weißen Flocken vom Himmel fiel, das Dorf, in dem es so viele Spielzeugmacherfamilien gab, in eine Weihnachtslandschaft.

Und immer wenn Weihnachten ist, wird der Lichterbergmann hervorgeholt und die zwei Kerzen angezündet, und so bringt er den Weihnachtszauber des Erzgebirges in unsere Stube. Wenn wir auf dem Weihnachtsmarkt oder in Kaufhäusern dem Nußknacker, dem Räuchermännchen oder den Lichterbergmännern begegnen, dann denken wir an die vielen fleißigen Hände in Seiffen, für die das ganze Jahr Weihnachten ist.

Heinke Thies

Ein Weihnachtserlebnis

Seit vielen Tagen konnte ich nicht mehr einschlafen. Meine Gedanken kreisten immer wieder um das Weihnachtsfest. Dieses erste Weihnachten ohne meinen Mann, ohne den heißgeliebten Vater meiner Kinder. Wir können doch unmöglich das Fest feiern wie all die Jahre vorher mit Musik, Lichtern und Fröhlichkeit, Überraschungen und lachenden Gesichtern. Und alle am Kamin sitzen und weinen, wie es uns zumute war, das wäre gar nicht im Sinne des so fröhlichen Vaters gewesen. Endlich kam mir eine rettende Idee. Ich überlegte, wer in unserer Nachbarschaft einsam und traurig sein würde, und lud sie ein, den Heiligen Abend mit uns zu verbringen. Die Kinder waren mit mir froh über diese Ablenkung. Sie stellten einen großen Weihnachtsbaum in die Diele, schmückten ihn besonders sorgfältig, bastelten, kauften und verpackten kleine Geschenke, übten noch einmal die Weihnachtslieder auf ihren Instrumenten und vergaßen auch nicht, den Tieren eine Extraration Lieblingsfutter zu geben, so wie sie es immer bei ihrem Vater gesehen hatten.

Die Augen der Gäste strahlen, als sie in die Diele traten, die von den Kerzen am Weihnachtsbaum hell erleuchtet und von einem Kaminfeuer gemütlich warm war. Welch eine bunte Gesellschaft! Der Älteste, gerade neunzig Jahre alt geworden, war gebürtiger Belgier. Von ihm hatten mein Mann und ich den Hof vor Jahren gekauft, auf dem er aber weiterhin mit uns lebte. Er war für uns wie ein Vater und für die Kinder der beste Großvater, den man sich denken kann. Er brachte einen Russen mit, der früher bei ihm als Gärtner gearbeitet hatte und der sich jetzt, ohne Garten und Blumen, verloren vorkam im Altersheim, in dem er zusammen mit anderen Männern in einem kleinen Zimmer hausen mußte. Gleich nach ihnen kam die flinke kleine Elsässerin herein. Sie war durch den Krieg hierher nach Südwestfrankreich verschlagen worden. Ich sah sie fast täglich, denn sie arbeitete bei uns, drinnen und draußen, wo gerade Not am Mann war. Als sie vor vielen Jahren zum erstenmal miterlebte, wie wir, die wir aus Deutschland stammen, das Weihnachtsfest vorbereiteten, mit Adventskranz, Singen, Pfeffernüsse backen, Geschenke basteln, Gedichte lernen und noch vielem anderen, brach sie in Tränen aus. Genauso war es in ihrem Elternhaus im Elsaß auch gewesen. Sie hatte das fast vergessen, denn hier im Süden feiert man Weihnachten ganz anders. Das Fest beginnt erst mit der Mitternachtsmesse, an die sich das große Weihnachtsessen anschließt. Am ersten Feiertag besuchen sich Verwandte und Freunde, und am 26. Dezember ist schon wieder Arbeitsalltag.

Danach kam der lange, dünne Cosma, ein Grieche, angeschlendert. Er war zwar schon in Paris geboren und aufgewachsen, doch seine Eltern lebten dort im Kreise ihrer Landsleute, und seine Mutter hatte nie Französisch sprechen gelernt. Als Maurer, auf der Suche nach Arbeit, hatte er ganz Frankreich durchwandert und war dann eines Tages in unserer Gegend hängengeblieben, denn hier, wo die Häuser alle aus dicken Natursteinen gebaut sind, war er in seinem Element. Niemand konnte die Steine so kunstgerecht behauen wie er. Allerdings wurden die Wände nie ganz gerade und die Ecken nicht rechtwinklig. Das verhinderte der Wein, mit dem er ständig seinen großen Durst löschen mußte. Doch diese Unregelmäßigkeiten machten den besonderen Charme seiner Werke aus. Es wurden keine zentimetergenauen Neubauten, sondern sie paßten sich, mit Winkeln und krummen Balken, den schönen hundert- und mehrjährigen alten Bauernhäusern der hiesigen Gegend an, als hätten sie schon immer dazugehört. Cosma wohnte im Wald in einem Wohnwagen. Seit Jahren träumte er davon, für sich selbst ein Häuschen zu bauen, doch der ewige Durst machte ihm immer wieder einen Strich durch die Rechnung. An diesem Abend paßte eine ältere Pariserin, die ihren Platz neben ihm einnahm, heimlich darauf auf, daß sein Glas nicht zu schnell wieder gefüllt wurde. Sie war Witwe und verbrachte nur ihre Ferien in unserem Dorf, weil sie sich hier nicht ganz so verlassen fühlte wie in der Großstadt. Die Freude darüber, daß sie diesen Abend nicht alleine, sondern in der Runde mitfühlender Menschen verbringen durfte, strahlte aus ihren Augen. Ihr gegenüber träumte ein Ukrainer in die Weihnachtslichter. Seine Frau und er waren vor vielen Jahren auf abenteuerliche Weise dem russischen Regime entflohen. Die Frau, immer heimwehkrank, war vor einigen Jahren gestorben, ohne daß ihre Hoffnung, die Heimat wiederzusehen, in Erfüllung gegangen war.

Meine Kinder waren hier in Frankreich geboren und aufgewachsen, doch das Weihnachtsfest wurde immer so gefeiert, wie sie es von den deutschen Eltern und Großeltern gewöhnt waren. An diesem Abend wurden Lieder und Weihnachtsgedichte abwechselnd auf französisch und deutsch vorgetragen und die Weihnachtsgeschichte auf französisch gelesen, so daß alle sie verstehen konnten. Durch Wärme, Wein und gutes

Essen wurde die Runde immer fröhlicher. Die Kinder waren ständig damit beschäftigt, die Gäste zu bedienen, den Kamin mit Holz zu versorgen und die heruntergebrannten Kerzen zu ersetzen. Der Ukrainer sang einige sehnsuchtsvolle Lieder seiner Heimat. Die Pariserin gab ein paar lustige Gedichte zum besten, und Cosma erzählte spannende Erlebnisse aus seiner Wanderzeit. Keinem fiel es ein, daß noch vor ein paar Jahren grausamer Krieg zwischen unseren Vaterländern geherrscht hatte. Auch daß wir den verschiedensten christlichen Konfessionen angehörten, störte niemanden. Wir wuchsen an diesem Abend zu einem engen Freundeskreis zusammen. Uns alle einte der Wille, auch weiterhin einander zu helfen und, so gut es den Kräften des einzelnen möglich ist, dem nachzuleben, dessen Geburtstag wir feierten.

Wenn Ihnen, liebe Leserinnen und Leser, die Geschichten rund um die Weihnachtszeit Freude gemacht haben und Ihnen eigene Erlebnisse einfallen, die Sie weitererzählen möchten, wenn Sie speziell für das Jahr 2000 etwas erzählen wollen – Gedanken zur Vergangenheit, Wünsche für die Zukunft –, so schicken Sie Ihre Geschichte (möglichst nicht mehr als 5–6 Seiten mit 30 Zeilen à 60 Anschläge bitte an:

Ursula Richter, Postfach 60 55 54, 22250 Hamburg *

* Wir freuen uns über eingesandte Manuskripte, können jedoch weder für sie haften noch in jedem Falle Korrespondenz führen. Eine Rücksendung erfolgt nur auf ausdrücklichen Wunsch und wenn den Manuskripten ein ausreichend frankierter Rückumschlag beigefügt ist. Andernfalls sammelt Frau Richter die Manuskripte für eine eventuelle spätere Veröffentlichung, die allerdings nicht garantiert werden kann.

Inhalt

Weihnachtsgeschichten

Das Weihnachtsfest hat für den einzelnen und für jede Familie eine eigene Bedeutung und Geschichte, geprägt durch Erinnerungen und Traditionen, die von Generation zu Generation weitergegeben werden. Die Geschichten der vorliegenden Bände laden ein zum Lesen und Vorlesen und regen dazu an, eigene Geschichten zu erzählen.
Die ehemalige NDR-Redakteurin **Ursula Richter** gibt die «Weihnachtsgeschichten am Kamin» seit über zehn Jahren bei rororo heraus, deren Gesamtauflage bei über einer Million Exemplaren liegt.

Weihnachtsgeschichten am Kamin
Band 1 (rororo 15985)
Band 2 (rororo 12167)
Band 3 (rororo 12393)
Band 4 (rororo 12717)
Band 5 (rororo 12861)
Band 6 (rororo 13021)
Band 7 (rororo 13262)
Band 8 (rororo 13427)
Band 9 (rororo 13541)
Band 10 (rororo 13697)
Band 11 (rororo 13976)
Band 12 (rororo 22266)
Band 13 (rororo 22417)

Gespenstische Weihnachtsgeschichten am Kamin
Gesammelt von Vera Pagin und Ursula Richter
(rororo 22437)
Was wäre, wenn am Heiligen Abend nicht das Christkind käme, sondern ein Gespenst? Der vorliegende Band enhält lauter schaurigschöne weihnachtliche Spukgeschichten.

rororo Unterhaltung

Die schönsten Weihnachtsgeschichten am Kamin *Eine Auswahl der schönsten Geschichten aus Band 1 - 12*
(rororo 22436)

Ursula Richter / Dorothee von Tiedemann (Hg.)
Weihnachtsgeschichten am Kamin erzählt von Prominenten
256 Seiten. Gebunden. Wunderlich
Ein Buch, das unbedingt unter den Tannenbaum gehört. Mit Geschichten von Dagmar Berghoff, Gert Haucke, Alida Gundlach, Monika Peitsch und vielen mehr.
Vom Erlös eines jeden verkauften Exemplars gehen zwei Mark an das Kinderhilfswerk Plan International.

Jutta Wilhelmi

Schule: Protokoll eines Notstands

Bestandsaufnahme · Kritik · Perspektiven

Orell Füssli

Für Daniel

„Was tun Sie", wurde Herr K. gefragt, „wenn Sie einen Menschen lieben?" „Ich mache einen Entwurf von ihm", sagte Herr K., „und sorge, daß er ihm ähnlich wird." „Wer? Der Entwurf?" „Nein", sagte Herr K., „der Mensch."

Bertolt Brecht: Geschichten vom Herrn Keuner.

Umschlag: H. + C. Waldvogel, Zürich
Graphische Gestaltung und Satz: Publishing 2000, Idstein
Druck und Einband: Ebner Ulm
Printed in Germany
ISBN 3 280 02123 5

Inhalt

Begegnung mit Marka

Bildungschancen sind
Lebenschancen

An einem kalten Dezemberabend war es. Ende der siebziger Jahre. Auf einem Bahnhof stand ich und wartete auf einen Zug, der mich zu einem Freizeitheim nahe Hamburg bringen sollte. Eine Begegnung ganz besonderer Art stand mir bevor, eine Begegnung mit Menschen, die allen schönen Bildungsbemühungen zum Trotz etwas nicht gelernt hatten, das elementare Voraussetzung für ein Leben in einer Formularegesellschaft ist: das Lesen und Schreiben.

In Bremen hatte ich zuvor den Schulsenator getroffen und ihn gefragt, wie es denn möglich sei, daß es bei allgemeiner Schulpflicht und Milliarden, die ein moderner Industriestaat in die Bildung steckt, Analphabetismus geben kann. Ungläubig sah mich der Senator an. Und ich hatte das Gefühl, es hätte nicht viel gefehlt und sein Zeigefinger wäre in Richtung Stirn gefahren. Sein Gesichtsausdruck jedenfalls verriet Verwirrung, so diese unausgesprochene Empörung: was diesen Journalisten nicht alles einfällt, um uns Politikern das Leben schwer zu machen. Seine Antworten ließen mich etwas unbefriedigt. Ausflüchte: Das sei doch alles ganz absurd. Kein Schüler verläßt die deutsche Schule, ohne die elementaren Kulturtechniken erlernt zu haben, wird es ihm doch auf dem Zeugnis bestätigt.

Die Mitarbeiter der Bremer Volkshochschule aber hatten mir anderes erzählt. Und so stand ich also auf dem zugigen Bahnhof, unsicher, wem ich nun glauben sollte. Am besten wohl dem eigenen Augenschein. Endstation irgendwo im Dunkeln zwischen Bremen und Hamburg. Junge Leute holten mich ab. Über holprige Waldwege fuhren wir. Und dann sitze ich ihnen gegenüber, Männern und Frauen, die mir nicht larmoyant, fast selbstverständlich von ihren Schwierigkeiten erzählten, aber auch von ihren Geschicklichkeiten, mit dieser ganz speziellen Schriftblindheit des Analphabeten zu leben. Ein Baggerführer war da, begleitet von seiner Frau, die nun nach langen Ehejahren erst erfahren hatte, daß ihr Mann seine Lese- und Schreibprobleme listenreich vor ihr verborgen hatte. Und selbst auf seiner Arbeitsstelle ahnte es niemand.

Oder ein junger Mann, Mitte Dreißig, Malergeselle. Lehrherrn und Prüfer der Innung hatte er erfolgreich täuschen können. Den Fragebogen in der theoretischen Prüfung, den hatte er einfach blind ausgefüllt. Ein anstrengendes Leben dennoch. Einmal, erzählte er, da habe er ein Paket zur Post gebracht. Eine Paketkarte war auszufüllen. In seiner Not bat er den Schalterbeamten, es doch für ihn zu tun. Er hätte nicht viel Zeit. Der lehnte empört ab. Also sei er unverrichteter Dinge wieder abgezogen mit seinem Paket, habe seine Frau angeflunkert, daß die Post bereits geschlossen war. Ein Leben also voller Streß. Ich bewunderte die Wendigkeit und Intelligenz, mit der diese Menschen ihre Schwäche verborgen hatten. An ihren geistigen Fähigkeiten also konnte es nicht liegen. Woran dann?

In diesen zwei Tagen wurde ich Zeuge erster Bemühungen, Hilfestellung, Nachhilfe zu geben mit noch völlig unzureichenden Mitteln. Billa sehe ich noch vor mir, wie sie angestrengt, Schweißperlen auf der Stirn, mit dem Finger jedem Buchstaben folgend „Mama" buchstabiert. „Irma ruft Oma ..." Erleichterung und Begeisterung, als sie es geschafft hat. Lob. Ermutigung. Nur weiter so. Mit Kinderfibeln lernten diese Erwachsenen. Denn niemand, auch nicht die Volkshochschulen, waren damals auf diese Situation, auf diese Form der Erwachsenenbildung, eingerichtet. Eine Sensation. Analphabetismus. Den gibt es doch nur in der dritten Welt, wie wir die armen Länder dieser Erde zu bezeichnen pflegen. Die erste Welt mit solchen Defiziten? Die hatte diese Bildungsschwäche jedenfalls lange ebenso erfolgreich verdrängt, wie sie jene Menschen tagtäglich kaschieren mußten. Kaum vorstellbar, ohne diese unerläßlichen Techniken am Arbeitsplatz über die Runden zu kommen, Behördengänge zu erledigen, Verträge zu schließen, Fahrpläne zu studieren oder auch nur einzukaufen.

In diesen Tagen begegnete ich auch Marka, einer Sinti. Und die Begegnung mit Marka, einer lebhaften, schönen, jungen Frau ist mir haften geblieben in der Menge der vielen Begegnungen, die ich im Laufe meiner journalistischen Arbeit gehabt habe. Protokoll eines Lebens- und Bildungslaufes, den ich teilweise im Originalton wiedergeben möchte, spiegelt sich darin doch ein Stück deutscher Nachkriegsgeschichte, aber auch ein Stück Bildungsgeschichte der jüngsten Zeit mit ihren großen Hoffnungen.

Gespräch mit Marka

Welche Schwierigkeiten bringt es mit sich, wenn man schlecht lesen und schreiben kann?

Wenn man zum Einkaufen war, dann war das mit Selbstbedienung, da hab' ich gefragt, dies und jenes. Dann haben sie gesagt: „Ja Sie sehen's doch, hier ist doch. Selbstbedienen." Da hab' ich erst mal geguckt. Salz, Salz, ja, da hab' ich mit mir selber gesprochen, S a l z. Na, dann hab' ich das große S gesehen und dann habe ich gedacht: Wahrscheinlich ist das Salz. Naja, dann hab ich das eingepackt, nich. Und so mit Zucker, Zucker, das ging ja auch so Z ... Zucker und so. Na, ich hab das so langsam rausgekriegt, das war sehr schwierig, und andere Dinge auch, die man gar nicht so meint, aber das wußte ich ja gar nicht. Stand ich da immer wie vom Blitz und mochte nichts sagen. Hab' ich immer Hemmungen gehabt zu fragen. Hätten sie wieder ne dumme Antwort gegeben. Die können sich ja gar nicht vorstellen, daß man nicht lesen und schreiben kann, wenn man so deutsch sprechen kann. Das können die gar nicht begreifen. Und das kann man denen auch nicht sagen.

Ja, das wollte ich Sie gerade fragen: Sie wollten es doch nicht sagen?

Nein, man sagts dann nicht, weil man auch irgendwie Hemmung hat. Ja, warum eigentlich haben Sie keine Schule? Das mag man dann nicht sagen. Zum Beispiel meine Arbeit bei Nordmende. Hab mich auch da beworben. Da haben sie gesagt: „Ja, füllen Sie erst einmal das aus, bleiben Sie mal hier." Ich sagte, kann ich mit dem Zettel mal rausgehen?" „Ja, gehen Sie mal." Ich ging damit raus. Hab' gekuckt, ich denk: Mensch, mußte einen erwischen. Naja, zunächst hab' ich auch einen erwischt und hab' gesagt: „Können Sie für mich das bitte mal ausfüllen". Hab so ein bißchen ausländisch gesprochen. „Ja, mach' ich für Sie", sagte dann so ne Dame. Hat auch alles ausgefüllt, war auch alles okay. Ganz unten steht dann drauf: „Ja, was sind Sie denn nun, Jugoslawin oder Türkin?" Da mußte ich ja natürlich sagen, ich bin Deutsche. Och, und dann hab' ich erstmal so komisch gesprochen, hab' ich mich

geschämt, weil ich so gesprochen hab'. Nachher mußt' ich ja sagen, Deutsche. Denk: Ne, lieber sagste gar nichts. Hab' den Zettel wieder genommen und stand wieder da.
Und ich bin ja so froh, daß meine Kinder hier zur Schule gehen. Meine Kleine geht zum Kindergarten. Die ist ja so prima. Die hat auch den Test gut bestanden. Die zwei Jungs sind ganz prima, die gehen beide auf die Orientierungsstufe. Beide Lehrerinnen sind sehr nett. Ich finde, die Kinder haben zwar keine Hilfe gehabt, aber sie haben sich sehr gut durchgeboxt. Kann ich wohl sagen, ne.

Warum hat es bei Ihnen nicht geklappt mit dem Lesen und Schreiben?

Ja, das will ich Ihnen sagen. Wir haben damals auf so einem Lagerplatz alle gewohnt. Die Verhältnisse waren so schlecht. Es war unmöglich, daß wir da zur Schule gegangen sind. Wir haben kein Wasser gehabt. Wenn Winter war, denn mußten wir Wasser von den Häusern holen und fragen: „Haben Sie mal ein bißchen Wasser, damit wir uns waschen können?" Das Wasser war immer eingefroren. Die Möglichkeit war überhaupt nicht da. Und die Verhältnisse waren ..., das kann man überhaupt nicht sagen. Da waren Ratten. Aber so wie wir damals gelebt haben, das geht einfach nicht. Und wenn sich keiner gekümmert hat und uns auf dem Schuttplatz hat liegenlassen.
Wir waren doch noch klein. Was sollten wir da tun? Wir sind von einem Platz zum anderen Platz gekommen. Die Häuser haben sie uns, ein paar Jahre später, gegeben, als die Kinder schon erwachsen waren. Und hier wars natürlich auch schwer. Da sind wir öfter durch die Zeitung gekommen. Mein Onkel hat das damals auch gemacht, damit die Leute und Bevölkerung es mal sehen, wie es überhaupt mal ist, wie die Leute leben in dieser Zeit jetzt noch. Es hat sich trotzdem keiner gekümmert. Und da haben wir später mal eine Wohnung gekriegt. Aber war für vieles zu spät. Und viele Zigeuner haben denn auch, muß ich mal sagen, die Schule gehabt, aber kein Schulabschluß

gehabt. Was nutzt das denn? Und darum möchte ich auch sehen, daß meine Kinder den Schulabschluß haben. Denn die haben die Möglichkeit jetzt, und wir sind in einer Wohnung, und wir haben die Sauberkeit jetzt. Warum sollen wir anders sein als andere. Wir sind alle Menschen. Und ich finde, Wasser und Seife gibt es. Aber wenn man so lebt, wie wir gelebt haben, dann kann man es wirklich nicht. Wir sind ja nur in Kälte aufgestanden und in Kälte haben wir uns hingelegt. Wir hatten einen Ofen, der ging dann aus. Die Kinder froren, daß wir kaum rausgehen konnten. Es war immer kalt. Unsere Eltern sind ja damals auch nicht so arbeiten gegangen, weil sie auch keine Schule hatten, weil sie auch im KZ waren, und dann die Schule auch nicht besucht haben. Es war ja alles zu spät.
Und dann haben sie geheiratet, Sie wissen ja wie es ist. Und haben so viele Kinder. Dann sind die auf Geschäft gewesen. Ja, wer war die Älteste, die mußte was machen zu Hause, die älteste Schwester. Ja, da war doch alles vorbei.

Wann war das, in welchen Jahren?

Marka: In welchen Jahren …
Mann: Ja das war um 1949 rum.

Haben Sie denn keine Wiedergutmachung bekommen?

Meine Mutter war ja auch im KZ drinne. Und die hat auch sehr viele Schwierigkeiten gehabt, weil sie damals aus der Schule ins KZ gesteckt wurde. Die war damals noch ein Kind gewesen mit 14 Jahren. Aber wie sie rauskam, wollte sie auch eine Wiedergutmachung haben. Und da haben sie sie so abgespeist. Die hat bis heute noch kein Geld gekriegt. Das finde ich auch nicht richtig und gerecht. Jeder kriegt seine Rente und so. Sie lebt vom Sozialamt. Das find' ich nicht gut.

Warum hat sie das nicht geschafft?

Sie hat's nicht geschafft, weil sie eben da nicht durchgeblickt hat, sich hat abspeisen lassen. Und der Rechtsanwalt hat einfach gesagt, sie kriegt nichts, weil da so viel Kuddelmuddel ist. Sie kriegen diese Geburtsurkunden nicht mehr und so. Und so haben sie sie einfach abgespeist. Wir wollen jetzt dagegen angehen, daß da noch was kommt, irgendwas. Es geht ja so auch nicht. Denn sie war ja auch im Lager, und da steht ihr auch was zu.

Sie sind also jetzt ganz bewußt darauf aus, daß Ihre Kinder einen Schulabschluß haben?

Ganz bestimmt. Was nutzt die Schule, wenn sie nachher keinen Schulabschluß haben? Dann hätte das ja alles nichts genützt. Die können zwar lesen und schreiben, aber das reicht heute nicht. Heute wollen wir nicht wieder auf Geschäft gehen, wie das früher einmal war. Die sollen mal einen Beruf haben. Die sollen mal sagen: Ich hab das und das gelernt. Das reicht mir. Dann weiß ich, meine Kinder sind für später mal versorgt. Darauf kommt es an. Und nicht so wie wir, wie wir gelebt haben. Heute haben wir was, morgen haben wir nichts gehabt. Das war kein Leben. Ich finde, man muß ein regelrechts Leben haben. Und ich finde, der Staat, der braucht ja auch Menschen, wie soll ich sagen, Weiterbildung und Leute, die gebildet sind. Was soll der Staat machen, wenn er keine hat, die keine Bildung haben. Deshalb finde ich es auch gut, die Schule, egal wie alt sie sind, die schaffen es noch.

Sie meinen sich.

Ja, ich meine mich selber. Und ich bin überzeugt, daß ich das auch schaffe. Ich finde, wenn man die Gelegenheit hat, dann soll man die auch ausnützen. Denn wir haben doch früher die Gelegenheit nicht gehabt. Darum bin ich auch froh, daß ich meine Kinder von kleinauf auf die Schule gegeben hab'. Das kam aber auch nur durch die Wohnung. Wir haben gut leben, haben unsere Sauberkeit und Ordnung. Wir sind Menschen wie andere auch.

Also Sie wollen nicht Sozialhilfeempfänger sein?

Nein, ganz bestimmt nicht.

Sie wollen Mitbürger sein?

Ja, Mitbürger, und daß wir auch sagen können: hier unsere Kinder. Denn viele Kinder hier gehen in die Schule, und da wissen die Eltern genau, der hat diese

Note, Michi hat diese Note und jene. Dann freue ich mich und denke: siehste! Aber ich sag es nicht und denke: Zigeuner. Das kann er. Und wenn er lernt und die Möglichkeit hat, warum soll er es nicht können? Er hat doch auch ein Gehirn. Das meine ich damit. Das ist kein Haß, denn wir leben hier und fühlen uns auch wie Deutsche. Wir sind ja nun Deutsche. Bei uns im Paß steht ja nicht drin: Zigeuner.

Ich weiß nicht, was aus Marka und ihren Kindern geworden ist. In meiner Erinnerung ist diese Freude unauslöschlich über die Chance, sich weiter entwickeln zu können nach der Misere der Kindheit, trotz aller Benachteiligung aufzuholen, zu lernen, und sei es auch sehr spät. Mehr als alle hehren Sprüche über „Chancengleichheit" hat mich diese Begegnung mit Marka berührt. Doch es gibt auch viele Fragen. Antworten aber bislang wenige.

Sicher, inzwischen ist das Problem erkannt. Niemand wird mehr bestreiten, daß es tausende Menschen gibt, die in dieser Bildungsgesellschaft zumindest Schwierigkeiten haben mit den elementaren Kulturtechniken. Graduelle gewiß, aber Lese- und Schreibschwächen eben. Und wie so oft sind inzwischen Forschungsprojekte entstanden, hat sich der Bundesbildungsminister dieser Thematik angenommen, werden Tagungen veranstaltet, und jede Volkshochschule, die etwas auf sich hält, bietet nun Alphabetisierungskurse an. Die Pädagogenzunft hat sich auch dieses Problemfeldes bemächtigt und beackert es inzwischen mit Inbrunst. Schön und gut. Bleibt dennoch vieles unklar. Wie ist es möglich, daß wir eine allgemeine Schulpflicht haben und dennoch ganz offensichtlich einer beträchtlichen Zahl von Bürgern nicht einmal das Lebensnotwendigste vermitteln können: das Lesen und Schreiben. Randexistenzen? Extremfälle? Schon damals dachte eine Volkshochschuldozentin laut: „Wie kann ich eine angstfreie Atmosphäre schaffen?" Schulstreß als Lernblockade? Was ist faul am deutschen Schulsystem?

Begegnungen mit einer Einrichtung, über die jeder reden kann, weil jeder sie erlebt und durchlitten hat, als Kind, als Eltern von Kindern, als Lehrer von Kindern. Irgendwann hatten wir sie alle, die Erfahrung mit Schule, die ermutigt und niedermacht, Möglichkeiten verbaut und Möglichkeiten erschlossen hat, die Angst gemacht und Angst vertrieben hat. Ein Stück Leben. Es lohnt sich genauer hinzusehen – auf die Mängel, aber auch die Stärken.

Zwanzig Jahre lang habe ich diese Einrichtung in allen Varianten kennengelernt, in Deutschland Ost und Deutschland West, in der ehemaligen BRD und der ehemaligen DDR und später dann im vereinten Deutschland. Zeiten des Aufbruchs und Zeiten der Stagnation, der Reformeuphorie und der Entmutigung. Schüler, Eltern, Lehrer, Schulverwalter und Schulforscher habe ich getroffen. Schule, eine Welt für sich, ein geschlossenes System mit eigenen Gesetzen, in seiner Kleinkariertheit, aber auch Großzügigkeit, seinen menschheitsbeglückenden Ideen und seinen engen Alltäglichkeiten. Sichtweisen einer Journalistin, nicht immer objektiv, oft auch Partei. Ab und zu meldet sich das Kind. Späte Rache an einer Anstalt, die ungebändigt Freies in die Zwänge vorgegebener Strukturen pressen mußte? Anpassung. Unerbittlich. „Was Hänschen nicht lernt, lernt Hans nimmermehr." Und „früh krümmt sich, was ein Häkchen werden will." Blick zurück im Zorn? Nicht nur.

Der Schriftsteller *Ernst Toller* hat diese Gespaltenheit in seinen Lebenserinnerungen so beschrieben. „Eine Jugend in Deutschland":

Der Lehrer heißt Herr Senger. Wenn er morgens die Tür aufreißt, rufen wir: „Guten Morgen, Herr Senger." Er setzt sich aufs Katheder und legt den Rohrstock neben sich. Wer seine Aufgabe nicht gelernt hat, muß seine Hände vorstrecken, dann schlägt Herr Senger mit dem Rohrstock darauf. „Zur Strafe", sagt er. Wer seine Aufgaben gelernt hat, den nimmt Herr Senger auf die Knie, er muß seine Backe an die Backe von Herrn Senger legen, die ist stachlig, und Herr Senger reibt sich daran, „Zur Belohnung", sagt er.[1]

Den Rohrstock, den gibt es nicht mehr. Dafür gibt es subtilere Strafen: die Note, die Zensur, das Sitzenbleiben, das Abstrafen mit Worten, Anspielungen, tadelnder Miene. Es wird noch davon zu berichten sein.

Und Ernst Toller erzählt weiter:

In der Pause zeigen wir uns die Frühstücksstullen.
– Ich habe Fleisch.
– Ich habe Käse.
– Was hast du drauf?
– Er hat gar nichts drauf.
Kurt will seine leere Stulle verstecken, wir lassen es nicht zu, wir lachen ihn aus, Kurt ruft: „Ich werde es meiner Mutter erzählen", wir rufen: „Petzer", Kurt wirft sein Brot in den Sand und weint.

Wie wir von der Schule nach Hause gehen, sagt Max: „Meine Eltern erlauben nicht, daß ich mit Kurt spiele, seine Mutter wäscht bei uns jede Woche, alle armen Leute sind schmutzig und haben Flöhe."

Schule vor dem Ersten Weltkrieg. Lange schon Geschichte? Nach der Begegnung mit Marka bin ich nicht mehr so sicher. Kinder von Asylbewerbern und Aussiedlern in deutschen Schulen heute erleiden ähnliches. Schule ist nach wie vor eine Einrichtung zur Verteilung von Lebenschancen. Täuschen wir uns nicht.

Und da ist noch ein Kapitel, ein deutsches Kapitel. In seinem Roman „Der Untertan" beschreibt *Heinrich Mann* eine Episode aus dem Schulleben seines Helden Diederich:

Er hatte, wie üblich und geboten war, den einzigen Juden seiner Klasse gehänselt, nun aber schritt er zu einer ungewöhnlichen Kundgebung. Aus Klötzen, die zum Zeichnen dienten, erbaute er auf dem Katheder ein Kreuz und drückte den Juden davor in die Knie. Er hielt ihn fest, trotz allem Widerstand; er war stark! Was Diederich stark machte, war der Beifall ringsum ... Nach dem Verrauchen des Rausches stellte wohl leichtes Bangen sich ein, aber das erste Lehrergesicht, dem Diederich begegnete, gab ihm allen Mut zurück; es war voll verlegenen Wohlwollens.[2]

Auch ein Stück Vergangenheit, ein Stück aus dem Schreckenskabinett deutscher Schulgeschichte? Hakenkreuze an deutschen Schulen und Skinheads in ihnen lassen Zweifel wachsen, ob das Lernziel Zivilcourage, Toleranz, schon erreicht ist, ob es im ausgeprägten schulischen Konkurrenzsystem je erlernt werden kann. Zu fragen wäre, welche Ingredienzien dazu notwendig sind. Bislang scheinen sie mir weder im Einheitsschulsystem der Ex-DDR, noch im differenzierten Schulsystem der Ex-BRD gefunden. Vielleicht liegt der Schlüssel zu diesem Problem in der nüchternen Feststellung, die *Heinrich Mann* seiner Heldenfigur unterlegt:

Übrigens genügte er bei zunehmender Schulpraxis in allen Fächern, ohne in einem das Maß des Geforderten zu überschreiten, oder auf der Welt irgend etwas zu wissen, was nicht im Pensum vorkam.[3]

Die Stimme aus dem Turm

Ein Blick zurück lehrt:
Es ist vieles längst gedacht und formuliert worden, was heute Schulreform heißt

Die Kritik an der Schule ist so alt wie diese Institution. Lange bevor es eine Schulpflicht gab, regt sie sich. Klagen aus dem 16. Jahrhundert klingen hinüber ins 20. Klagen des französischen Philosophen *Michel de Montaigne*. Und sie könnten einem der vielen Reformtraktate unserer Tage entnommen sein. Sie füllen mittlerweile ganze Bücherregale. In seinem Essay „Über die Kindererziehung" schrieb Seigneur de Montaigne Nachdenkenswertes. Früh schon hatte er sich von den Machtspielen der Welt verabschiedet und sich zur kritischen Betrachtung seines Jahrhunderts, vor allem aber seiner eigenen Person, in den Turm seines Schlosses zu Montaigne zurückgezogen. Über frontalen und lehrerzentrierten Unterricht, modern gesprochen, erregte sich schon Montaigne, über den aus seiner Sicht widersinnigen Zustand, in „derselben Unterrichtsstunde und nach einem Plan mehrere kindliche Geister zu unterrichten, die doch nach Umfang und Bildung so verschieden sind."[1] Der Lehrer solle dem Schüler nicht nur „vom Wortlaut seiner Lektion Rechenschaft geben, sondern von ihrem Sinn und Wesen; und den Nutzen, den er daraus zieht, nicht nach dem Zeugnis seines Gedächtnisses, sondern seines Lebens beurteilen." Er müsse ihn, das was er gelernt hat, „unter hundert Gestalten erkennen und auf ebensoviele Gegenstände anwenden lassen, um zu sehen, ob er es richtig begriffen und sich zu eigen gemacht hat." Fachwissen erproben also.

Wider Stoffhuberei und wider das sinnlose Verschlingen von Wissensbrocken, ohne es auf seine Bedeutsamkeit und Anwendbarkeit hin überprüfen zu können, wettert der Philosoph. Es sei ein Beweis für „Unverdaulichkeit und Magenschwäche, wenn man das Fleisch wieder auswirft, wie man es verschlungen hat." Der Magen habe seine Aufgabe nicht verrichtet, „wenn er den Zustand und die Form dessen, was man ihm zu verdauen gibt, nicht verändert hat."[2] Bedauern schwingt da mit: „Man hat uns so sehr an die Leine genommen, daß wir nicht mehr alleine gehen können. Unsere Stärke und Freiheit sind dahin."[3] Niedergeschrieben im 16. Jahrhundert, sind diese Klagen über verschultes Lernen auch nach Aufklärung, Revolution, Reformpädagogik und Bildungsreform neuerer Prägung aktueller denn je. Schülerprotest heute könnte es sein:

> *Man schreit uns unaufhörlich in die Ohren, als ob man etwas in einen Trichter schüttete; und wir haben nichts weiter zu tun, als nachzusprechen, was man uns vorgesprochen hat. Nun wünschte ich, daß unser Lehrer diesen Fehler vermiede und gleich von Anfang an, nach dem Maß der Seele, die man ihm übergeben hat, begönne, sie auf die Probe*

zu stellen, sie dann den Geschmack der Dinge kosten und sie selbst auswählen und unterscheiden lassen, zuweilen ihr dabei den Weg bahnte, zuweilen ihn sich selber suchen ließe. Ich will nicht, daß er dem Zögling alles vorhält und nur selbst redet; ich will, daß er ihm zuhört, wenn er seinerseits redet.[4]

Legen wir diesen Maßstab an heutiges Lernen, an eine verschulte Kindheit und Jugend, mit ihren Jahrgangsklassen, ihren Lehrplänen, ihrem Lernen im 45-Minutentakt, dem aufgezwungenen Känguruh-Dasein eines Schülers, der von Fach zu Fach hüpfen muß und dann eine Menge unzusammenhängendes Fachwissen im Sack hat, dann sind wir soweit nicht vorangekommen. Längst ist eingetreten, was die Stimme aus dem Turm voraussagte:

Ich komme gern auf meine Betrachtungen über die Untauglichkeit unserer Lehranstalten zurück. Sie haben zum Ziel gehabt, uns nicht gut und weise, sondern gelehrt zu machen: Sie haben es erreicht. Sie haben uns nicht gelehrt, der Tugend und der Klugheit zu folgen und sie zu ergreifen, sondern sie haben uns deren Ableitung und Etymologie eingeprägt. Wir können Tugend deklinieren, wenn wir sie schon nicht lieben können; wenn wir nicht wirklich und aus Erfahrung wissen, was Klugheit ist, so können wir sie doch auswendig und im Jargon hersagen ...[5]

Das Elend einer Spezialistenwelt ohne Verantwortung für die Folgen ihres Tuns, es zeichnet sich bereits in Montaignes Sätzen ab. Der Prozeß der „Verschulung“ und Spezialisierung scheint unaufhaltsam, fern der Lebenserfahrung und praktischen Erprobung dessen, was da eingetrichtert wurde. Doch immer wieder gibt es Nester des Widerstandes. Von ihnen wird noch zu berichten sein.

Freilich schimmert bei allen kritischen Betrachtungen des Philosophen Montaigne das privilegierte Leben eines Landedelmannes, der seine Lateinkenntnisse in einer Art und Weise trainieren konnte, die jedem Antipädagogen unserer Zeit Bestätigung wäre: Es geht auch anders. Da warb Vater Montaigne einen Deutschen an, dem geboten wurde, den Säugling Michel ständig auf dem Arm herumzutragen und ausschließlich Latein mit ihm zu sprechen. Und auch alle anderen Personen des Haushalts mußten das tun: Mutter, Diener, Kammermädchen. Auch sie durften sich dem Kind nur mit lateinischen Worten nähern, „die jeder gelernt hatte, um mit mir zu plaudern.“ Klar, daß der kleine Michel, wie er schreibt, „ohne

Kunst, ohne Buch, ohne Grammatik und Regeln, ohne Rute und ohne Tränen"[6], das reinste Latein gelernt hat. Von welchem Schüler, der neun Jahre Englisch gehabt hat, wäre das zu behaupten?

Schulreformer heute können in diesem Essay moderne Einsichten über den Umgang mit Kindern entnehmen, die sicher zu Montaignes Zeiten nicht die Regel waren, aber auch heute noch keineswegs Standard sind. Seinem Vater nämlich, schreibt Montaigne, sei geraten worden, „mich aus eigenem Antrieb und ohne Zwang Geschmack an der Wissenschaft und der Pflicht finden zu lassen und meine Seele in völliger Sanftmut und Freiheit zu bilden, ohne Strenge und Härte."[7] Ein frühes Summerhill in der französischen Provinz zu Beginn der Neuzeit? Alles also schon einmal dagewesen, alles schon einmal gedacht.

In unserer Schule sollen ein Zimmer sein, ein Garten, Tisch und Bett, die Einsamkeit, die Geselligkeit, der Morgen und der Abend, alle Stunden einerlei, jeder Ort ein Studierzimmer ...[8]

Doch bald schon sahen Klassenzimmer so aus. Eine Quelle aus dem 18. Jahrhundert. Preußisch-Friedland, um 1794:

Das Zimmer war auf dem Fußboden mit Ziegeln belegt, die kleinen Fenster befanden sich oben nahe der Decke und waren so blind, daß man nicht hinaussehen konnte. Ein großer Ziegelofen stand neben dem Kamin, und vor ihm saß die alte Frau und spann den ganzen Tag, neben sich auf einem Schemel eine hölzerne Kelle und eine Rute, die einzigen und mir schon sehr wohlbekannten Lehrmittel. Drei freistehende, rohe, doch glatt geriebene Bänke ohne Lehnen nahmen die Schuljugend, Knaben und Mädchen auf, bis sie notdürftig lesen konnten. Die eine Bank trug die ABC-Schützen, die zweite buchstabierte, die dritte fing zu lesen an. Der Schulunterricht begann mit dem Gesange eines feststehenden Liederverses, den man wie seine Melodie durch den Gebrauch lernte, und einem feststehenden kurzen Gebete, welches einer im Singsang hersagte, und hierauf ging einer nach dem anderen zur spinnenden Frau, und sagte aus der gewöhnlichen Fibel mit dem Hahne seine Buchstaben oder sein „a, b, ab" her. Die Alte sprach wenig, machte ein Kind Fehler, so schob sie ihr Spinnrad zur Seite, kippte mit einer Hand das Kind über den Schoß, hob mit der anderen den Rock in die Höhe, ergriff die Kelle oder Rute und bearbeitete nach Gutdünken das Sitzfleisch. Dann kam ein anderes Kind an die Reihe, bis man durch war ...[9]

Eine Bildungsreise

Lernen gestern –
Lernen heute.
Was hat sich verändert?

Wer den Lauf der menschlichen Dinge kennt und weiß, wie dasjenige oft im Fortgange des Lebens sehr wichtig werden kann, was anfänglich klein und unbedeutend schien, der wird sich an die anscheinende Geringfügigkeit mancher Umstände, die hier erzählt werden, nicht stoßen.[1]

So beginnt „Anton Reiser“, ein psychologischer Roman von *Karl Philipp Moritz*. Moritz war ein Zeitgenosse Goethes. Was der spätere Hofrat und Professor an der Akademie der Schönen Künste in Berlin in diesem Roman erzählt, ist seine eigene bedrückende Kindheit und Jugend, seine Ausbruchsversuche, sein Bildungsweg. Selten verlaufen Bildungswege geradlinig, oft eher in Brüchen, Um- oder Abbrüchen. In Zeiten, da alles planbar und organisierbar erscheint, sind Bildungswege heute schnurstracks angelegt. Möglichst keine Aufenthalte oder Umwege. Möglichst glatter Durchlauf von unten nach oben, vom Schuleintritt bis zum Schulabschluß. Daß es nicht immer so war, zeigt der Roman „Anton Reiser“.

Er spielt im 18. Jahrhundert, als Städte noch Stadttore und Zugbrücken hatten, Schildwachen auf den Wällen paradierten, Kutschen über Kopfsteinpflaster holperten und der Konrektor der Stadtschule einen schwarzen Rock und eine Stutzperücke trug. Es ist die Geschichte einer Selbstfindung, schmerzhaft und verzweiflungsvoll, Stolpern, Sichaufraffen aus einem Zustand, den Moritz „Seelenlähmung“ nennt. Bildung Ende des 18. Jahrhunderts ist noch ein Abenteuer mit ungewissem Ausgang.

Karl Philipp Moritz war der Sohn eines Musikers und Regimentsschreibers, der sich nach den Wirren des Siebenjährigen Krieges in Hannover niederläßt. „Ein ziemlich wildes, herumirrendes Leben“, habe der Vater geführt, schreibt Moritz über Antons Herkunft. Und meint damit seine eigene Familie, zerrüttet und arm, eine Kindheit ohne „Liebkosungen“ zärtlicher Eltern, „nie nach einer kleinen Mühe ihr belohnendes Lächeln.“ Das Elternhaus des Anton Reiser, alias Karl Philipp Moritz, ist ein „Haus der Unzufriedenheit, des Zorns, der Tränen und der Klagen.“[2] Schicksal eines vernachlässigten Kindes, das sich in sich selbst verkapselt, doch immer wieder Auswege aus seiner Misere sucht. Nach der Klippschule soll er ein Handwerk lernen. Anton Reiser wird zu einem Hutmacher in die Lehre geschickt.

Oft war ihm die geräumige Werkstatt mit ihren schwarzen Wänden und dem schauerlichen Dunkel, das des Abends und Morgens nur durch den Schimmer einiger Lampen erhellt wurde, ein Tempel, worin er diente.[3]

Arbeit in Kälte und Feuchte von sechs Uhr morgens bis in die Dunkelheit. Gegenüber der Werkstatt liegt die Lateinschule, die Anton nicht besuchen kann. Hoffnung erfüllt ihn, aus der Enge eines ständisch programmierten Lebens auszubrechen. Bildungssehnsucht treibt ihn. In der Werkstatt läßt er den Mitburschen an seinen kleinen Kenntnissen teilhaben, die er sich durch eigenes Lernen, teils durch Anlesen, teils durch kurzen Unterricht erworben hat. Bildungssplitter.

> *Er erzählte ihm von Jupiter und der Juno und suchte ihm den Unterschied zwischen Adjektivum und Substantivum deutlich zu machen, um ihn zu lehren, wo er einen großen Buchstaben oder einen kleinen setzen müsse.*[4]

Ausbruchversuche. Die Sehnsucht des Jungen Anton, sich von der „schwarzen Schürze des Gesellenstandes“ zu befreien und auf Wanderschaft zu gehen. Sein Ziel: das Theater. Hoffnung, Freiheit, Phantasie verkörpert es in der Tristesse seines Alltags. Im Winter muß er

> *fast alle Woche ein paarmal des nachts mit dem Lehrburschen aufbleiben, um die geschwärzten Hüte aus dem siedenden Färbekessel herauszuholen und sie dann unmittelbar darauf in der vorbeifließenden Oker zu waschen, wo zu dem Ende erst eine Öffnung in das Eis mußte gehauen werden. Dieser oft wiederholte Übergang von der Hitze zum Frost machte, daß Anton beide Hände aufsprangen und das Blut herausprützte.*[5]

Solange diese Arbeiten „noch den Reiz der Neuheit hatten, machten sie ihm ein gewisses Vergnügen, das vorzüglich im Gefühl seiner körperlichen Kräfte bestand“, geben ihm sogar eine Art von „süßem Freiheitsgefühl, das er bisher nicht gekannt hatte.“[6] Und doch nicht Endstation Sehnsucht. Hoffnung auf den Besuch einer Schule, die ihn auf das Studium vorbereitet. Vergebens. Der Vater verweigert die Unterstützung. Ein Lehrstück für die Not eines Kindes aus dürftigen Verhältnissen, seinen Bildungshunger und den Versuch ihn zu stillen. Ein harter Weg. Wer Marka noch in Erinnerung hat, wird zugeben, daß es diese „Fälle“ auch im 20. Jahrhundert noch gibt, in einer demokratischen Gesellschaft, die Bildungswege zum Teil zumindest durch Ausbildungsförderung abgepolstert hat. Und es beunruhigt zugleich, daß die Schülerförderung seit Anfang der achtziger Jahre wieder drastisch eingeschränkt wurde. Rückschritt also. Im 18. Jahrhundert schlägt sich Anton Reiser an Freitischen durch, hungert und friert, erwärmt nur durch seinen heißen Bildungsdrang. Ein Prinzenstipendium erhält er, das freilich so niedrig ist, daß er es mit Handlangerdiensten aufbessern muß. Sein Wunsch, eine „höhere Schule" zu besuchen, erfüllt sich:

> *Stundenlang stand er oft, ob er etwa durch die Fenster etwas von dem, was inwendig vorging, erblicken könnte. Nun schimmerte von dem großen Katheder in Prima zufälligerweise ein Teil durch das Fenster – wie malte sich seine Phantasie das aus! Wie oft träumte ihm des Nachts von diesem Katheder und von langen Reihen von Bänken, wo die glücklichen Schüler der Weisheit saßen, in deren Gesellschaft er nun bald sollte aufgenommen werden.*[7]

Die Wirklichkeit sieht dann ganz anders aus. Die Pedanterie des Konrektors, Prügel, der Spott der Mitschüler. Dieses ständige „Zurückgedrängtsein", seine Wut, sie entlädt sich in destruktiven Spielen. Kirschkerne zertrümmert Reiser, köpft Disteln. Er flüchtet in die Illusion, das Dichten, die Phantasie. Fernziel ist immer wieder das Theater, „denn diese Idee war jetzt schon die herrschende in seinem Kopfe und gleichsam der Keim zu allen seinen künftigen Widerwärtigkeiten."[8] Anton Reiser bricht alle Brücken hinter sich ab, begibt sich auf Wanderschaft, folgt den Spuren einer Theatergruppe, die freilich bei seiner Ankunft bereits abgereist ist.

So endet der Roman „Anton Reiser", die Geschichte eines Reisenden, wie der Name sagt, auf dem Weg zu sich selbst. Eine Geschichte ohne Happy End. Ein Bildungsroman, der auch eine Welt beschreibt, in der bei aller Entbehrung noch Fluchtwege möglich waren und höchst individuelle Auswege mit individuellen Zielen. Ende offen und der Ausgang ungewiß. Es ist die vortechnische Welt, die festgetrampelte Bildungswege einer Massenbeschulung jedoch schon ahnen läßt. Es ist Ende des 18. Jahrhunderts, in dem sich die ständische Gesellschaft politisch, wissenschaftlich und vor allem wirtschaftlich öffnet, soziale Eingrenzung durchbrochen, kirchliche Bevormundung abgestreift wird. Es ist die Zeit, in der das Abenteuer Bildung sich zum Curriculum „Allgemeinbildung" verfestigt und bald schon in die Spanischen Stiefel aufeinanderfolgender Lernabschnitte, Jahrgangsklassen und Lehrpläne eingeschnürt wird. Gefährdung und Abenteuer werden eingetauscht gegen Sicherheit, Nachprüfbarkeit, Gleichheit, aber auch gegen Enge und Lebensferne der verwalteten Schule.

Bald schon werden sich die großen Bildungstheoretiker, die Reformer, die Bildungsverwalter, die neue Profession der Erzieher und Lehrer des Kindes bemächtigen, um es zu verwalten, zu „beschulen", zu erziehen, zu erforschen. Die Industrialisierung fordert ihren Tribut an gebildeten, disziplinierten, gut funktionierenden Arbeitern. Chaos ist nicht berechenbar und die beliebige Entfaltung des Einzelnen eher kontraproduktiv für das Maschinenzeitalter. Das 19. und 20. Jahrhundert werden Jahrhunderte der Qualifizierten, des Staatsmonopols Schule. Der Bildungsbetrieb Ende des letzten Jahrhunderts. *Stefan Zweig* beschreibt ihn in seinen Erinnerungen eines Europäers „Die Welt von Gestern":

Man saß paarweise wie die Sträflinge in ihrer Galeere auf niederen Holzbänken, die einem das Rückgrat krümmten und saß bis einem die Knochen schmerzten; im Winter flackerte das bläuliche Licht offener Gasflammen über unseren Büchern, im Sommer dagegen wurden vorsorglich die Fenster verhängt, damit sich der Blick nicht etwa träumerisch an dem kleinen Quadrat blauen Himmels erfreuen könnte.[9]

Da wandert also Anton Reiser nicht mehr über den Harz, einsam ins Ungewisse, seiner Theatersehnsucht nach:

Auch konnte er damals nicht begreifen, warum die einzelnen auf der Wiese hin und her zerstreuten hohen Bäume mit ihrem Schatten in der Mittagssonne einen so wunderbaren Eindruck auf ihn machten – er fiel nicht darauf, daß eben der einsame Stand derselben in großen und unregelmäßigen Zwischenräumen der Gegend das majestätische feierliche Ansehen gab, wodurch sein Herz immer so gerührt wurde. – Diese einsamen Bäume machten ihm seine eigene Einsamkeit, indem er unter ihnen umherwandelte, gleichsam heilig und ehrwürdig – sooft er unter diesen Bäumen ging ...[10]

Ein Jahrhundert später sitzt *Stefan Zweig* gefesselt in einem muffigen Schulraum. Später schreibt er:

Es war ein stumpfes ödes Lernen, nicht um des Lebens willen, sondern um des Lernens willen, das uns die alte Pädagogik aufzwang. Und der einzige wirklich beschwingte Glücksmoment, den ich der Schule zu danken habe, wurde der Tag, da ich ihre Tür für immer hinter mir zuschlug.[11]

Der Aufbruch

Befreiungsversuche, die gibt es immer wieder. Einen möchte ich näher beschreiben

Ende der siebziger Jahre traf ich Zeitzeugen einer Bewegung, die den schulischen Drill des 19. Jahrhunderts durchbrechen wollte. Bekanntgeworden ist sie als die Zeit der „Reformpädagogik". In Tübingen lebte damals der Erziehungswissenschaftler Wilhelm Flitner, neunzigjährig schon, in Braunschweig Heinrich Rodenstein. Nach dem Zweiten Weltkrieg war er Vorsitzender der Gewerkschaft Erziehung und Wissenschaft. Und ich traf Heinrich Roth, den Erziehungswissenschaftler, der in den siebziger Jahren durch sein Gutachten „Begabung und Lernen" die Schulreform der Nachkriegszeit beflügeln sollte. Alle drei waren Anhänger dieser neuen Pädagogik, in der sich Anfang des 20. Jahrhunderts der Protest gegen eine Schule bündelte, die organisiert war wie eine „Armee". So beschrieb sie mir Heinrich Rodenstein damals:

„Alle treten an, und vor der Front steht der Unteroffizier, und alle blicken auf ihn. Und dann geht es ‚Abteilung marsch', ein Jahr ist rum, ‚Abteilung marsch', nächsthöhere Klasse. Wieder ein Jahr rum. ‚Abteilung marsch', wieder eine höhere Klasse. Wer nichts taugt, kommt in Arrest, unter Umständen wird er sogar geprügelt. Diese Ordnung mußte aufgebrochen werden."

Die Reformpädagogik war Teil einer „allgemeinen Lebensreformbewegung", Befreiung aus bürgerlicher Muffigkeit, aus Stehkragen und Fischbeinkorsett. Eingebunden war sie in andere Bewegungen, die Ende des 19. Jahrhunderts aufbrechen, etwa die soziale Bewegung, die, so erzählte Flitner, „auf den Ausgleich der Klassen und die Hilfe der Hilfsbedürftigen gerichtet war: die Frauenbewegung, die auf eine größere Selbständigkeit der Frau in der Gesellschaft zielte; die Kunsterziehungsbewegung, die ausging von dem Gedanken, die Kunst müsse dem Volke nahegebracht werden, die Museen müßten anders eingehen auf die Bevölkerung". Das Kind wurde als Künstler entdeckt. Reform der Ernährung, Wandern, Schwimmen, Sport. Eine europäische Bewegung sei es gewesen, „in deren Zusammenhang die Jugendbewegung gehörte, und die Bewegung der neuen Kunst, die dann zum Jugendstil, zum Bauhausstil geführt hat. Also eine gesamteuropäische, kann man sagen, eine Erweckungsbewegung des humanistischen Geistes."

Es war, erinnerte sich Heinrich Roth, „ähnlich wie jetzt die Umweltgedanken aufkommen". Es war der Protest der Jugendbewegung gegen die „Verstädterung der Kultur, eine Asphaltierung der Kultur, eine Absperrung vom Leben, eine Bürokratisierung. Und der Kampf dagegen waren Gründe für die Jugendbewegung, in die Wälder zu ziehen." Die hätten dort nicht nur die „blaue Blume gesucht". Sie glaubten, meinte Heinrich

Roth, „daß dann hinter ihnen die bürgerliche Welt zusammenbricht und ein neues Reich beginnt".

Ziel der Grünen von damals war der „neue", der „wirkliche Mensch", die Gemeinschaft, Jugend als eigenständige Kultur. Und diese Kultur würde sich auch ihre eigenen Schulen schaffen. Das lag nahe. Ideen bürgerlicher Demokraten, aber auch sozialistische Gedanken, in diesen beiden Strömungen trieben die Überlegungen voran, wie Schule besser, kreativer, weniger verkopft, offener zu gestalten war und eben auch sozial gerechter als bisher.

Im Dezember 1900 erschien ein aufsehenerregendes Buch der schwedischen Schriftstellerin *Ellen Key*. Sein Titel: „Das Jahrhundert des Kindes." Eine neue Einstellung, einen anderen, liberalen Umgang mit Kindern forderte die Schwedin.

Es liegt eine tiefe Einsicht in Mme. Staëls Worten, daß bloß der, welcher mit Kindern spielen kann, auch imstande ist, sie etwas zu lehren. Selbst wie das Kind zu werden, ist die erste Voraussetzung um Kinder zu erziehen. Aber das schließt keine gespielte Kindheit, kein herablassendes Plappern in sich, das das Kind sogleich tief verabscheut. Das bedeutet, sich von dem Kinde ebenso ganz und einfältig ergreifen zu lassen, wie dieses selbst vom Dasein ergriffen wird; das Kind wirklich wie seinesgleichen zu behandeln, das heißt dieselbe Zurückhaltung, dasselbe Fingerspitzengefühl und Vertrauen zu zeigen, das man einem Erwachsenen zeigt. Das bedeutet, das Kind nicht dadurch zu beeinflussen, daß man das fordert, daß das Kind es sei, sondern es durch den Eindruck dessen zu beeinflussen, was man selbst ist. Das bedeutet, dem Kinde nicht mit List oder Gewalt zu begegnen, sondern mit seinem eigenen Ernst und seiner eigenen Ehrlichkeit.[1]

Antiautoritäre Gedanken schon um die Jahrhundertwende also. Repressionsfreie Erziehung – sie war damals bereits ein Thema für viele Pädagogen in Europa und Übersee. Und das in einer Zeit, in der Kindsein in Schnürstiefeln und Matrosenkragen noch totale und absolute Unterwerfung unter die Allgewalt der Erwachsenen bedeutete. Einer Befehlserziehung wurde nun die Ermutigung entgegengestellt. Ob es die Verfechter der Landerziehungsheime waren, heraus aus den zerstörenden Städten, oder die Waldorf-Pädagogik, es blieb Erziehung, doch eine, die sensibler mit Kindern umgehen und auf sie eingehen wollte. Anders also als jene Ratschläge im Pädagogischen Handbuch von 1887, das empfahl, den

Willen des Kindes auf jeden Fall zu brechen, damit es lerne, nicht sich selbst, sondern anderen zu folgen. Die Produkte dieser Erziehung sind auch als Erwachsene bedingungslos gefolgt, die Diederichs, der Untertan.

„Seelenmorde in den Schulen", die prangert *Ellen Key* an – schon 1900.

Der Schule der Jetztzeit ist etwas gelungen, das nach den Naturgesetzen unmöglich sein soll: die Vernichtung eines einmal vorhandengewesenen Stoffes. Der Kenntnisdrang, die Selbsttätigkeit und die Beobachtungsgabe, die die Kinder dorthin mitbringen, sind nach Schluß der Schulzeit in der Regel verschwunden, ohne sich in Kenntnisse oder Interessen umgesetzt zu haben. Das ist das Resultat, wenn die Kinder ungefähr vom sechsten bis zum achtzehnten Jahre ihr Leben auf Schulbänken damit zugebracht haben, Stunde für Stunde, Monat für Monat, Semester für Semester Kenntnisse zuerst in Teelöffel-, dann in Dessertlöffel- und schließlich in Esslöffelportionen einzunehmen, Mixturen, die der Lehrer oft aus Darstellungen aus vierter oder fünfter Hand zusammengebraut hat.[2]

Eine neue Schule sollte entstehen, die mir Wilhelm Flitner damals so beschrieb:

„Die Liebe der Reformpädagogik richtete sich gerade auf den schwachen, den schlechten Schüler. Man suchte ihn zu stützen, ohne dabei den anderen zu schädigen. Überhaupt der Gedanke, daß eine Schulklasse oder besser eine ganze Schule ein Gemeinschaftsleben haben müßte, wo einer den anderen stützt und trägt, so daß auch die Autorität des Lehrers eine der Familie ähnliche wird und keine Obrigkeitsform behält."

Mitbestimmung und mehr Selbstverwaltung in der Schule – das ist nicht erst seit der Empfehlung des Deutschen Bildungsrates von 1973 ein Thema. Daß es auch in den siebziger Jahren noch ein recht heißes war, mußte das Beratungsgremium von Bund und Ländern bald erfahren. 1973 also legte es den Kultusministern seine Empfehlung „Verstärkte Selbständigkeit der Schule und Partizipation von Lehrern, Schülern und Eltern" vor. Es sollte seine letzte Empfehlung sein. Bald darauf wurde auf seinen weiteren Ratschlag verzichtet. Interessant ist aber, daß eben diese Idee einer größeren inneren Unabhängigkeit des Schulbetriebs von staatlicher Bevormundung bereits in der Reformpädagogik Anfang dieses Jahrhunderts vorgedacht worden war. Pädagogen wie Hermann Lietz, Gustav Wynecken, Paul Geheeb, Peter Petersen, auch Rudolf Steiner verfolgten in ihren eigenen Modellschulen Ziele, die im Grunde auf eine größere

Autonomie und Selbstverwaltung der einzelnen Schule hinausliefen. Freilich ging es ihnen dabei weniger um politische Paritäten als um „Gemeinschaft", Schulgemeinschaft.

Ziel der Reformpädagogen war es, den festen Lehrplan zu durchbrechen. Zu kopflastig erschien ihnen das Lernen. Man sprach von Tatschule, Erlebnisunterricht, Selbsttätigkeit. Die „Arbeitsschule" wurde Modell. „Learning by doing", forderte der Amerikaner John Dewey. Der Bau eines Blockhauses, eines Bootes oder die gemeinsame Produktion einer Schülerzeitung war ihm wichtig, um das zu wecken, was wir heute „soziale Kompetenz" nennen. Ähnliche Ziele verfolgte der Schweizer Adolphe Ferrière mit seiner „école active" oder der Franzose Célestin Freinet mit seiner „L'éducation du travail", auch Georg Kerschensteiner mit seiner Arbeitsschule, die er freilich eher für Volksschüler bereithalten wollte, was ihm die Kritik der Sozialisten eintrug.

So ähnlich die Reformansätze auch scheinen, so schieden sie sich doch in der Frage der Schulstruktur. Befürworter einer Einheitsschule sammelten sich um Paul Oestreich. Nach 1945 hat er am Aufbau des Bildungssystems in der DDR mitgearbeitet. Er vertrat eine gemeinsame Volksbildung für alle Kinder vom Kindergarten bis zur Hochschule. Diese Einheitsschule war orientiert an der „Produktions- oder Industrieschule" in der UdSSR, das heißt keine Trennung zwischen Allgemeinbildung, rein geistigem Lernen und dem Erlernen berufspraktischer Fähigkeiten und Fertigkeiten. Gedacht war an eine gemeinsame polytechnische, industriell orientierte Grundausbildung für alle Jugendlichen. Ein Modell dieser Einheitsschule ist weder in der Novemberrevolution 1918 noch in der Weimarer Republik erprobt worden.

Die große Diskussion der Schulreformer war durch den Ersten Weltkrieg nur unterbrochen worden. Nach dem Weltkrieg ging es munter weiter. Die Fronten verschärften sich. Während die „Entschiedenen Schulreformer" einen radikalen Umbau des deutschen Schulwesens anstrebten, versuchte die bürgerliche Fraktion der Reformer am vorhandenen Schulsystem zu korrigieren. Und dieser Streit um die rechte Lehre hält bis heute an. Dazwischen das Kind, zu dessen Wohl und Frommen das alles geschieht. Niemand hat es je danach gefragt, was ihm denn nun gefallen würde, und was es sich wünscht, wenn es denn schon zur Schule gehen muß. Ketzerische Gedanken sicher, doch wohl berechtigt angesichts wachsenden Schulfrusts am Ende des 20. Jahrhunderts.

Die Reichsschulkonferenz 1920. Ein wichtiges Datum in der deutschen Bildungsgeschichte. Über 600 Pädagogen, Verbandsvertreter und Politiker trafen sich in Berlin. Veranstalter war das Reichsinnenministerium, das sich Klärung und Orientierung für seine künftige Bildungspolitik erhoffte. 10 000 Seiten stark ist das amtliche Protokoll des achttägigen Sitzungsmarathons im Deutschen Reichstag. Zerrissen und widerspruchsvoll blieb es, was zu erwarten war. Einziges politisches Ergebnis: Im April 1920 wurde wenigstens die vierjährige Grundschule für alle Kinder in der Verfassung verankert. Protest und Druck waren fast ebenso vehement wie später gegen die Gesamtschule. Bald schon gewannen die Kirchen wieder Einfluß und sicherten ihn durch entsprechende Konkordate und Verträge ab. 1927 gab es in Deutschland weit mehr konfessionell gebundene Volksschulen als Simultanschulen, heute würde man sagen, Gemeinschaftsschulen.

Was ist geblieben? Alles vergebens? Völlig versickert sind die Gedanken und Ideen der Reformer sicher nicht. Ihr Erbe wird heute noch gepflegt in Waldorf-Schulen und Landerziehungsheimen. Und wenn zur Zeit Schulleben, Projektunterricht, ganzheitliches Lernen auch für die Staatsschulen gefordert wird, so hat das alles seine Wurzeln in der aufregenden Herausforderung der großen Lebensreformbewegung vor und nach dem Ersten Weltkrieg.

Die öffentlichen Schulen blieben schon damals nicht unbeeinflußt von diesen Gedanken. Das erzählte mir Wilhelm Flitner, der es als junger Pädagoge gesehen und gespürt hat. Die Lehrerschaft wurde davon erfaßt, besonders in Hamburg und Sachsen. Und „man brauchte nur die ersten paar Stufen der Treppe hinaufzugehen und in den Schulraum einzutreten, um zu merken, hier ist schon die Reformbewegung im Gange oder es ist noch alte Schule“.

Ähnlich schilderte es auch Rodenstein, der damals Junglehrer in Braunschweig war. Die Reform zeigte sich am Schulmobiliar, an der Sitzordnung. Kinder saßen „nicht mehr in Bänken hintereinander, alles starrte nach vorn. Sprechen mit dem Nachbarn war verboten. Wer hinter einem saß, den konnte man überhaupt nicht sehen. Wer etwas aufsagen wollte, mußte nach vorn treten, und die ganze Klasse starrte ihn an. Zum Schreiben gab es eine Tafel von einem Quadratmeter oder zwei.“ Das nun änderte sich in reformbereiten Schulen. Kinder saßen nun an Gruppentischen:

„Sie sind nicht mehr frontal dem Lehrer gegenüber, sondern sie sitzen sich selbst gegenüber, und der Lehrer geht zwischen ihnen hindurch. Er sitzt nicht mehr auf einem thronähnlichen Pult, sondern lebt und wirkt inmitten der Kinder.“ Das war Schulrevolution. Es gab nicht nur weiße

Kreide, erzählte mir Heinrich Rodenstein, und die Tafeln waren nicht schwarz, „sondern sie waren in angenehmem Grün und liefen als Fries an der Wand entlang, so daß also 15, 20 Kinder, vielleicht eine ganze Klasse gleichzeitig, mit bunter Kreide malen konnten. Die Schule lieferte ihnen die Wände, die sie verschmieren sollten."

Lehrer war Rodenstein in einer sogenannten Sammelschule in Braunschweig. Das waren Schulen, die Kinder besuchten, die vom Religionsunterricht abgemeldet worden waren. Tausende von Kindern haben an diesem Reformversuch teilgenommen. Es war ein Modellversuch auf Massenbasis 1926/27. Die Lehrer, erinnerte sich Rodenstein, waren „antifaschistisch, antiklerikal und schulreformerisch begeistert." Fast ins Schwärmen geriet der Gewerkschafter damals:

„Es gab selbstverständlich die Gleichwertigkeit aller menschlichen Tätigkeiten: Sprechen, Singen, Hobeln, Malen, Denken, Mathematik, fremde Sprachen, alles gab es, alles wurde angeboten, wenn es verlangt wurde. Und alles wurde intensiv betrieben, nicht als widerliche Pflichtaufgabe, sondern von innen heraus bejaht."

Die Schwierigkeit lag in der Lehrerpersönlichkeit und der Lehrerbildung. Der geniale Erzieher, der so lange wie nötig und so oft wie möglich mit Kindern zusammen war, sich gleichsam verströmte in seinem Bemühen, Kindern eine freundliche Umgebung zu schaffen, diese personifizierte Selbstlosigkeit gab es weder in der Zeit der Reformpädagogik, noch gibt es sie heute, wo alles tarifvertraglich abgesichert ist, minutiös festgelegt von Schulanfang bis Schulschluß. Den genialen Lehrer als Durchschnittslehrer, den kann es nicht geben. Da sei eben nicht zu Ende gedacht worden, meinte Rodenstein. Die Diskussion um die Lehrerfigur ist längst noch nicht beendet. Ständig werden Retuschen an seinem Standbild vorgenommen.

1933 war dann alles vorbei. Heinrich Rodenstein ging in die Emigration und viele engagierte Reformer mit ihm. Manch unpolitischer Reformkopf verfiel auch der nationalsozialistischen Propaganda, die geschickt Ziele und Strömungen der Jugendbewegung zu nutzen verstand: Gemeinschaft, Naturverbundenheit. All das wurde für manchen naiven Reformer zur Leimrute. Standhafte, wie der Pädagoge Adolf Reichwein, mußten Widerstand mit dem Leben bezahlen. Andere arrangierten sich. Selbst der profilierte Reformpädagoge Peter Petersen, dessen Jenaer-Plan-Schulen weltberühmt waren als Inbegriff einer demokratischen Schulgemeinde, unterwarf sich bereitwillig. *Peter Petersen* 1934:

Eine solche soldatische Erziehung verlangt von jedem Einordnung ohne Vorbehalt und dies in einer Welt, die zugleich streng nach Rängen gestuft ist.[3]

Zeitzeugen

Eine Chance hätte es gegeben, ganz neu anzufangen

Rückkehr 1945 nach Deutschland. Heinrich Rodenstein erinnert sich:

„Als wir 45 wieder anfingen, konnten wir ja nicht auf einem freien Baugrund mit freigewählten Mitarbeitern beginnen, sondern es war so, daß wir den Baugrund vorfanden und die Mitarbeiter nehmen mußten, die da waren."

Ende der siebziger Jahre hatte ich den ehemaligen GEW-Vorsitzenden Rodenstein in Braunschweig besucht, um von einem Zeitzeugen zu erfahren, welche Weichen schulpolitisch nach Krieg und Niederlage der nationalsozialistischen Herrschaft gestellt worden waren. Haben die Konflikte heute, der Streit um Schulstrukturen, ihre Ursache in jenen ersten Nachkriegsjahren? Persönlichkeiten, die diese Zeit aktiv mitgestaltet oder ihre Entwicklung aufmerksam beobachtet hatten, erzählten mir über diese Zeit, die oft auch die „Stunde Null" genannt wird.

Bildungspolitisch war sie es nicht. Heinrich Rodenstein war 1945 aus der Emigration zurückgekehrt, hoffnungsvoll, nun seine Ideen von einer demokratischen Schule verwirklichen zu können. Von 1935 bis 1939 hatte Rodenstein in Paris gelebt und dort im Verband deutscher Lehreremigranten ein Schulprogramm für die „Nach-Hitler-Zeit" entworfen. Anknüpfen sollte es nahtlos an die Idee der Weimarer Schulreform. Es sei ein „aussichtsloses Unterfangen" gewesen, „da die Ausgangslage völlig unbekannt war", erzählte mir der Gewerkschafter fast melancholisch. Die Gewerkschaften waren mit ihrem Wiederaufbau beschäftigt. Bildungspolitik war zweitrangig. Arbeit und Soziales hatten Vorrang. So beschrieb es Rodenstein.

Die ersten Nachkriegsjahre waren Jahre des „Überlebens", und Rodenstein richtete sich damals wieder in Braunschweig ein:

„Der Baugrund war eine völlig zerrüttete Gesellschaft, eine nicht mehr strukturierte Bevölkerung. Ich erinnere an Vertriebene, Flüchtlinge, entlassene Soldaten. Eine schwer zerstörte Stadt, eine zerstörte Hochschule. Die wenigen Schulen, die heil überlebt hatten, waren zum Teil als Ausweichbüro für das zerstörte Rathaus genommen worden und für andere Verwaltungsdinge, so daß wir gar nicht die Reform als Hauptaufgabe ansehen konnten, sondern die Hauptaufgabe war erst einmal, wie sorgen wir dafür, daß aus den 160 oder 180 Kindern, die damals in einer Klasse saßen, eine vernünftige Zahl wird. Woher bekommen wir die Lehrer, woher bekommen wir die Klassen, die Möbel und die Bücher, und wie bekommen die Kinder etwas zu essen, und wie sorgen wir dafür, daß sie wieder vernünftige Schuhe an die Füße bekommen? Das war ja vorrangig."

Und ähnlich wie in Braunschweig sah es auch in anderen deutschen Städten aus. In Köln waren neun von zehn Schulen unbrauchbar. In Berlin konnte in der Hälfte aller Schulen kaum oder gar nicht mehr unterrichtet werden. Schwerwiegender noch war der Lehrermangel. Der Leiter der Nachrichtenstelle in der britischen Gruppe in der Alliierten Kontrollkommission *Michael Balfour* schreibt in seinen Erinnerungen:

Da die Nazis großen Nachdruck auf die politische Schulung der Jugend gelegt hatten, galten die meisten Lehrer jüngeren und mittleren Alters als unerwünscht. In der russischen Zone wurde fast die Hälfte der Lehrerschaft als ungeeignet abgelehnt, in der britischen waren 11 567 verhaftet, entlassen oder ihres Amtes enthoben worden, während 14 530 weitere zu Hause saßen und auf ihre Entnazifizierung warteten. Die Franzosen sollen anfänglich noch weiter gegangen sein und 75 Prozent aus dem Schuldienst entlassen haben, von denen allerdings später eine Reihe in unteren Stellungen zugelassen wurde. Durchweg verblieben nur solche Lehrer, die entweder in bezug auf ihr Alter wie auch auf ihre Lehrmethoden einer vergangenen Epoche angehörten oder wenig geübte Junglehrer waren, die ihre Ausbildung im 3. Reich erfahren hatten.[1]

Im Durchschnitt hatten diese Lehrer bis zu 60 Schüler zu betreuen, in der britischen Zone sogar 70. In einer niedersächsischen Schule soll ein Lehrer 141 Kinder mit einem Lehrbuch unterrichtet haben und „dazu noch ein geliehenes", erinnert sich Balfour.

Eine Dorfschule im Badischen. 1946. Beginn meiner Schulzeit. Unser Lehrer war ein entlassener Leutnant. Der Rohrstock lag auf seinem Tisch. Eingeklemmt saßen wir in alten Schulbänken, in die Schülergenerationen ihren Frust und ihre Langeweile hineingemalt und -geschnitzt hatten. Das aufklappbare Tintenfaß. Ausgetrocknet. Die Wände kahl. An Haken Jakken und Mäntel. Muff. Frontalunterricht. Griffelkasten und Schiefertafel im scheppernden Ranzen lief ich zum alten Schulhaus. Was war bedrohlicher, die Angst vor dem strengen Lehrer, die Angst vor der Verfolgung der Dorfjugend? Aufspringen, wenn Lehrer Laubich die Klasse betrat. Die braunen langen Wollstrümpfe am gehäkelten Leibchen kratzen. Ich erinnere mich an das kleine m, dessen Mittelbogen immer über die Linie hüpfte. Schönschrift war gefordert, unerbittlich. Unzählige Versuche, diesen Mittelbogen zu bändigen. Weinen. Erinnerungen an Demütigungen. Das Papierkügelchen im Mund. Die Weigerung. Der Griff, mit dem der Kiefer auseinandergebogen, das Beweisstück meines Ungehorsams herausgefischt und triumphierend hochgehalten, der Klasse gezeigt wurde. Aus der Bank wurde ich gezerrt, vor den unterwürfig, neugierigen Blicken meiner Mitschüler über die Bank gebeugt und exekutiert. Auf dem Heimweg verberge ich mich hinter dem Gebüsch, weniger den körperlichen Schmerz beweinend als die erlittene Schmach. Kein Neuanfang also 1946. Erinnerungen.

Später erzählt mir eine Mitschülerin von ihrem Leiden als Flüchtling. Barackenexistenz am Rande des Dorfes. Kinder, die auf den Höfen betteln. In der Klasse sei sie gehänselt worden wegen der Warzen auf ihren Händen, der notdürftig geflickten Brille. Gefühle ähnlich wohl denen von Aussiedler- oder Asylantenkindern heute. Alles schon einmal dagewesen. Erfahrungen aus dem Schulalltag 1946.

Immerhin. Bereits im Oktober 1945 war ein provisorischer Schulbetrieb in Ost- wie Westdeutschland möglich. In der britischen Zone wurden mehr als 11 000 Schulen für über zwei Millionen Schüler wiedereröffnet, Kurzlehrgänge für Lehrer eingerichtet und Schulbücher auf NS-Gedankengut durchforstet. Schulspeisung. Ich erinnere mich an den Grießbrei, in dem dicke, aufgequollene Sultaninen schwammen, an die süßlichen Rosinenbrötchen, die fette Nudelsuppe und vor allem an die Blockschokolade. Begeisterung, wenn sie am Sonnabend verteilt wurde. Für viele Kinder in dieser Zeit war die Schulspeisung die Rettung. Eine große Tat der sogenannten „Besatzer".

Erstaunlich, daß es in diesen Überlebensjahren noch Zeit gab, über die Form der künftigen Schule nachzudenken. Bereits im Juli 1945 trafen sich im Landerziehungsheim Marienau der Sozialdemokrat und ehemalige preußische Kultusminister Adolf Grimme, später war er niedersächsischer Kultusminister, der Göttinger Pädagoge Herman Nohl und der Hamburger Senator Heinrich Landahl, um Grundsätze eines deutschen Bildungswesens zu entwickeln. Hier schon wurde deutlich, wohin man im Westen zumindest den Blick wenden wollte, nämlich zurück auf die idealistische Bildungsphilosophie des 19. Jahrhunderts.

Da heißt es:

Unsere Schule will deutsche Menschen erziehen, die gebildet in den edelsten Erinnerungen unseres Volkes und innig vertraut mit dem abendländischen Kulturgut als wertvolle Mitglieder eintreten können in die Gemeinschaft aller friedliebenden Völker, die für das Wohl und die Steigerung der Menschheit arbeiten.[2]

In „Ehrfurcht vor dem Ewigen“ und in „standhaftem Glauben an eine geistige Welt“, „gesund an Leib und Seele“ und „in Treue zu unserem Volk“, so sollte die deutsche Jugend nunmehr unangefochten von aller nationalistisch rassistischen Ideologie durch die Weltgeschichte schreiten. Schon in der Emigration waren keine revolutionären Gedanken an einen totalen Umbau des deutschen Schulwesens gediehen. Das Gros der Emigrantenorganisationen folgte der neuhumanistischen Bildungstradition: Athen, Jerusalem und Rom. Der Engländer *Michael Balfour* in seinen Erinnerungen:

Ähnlich wie in England, waren die Gymnasien, die Schulen mit dem größten Ansehen, dabei geblieben, großen Wert auf klassische Bildung zu legen, aber während man in England ... bestrebt gewesen war, gutinformierte und gewissenhafte Staatsbürger heranzuziehen, hatte man in Deutschland mehr Gewicht auf humanistische Bildung und detailliertes Wissen im Rahmen eines beschränkten Fachgebietes gelegt. Die Erweiterung des Lehrplans hatte nichts an dieser allgemeinen Einstellung ändern können, in der ausländische Beobachter eine der fundamentalen Ursachen des deutschen Mangels an praktischem Urteilsvermögen, der Nabelbetrachtung und der übermäßigen Hinwendung zum Theoretischen sahen.[3]

Eine gemeinsame Linie freilich, wie dies zu verändern wäre, gab es unter den Besatzungsmächten in Nachkriegsdeutschland nicht. Reedukation, das Großreinmachen in den Gehirnen, war ihr Plan, jedoch auf unterschiedlichen Wegen. Hellmut Becker, später Mitbegründer der deutschen Bildungsforschung in der Bundesrepublik, hat das Tohuwabohu damals beobachtet. Jeder sei mit eigenen Vorstellungen nach Deutschland gekommen, erzählte er mir. Die Franzosen wollten ihr zentrales Auslesesystem übertragen, die Amerikaner ihre reeducation verwirklichen, die Briten waren am unorthodoxesten. Sie ließen Konfessionsschulen zu, aber auch Entwicklungen, die in Richtung Gesamtschule liefen. Radikal waren nur die Russen. Sie wollten alles Bisherige umstülpen. Von vornherein hatten sie für ihren Einflußbereich die Einheitsschule vorgesehen und dieses ihr sozialistisches Reedukation-Programm nach Einmarsch und Besetzung des östlichen Teils Deutschlands mit der einem zentralistischen System eigenen Zügigkeit auch durchgesetzt. Schon 1946 wurde die achtjährige Einheitsschule im „Gesetz zur Demokratisierung der deutschen Schule“ festgeschrieben. „Die schulpolitische Entwicklung im Westen aber blieb zwiespältig, schwankend zwischen Restauration der Weimarer Schulverhältnisse und Reform." So sah es Hellmut Becker. Schulpolitik geriet damit auch in den Sog einer später zweigeteilten Welt.

Der Pädagoge Heinrich Roth beschrieb mir die Tabuzonen. Im Westen Deutschlands stand bald fest, „daß auf keinen Fall so etwas gemacht werden sollte wie eine achtjährige Grundschule. Ich weiß noch, wie ich auch gezögert habe in meinen Aufsätzen – obwohl ich das wünschte –, das nicht in dieser Deutlichkeit sagte, wie ich eigentlich dachte. Und so war lange Zeit die Lage."

Und Hellmut Becker wies auf das allgemeine Stimmungsbarometer hin, das damals eher auf „beständig", denn auf „Veränderung" stand. „Ruhebedürftig" seien die Deutschen gewesen. Was vor der NS-Zeit war, war „auf jeden Fall besser. Dann wollen wir doch wieder so weitermachen, wie es damals gewesen ist." Das habe dazu geführt, „daß sich eine deutsche Konzeption nicht entfalten konnte und auf Alliierter Seite der Wille fehlte, kurzfristig eine gemeinsame Konzeption für das, was in Deutschland zu geschehen hätte, herauszuarbeiten."

Gewarnt haben sie schon, die amerikanischen Erziehungsoffiziere. 1946 kamen sie zu folgendem Schluß:

Schon im Alter von zehn Jahren sieht sich ein Kind eingruppiert oder klassifiziert durch Faktoren, auf die es keinen Einfluß hat, wobei diese Einstufung fast unvermeidlich seine Stellung für das ganze Leben bestimmt. Dieses System hat bei einer kleinen Gruppe eine überlegene Haltung und bei der Mehrzahl der Deutschen ein Minderwertigkeitsgefühl entwickelt, das jene Unterwürfigkeit und jenen Mangel an Selbstbestimmung möglich machte, auf denen das autoritäre Führerprinzip gedieh.[4]

An einen totalen Umbau dachten die engagierten amerikanischen Erziehungsoffiziere:

Daher müssen wir auf Milderung der Klassen- und Glaubensgegensätze dringen. Und es muß sich die Auffassung durchsetzen, daß die Schule ein Hauptfaktor für die innere Demokratisierung Deutschlands ist.[4]

Gleiche Bildungsmöglichkeiten für alle Kinder zwischen sechs und fünfzehn Jahren, forderten sie. Ganztagsschulen. Und mit deutlichem Hinweis auf die deutsche Standesschule sollten die Begriffe „Volksschule“ und „höhere Schule“ künftig nur zwei aufeinanderfolgende Unterrichtsstufen, nicht aber zwei Schultypen beschreiben. Ihr Bemühen blieb erfolglos. Doch an Aktualität haben diese Forderungen bis heute nichts verloren.

Die Zeit war reif, nicht aber die Einsicht. Felix Messerschmidt war Mitglied im ersten bedeutenden Beratungsgremium für Bund und Länder in den fünfziger Jahren, dem „Deutschen Ausschuß für das Erziehungs- und Bildungswesen“. Seine Einschätzung der Lage im Rückblick: Eine Zeit lang nach 1945 habe es wohl so ausgesehen, „als ob die radikalen Vertreter der Einheitsschule das Rennen machen würden. Dagegen formierten sich sehr rasch mehrere Gruppen, nicht nur Realschullehrer, auch Gruppen aus den Volksschulen“.

Gegen den Widerstand dieser Interessenverbände wäre vielleicht „ein längeres Zusammenbleiben der Schüler durchzusetzen gewesen, aber auf keinen Fall eine Gesamtschule“. Früh schon meldeten sich die Parteien zu Wort, die Wirtschaft, die Kirchen und schon bald zeichnete sich ab, was typisch werden sollte für die deutsche Bildungskonstellation der folgenden Jahrzehnte: der Nord-Süd-Konflikt. Die Beharrenden in Bayern und Baden-Württemberg. Die Wagemutigen, nicht immer geschickten Veränderer, im nördlichen Teil der Republik. In Bayern trieb der streitbare Christsoziale Aloys Hundhammer die Entwicklung der dreigliedrigen Schule voran und die Bekenntnisschulen. In Bremen und Hamburg unter SPD-Ägide wurde die sechsjährige Grundschule eingeführt, in Berlin gar zeitweilig die achtjährige Einheitsschule. All das wurde bald wieder zurückgestutzt auf vier Grundschuljahre. Nur Berlin blieb bei einer sechsjährigen Grundschule.

Blättert man in den ersten Heften „Die Sammlung“ nach 1945, einer Fachzeitschrift für Pädagogik, herausgegeben von dem Reformpädagogen Herman Nohl, so wird da bereits der Trend der Zeit deutlich: Auslese und Hochbegabtenförderung.

Im Juniheft 1948 erscheint der Bericht von Karl Valentin Müller über seine erste Begabungsuntersuchung nach dem Krieg in Niedersachsen.[5] Valentin Müller konnte da unwidersprochen seine Vorstellungen verbreiten, daß Begabung „in erster Linie auf Erbanlagen zurückgeht, und damit klar sei, „daß ihre Struktur innerhalb einer Bevölkerung nur dann konstant bleiben kann, wenn die Fruchtbarkeit der Begabungsträgerfamilien der einzelnen Stufen gleich groß ist“. Erst müsse die wirtschaftliche Not abgebaut sein, ehe an eine „auslesegerechte Fortpflanzungsordnung auch nur gedacht werden kann“.[6] Wenige Jahre nur nach Rassenwahn, Völkermord und Euthanasie konnte dies bereits wieder geschrieben und gedruckt werden. Heinrich Roth beschrieb mir damals die Folgen dieses Denkens: „Was die Frage nach der Begabung angeht, da möchte ich sagen, daß die deutsche Auffassung immer die eines Dreiklassensystems war. Es gibt praktisch Begabte und theoretisch Begabte. Die praktisch Begabten, das war die Klientel für die Realschulen und die theoretisch Begabten für das Gymnasium. Das war gängige Theorie."

Hat das die Restauration des alten Schulsystems erleichtert?

Das war so gefestigt, Mannschaft, Unteroffizier, Offizier, Arbeiter, Angestellte, höhere Angestellte, schon das Wort „höhere" zeigt ja die Einstellung, daß dagegen anzukommen sehr schwierig war. Ich erinnere mich an Aufsätze in der Sammlung, die Nohl herausgegeben hat. Da war schon ein Kampf um die Begabung, wie ich ihn dann geführt habe. Da war ein Karl Valentin Müller, der hat an Hand von Untersuchungen an Flüchtlingen nachweisen wollen, daß es auf Grund der Begabung gelungen wäre, daß die hier wieder zu Ansehen und Stellung gekommen sind. Eine Untersuchung, die heute kein Mensch mehr auf ihre wissenschaftliche Seite hin ernst nehmen würde. Aber schon damals gab es welche, die die andere Seite betont haben. Die Experten haben immer wieder darum gestritten, aber die öffentliche Meinung war immer davon überzeugt, daß es diese Dreiteilung gibt und sich das Schulsystem dieser Dreiteilung anpassen müsse. Es war unmöglich, dagegen anzukämpfen, zum Beispiel mein berüchtigter Begriff „Begabung" und „begaben" als Verb, heute als ominöses Wort schon wieder gekennzeichnet. Das habe ich zuerst benutzt in einem Aufsatz 1952, aber ohne irgendwelche Resonanz. Mit der Studentenbewegung der siebziger Jahre ist das dann zur Geltung gekommen, aber erst dadurch, daß eine Resonanz dafür da war. Und jetzt wird es schon wieder lächerlich gemacht, das Verb, obwohl das Verb von Nietzsche stammt, also einem ganz unverdächtigen Zeugen in der Sache, und der hat es im gleichen Sinne verwendet wie ich.

Heinrich Roth ist gestorben. Seine Gedanken aber, daß der Mensch nicht nur Produkt seines genetischen Codes ist, sondern entwicklungsfähig, ist unbestritten. Unterschiedliche Schultypen jedoch gibt es nach wie vor – auch in der neuen Bundesrepublik. Ihre Gestalt aber verändert sich, weniger durch eine ungeahnte Begabungsexplosion, als vielmehr durch den Elternwillen, der – Ironie der Geschichte – einst zur Stabilisierung der Dreigliedrigkeit aufgerufen, sie nun nachhaltiger in Frage stellt als Bildungsforscher und Parteiideologen es vermocht haben. Über Jahrzehnte jedoch hat die alte Schule die neue Zeit und die Zweite Deutsche Republik geprägt. 1945 also war keine Stunde Null.

Feuerzangenbowle

Statt dessen blieb alles wie gehabt

Die Zweite Deutsche Republik schickte sich an, ein Wirtschaftswunderland zu werden. Zwergenhaft blieb sie jedoch in Bildung und Ausbildung. Rückständig. Nicht Weltläufigkeit, sondern der Mief provinzieller Enge prägte das Klima in den Schulen. Doch so betulich sich die Lehranstalten der goldenen Fuffziger aus heutiger Sicht ausnehmen mögen, überlastete, gestreßte Kinder, die gab es schon damals, wenn auch weitaus angepaßter als heute. Brav. Überfordert waren sie durch die äußeren Bedingungen. Da saßen oft weit mehr als 50 Schüler in einer Klasse, unterrichtet wurde im Schichtbetrieb am Vor- und Nachmittag. Die Lehrer waren schlecht ausgebildet. Und wenn sich die Gewerkschaft heute in kessen Postern, „Unser Jüngster wird Fünfzig", über die alternden Kollegien mokiert, so war dies in den fünfziger Jahren das Übliche.

Zahlen von 1959 belegen es: weit mehr als die Hälfte aller männlichen Lehrer an Volksschulen waren älter als 50 Jahre. Und bei den Kolleginnen sah es nicht viel besser aus. Klassenräume fehlten und Turnhallen. Überfülle und Mangel wurden durch drakonische Maßnahmen kompensiert, Disziplin und Ordnung durchgesetzt, notfalls mit Gewalt. Prügel war alltäglich. Nordrhein-Westfalen damals. Erinnerungen eines Schülers.

„Das geschah dann vermittels Rohrstock, den der Delinquent aus dem Schrank holen mußte. Der Rohrstock hatte bezeichnenderweise auch immer einen Kosenamen von Bonifatius bis Fridolin. Und die Strafe wurde entweder auf die ausgestreckte Hand exekutiert, in schweren Fällen auf das Gesäß, indem man sich vorher auf eine Schulbank entsprechend legen mußte."

So gesehen hatten die Reedukation-Versuche der Alliierten wenig gefruchtet. Die deutsche Schulverwaltung hielt Handgreiflichkeiten immer noch für das probate Mittel gegen unbotmäßige Schüler. Die körperliche Züchtigung abgeschafft zu haben, gilt deshalb als der große Fortschritt im deutschen Schulwesen der fünfziger Jahre. Schulorganisation, gar Lerninhalte, waren dagegen kein Thema. Es blühte der Föderalismus, die Kleinstaaterei. Von einer Vergleichbarkeit des Bildungsangebotes konnte nicht die Rede sein. Umzüge damals wurden für Eltern und Kinder zum Alptraum. Und in diesen Zeiten des beruflichen Wiederein- und -aufstiegs zog man häufig um. Es gab unterschiedliche Schulanfangs-, Ferien-, Versetzungs-, Zeugnis- und Übergangsregelungen, unterschiedliche Lehrbücher und ein recht unterschiedliches Schulklima.

Wen es beispielsweise von Berlin nach Nordrhein-Westfalen verschlug, der wechselte von liberaler Aufgeschlossenheit in schulisches Mittelalter. Erich Frister, später Vorsitzender der GEW und damals noch junger

Funktionär in der gerade gegründeten Lehrergewerkschaft, beschrieb die fortschrittlichen Berliner Verhältnisse so: eine sechsjährige Grundschule ohne „Differenzierungsartistik“, in der alle Kinder gemeinsam eine Fremdsprache lernten. Ein 9. Schuljahr bereits seit 1949. Ein 10. Hauptschuljahr. Die Teilnahme am Religionsunterricht war freiwillig. Berlin war eine Ausnahme und blieb es lange Zeit. Denn in weiten Teilen der Bundesrepublik gab es Konfessionsschulen, dauerte die Pflichtschulzeit noch acht Jahre. Ein Schüler erinnert sich an seine Schule in Nordrhein-Westfalen:

„Ich habe eine katholische Volksschule besucht, in deren Gebäude ebenfalls eine evangelische Schule untergebracht war. Es wurde strikt darauf geachtet, daß die Schüler keinen Kontakt miteinander hatten. Selbst der gemeinsame Schulhof wurde durch einen Maschendrahtzaun voneinander getrennt.“

Von Kleinkriegen zwischen katholischen und protestantischen Schülern wird berichtet und von getrennten Schülerklos. Wie stark der Einfluß der Kirchen in den Schulen war, schilderte mir der Erziehungswissenschaftler Konrad Wünsche, dessen Buch „Die Wirklichkeit des Hauptschülers“ später viele Schulreformer auf den Plan gerufen hat. Er war damals Lehrer an einer Volksschule nahe Bonn. Lehrer waren gehalten, bei der Fronleichnamsprozession mitzugehen. Der örtliche Pfarrer mischte sich selbstredend in die Arbeit des Pädagogen ein, dem er den Verzicht auf Prügeln als pure „Humanitätsduselei“ ankreidete.

Bedeutsam aber war, daß sauber getrennt wurde, was Kinder für das Leben lernen sollten und wer dies lernen durfte, nämlich höhere Bildung für Auserwählte und volkstümliche Bildung für das Volk eben, wobei noch einmal säuberlich sortiert wurde, was Mädchen und was Jungen an Weltsicht zustand.

An einen Fortbildungskurs 1956 für den Lehrernachwuchs erinnerte sich Konrad Wünsche. Da habe sich eine Schulrätin aus Aachen über geschlechtsspezifische Erziehung dergestalt ausgelassen, „daß das Wesen des Weiblichen die Einheit und Geschlossenheit der gesamtleiblichen, seelischen Persönlichkeit und die harmonische Entfaltung ausmacht, während das Wesen des Männlichen in der Steigerung einzelner Kräfte zu Höchstleistungen“ liege. Wie sich das dann in der Gesellschaft widerfand, war nicht schwer auszumachen, meinte Konrad Wünsche:

„Also das Eigenheim, in dem die Frau dann alle Kräfte harmonisch entfaltet, und die Wiederbewaffnung, in der der Mann expansiv-dynamisch agieren kann.“

Ideologie der fünfziger Jahre. Dazu gehörte die „lustige Arbeitswelt" in Lesebüchern, in der sich alles harmonisch zusammenfügte, obwohl es Anfang der Fünfziger fast zwei Millionen Arbeitslose und 1,6 Millionen Behinderte gab. Die putzwütige Mutter, die zusammen mit Frau Wischfroh den Feudel schwingt, obwohl 1,2 Millionen Kriegerwitwen auf Arbeit gehen mußten. Die Kulturpolitikerin Karla Fohrbeck hat Schulbücher aus Gymnasien und Volksschulen der fünfziger Jahre daraufhin durchforstet, was da so an Bildern in Schülerköpfe projiziert wurden:

„In der Volksschule lernte man eine Art ‚Froschperspektive'. Die Dritte Welt bestand aus Menschen, die Ringe um den Hals oder in der Nase trugen oder mit einem Speer auf einem Bein in der Ecke standen. Und wo dann sehr plastisch dargestellt war, daß Kuba unsere Zuckerbüchse und Brasilien unsere Kaffeekanne und Argentinien die Fleischkammer sei."

Im Gymnasium dagegen wurde die Welt gleichsam aus der Vogelschau betrachtet. Schüler lernten dort, „wie selbstverständlich es ist, ohne Berücksichtigung politischer Grenzen über andere Erdteile zu verfügen. Wo kriegt man all die Erdschätze und Rohstoffe her?" An die dicken Pfeile erinnerte mich Karla Forbeck, die in Erdkunde aus allen Erdteilen beider Hemisphären auf Europa zeigten. Und diese Sichtweise ganz selbstverständlicher Aneignung fremden Eigentums gehörte zum vermittelten Weltbild eines deutschen Schülers dieser Jahre. Vergleicht man dies mit Schüler- und Lehrerbewußtsein heute, so ist es nicht übertrieben, von Fortschritt zu sprechen.

Doch zurück in die „Fuffziger". Ein paar Zahlen sollen verdeutlichen, wie wem was zugute kam von dieser simplen Weltsicht. Nur wenige Kinder besuchten damals das Gymnasium, aber rund 80 Prozent gingen in die achtjährige Volksschule. Einem Nadelöhr glich in den Fünfzigern auch der Zugang zur Hochschule. Dafür sorgten die Schulverwalter. Nur etwas mehr als dreizehn Prozent aller Schüler im 7. Jahrgang konnten im Schuljahr 1952/53 nach tüchtigem Sieben ins Gymnasium wechseln. Heute sind es über 32 Prozent. Vergleichszahlen dazu für die Realschule: 1952/53 besuchten sie nur etwas über sechs Prozent. 1990 schon 27 Prozent.[1]

Ich erinnere mich, daß mein schönes Spiel im Garten durch den strengen Ruf meiner Mutter unterbrochen wurde. Ich übte an jedem Nachmittag Dreisatzaufgaben und Diktat für die bevorstehende Eingangsprüfung. Dann der gefürchtete Tag, an dem ich im Nürtinger Gymnasium schriftlich abgeprüft und für die gymnasiale Laufbahn für würdig befunden wurde. Das war Baden-Württemberg. In Niedersachsen freilich ging es nicht minder auslesend weiter. Von 53 Schülerinnen in der Sexta, wie es damals noch hieß, erreichten schließlich zwölf Schülerinnen das Abitur. Die meisten blieben auf der Strecke. Frontalunterricht übrigens, Abfragen und Antworten mit Aufstehen selbstredend, waren noch die Regel in meinem Schulalltag – und die Angst natürlich, zu versagen.

Schule dieser Zeit war das Spiegelbild der Gesellschaft. Und die sollte sich so widerspiegeln: eine kleine Führungsschicht mit Gymnasial- und Hochschulbildung von drei bis fünf Prozent, danach elf bis zwölf Prozent Vorarbeiter, Meister, Kolonnenführer, Verwalter mit Mittelschulbildung und ganz unten das große Heer der Hand- und Zulanger vom Facharbeiter bis zum Hilfsarbeiter.[2] Da genügte Volksschulbildung allemal. Aus damaliger Sicht zumindest. Daß überwiegend Sprößlinge von Beamten und höheren Angestellten die Gymnasien bevölkerten, verursachte kein kollektives schlechtes Gewissen.

In einem Sprachbuch für Volksschüler des 5. und 6. Schuljahres war da der Säherspruch von *Conrad Ferdinand Meyer* zu lesen, der im Zusammenhang offensichtlicher Ungleichheit von Bildungschancen fast symbolisch wirkt:

Bemeßt den Schritt!
Bemeßt den Schwung!
Die Erde bleibt noch lange jung!
Dort fällt das Korn, das stirbt und ruht.
Die Ruh ist süß. Es hat es gut.
Hier eins, das durch die Scholle bricht.
Es hat es gut. Süß ist das Licht.
Und keines fällt aus dieser Welt,
und jedes fällt, wie's Gott gefällt.

Das also sollte in die Köpfe hinein, das Samenkorn, das fällt, wie es Gott gefällt. Beileibe aber nicht die Zweifel, warum eigentlich nur wenige Prozent ans Licht höherer Bildung vordringen durften. Zwischen 1950 und 1965 erreichten in der Bundesrepublik nur rund vier bis siebeneinhalb Prozent eines Schülerjahrgangs den Abschluß am Gymnasium.[3] Die anderen hatten das Nachsehen. Ein aufgeklärtes Bewußtsein über den Zusammenhang von sozialer Herkunft und Schulschicksal hat sich erst Mitte der sechziger Jahre mit dem Aufblühen der empirischen Sozialforschung, den kritischen Fragen der Bildungsforscher, aber auch dem wachsenden Bedarf an gebildeten Köpfen in einer zunehmend wissenschaftlich orientierten Gesellschaft entwickelt. Es war der Deutsche Ausschuß für das Erziehungs- und Bildungswesen, der 1959 schon vorsichtige Korrekturen am alten Verteilungssystem der Schule versuchte. An der dreigliedrigen Schule freilich wollte er nicht rütteln. Das Mitglied dieses Ausschusses, Felix Messerschmidt, beschrieb mir später den Kraftakt, wenigstens eine „Zwischenform" zwischen Grundschule und weiterführende Schule zu schieben. „Wir nannten sie Förderstufe". Schüler sollten nicht nur vier Jahre, sondern wenigstens sechs Jahre zusammenbleiben. Die Förder- und Orientierungsstufe wurde später in Niedersachsen und Hessen eingeführt. Strittig bleibt bis heute, ob sie besser schulformunabhängig oder den weiterführenden Schulen angeschlossen sein sollte, eine Probezeit also.

Selbst diese kleine Korrektur sollte dem Deutschen Ausschuß wenig Freude bringen. Befürworter waren nur die Gewerkschaften, erinnerte sich Felix Messerschmidt. Widerständig zeigten sich damals schon der Philologenverband, die Kirchen und die Wirtschaft. Nicht zu unterschätzen war auch der Einfluß der zwölf Millionen Vertriebenen, die nach dem Verlust ihres Besitzes nun auf die Schulbildung und Bildungskarriere bauten. Sie festigten den Trend zum Beständigen. Wie diese fünfziger Jahre insgesamt keine Zeit des Zweifels, sondern des Raffens waren, jene Haste-was, dann-biste-was-Mentalität, jene Schwarzwaldmädelidylle, jenes Nachkriegsbiedermeier der Verdrängung. Konrad Wünsche erinnert sich:

„Ich selber bin einmal zum Schulrat zitiert worden, weil ich das in der Lehrerversammlung moniert habe, daß ein Kollege Wappen der ‚deutschen Ostgebiete', von Städten der ‚deutschen Ostgebiete', hat schnitzen lassen. Und diese ‚deutschen Ostgebiete' reichten bis Nowgorod, wo die Hanse mal den Sitz gehabt hat. Das nahm er kühn mit in Anspruch, genauso wie Breslau."

Eisiges Schweigen erntete Konrad Wünsche, als er auf Auschwitz aufmerksam machte. Politische Verklemmtheit prägte den Schulalltag der fünfziger Jahre. Es spiegelt sich in den Daten der Shell-Studie „Jugend zwischen 15 und 24" aus dem Jahr 1959: 57 Prozent der Befragten bekundeten politisches Desinteresse und 42 Prozent antworteten auf die Frage, ob sie eine Ehe mit einem Juden eingehen würden mit „nein."[4]

Rufer in der Wüste

Stagnation also. Doch bald sollte sich das ändern

Nach Zeiten des Mangels in der Nachkriegszeit, nach der Restauration des gegliederten Schulwesens, begann es Anfang der sechziger Jahre zu rumoren. 1964 löckte der Philosoph und Theologe *Georg Picht* in der Wochenzeitung „Christ und Welt“ wider den Stachel. „Jedes Volk hat das Bildungssystem, das es verdient“, so seine provokante These. Noch sei zu verhindern, „daß die Bildungskatastrophe in ihrer vollen Gewalt über uns hereinbricht“.[1] Furore haben diese aufmüpfigen Sätze damals schon gemacht. Georg Picht ein Rufer in der Wüste?

Eher bescheiden hat er später gemeint: „Es mußte sich jemand finden, der bereit war, die Dinge beim Namen zu nennen.“ Und Picht hat sie beim Namen genannt. Seine Artikelserie „Die deutsche Bildungskatastrophe“ im Februar 1964 war der Startschuß für die folgende Bildungsexpansion. Doch viele andere standen bereits in den Startlöchern.

Der Bildungsökonom Friedrich Edding hatte schon 1962 in seiner Studie „Der relative Schulbesuch in den Ländern der Bundesrepublik 1952 bis 1960“ das Bildungsgefälle in den elf Bundesländern nachgewiesen. Danach schafften es 1960 zwar 24 Prozent der Schüler in Schleswig-Holstein bis zur Mittleren Reife zu kommen, aber im größten – damals noch CDU-regierten – Bundesland Nordrhein-Westfalen waren es nur knapp die Hälfte (11,5 Prozent).[2]

Ein Blick über den nationalen Gartenzaun hätte unschwer gezeigt, daß diese Unterschiede nun keineswegs gottgegeben waren. 1960 hatten bereits rund 36 Prozent der norwegischen Schüler diesen Abschluß. In Frankreich waren es fast 31 Prozent.

Acht Jahre dauerte damals noch die Schulpflicht in der Bundesrepublik. Die Mehrzahl aller Kinder besuchte nur die Volksschule, die „volkstümliche“, sprich Schmalspurbildung vermittelte. 60 Schüler pro Klasse, das war damals keine Seltenheit. Eine Fremdsprache lernten nur 3,4 Prozent der Volksschüler in Nordrhein-Westfalen. Ein Tatbestand, den Picht kritisiert, weil er „sozial deklassiert“. Denn damit sei Kindern die Möglichkeit verbaut, „Anschluß an einen höheren Bildungsgang zu finden“.

Im Grunde aber beunruhigte Picht weniger das Schicksal der großen Schülermassen, als vielmehr die Sorge um die Elite, der Mangel an Abiturienten. Und eine Übersicht der OECD (Organisation für wirtschaftliche Zusammenarbeit der westlichen Länder) aus diesen Jahren zeigt, wo sich die Bundesrepublik 1970 befinden würde, liefe alles im alten Trott weiter: nämlich ganz hinten im internationalen Vergleich. Norwegen und Schweden lagen damals bereits an der Spitze mit 22 Prozent Abiturienten pro Jahrgang, eine Quote, die die Bundesrepublik erst in den achtziger

Jahren erreicht und inzwischen sogar überschritten hat. Doch wir befinden uns noch in der Mitte der sechziger Jahre, also vor der dann einsetzenden Bildungsexpansion. Und da schnitt die reiche Bundesrepublik recht ärmlich ab, nämlich mit 6,8 Prozent Abiturienten, lag weit hinter Italien (12,5 Prozent) sogar.[3]

Die soziale Frage hatte für Picht sicher nicht ersten Rang. Fast beiläufig nur erwähnt er, daß nur 6,2 Prozent der Studenten einen „Arbeiter zum Vater haben".[4] Bürgerrecht auf Bildung – diese liberale Forderung teilt Picht nicht ausdrücklich. Ihm ging es vorrangig um die „Konkurrenzfähigkeit" im internationalen Wettbewerb, die nur zu erreichen sei durch „qualifizierten Nachwuchs", „geistiges Potential". Eliteförderung – das war sein Thema. Sie schien ihm unerläßlich.

Und seine Sorge war sicher nicht unberechtigt. Denn 1963 schon hatten die Kultusminister eine Bedarfsrechnung für das deutsche Schulwesen bis 1970 vorgelegt, die einen alarmierenden Lehrermangel voraussagte. Späte Einsicht angesichts des längst bestehenden Mangels: Zu wenig Abiturienten, zu wenig Lehrer. So ließen sich Ursache und Wirkung beschreiben.

High noon also in der Bildungspolitik. Die Schülerzahlen würden bis 1970 um zwei Millionen anwachsen. Picht läutete Sturm: Mehr Abiturienten, mehr Lehrer, mehr Kooperation zwischen Bund und Ländern, mehr gesamtstaatliche Zuständigkeit für den Bund, mehr Bildungsforschung, mehr Bildungsplanung. Das war sein „Notstandsprogramm".

Wenn man Georg Picht und das, was ihn bewegt hat, aus dem zeitlichen Abstand von fast 30 Jahren betrachtet, so wird deutlich, was er sah und wo er weggesehen hat.

Klar gesehen hat er, daß es notwendig ist, den „durchschnittlichen Bildungsstand unseres Volkes auf einem Niveau zu halten, das den Standards des 20. Jahrhunderts entspricht". Was er nicht sehen wollte, war, daß man dies im alten System der dreigliedrigen Schule wohl schwer nur erreichen konnte. Eine breite, fundierte Massenbildung, theoretisch, praktisch, musisch, war nicht seine Sache. Zwar spricht er hellsichtig von dem „sozialpolitischen Direktionsmechanismus" der Schule, der Kinder nach Leistungsgruppen „klassifiziert". Eine andere Schulstruktur freilich hat er nicht einmal angedacht, obwohl eine längere gemeinsame Schulzeit in den europäischen Nachbarländern längst die Regel war und Deutschland-West am frühesten sortierte und trennte.

Mit Picht beginnt die Diskussion im Deutschen Bildungsrat, in der Kultusministerkonferenz, in den Hochschulen, in der Bund-Länderkommission für Bildungsplanung und Forschungsförderung. Mit ihm beginnt die Reform und der Ausbau des westdeutschen Bildungswesens, der in den siebziger Jahren seinen Höhepunkt fand. Mit ihm beginnt eine Diskussion auch um die Struktur der Schule, schwankend zwischen dem Ausbau des Bestehenden und der Forderung nach radikalem Um- beziehungsweise Neubau.

Und wo stehen wir heute Anfang der neunziger Jahre, fast dreißig Jahre nach Pichts Warnung, seiner provokanten Herausforderung?

Niemand bestreitet, daß viel geschehen ist in diesen nahezu dreißig Jahren. Trotz vieler Bildungsauf- und abschwünge ist das Bewußtsein der Bürger geschärft, daß Bildung die beste Investition für die Zukunft ist. Die Menge der Studierfreudigen beweist es. Eltern wie Jugendliche wünschen höhere und bessere Qualifikationen gegen alle Versuche von Politikern, zu steuern, zu bremsen, umzuleiten. Insofern hat Pichts Kassandraruf Gehör gefunden.

Freilich gibt es seit einigen Jahren die Tendenz, sich auf den Lorbeeren früherer Anstrengungen in diesem Politikbereich auszuruhen. Bei gutwilliger Interpretation ist ein behäbiges Aussitzen nach den vielfältigen Investitionen, den finanziellen Anstrengungen der vergangenen Jahrzehnte, festzustellen. Bei weniger wohlwollender Betrachtung leben wir heute von der Substanz. Und das kann nicht gut gehen. Neue Zuschüsse für den Bildungsbereich halten sich in Grenzen. Studenten, Professoren, Assistenten können derzeit ein Lied davon singen. Viele Lehrer erfuhren, daß ihre qualifizierte Ausbildung nicht gefragt ist. Das Erlernte können sie nicht in die Schulen hineintragen. Nach langem vergeblichen Warten auf Einstellung haben sie sich abgewandt, sind in andere Berufe abgewandert. Schon gibt es Indizien, die auf einen erneuten Lehrermangel hinweisen, nachdem die Kultusminister ängstlich vom Lehrerstudium abgeraten und Interessenten am Lehrerberuf durch ihre magere Einstellungspolitik entmutigt haben. Indessen vergreisen die Kollegien in den Schulen langsam, aber unaufhaltsam. Großväter und Großmütter unterrichten ihre Enkel, wie in den fünfziger Jahren. Klassen werden wieder größer. Bildung ist seit Anfang der achtziger Jahre zum Steinbruch für Finanzpolitiker geworden. Der Sache bekommt das nicht sonderlich. Nachrichten vom Krisenherd Schule beweisen es. Ist eine neue Bildungskatastrophe vorprogrammiert?

Die Aufgaben, mit denen Schule heute konfrontiert ist, sind gewiß nicht geringer geworden. Was Georg Picht damals nicht sah, das waren die veränderten Vorgaben, unter denen heute unterrichtet werden muß. Und

Stundenausfall ist dabei noch die geringste Sorge. Alleinerziehende brauchen erzieherisch Abstützung durch Schule, und Ausländerkinder Lernhilfe. Lebensferne schafft Schülerfrust. Chancengleichheit ist nach wie vor ein brisantes Thema. Denn die geburtenstarken Jahrgänge dürfen nicht den Blick dafür verstellen, daß es immer noch das von Picht und Edding beschriebene Bildungsgefälle gibt und angesichts eines nun auf 16 Bundesländer erweiterten Bildungsföderalismus erneut geben wird. Unsere Universitäten sind Hohe Schulen für Beamten- und Angestelltenkinder. Der Start zu höheren Bildungskarrieren ist durch harte Einschnitte in der Ausbildungsförderung – sie begannen bereits in der sozial-liberalen Koalition – erheblich erschwert. Auf die große Reform von oben zu warten, hieße sich auf den Sankt Nimmerleinstag einrichten. Und die Hoffnung auf Reform nach Maßgabe „Sieben auf einen Streich" kann nach einschlägigen Erfahrungen von fast dreißig Jahren nur einer hegen, der an Märchen glaubt. Von der Vergeblichkeit eines schnellen und umfassenden Umbaus der deutschen Schullandschaft, von oben verordnet und unten durchgeführt, zeugen Regale voller Reformschriften und diverse Betonbauten in der Landschaft. Man muß versuchen, auf andere Weise, gleichsam subversiv gegen Zeitgeist und Resignation anzuarbeiten. Eine neue Qualität von Schule ist gefordert. Vorbilder gibt es genug.

Mit Georg Picht beginnt die Wende. Seine Warnung vor der „Bildungskatastrophe" hatte nach Jahren der Erstarrung Bewegung auch in die Schulen gebracht, hat Menschen Mut gemacht, sich aus scheinbar festgefügten, unabänderlichen Lebensmodellen zu befreien. Zwei Bildungskarrieren sollen es belegen.

Von unten gesehen

Doch Aufstieg hat auch seinen Preis

Bildungschancen sind Lebenschancen. Es ist mir immer wieder begegnet: das katholische Arbeitermädchen vom Lande. In dieser Kunstfigur bündelten sich alle Benachteiligungen, die Bildungsforscher in den sechziger und siebziger Jahren ausgemacht hatten: die konfessionelle, die soziale, die geschlechtliche, die regionale. Besser als alle Theorien und Strukturdebatten, die diese Jahre durchziehen, zeigen Einzelschicksale, warum der Aus- und Umbau der westdeutschen Schullandschaft nötig war und noch nötig ist. Und besser als jede Bildungsstatistik zeigen die folgenden Geschichten, was Recht auf Bildung für den Einzelnen bedeutet.

Begegnung mit Ulla H.. Sie wurde 1939 in Berlin geboren. Heute ist sie Lehrerin. Als Mädchen in den goldenen Fuffzigern war es ihr nicht in die Wiege gelegt zu studieren. Ihre Jugend verbringt sie im Milchladen der Eltern, in einer Zweizimmerwohnung im Parterre. Ein eigenes Zimmer hat sie nicht. Sie erinnert sich, daß es immer klamm war in der Wohnung. „Ich schlief im Wohnzimmer und mein Bruder mit im Schlafzimmer." Als die Frage ansteht, welchen Schulzweig Ulla H. besuchen sollte, ist der Vater fest der Meinung, der mittlere Schulabschluß reicht: „Ich sollte Schneiderin werden so wie meine Mutter und einen praktischen Beruf ergreifen, also käme auch nur der praktische Zweig in Frage."

Kein Widerspruch möglich. Dem weniger begabten Bruder aber wird alle Förderung der Eltern zuteil. Ulla registriert es nachträglich mit gewisser Bitterkeit. Angst habe der Vater wohl gehabt, die Tochter könne ihm über den Kopf wachsen. So sieht es Ulla H. heute. Doch sie hat andere Wünsche. Bildungswünsche.

Ihre Freundin kommt aus einer Akademikerfamilie, und Ulla H. spürt schmerzlich den Unterschied der Lebensverhältnisse. Sie erinnert sich, „daß bei uns wieder Sylvester gefeiert wurde und die Stube ausgeräumt wurde und die bunten Hüte wurden ausgeteilt, und man verbrachte den Sylvesterabend also mit Tanzen und Gemütlichsein. Und ich ging zu meiner Freundin, weil ich, wenn die Erwachsenen feierten, nicht dabei sein durfte. Und bei Familie Mahnke brannte also um zwölf Uhr der Weihnachtsbaum. Und es war laute klassische Musik. Da wußte ich erst, daß es Bach war. Damals hatte ich noch nie etwas von Bach gehört. Und ich dachte, so möchte ich eigentlich lieber leben". Ulla H. gerät in inneren Konflikt zum Elternhaus, ihrer Herkunft. „Gott, was die da machen, dieses Rumgetanze. Das ist irgendwie ein bißchen primitiv." Das Bildungsbürgerliche bei der Freundin, „das habe ich richtig so verehrt". Heute wertet sie die Familienfeiern ihrer Kindheit nicht mehr so ab. Damals aber verkörperten die Engigkeit, verhindertes Wachstum. Ulla H. wird Schneiderin. Und wenn sie abends nach Hause fuhr aus dem Großbetrieb mit 20 Lehrlingen, dann habe sie bei sich gedacht: „Das kann es ja wohl nicht sein. Und das jeden Tag, und ich lerne überhaupt nichts dazu." Sie besucht die Volkshochschule. In der Straßenbahn habe sie die Fremdwörterseiten im Readers Digest auswendig gelernt, „also immer aus dem Gefühl heraus: ich muß noch, irgendwie muß ich mich noch weiterbilden."

Ulla H. schaffte es gegen alle Widerstände. Die Frauenbewegung 1968, danach der Kinderladen, den sie mit aufbaut. Der Zeitgeist steht in diesen Jahren auf Fördern statt Auslesen. All das gibt ihr Selbstvertrauen. Nach dem Begabtenabitur beginnt sie ein Studium als Lehrerin. Ulla H. Schicksal ist kein Einzelfall. In ihren Wünschen, die sie für sich erfolgreich einlösen kann, spiegelt sich persönlicher Mut, aber auch ein Stück Ermutigung und Hilfe von außen. Eines geht wohl nicht ohne das andere. Auch heute nicht. In den neunziger Jahren ist die Benachteiligung von Mädchen im Bildungswesen zumindest in der Schule abgebaut. Im Gymnasium haben sie mit den Jungen gleichgezogen. Und in den Universitäten ebenfalls. Der weitere Aufstieg aber ist ihnen noch verwehrt. Professorinnen gibt es immer noch zu wenige, vor allem in Naturwissenschaft und Technik, was auch etwas aussagt über die Berührungsängste, die Mädchen schon in der Schule gegenüber diesen Fächern haben. Das Problem ist inzwischen erkannt, doch keineswegs beseitigt.

Bildungshoffnungen. Ein solcher Aufstieg, wie ihn Ulla H. nimmt, kostet nicht nur Kraft. Er bedeutet auch ein Stück Selbstaufgabe. Rudi B. zum Beispiel. Rudi B. ist ein katholischer Junge vom Lande. Der Vater arbeitete als Wagnermeister auf einem Gutshof auf der Schwäbischen Alb. Während der sich mit seinem Leben abfindet, hegt seine Frau die Sehnsucht, in den fünf Kindern den versagten Bildungsaufstieg nachzuholen, gleichsam stellvertretend. Ihre Sehnsucht nach besseren Bildungschancen überträgt sie auf den Sohn. Ungemein belastend empfindet der das heute noch. Kindheitserinnerungen in den sechziger Jahren unseres Jahrhunderts. Ein Stück 19. Jahrhundert, in dem er aufwächst. Ein 500-Seelen-Dorf. Die örtliche Volksschule, eine Zwergschule. Ein Lehrer unterrichtet alle Jahrgänge. Dreißig Jahre schon ist er im Schuldienst, ist zugleich Organist und leitet den Männergesangsverein. Rudi B. erzählt: „Ich kann mich noch gut an meine ersten Schultage erinnern, die ich als Sechsjähriger zwischen zwei Achtklässlern verbrachte, die mir bei meinen ersten Schreibübungen sekundierten und mithalfen, meine ersten Leseübungen zu gestalten." Die Bildungsexpansion läßt auch das ferne Dorf in der Alb nicht unberührt. Eine zweite Lehrerin kommt. Zwei Klassen werden nun gebildet: Klasse 1 bis 4 und 5 bis 8. Besondere Förderung gibt es nicht. Die wurden alle über einen Kamm geschoren.

Es redet sich so leichthin von „gleichen Bildungschancen“, und viel geschah in den siebziger Jahren, um Bildungseinrichtungen für „Benachteiligte“ zu öffnen. Schulen und Kindergärten wurden ausgebaut, neue Schulformen in Gestalt der Gesamtschule erprobt, die Ausbildung der Lehrer erhielt wissenschaftlichen Zuschnitt, Lehrpläne und Lehrbücher wurden überarbeitet. Mit der Bildungsanstrengung der siebziger Jahre verbessern sich auch die Perspektiven des Jungen von der Schwäbischen Alb. Die Statistik belegt es: Im Schuljahr 1952 besuchen noch rund 80 von 100 Siebtklässler die Hauptschule. Dreißig Jahre später, 1990, sind es nur noch 33 von 100.[1] Und der Trend weg von der Hauptschule verstärkt sich. Realschule und Gymnasium verzeichnen ungeheure Zuwächse. Worüber keine Statistik Auskunft gibt, das sind die Anstrengungen, unter denen ein Kind aus bildungsfernen Schichten seinen Weg nach oben nimmt.

Rudi B. wird in den siebziger Jahren Pädagogik studieren. Nachträglich sieht er diesen Weg als eine kaum erträgliche Anpassungsleistung. Opfer werden ihm abverlangt. Als einen Kultursprung empfindet er den Wechsel vom Milieu in der Dorfschule auf das Gymnasium in der nahegelegenen Stadt: „Meine Herkunftssprache, als Dialekt eingefärbt, auch, wie man so schön sagt, eben eher ein verminderter Sprachcode, alles dies, das spürte ich, entsprach nicht den geforderten Leistungen. Ich mußte also eine neue Sprache erlernen mit einer richtigen Dudengrammatik. Der schwäbische Dialekt entspricht ja nicht immer der Grammatik des Dudens. Ich mußte auch Fremdsprachen erlernen, wobei eben die weitere Umgebung meines Dorfes für mich schon eine fremde Welt war.“

Unendlich lange sitzt er an den Hausaufgaben und „übt und übt.“ Rückblickend sieht er das so: „Ich denke, man kann ein Stück weit das kompensieren, aber für mich war das wirklich ein unheimlich schwieriger Leidensprozeß.“ Das Gymnasium habe darauf wenig Rücksicht genommen. Friß Vogel oder stirb, war die Devise. Das Schlimme sei, „daß man eine Biographie, ein Stück Leben, das einen geprägt hat im Denken, im Sprechen, im Verhalten, ablegen und verleugnen muß, weil es im Grunde genommen nicht nur nicht gewünscht worden ist. Es ist sogar bestraft worden.“ Den Aussiedler-, Asylbewerber- und Gastarbeiterkindern dürfte es ähnlich ergehen. Verlust der kulturellen Identität. Dafür Aufstieg im deutschen Bildungssystem. Die Probleme sind nicht gelöst. Sie haben sich nur verschoben.

Ein Kapitel für sich

Wer von Bildungsreformen redet, kann nicht nur von Zahlen und Strukturen reden

Im Januar 1978 nahm ich an einem denkwürdigen Treffen im Bonner Wissenschaftszentrum teil. Soziologen, Pädagogen, Historiker und Philosophen, beobachtet durch die Presse, hatten sich zu einer Veranstaltung zusammengefunden, die Signalwirkung haben sollte: dem Kongreß „Mut zur Erziehung". Der nämlich, so die Ansicht der Teilnehmer, sei den Deutschen leider verloren gegangen.

Was war geschehen? Eine Protestversammlung war es gegen eine Bewegung, die 1978 freilich ihren Kulminationspunkt längst überschritten hatte: die Antiautoritäre Erziehung. Aufgewertet wurde diese Veranstaltung durch die kurze Stipvisite des Bundespräsidenten. Damals war es Walter Scheel.

Eine „Tendenzwende" schien den Teilnehmern dringend notwendig. Den versammelten Unwillen brachte einer von ihnen auf den Punkt. Es seien doch die „von überschwenglichen Hoffnungen getragenen Konzepte, Ideen und Maßnahmen" gewesen, „welche uns die Universität ohne Bildung und die Schule ohne Erziehung beschert haben."

Nun wurden diese „Systemveränderer" in Bonn von denen frontal angegangen, die sie vorher heftig attackiert hatten: dem Establishment in Bildung und Ausbildung. Auf die Hörner genommen wurden jene „Meinungsgruppen", die mit ihren „Programmen und Losungen" die Familie zur „vagen Partnerschaft umstilisiert, die Kinder zu fixem Urteil über Eltern und Staat angehalten und die Erwachsenen unter Kuratel professioneller Experten gestellt" hätten. Es seien die Theorien gewesen, „welche im Namen der Freiheit und Mündigkeit der Kinder die Schule zur Einführung in die bessere Gesellschaft erklärten." Über „Unordnung, Rohheit und Unerzogenheit" erregte sich der Wissenschaftler und fand vehement applaudierte Zustimmung aller Anwesenden. Neun Thesen entstanden nach heißer Diskussion, in denen gegen den „Irrtum" zu Felde gezogen wurde, Mündigkeit bedeute Befreiung „von allen herkunftsbedingten Lebensverhältnissen". Fleiß, Disziplin und Ordnung wurden in Bonn beschworen.

Die freilich waren im Gefolge der Studentenbewegung 1968 in der Tat gründlich „in Frage" gestellt worden, wie es im damaligen Sprachgebrauch hieß. Nicht ohne Grund wohl. War zwar die zweite Deutsche Republik wirtschaftlich und politisch im Westen etabliert worden, doch Denken und Verhalten, besonders die Beziehung von Lehrern und Schülern, von Eltern und Kind, waren, wie Quellen aus den fünfziger Jahren belegen, unverändert geblieben, nämlich „autoritär". Das war der gängige Begriff.

In der Chronik „Suchbild – Über meinen Vater“ schrieb *Christoph Meckel* 1980:

In meinem erwachsenen Vater steckte ein Kind, das mit den Kindern Himmel auf Erden spielte. Es klebte in ihm eine Sorte Offizier, die bestrafen wollte im Namen der Disziplin. Nutzlose Affenliebe des glücklichen Vaters. Hinter dem Verschwender von Zuckerbroten kam ein Offizier mit der Peitsche daher. Der hielt für seine Kinder Strafen bereit.[1]

Und dann zählt Meckel diese Strafen minutiös auf: die Schelte, den Wutausbruch, das Ziehen, Drehen und Kneifen am Ohr, die Ohrfeige und der „berühmte Katzenkopf“. Es folgte die Verbannung aus dem Zimmer und das „Eingesperrtsein ins Kellerloch“. 1947 kommt der Vater zurück, ein in der Erinnerung des Kindes „vergoldeter“ Vater. Doch das täuschte.

Der Halbgott des Kinderglaubens war ein nervöser Mann, Erzieher mit Nachholbedarf an Autorität. Er arbeitete an der Wiederherstellung seiner Familie, das heißt: an der eigenen, bestimmenden Rolle in ihr. Er kontrollierte Kleider, Fingernägel und Manieren, beaufsichtigte Schulaufgaben und nahm jeden Tintenklecks zum Anlaß für prinzipielle Verkündigungen über Arbeit, Ordnung, Anstand und Kinderpflicht. Erstmals erschien der Satz „Wozu hat man Kinder“. Das Kind war für jede Arbeit gut und wurde zu Verrichtungen gezwungen, deren Sinn es nicht einsah. Es fegte die Gräber seiner Urgroßeltern und wusch Geschirr in verordneter Reihenfolge. Als Tabak in einer Gesellschaft fehlte, wurde es weggeschickt, Zigaretten zu holen, während zu hören war „Wozu hat man Kinder“ und bejahendes Lachen folgte.[2]

Kein Einzelschicksal sicher. In Meckels Schilderung spiegeln sich die Erfahrungen tausender von Kindern in der Nachkriegszeit. An subtilere Formen des Abstrafens unter deutschen Dächern erinnert sich der Schriftsteller *Peter Härtling* in seinem Romanessay „Nachgetragene Liebe“:

Er straft mich; anders als ich es erwarte. Er nimmt mich nicht zur Kenntnis, schließt mich aus seiner Gegenwart aus. Bei Tisch bin ich für ihn ebenso Luft wie am Abend im Wohnzimmer oder bei den Großeltern. Er sitzt mir gegenüber und sieht mich nicht. Er geht an mir vorbei und sieht mich nicht ...[3]

Viel Trauer ist in diesen Kindheitserinnerungen. Diese „Schwarze Pädagogik“ hat in vielen Kinderzimmern geherrscht bis tief in die sechziger Jahre hinein. Vielleicht auch heute noch, nur verdeckter, schamvoller, verborgen. Was aufmüpfige Pädagogen, Schriftsteller, Schüler und Lehrer unerbittlich aus dem Dunkel der „Privatsphäre“ ans Licht zogen, war das als ganz selbstverständlich erachtete Gefüge der Unter- und Überordnung in deutschen Familien, Schulen und Universitäten.

„Die Angst vor dem Vater. Langzeitwirkung einer Erziehungsmethode“. So hat der amerikanische Psychologe Morton Schatzmann seine Studie über den Fall Schreber überschrieben. Daniel Paul Schreber (1842–1911) war der Sohn des berühmten Arztes und Pädagogen Daniel Gottlob Moritz Schreber (1808–1861). Sein Steckenpferd waren Körperertüchtigung und Sauberkeit. Sinnen und Trachten dieses deutschen Saubermannes galt nicht dem nach ihm benannten Schrebergarten, sondern gärtnerischen Tugenden auf einem ganz anderen Gebiet. Er entwarf ein umfassendes Erziehungssystem, das er, tüchtig wie er war, an seinen eigenen Kindern so erfolgreich erprobte, daß sie alle für ihr Leben gezeichnet waren, in Selbstmord oder in Heilanstalten endeten.

„Seelenmord“ war es. Seine Maxime im Umgang mit seinen Kindern und Generationen von Kindern nach ihnen, hat *Daniel Gottlob Moritz Schreber* so formuliert:

> *Unterdrücke im Kinde alles, halte von ihm fern alles, was es sich nicht aneignen soll; leite es aber beharrlich hin auf alles, was es sich angewöhnen soll.*[4]

„Unbedingter Gehorsam“, sei zu erzwingen. Dieses Gehorsamstraining zur „Ausrottung des Unkrauts“ in der kindlichen Seele müsse bereits im Babyalter beginnen. Einem schreienden Kind dürfe nicht nachgegeben werden, vielmehr müsse man es durch „wiederholte körperlich fühlbare Ermahnungen“ zur Ruhe bringen. Ein solches Prozedere sei nur ein- oder zweimal nötig und „man ist Herr des Kindes für immer“.

Schreber erfand einen Kopfhalter, der das Kind hinderte, den Kopf schief zu halten, er entwickelte eine Kinnbinde, die den Kopf in eine helmartige Konstruktion zwang, um jede Laschheit schmerzhaft in Erinnerung zu bringen, er empfahl einen Gürtel, der das Kind nachts in Rückenlage festhielt, um es von, aus seiner Sicht unsittlichen Machenschaften, abzuhalten. Schrebers Bücher fanden reißenden Absatz und seine Erziehungsrezepte begeisterte Nachahmer.

Die Wirkung dieser Erziehung auf Geschichte und Politik stieg erst langsam ins Bewußtsein. In seinem Buch „Masse und Macht" schreibt *Elias Canetti*:

Die Befehlsempfänger, denen am gründlichsten mitgespielt wird, sind Kinder. Daß sie unter der Last von Befehlen nicht zusammenbrechen, daß sie das Treiben ihrer Erzieher überleben, erscheint wie ein Wunder. Daß sie es alles, nicht weniger grausam als jene, später an ihre eigenen Kinder weitergeben, ist so natürlich wie Beißen und Sprechen.[5]

So gesehen war es sicher ein Wagnis mit ungewissem Ausgang, als Männer und Frauen Ende der sechziger Jahre versuchten, diesen Teufelskreis vom Verfolger, der Opfer war und vom Opfer, das wiederum Täter wird, zu durchbrechen. Anstoß gaben Theorie und Praxis des englischen Pädagogen *Alexander Neill*, dessen Internat Summerhill zum Mekka allzu Gläubiger und zur Horrorvision jener wurde, die darin alle gültigen Ordnungs- und Unterordnungsvorstellungen vom Erzieher und Erzogenen auf den Kopf gestellt sahen. In seinem Bestseller „Theorie und Praxis der antiautoritären Erziehung", das 1969 gut getimt, fast synchron mit dem Ausbruch der Studentenrevolte in Westdeutschland erschien, heißt es ganz anders als bei Schreber:

Es ist falsch, irgendetwas durch Autorität zu erzwingen. Das Kind sollte etwas so lange nicht tun, bis es selbst überzeugt ist, daß es das tun sollte. Das Unglück der Menschheit liegt im Zwang von außen, mag er nun vom Papst kommen, vom Lehrer oder den Eltern. In seiner Ganzheit ist er Faschismus.[6]

Revolution gab es ab da in bürgerlichen Gehirnen und Wohnungen. Kinderläden entstanden Anfang der siebziger Jahre erst in West-Berlin, dann schoß es pilzartig aus westdeutschem Boden. Mit Lottemi Doormann, Autorin und Mitbegründerin von zwei Kinderläden in Hamburg, sprach ich Ende der siebziger Jahre. Längst war der Dampf raus, waren die überbordenen Ambitionen einer gewissen Alltäglichkeit gewichen. Aus ihren Schilderungen wurde deutlich: „Die antiautoritäre Erziehung" hat es nie gegeben, eher viel Versuche, Irrungen und Wirrungen. Kraus erscheinen aus heutiger Sicht manche Ideen und ihre Umsetzung in Erziehungspraxis. Etwa die einer Mutter, die meinte, „wenn mein Kind es plötzlich toll findet, mit dem Hammer auf die Wand loszugehen, um da ein Loch reinzuhauen, dann sei das ganz in Ordnung, dann hat es bestimmt einen Grund dafür. Dann muß es seine Wut abreagieren. Es hat eben andere Vorstellungen von Kreativität als wir schon so verbogenen Erwachsenen". Das erzählte mir die Hamburger Autorin.

Ein riesiges Experimentierfeld war entstanden, das in seiner Komplexität vergleichbar war mit der „Lebensreformbewegung" um die Jahrhundertwende. Ebenso umstürzlerisch und ebenso stressig. Nichts war greifbar, nichts vorgegeben, alles in Gärung. „Demokratisierung" war ein damals oft bemühtes Wort und „Emanzipation". Eltern und Pädagogen wurde Außerordentliches abverlangt. Von „unendlich vielen Elternabenden" erzählte Lottemi Doormann. Arbeitsgruppen entstanden, zentnerweise Papiere wurden erzeugt. Überbordend die Absicht und ernüchternd die Wirklichkeit. Erschöpfung schließlich. Allseitig:

„Einige sagten, wir können uns das nicht leisten, so viel Gesellschaftsanalyse zu betreiben und ein riesen anspruchsvolles Erziehungskonzept auszuarbeiten, während unsere Kinder aufeinander losgehen und sich die Köpfe einhauen und große Dramen im Kinderladen passieren. Wir müssen erst mal anfangen, diese Probleme praktisch zu lösen."

Wilde Pendelausschläge zwischen Einfach-laufen-lassen und scheinbar absoluten politischen Wahrheiten. Doch unbestreitbar ist, daß diese antiautoritäre Bewegung, abgeschwächt und variiert, doch Wirkung zeigte in Elternhäusern und Schulen. Die Gesamtschulen, in denen reformbereite Lehrer einen anderen Unterricht machen wollten, waren neben den Kindergärten wohl die Vorhut. Sie übernahmen zumindest in Teilen den Gedanken der individuellen Freiheit des Kindes. Doch Selbstregulierung, das war mit einem Kind vielleicht, mit 30 oder 33 in der Klasse aber kaum zu machen. Und da mußte man dann, erzählten mir Gesamtschullehrer, „irgendwann mal anfangen nachzudenken, wie ist denn das mit dem einzelnen in der Gruppe? Welche Rolle spielen zum Beispiel die Schwächeren im Klassenverband? Geht eine solche Erziehung, die zu stark ausgerichtet ist auf die Selbstregulierung, nicht auf Kosten von Schwächeren oder auf Kosten auch der fachlichen Leistung?"

Was in einzelnen Modellschulen noch gelang, war im verregelten öffentlichen Schulwesen nur schwer durchzusetzen. Und es überforderte alle Beteiligten. Eine Gesamtschulrektorin nannte ein Beispiel:

„Wir öffneten zum Beispiel das Lehrerzimmer für die Schüler. Die konnten da reingehen, soviel sie wollten. Die Bedürfnisse der Lehrer nach Ruhe wurden zurückgestellt gegenüber den Bedürfnissen der Schüler. Oder wir ließen die Klassenräume auf und glaubten, daß die Schüler dann in ihren Klassen eine eigene Regelung fänden, so wie in Summerhill beschrieben worden ist.“

Erfahren mußte man, daß Schüler sich doch schwer auf Regeln einigen konnten. Daraus gelernt habe man, erzählte mir die Leiterin der Gesamtschule Holweide, Anne Ratzki, „daß die Erwachsenen sich nicht wo weit zurückziehen können, daß sie es nicht den Kindern ganz allein überlassen können, sondern daß sie denen helfen müssen, selbständig zu werden und ihre eigenen Regelungen zu finden. Und daß das dann so ein Verhältnis werden muß, wo Erwachsene und Schüler Regeln ausarbeiten, die sie dann zusammen beachten“.

Auf dem Hintergrund der Schreber-Erziehung war dies schon ein großer Fortschritt, denn Erzieher konnten nun nicht mehr davon ausgehen, daß Kinder nur beliebig knetbare Masse sind, Produkte der oft krausen Lebenssicht von Erwachsenen. Das hatte eine neue Qualität, die auch die „Mutigen Erzieher“ damals in Bonn nicht mehr zurückschrauben konnten und, im zeitlichen Abstand gesehen, vielleicht auch nicht mehr zurückschrauben wollen. Selbst die traditionellen Schultypen, die Grund-, Haupt- und Realschulen, selbst das konservativ gestimmte Gymnasium, können heute nicht mehr hinter das zurück, was die „Antiautoritären“ mutig gewagt hatten: den Abschied von Gestern und die Bereitschaft, freundlicher, ja, demokratischer mit Kindern und Jugendlichen umzugehen.

So gesehen war die vielgeschmähte Antiautoritäre Erziehung die eigentliche Bildungsrevolution. Und ihre Wirkung, wenngleich abgeschwächt und abgeschliffen durch Zeit und Erfahrung, ist in vielen Klassenzimmern und Elternhäusern heute noch zu spüren.

Jenseits der Mauer

Doch ein Teil Deutschlands hatte an dieser Diskussion nicht teilgenommen

Ende 1979 fuhr ich nach Ostberlin, neugierig zu besehen, was ein „sozialistisches Bildungssystem“ genannt und je nach politischem Standort diesseits der Mauer, im Westen, mit äußerstem Mißtrauen beäugt oder auch mit Hoffnungen angefüllt war. Denn mit dem „Gesetz zur Demokratisierung der Deutschen Schule“ vom 31. Mai 1946 war in der damaligen sowjetischen Besatzungszone ein radikaler Einschnitt in deutsche Bildungstraditionen vollzogen worden. Die „neue demokratische Schule“, die damals noch achtjährige Einheitsschule, sollte, hieß es da, so aufgebaut sein, „daß sie allen Jugendlichen, Mädchen und Jungen, Stadt- und Landkindern, ohne Unterschied des Vermögens ihrer Eltern das gleiche Recht auf Bildung und seine Verwirklichung entsprechend ihren Anlagen und Fähigkeiten garantiert.“[1]

Was war aus diesem Vorsatz geworden? Über dreißig Jahre später? Auf dem 8. Pädagogischen Kongreß Ende 1978 in Berlin hatte die Volksbildungsministerin Margot Honecker Bilanz gezogen. Erfolg auf der ganzen Linie, so schien es. Tausende Lehrer waren ausgebildet und eingestellt, tausende Polytechnischer Zentren mit Fachräumen für den Polytechnischen Unterricht ausgebaut, Unterrichtsmittel für über eine Milliarde Ostmark angeschafft, unzählige Unterrichtsräume eingerichtet worden. Nachkriegsmangel und Entlassungen der meisten Lehrer – der war nun überwunden, das Fundament für die „allseitige Entwicklung der sozialistischen Persönlichkeit“, aus amtlicher Sicht zumindest, gelegt. Sie sollte sich in der später zehnjährigen Allgemeinbildenden Polytechnischen Oberschule vollziehen, die alle Kinder und Jugendlichen besuchten. Darauf aufbauend dann die Erweiterte Oberschule (EOS), die sozialistische Gymnasiale Oberstufe also. Daneben gab es bald schon zahlreiche Spezialschulen für Mathematik, Sprachen, Musik und Sport.

Ich hatte mir damals vorgenommen, alle Bildungsetappen vom Kindergarten bis zur EOS genauer anzusehen. Erinnerungen an Cottbus. Im dortigen Textilkombinat traf ich Jugendliche, die eine Doppelqualifikation machten, Abitur plus Facharbeiter. Dort konnte ich auch Innenansichten vom Unterricht gewinnen, der mir in der Mittelstufe nicht gewährt wurde. Deutschunterricht. Die Tür ging auf. Die Schüler sprangen von den Sitzen hoch. Die junge drahtige Lehrerin hob, herrisch fast, kurz die Hand mit knappem Gruß: „Freundschaft! Setzen Sie sich!“ Strenger Blick auf einige Jugendliche, die mir und meiner ständigen Begleitung Platz gemacht und es gewagt hatten, ihren Stuhl in den Mittelgang zu rücken. Was dann folgte, war ein straffer Frontalunterricht. Frage und Antworten wie aus der Pistole geschossen. „Wallensteins Lager“. Interpretation.

Klarer Klassenstandpunkt war gefordert. Rüge folgte einer Antwort, die nicht den Erwartungen der Lehrerin entsprach. Keine Zweifel. Kein Protest. Keine Diskussion. So hatte ich mir jedenfalls die Entfaltung der „allseitig entwickelten Persönlichkeit" nicht vorgestellt. Da half auch das Portrait von Thomas Mann nicht, der großbürgerlich, aus skeptischen Augen auf das Geschehen herabblickte. Ein Einzelfall? Preußisch jedenfalls ging es zu – in Cottbus zumindest.

Szenenwechsel. Ein Kindergarten in Berlin-Treptow nahe der Mauer. Sehr aufgeräumt. Picobello sozusagen. Eine Gruppe Fünfjähriger hockt in zwei Reihen hintereinander auf dem Boden. Jedes Kind hat einen Block vor sich. „Der ‚Hirsch Heinrich', eine Bilderbuchfigur, soll möglichst wirkungsvoll ins Bild gesetzt werden. Ordentlich, versammelt, sitzen die Kleinen da. Kein wollüstiges Geschmiere mit Fingerfarben, wie ich es in westdeutschen, auch nicht ausdrücklich als antiautoritär etikettierten Kindergärten erlebt hatte. Keine Sudeleien. Ruhe. Konzentration. Und während die Kleinen da hockten, erklärt mir die Erzieherin, wie man sie zu diesem Verhalten bändigt: Die erste Anleitung sei das Bilderbuch. Dann gebe sie den Kindern Hinweise, wie dieses Tier gemalt werden soll, ‚und worauf sie achten sollen'."

Verwunderung fast, als ich etwas konsterniert frage, warum man denn soviele Vorgaben diktiere und nicht erst einmal abwarte, wie das Kind die Figur malt. Das fragte ich damals naiv. Verwunderung auch beim Gesprächspartner:

„Tja, es kommt ja dann nicht zu dem Ergebnis. Es wäre doch sehr traurig, wenn es nicht einem Hirsch ähneln würde. Und wir sind wirklich bemüht, daß jedes Kind befriedigt aus dieser Beschäftigung herausgeht. Daß es den Erfolg sieht. Daß es ihm gelungen ist."

Und gelungen war das Bild, wenn es den Vorstellungen der Erzieherin entsprach. Vor Weihnachten war es. An den Wänden des Kindergartens hingen Kindermalereien. Gleichförmig. Der Weihnachtsmann in der Mitte, rechts ein Tannenbaum und links ein Tannenbaum. Mir schienen diese Bilder symbolhaft für Erziehung in der DDR. Das Kollektiv war alles. Der einzelne hatte sich dem einzuordnen. Entfaltung im Rahmen des Volkswirtschaftsplans und einer festbetonierten Vorstellung vom leistungsfähigen Bürger. Mit den Vorstellungen der Reformpädagogik von einst, den antiautoritären Unangepaßtheiten, chaotisch und kreativ, hatte das alles nichts zu tun. Pflichterfüllung schon im Kindergarten.

„Die Einstellung zur sozialistischen Arbeit" wurde früh trainiert, auch die Tugend des „Wohlverhaltens". Waschraumdienst zum Beispiel. Kommentar einer Erzieherin: „Ich meine, die Kinder sollen auch spüren, wie schwer es ist, alles schön sauber zu halten, daß das nicht eine Selbstverständlichkeit ist. Sie sollen eben entsprechend ihren Kräften, über die sie verfügen, spüren, wie lange man polieren muß, bis ein Waschbecken sauber ist.“

Zeitverschoben, war der sozialistische Kindergarten dem westdeutschen in den fünfziger Jahren recht ähnlich. Unterschied nur. In der DDR gab es Kindergärten – ausreichend viele. Das aber war im westdeutschen Bildungssystem nie der Fall.

Leistung sei nun mal gefordert, erklärte mir damals ein Professor im Haus des Lehrers, einem Zentrum für Lehrerfortbildung in Ost-Berlin. Keine Schonzeit, etwa zwei Schuljahre ohne Noten, wie sie bereits im Westen erprobt wurden. Da sei man ganz anderer Meinung, wolle vielmehr „systematisch von Klasse eins an alle Kinder in wachsendem Maß daran gewöhnen, eine Leistung zu bringen, die auch mit einer Zensur bewertet wird.“

Damals waren alle Schulen, die ich besuchte, geschmückt mit Fahnen, Medaillen, Trophäen. Während jenseits der Mauer Konkurrenz und Leistungsdruck kritisch betrachtet wurde, zeigten die „Messe der Meister“, zahlreiche Olympiaden und Wettbewerbe, daß es wichtig war, überall der Beste zu sein, ob als Kollektiv oder als Einzelner.

Doch es gab in diesem verschulten Bildungssystem auch Einrichtungen, die mich beeindruckt haben. Mittags zum Beispiel wurden die Klassen zu Horten umgerüstet, die Tische beiseite gerückt, Betten aufgeschlagen für das Nickerchen nach dem Essen in der Schulkantine. Einen größeren Spielraum gab es. Erzieher kümmerten sich um die Kinder berufstätiger Mütter. Weit weniger komfortabel war das als in einem Hort im Westen. Da aber beklagten Frauen vor allem den Mangel an Hortplätzen und Ganztagsschulen. Sie waren die Ausnahme, nicht die Regel in der reichen Bundesrepublik.

Der SED-Staat tat das alles sicher nicht selbstlos. Arbeitskräfte fehlten. Also wurden Frauen in die Betriebe geholt. Gleichzeitig war so der Einfluß auf die Kinder gesichert, die damit manch subversiv empfundenem Familieneinfluß entzogen wurden. Den Nachmittag gestalteten die „Jungen Pioniere“, die Kinderorganisation im zentralen Jugendverband, der Freien Deutschen Jugend.

Oder ein anderes Beispiel. Die Polytechnik. In der alten Bundesrepublik wurde es damals heiß diskutiert, der Versuch, Hand und Kopf wieder zusammenzubringen in einem arbeitsteilig gestalteten Schulsystem: Training des Intellekts im Gymnasium. Mehr Praktisches, vermittelt in Real- und Hauptschule. Eine alte Idee der Reformpädagogik war es: Lernen ganzheitlich. Wirtschaft, Gewerkschaften und Bildungspolitiker beklagten die Ferne von der Arbeitswelt. Hier nun hatte man im Osten Deutschlands Nägel mit Köpfen gemacht. „Arbeitlehre" wurde für alle Kinder verpflichtend. Tausende gingen ab Klasse 7 an einem Tag in der Woche für einige Stunden in die „Produktion".

Jede Schule hatte eine Patenschaft mit einem Betrieb geschlossen. Dieser Patenbetrieb organisierte und finanzierte die Polytechnik, sowohl den praktischen wie den theoretischen Teil. Er stellte Personal, Räume, Gerät, Maschinen. Freilich wurde der eigentliche Gedanke dann nicht verwirklicht, die Nähe zu den „Arbeitskollektiven". Die Schüler blieben fern in sogenannten „Kabinetten", und sie wurden zunehmend mit monotonen Serienprodukten eingedeckt. Im Dezember 1979 waren es Rollenhalter für die S-Bahntüren. An denen feilten Jungen und Mädchen verdrossen im Reichsbahnausbesserungswerk Berlin-Schönweide. Fertigungstechniken sollten ihnen vermittelt werden, erzählte mir der Meister damals, also Feilen, Anreißen, Körnen, Bohren, Sägen, Senken, Richten. Alles, was zur Metallverarbeitung gehört.

„Einführung in die Sozialistische Produktion" und „Technisches Zeichnen" ergänzten die Praxiserfahrungen. Unbehagen beschlich mich. Mehr Praxiserfahrung, die wäre auch Schülern im Westen zu wünschen. Doch erschien mir diese „Arbeitserziehung", das „sozialistische Arbeitsethos", eine allzu frühe Anpassung an von oben gesetzte Normen der Pflichterfüllung, die niemals grundsätzlich in Frage gestellt werden durften. In einer Broschüre über das Bildungssystem der DDR, die mir in die Hand gedrückt wurde, fand ich das Idol der Ulbricht-Honecker-Ära: Detlef Pulwer. Dreher war er im VEB-Verpackungsmaschinenbau Dresden. Der habe seine Norm „regelmäßig mit weit über 100 Prozent erfüllt." Und ganz das heroisch plakative Bild vom fröhlich schwitzenden Werktätigen beschwörend, hieß es da:

> *Er war der erste junge Arbeiter seines Betriebes, der einen persönlich-schöpferischen Plan aufstellte. Das heißt: aus dem Betriebsplan leitete er für sich persönliche Leistungsziele ab, bestimmte die Methoden, wie er sie erreichen wollte, fixierte alles schriftlich und gab es öffentlich bekannt.*[2]

Eine Lichtgestalt im sozialistischen Lernalltag. Schon damals war Renitenz unter Schülern ein offenes Geheimnis.

Schule für alle – Lernen nach Bedarf. Das war das Prinzip der DDR-Schule. Und früh wurden Kinder auf spätere Bildungswege festgelegt, gemäß den Bedürfnissen des Volkswirtschaftsplans. Es war schon damals klar, daß viele lieber die akademische Laufbahn als die eines Facharbeiters eingeschlagen hätten. Wenigen gelang der Durchstieg, der Sprung in die Erweiterte Oberschule. Nur etwa 15 Prozent eines Jahrgangs waren für ein Studium vorgesehen.

Ein Schüler sagte es mir damals zögernd und mit leiser Stimme ins Mikrophon. Aus jeder 8. Klasse würden es höchstens vier schaffen. 1,5 Notendurchschnitt:

Sind viele in deiner Klasse, die schon so einen Notendurchschnitt haben?

Ja, bei uns ... wir haben eine sehr gute Klassenspitze. Und da sind sehr gute Schüler dabei.

Aber dann ist es für die, die zurückbleiben, vielleicht nicht so schön oder?

Na ja, die können sich jetzt anstrengen. Und das ist ein Ansporn, die EOS, daß man sich anstrengt und lernt, und dann schafft man es sicher – vielleicht.

Irrungen und Wirrungen

Am Scheideweg

April 1990. Die Mauer ist gefallen. Durch das Brandenburger Tor lustwandeln Spaziergänger. Ein sonniger Frühlingstag. Unter den Linden verhökern Jugendliche Abzeichen, Medaillen, Plaketten der Freien Deutschen Jugend. Umweltgruppen haben ihre Stände aufgebaut. Winzlinge patschen in Fingerfarben, beschmieren mit Inbrunst große Tuchbahnen. Junge Eltern schauen skeptisch lächelnd zu. Die neue Freiheit? Kaum denkbar diese Sudeleien im sozialistischen Kindergarten. Der ist Vergangenheit.

Im Auftrag des Westdeutschen Rundfunks war ich nach Ost-Berlin gefahren, in die Noch-DDR, wollte dort die Schulen und Kindergärten wieder besuchen, die ich vor zehn Jahren in voller Beflaggung gesehen hatte. Nach der pädagogischen Kommandowirtschaft die neue Freiheit?

Im Hotel Metropol am Bahnhof Friedrichstraße stieg ich ab, wie einst im Dezember 1979 und hatte von dort aus einfach angerufen in den Schulen, ob ich mal reinschauen dürfte. Das wäre 1979 ganz unmöglich gewesen. Damals stand ich unter strenger Bewachung meiner beiden Begleiter, die mir bei Schulbesuchen und Gesprächen nicht von den Fersen wichen. Nun also konnte ich mich frei und ohne Gängelband bewegen – soweit es ein Taxi gab. Noch aber kostete die S-Bahnfahrt nur ein paar Ost-Groschen.

Hinter der Karl-Marx-Allee, einstige Paradeavenue, auf der sich Politbüro und Nomenklatura bejubeln ließen, im Hinterhof fast, eine der Eliteschulen im sozialistischen Bildungssystem. Eine Spezialschule für Musik, die Friedrich-Händel-Schule. Hochbegabtenschulen, die gab es seit den achtziger Jahren im Einheitsschulsystem der DDR. Streng war die Auswahl damals. Von 2 000 Schülern wurden nur 24 genommen. Gemunkelt wurde, daß auffallend viele Funktionärskinder sich als hochbegabt erwiesen.

Die 280 Schüler der Händel-Schule waren auch 1990 handverlesen. Verändert aber hatte sich die Schulatmosphäre. Verschwunden waren die „sozialistischen Altäre“, wie sie der Rektor nun nannte. In seinem Amtszimmer die alte Tapete, das bekannte Mobiliar. Schreibtisch und langer Konferenztisch, im Kreuzformat aneinander gerückt. Die obligate Zimmerpalme. Abgehängt nun das milde lächelnde Honecker-Portrait. Der Nagel oben harrte auf neuen Behang. Umbruchzeiten. Wendezeiten. „Wendehälse“, dieses Wort werde ich in diesen Tagen noch oft hören. Schüler, Lehrer, Rektoren benutzen es. Und es trifft die Stimmungslage nach der sanften Revolution. Orientierungslos, anpassen um jeden Preis. Doch so schnell geht das nicht. Schweißperlen stehen dem jungen Lehrer auf der Stirn, der nun Gesellschaftslehre unterrichten muß, pluralistisch plötzlich nach den einseitigen Sichtweisen der Staatsbürgerkunde. Sie wurde neben Deutsch und Geschichte erst einmal aus dem Lehrplan gestrichen.

Sichtlich bemüht war dieser junge Lehrer, mit der Zeit zu gehen, sich der Veränderung anzuschmiegen. Kollegen waren bereits entlassen worden. Ungewißheit. Abwehr, gebremste Aggression.

Als „Müllcontainer der Nation“, so möchte er sich nun auch nicht sehen, sagt er aufmüpfig. Verschiedene Gesellschaftsmodelle will er nun darstellen, habe sich in West-Berlin schnell Unterrichtsmaterial besorgt. Versuche, sich zu verteidigen. Immer habe er sich bemüht, zu sagen, „so sieht die Theorie, so sieht die Praxis aus. Also daß Marx nicht gleich Murks heißt zum Beispiel – da hängt immer noch der Mensch dazwischen. Und daß die marxistische Idee nicht gleich die stalinistische ist“.

Schwer für diesen Lehrer, noch Kurs zu halten. Differenzierungen sind zur Zeit nicht gefragt.

Auch in anderen Schulen spüre ich das Bemühen, sich den neuen Verhältnissen anzupassen und ein Stück Identität noch zu bewahren. Schwierig die Seelenlage vieler Pädagogen in diesen Tagen. Wer wirft schon gerne seine Lebensjahre auf den Müll der Geschichte. Die Schüler der Händel-Schule können sich nun offen äußern, finden ihre Lehrer „verklemmt“. Die Veränderung in der Schule geht ihnen nicht schnell genug. Eine Wandzeitung wollte man machen, und da sollte jeder „Kritik dranmachen“. Das wurde zuerst erlaubt, dann nicht. „Sehr peinlich eigentlich alles.“

Das Engagement der ersten Monate war in diesen Apriltagen bereits einer gewissen Müdigkeit und Apathie gewichen. Bedauern auf der einen Seite, daß es keine Jugendarbeit der FDJ mehr in der Schule gäbe, und recht nüchterne Überlegungen, nun in der Schule weiterzukommen und dann einen „sicheren Beruf zu haben. Darum kümmern sich jetzt viele. Das ist das einzige, was uns bewegt,“ sagt ein Schüler.

„Nun grüß ich dich viel tausendmal, holder, holder Frühling …“ Der Chor der Händel-Schule. Noch schwanken alle Beteiligten zwischen Hoffnung und Verzweiflung in diesen Apriltagen 1990.

Auch die 20. Polytechnische Oberschule draußen in Treptow hatte ich wiedergefunden. Damals war sie geschmückt noch mit allen Insignien sozialistischer Weltsicht: Meisterschaft, Prämien, Lob dem Besten im Dienste der Gesellschaft. Nun ist nur noch das Photo des Namensgebers dieser Schule übriggeblieben. Leuchtender Blick aus schwarzem Rahmen vor weißgefalteter Stoffbahn. Vorne rankt Efeu in künstlichem Beet. Die Schulkonferenz habe es so gewünscht. Der Name bleibt. Otto Buchwitz-Schule. Der junge Rektor sagt es fast in Verteidigungshaltung. Rechtfertigungsdruck. Ich spüre es. Auch übereilte Anpassungsbereitschaft. Das westliche Vokabular ist schnell angeeignet. Erst im längeren Gespräch scheinen Versatzstücke aus der Vergangenheit durch. Von „Kollektiv" und „Kader" ist da die Rede. Mit dem Brustton der Überzeugung verweist der Rektor darauf. Er habe es nicht erlaubt, daß die Parteien im Wahlkampf in seiner Schule plakatieren. Seine Schule sei kein „Beklebungsinstitut für verschiedenste Parteiplakate". Früher war man da weniger empfindlich. Immerhin. Dazugelernt.

Und die Schüler? Zögernd nur sagten sie, was sie fühlten in dieser Umbruchszeit. Meinung äußern, nicht stromlinienförmig, fiel ihnen noch sichtlich schwer, in der Angst befangen, „eine auf den Deckel zu kriegen". Mit anderen Mitteln würden die Lehrer nun Druck ausüben: „Leistungsdruck", Konkurrenz, Angst vor einer noch ungewissen Zukunft. Mit Bedauern fast empfanden Schüler ein gewisses Desinteresse ihrer Lehrer. Früher hätten die sich mehr um sie gekümmert. Lehrstellen, die hatte die Schule besorgt. Verplante Zukunft, aber eben auch Sicherheit. Nun sei vielen Lehrern „praktisch egal", was aus ihren Schülern wird. „Hauptsache, er zieht seinen Stoff durch."

Lehrer ihrerseits fand ich damals tief verunsichert, unfähig auch, die neue Freiheit zu nutzen. Noch gab es nur improvisierte Hilfen. Bücher, Lehrmethoden, Schulstrukturen des Westens – alles Unbekannte. Die Mauer hatte Informationsstränge über Jahre gekappt. Klagen über Disziplinlosigkeit und Aufmüpfigkeit der Schüler. Die Antiautoritäre Phase, der lockere Umgang miteinander, ungewohnt, abstoßend gar nach preußischer Erziehung in DDR-Schulen. Unsicherheit herrschte. Was wird aus uns? Würden Abschlüsse anerkannt werden? Als Besserwessi habe ich mich nicht gefühlt, war eher gefordert, Mut zuzusprechen. Offen oder verdeckt die Zweifel unter Lehrern. War denn alles falsch, was man im guten Glauben, in der Hoffnung auf eine bessere Welt, in Kinderköpfe gepflanzt hatte? Wo war die Bruchstelle, an der ich opportunistisch die Augen verschlossen habe? Tiefe Zweifel.

Im Oktober zuvor hatte die Schriftstellerin Christa Wolf in einer Wochenzeitung über das Versagen der Pädagogenzunft nachgedacht, ihre Bereitschaft zur Gefügigkeit in das, was von oben vorgeschrieben worden war. Lehrer antworteten darauf empört, abwehrend, sich verteidigend, auch in Selbstanklage. Etliche Briefschreiber waren 1945 „Neulehrer" gewesen. Provisorisch nur ausgebildet, sollten sie die Lücke füllen, die NS-belastete Pädagogen hinterlassen hatten.

Hans-Dieter Schmidt, Psychologieprofessor an der Humboldt-Universität, war ein solcher Neulehrer. Er erzählte mir, daß es auch in Ostdeutschland nach 1945 hoffnungsvolle Aufbrüche gab. Eine kurze Zeit lang. Da sei noch eine offene Diskussion möglich gewesen, da habe man die Einheitsschule noch mit reformpädagogischer Idee und Tat erfüllen wollen. Erst als der Sozialismus „als offizielle Doktrin verkündet wurde und die staatlichen Strukturen so eingestellt wurden", verwandelte sich die Atmosphäre, gab es „strengere staatliche Pläne, strengere Vorschriften, weil die Partei ihre ideologische Dominanz" unerbittlich durchsetzte, auch in der Schule. Denn die war, das erzählte mir Hans-Dieter Schmidt, „nach der Staatssicherheit das wichtigste und zu sichernde Element der ideologischen Indoktrination". Später dann hat mir ein Mitglied der Akademie der Pädagogischen Wissenschaften von dem Zwang erzählt, dem Lehrer und Wissenschaftler in der Administration Margot Honeckers ausgesetzt waren. Kritische Forschung – es gab sie – verschwand in den Schubladen oder wurde geschönt nur veröffentlicht.

Hildegard Maria Nickel, eine Soziologin, mußte diese Erfahrungen machen. Früh schon, Anfang der achtziger Jahre, hatte sie die Potemkinschen Dörfer des zentralistisch deformierten Einheitsschulwesens erkannt und zu benennen gewagt, die unerträglich monologisierenden Lehrer und die Schüler, die dies über sich ergehen ließen. Schüler in den achtziger Jahren, die hätten sehr nüchtern erkannt, daß dieses schulische Wissen ihnen nicht viel brachte, daß man aber Abschlüsse für die weitere Karriere brauche. Keine Kritik also. Schlucken. Schulfrust, auch im Osten. Dort freilich wurde er einfach weggejubelt.

Klar sei früh auch schon gewesen, daß der Polytechnische Unterricht mit dem Ausbau von „Kabinetten", fern der Produktion, eigentlich wenig für den Schüler bedeutete. Die wechselten nur den Schulort. Unerfüllt blieb die Hoffnung, daß Mädchen dadurch etwa ihre Berufswahl ändern würden – hin zu technischen Berufen. All das wurde in der Administration verdrängt.

Im Frühling 1990 besuchte ich eines jener Polytechnischen Kabinette im VEB-Kühlautomat Berlin-Johannistal. Und hier sagten Schüler deutlicher als zehn Jahre zuvor, daß sie das einseitig serienmäßige Zurichten von Kupferrohren und Tauwasserschalen für Eisschränke nun wahrlich nicht sinnvoll fänden. Da solle sich der Betrieb doch „vernünftige Fachkräfte anschaffen und nicht jetzt Schüler für die eigene Produktion ausnützen". Deren Zukunft war ohnehin fraglich. Doch der zuständige Ausbildungsleiter, auch die Meister, machten sich Gedanken, wie man die Polytechnik aus Konkurs und Niedergang der sozialistischen Planwirtschaft in die freie Marktwirtschaft hinüberretten könnte. Daß Schüler als billige Arbeitskräftc benutzt wurden, um Planrückstände aufzuarbeiten, sahen selbst die Veranstalter nun kritisch.

Noch hing in diesem Kabinett die Tafel, auf der Sollerfüllung und Sollrückstand jedes Jugendlichen angezeigt wurde. An vielseitiges Arbeiten mit verschiedenen Materialien dachte man in diesem Betrieb, an ein ganz neues, abwechslungsreicheres Konzept in der Polytechnik. Vieles wäre möglich gewesen, war am „Runden Tisch" gleich nach der Wende diskutiert worden. Ohne Erfolg, wie man heute sieht. Absehbar war schon damals, daß dieses „Herzstück" des einstigen Bildungssystems wohl auf der Strecke bleiben würde – trotz aller Rettungsversuche. Marktwirtschaftlich rechnet sich so etwas nicht. Kurzsichtig aber ist es schon. Denn wie noch zu zeigen sein wird, ist das Westdeutsche Bildungssystem inzwischen auf dem Wege zu mehr praktischem Lernen, freilich reicher und vielfältiger als die alte Polytechnik in der DDR. Abschied von Gestern.

Und 1990 folgende? Entmutigt und entnervt durch die Unsicherheit einer Wendezeit lassen Bürger in den neuen Bundesländern alles hinter sich, was an Vergangenheit erinnert. Orientierungsmuster ist der Westen, auch schulpolitisch. Verloren die Einheitsschule. Der Run aufs Gymnasium nimmt zu. So verständlich er nach Zeiten der rigiden Auslese von nur 15 Prozent eines Jahrgangs auch ist, die die Hochschule besuchen durften, so bedauerlich ist es, daß nun in allen fünf Bundesländern neue Wege nicht beschritten wurden. Ein Kapitel deutscher Schulgeschichte scheint vorerst zumindest abgeschlossen: die Einheitsschule als Regelschule. Bereits in der Französischen Revolution angedacht, in der Reformpädagogik der zwanziger Jahre erneut aufgegriffen, ist sie nun erst einmal in der Versenkung verschwunden.

Ein baufälliges Haus

Weststandard ist schulpolitisch so überzeugend nicht

Und das Schulsystem gesamtdeutsch gesehen? Im Osten scheint es nach dem Niedergang des SED-Staates und der obrigkeitlich verfälschten Einheitsschule fast selbstverständlich, daß dort die Dreigliedrigkeit Schule macht. In allen Schulgesetzen oder Vorschaltgesetzen der neuen Bundesländer ist sie inzwischen eingeführt, von kleinen Varianten abgesehen. Zwar gibt es nur ihn Mecklenburg-Vorpommern eine ausdrücklich so benannte Hauptschule, in den anderen östlichen Bundesländern dagegen neben dem Gymnasium nur eine Art Mittelschule, die jedoch eindeutig zwei Profile erkennen läßt: einen Hauptschul- und einen Realschulzweig. Kenner meinen, es sei nur eine Frage der Zeit, wann diese Mittelschule wieder in getrennte Schulformen zerschnitten wird. Der Siegeszug des westdeutschen Schulsystems scheint ungebremst. Und doch nagt bereits der Wurm der Veränderung an ihrer Substanz – gleichsam von innen her.

Die Hauptschule

Als selbständige Schulform hatte sie der Deutsche Ausschuß für das Erziehungs- und Bildungswesen schon 1959 empfohlen, gemäß einem Gesellschaftsbild, das in den fünfziger und sechziger Jahren noch vorherrschte, nämlich einer schmalen Führungsschicht oben und einer breiten Handlangerschicht unten. Dem entsprach die angeblich wissenschaftlich abgesicherte Vorstellung vom praktisch und theoretisch begabten Menschen. Daß die praktische Begabung sich auffallend oft und energisch in der Arbeiterschaft genetisch durchsetzte, während die klugen Köpfe vorrangig in Beamten- und Akademikerfamilien hineingeboren wurden, hat lange Zeit niemanden beunruhigt.

Längst hat die Hauptschule ihre Funktion verloren, Eingangsstufe zur beruflichen Bildung zu sein. Heute ist sie zum Auffangbecken für Kinder geworden, die entweder in Realschule und Gymnasium auf der Strecke geblieben sind oder für Ausländerkinder mit sprachlichen Problemen. Alle Versuche, die Hauptschule zu retten, scheinen vergeblich. Ob es nun das Angebot eines 10. Schuljahres ist oder andere differenzierte Übergangsregelungen in den Beruf, die wie ein Köder z. B. in Baden Württemberg ausgelegt wurden, all das hat wenig gebracht. Experten geben dieser Schulform keine Zukunft mehr.

„Restschule" wird sie genannt. Eltern haben längst mit den Füßen abgestimmt. In den Städten schmilzt das Interesse an dieser weiterführenden Schule von Jahr zu Jahr. Nur in ländlichen Regionen, in denen es keine anderen Lernangebote gibt, hat sie noch ihre Klientel. Daten aus der Bildungsstatistik belegen den Trend: 1979 antworteten auf die Frage: „Welchen endgültigen Schulabschluß soll ihr Kind Ihrem Wunsch nach erreichen?" noch 31 Prozent der Eltern, daß sie den Hauptschulabschluß wünschen. 37 Prozent wollten das Abitur für ihr Kind. Acht Jahre später wünschen nur noch 11 Prozent der Befragten den Hauptschulabschluß, aber 52 Prozent das Abitur. Tendenz steigend.[1]

Die Leistungen der Hauptschule sind unbestritten. Ungleich stressiger als in anderen Schulformen ist die pädagogische Arbeit dort. Im Gespräch mit Hauptschullehrern ist Resignation zu spüren. „Alle sagen, was wir nicht leisten. Kein Mensch sagt, was wir leisten", klagt ein Bonner Hauptschullehrer. Das Bild von der „Restschule" verstellt den Blick auf die Verdienste, die sich diese Schule erworben hat, eben weil sie es mit den schwierigsten Fällen zu tun hat, den Dropouts des auslesenden Schulsystems. Projektarbeit, Freiarbeit, Betriebspraktika – all das war und ist in der Hauptschule Alltag. Lehrer mußten sich etwas einfallen lassen, einfach weil anders nicht Schule zu machen war. Gegen das schlechte Image anzuunterrichten, ist schwer. Sowohl Eltern wie Schüler empfinden den Besuch der Hauptschule als „sozialen Abstieg". Und diese Einschätzung teilt sich auch den Lehrern und Lehrerinnen mit, ermutigt sie nicht gerade. Viel wird ihnen abverlangt, gegen Aggression, Apathie und Resignation guten Unterricht zu setzen. Das ist die eine Seite ihres Jobs.

Die andere sind die vielen Nationalitäten in der Klasse, denen sie sprachlich nicht gewachsen sind. Therapeut und Förderer müssen diese Pädagogen sein. Während Ausländerkinder die Anpassung an die fremde Kultur des Gastlandes verkraften müssen, leiden deutsche Kids an Bindungslosigkeit, der Auflösung ihrer Familien, einer sozialen Existenz am Abgrund, an Wärmeverlust also. Kinder suchen Zuwendung in der Schule. Lehrer sind da „Papa und Mama" zugleich.

„Ständig habe ich ein paar am Arm hängen, die regelrecht abgeknutscht werden wollen," erzählt eine Lehrerin. Und ihr Kollege meint resigniert: „Hauptschullehrer sind in der gegenwärtigen Form der Hauptschule total überfordert, weil sich in ihren Klassen alle sozialen Probleme der Gesellschaft spiegeln."

Noch ist unklar, was aus der Hauptschule werden wird. Das dreigliedrige Schulsystem ist windschief geworden. Die anderen beiden Schulformen haben der Hauptschule den Rang abgelaufen.

Die Realschule

Mittelschule hieß sie einst, angesiedelt zwischen Gymnasium und Volksschule. Schule der „Realien". Absolutismus und beginnende Industrialisierung förderten eine pädagogische Einrichtung, die „nützliche Kenntnisse" vermitteln sollte. 1739 begründet Johann Gottfried Groß, Präzeptor in Halle, seinen „Entwurf eines mit leichten Kosten zu errichtenden Seminarii Oeconomico politici" so: Man brauche ein solches Seminar für die „nicht studierende Jugend, welche zwar nicht studieren, aber doch auch kein gemeiner Pöbel werden soll, sondern zu allerhand anderen honetten Lebensarten und Bedingungen bestimmt ist". 1747 gründet der Pietist Hecker in Berlin die erste Realschule, eine „Ökonomisch-mathematische Realschule", angesiedelt zwischen Lateinschule und religiösen Elementarschulen.[2] Es ist kein Zufall, daß die Gründung von Realschulen parallel zu der Gründung Technischer Hochschulen, den „Polytechnischen", verlief. Wachsende Arbeitsteilung in Manufakturen verlangte entsprechende Qualifikation. Nicht nur handwerkliche Fähigkeiten, auch eine bestimmte Arbeitshaltung sollte diese Schule vermitteln: den Arbeitnehmer, funktionsgerecht und anpassungsfähig.

Und ihre Funktion heute? Der Andrang zur Realschule ist vergleichbar stark wie zum Gymnasium. 1952 besuchten nur 6 Prozent aller Siebtklässler diesen Schultyp. 1990 waren es bereits 27 Prozent. Doch von Gleichheit der Lebensverhältnisse kann auch in der Realschule nicht die Rede sein. In einem Bundesland läuft sie sechs, im anderen nur vier Jahre bis zum Mittleren Schulabschluß nach dem 10. Schuljahr. Die Übergänge zum Gymnasium werden im einen Bundesland großzügiger (etwa Nordrhein-Westfalen), im anderen schärfer gehandhabt (zum Beispiel in Bayern). Mit dem eigenständigen Profil hat die Realschule so ihre Not, es sei denn, man sieht ihre Funktion darin, bildungsferne Schichten an weiterführende Schulen heranzuführen.

Auf „gehobene Führungslaufbahnen" soll dieser Schulabschluß hinführen. So sehen es Realschullehrer. Und doch haben Angebot und Nachfrage, die Veränderungen im Beschäftigungssystem, aber auch die Bildungswünsche der Eltern diese Schulform nicht unberührt gelassen. Mit der Inflation des Abiturs, dem Trend vieler Abiturienten, erst eine Berufsausbildung zu machen und dann zu studieren, haben Realschüler harte Konkurrenz bekommen auf dem Lehrstellenmarkt. Abiturienten drängen in Berufssparten, die früher Realschülern vorbehalten war, etwa Banken und

Versicherungen, Verwaltung und mittleres Management. Mit zunehmender Studierfreudigkeit in den letzten Jahren hat sich dieser Verdrängungswettbewerb verlangsamt. Doch viele Arbeitgeber, Ausbilder in der beruflichen Bildung, sind eher an höheren Schulabschlüssen interessiert. Beigetragen hat da auch die Veränderung der Berufe im Zeichen von High Tech. Sie verlangt mehr Abstraktionsfähigkeit und theoretische Grundkenntnisse von Auszubildenden.

1982 war der Realschüler noch der „Ideallehrling". Eine Befragung des Instituts der Deutschen Wirtschaft unter Ausbildern und Auszubildenden bestätigte es. Realschüler schneiden hier besonders gut ab, weil sie laut Studie folgende Arbeitstugenden mitbringen: sie sind ehrlich, hilfsbereit, pflichtbewußt, von hohem Selbstvertrauen, selbstsicher, ordentlich, pünktlich und diszipliniert.[3] Freilich werden heute zunehmend auch andere Schlüsselqualifikationen verlangt, die weniger biedermeierlich anmuten, nämlich kooperativ sein, Teamgeist haben, aufgeschlossen sein und flexibel, Phantasie haben. Weder in der Realschule, noch im Gymnasium werden diese Fähigkeiten ausreichend gefördert.

Als eine Aufsteigerschule gilt die Realschule. Das soziale Spektrum ihrer Schülerschaft hat sich verbreitert. Zunehmend kompensatorische Aufgaben muß ein Realschullehrer heute erfüllen, muß Rückläufer aus dem Gymnasium auffangen. Ein Lehrer sieht es so:

„Man wird mit Problemschülern nicht fertig, also schickt man sie zur Realschule. Und auf der anderen Seite eben die bildungsbewußten Eltern, die ihre Kinder nicht zur Hauptschule schicken wollen, also schickt man sie zur Realschule."

Auch zunehmend mehr Ausländerkinder wagen diesen Sprung und schaffen ihn auch.

Schule der Realien. Als Trampelpfad für Arbeitstugenden sehen junge Realschullehrer ihre Schule jedenfalls nicht mehr.

Schule könne nicht nur „Zulieferer für bestimmte Berufsqualifikationen" sein. „Und von daher wäre in der Tat zu fragen, inwieweit irgendeine Schule, nicht nur die Realschule, einen Menschen heranbilden oder erziehen muß, der in irgendeinen Betrieb reinpaßt, sondern inwieweit die Schule einen Menschen erziehen sollte, der in der heutigen Gesellschaft leben und überleben kann. Aber ich glaube schon, daß Schule etwas anderes tun muß, als Fittings für bestimmte Industriebedürfnisse zu erzeugen."

Zweifel äußern kritische Realschullehrer, die nicht nur ständische Interessen im Kopf haben, ob diese Schulform, die im 19. Jahrhundert unter bestimmten geschichtlichen und sozialen Voraussetzungen entstanden ist, überhaupt noch Sinn gibt an der Schwelle zum 21. Jahrhundert. Ketzerisch wird da eine Integration erwogen, in der Haupt- und Realschule gleichsam eine Fusion machen sollten, gemeinsam ein Konkurrenzunternehmen gegen das mächtige Gymnasium aufziehen könnten. Praxiserfahrungen und pädagogisches Know-How, verbunden mit einem Angebot zum Abitur könnten diese Kombination durchaus attraktiv erscheinen lassen – meinen Bildungsforscher.[4]

Das Gymnasium

Wer angenommen haben sollte, das deutsche Gymnasium sei mit seinem Latein am Ende, der hat sich gründlich geirrt. Viel Schimpf und Schande wurde über diese Schulreform ausgekippt. Weltfern, elitär, abgehoben, bildungsbürgerlich, verkopft. Die verbalen Attacken waren massiv. Breitseiten schossen die Reformer ab, und aus vollen Rohren schoß die Interessenvertretung deutscher Philologen zurück. Kulturkampf gab es in den siebziger Jahren. Grundsatzdiskussionen über Struktur und Inhalt der deutschen Schule. Das Gymnasium wurde Feindbild oder Idol, je nach bildungspolitischem Standort. Relativ unversehrt ist es aus diesem Bombardement hervorgegangen. Selbstbewußt und wenig irritiert. Schwang da Vorahnung mit, daß seine heftigsten Kritiker die eigenen Kinder eben auf jene Schulform schicken würden, die sie so heftig angegriffen hatten: auf das Gymnasium?

Über Schülermangel kann diese Schulform nicht klagen: 32 von 100 Schülern gehen den gymnasialen Weg. Der Siegeszug scheint unaufhaltsam, auch in den neuen Bundesländern. Alle Versuche, besonders in den südlichen Bundesländern, Schülerströme vom Gymnasium wegzulenken und durch attraktive alternative Angebote in der Hauptschule oder durch hohe Notenbarrieren das alte Gleichgewicht zwischen den drei Schulformen wieder herzustellen, waren vergebens. Schall und Rauch. Das Gymnasium ist der Renner der neunziger Jahre, gefolgt vom Fleißigen Lieschen des deutschen Schulsystems, der Realschule.

Früher als Schulpolitiker haben Eltern erkannt, welchen Wert das Abitur für den Start ihrer Kinder in Ausbildung und Beruf hat. Der Preis ist hoch. Millionen geben deutsche Eltern für Nachhilfe aus, damit sich ihre Sprößlinge den immer noch sehr theoretischen Anforderungen höherer Bildung gewachsen zeigen. Das Abitur ist die beste Eintrittskarte in eine Wettbewerbsgesellschaft, in der weniger die Herkunft als das Bildungszertifikat die soziale Zukunft bestimmt. Die psychischen Belastungen bei Versagen sind groß, verletzender als in einer ständischen Gesellschaft. Geht es doch nun auf das Konto des Einzelnen, ist nicht mehr Lotto einer mehr oder weniger privilegierten Geburt. Die Streßsymptome unter Schülern und Schülerinnen nehmen zu. Bildungsforscher finden reichliche Betätigung in der „Klimaforschung", durchforsten die Schule nach krankmachenden Symptomen. Erfolgreich.

Und zweifellos ist der Druck ehrgeiziger Eltern, die, wie man so sagt, nur das Beste für ihre Kinder wollen, gekoppelt mit einem eher abstrakt-theoretischen Lernalltag, streßfördernd. Magendruck, Kopfweh, Apathie, aber auch Aggression sind die seelisch-körperlichen Antworten auf Überforderung in einer Schule, die Schüler als einen „Arbeitsplatz für Noch-Nicht-Erwachsene" empfinden. So eine Bielefelder Studie.[1] Insofern bleiben die skeptischen Fragen der Bildungsreformer an den gymnasialen Lernalltag nach wie vor aktuell, und die Forderung nach einem lebensnahen Lernen nicht minder. So selbstbewußt nun das deutsche Gymnasium den Ansturm auf seiner Haben-Seite verbuchen kann, so sicher ist, daß es dabei nicht ganz ungeschoren davon kommen wird.

Die neue Schülerklientel zwingt zu neuen Unterrichtsformen. Und so schwankt derzeit das Charakterbild dieser höheren Schule zwischen der nach wie vor gepflegten Vorstellung von Elitebildung für wenige in einer Gelehrtengemeinschaft und einer vom nüchternen Kalkül der Vollbeschäftigung seiner Lehrerschaft getragenen Notwendigkeit einer Massenschule, die sich für Reformen öffnen muß. Der Sieg also könnte zu einem Pyrrhussieg werden, wenn das Gymnasium seine Idee rein und in Gänze in die neue Zeit hinüberretten will, nämlich ausschließlich wissenschaftlich auf Wissenschaftlichkeit hin auszubilden. Einen Ausweg aus dem Dilemma zwischen Massenversorgung auf der einen und Exklusivität auf der anderen Seite meinen konservative Schulpolitiker in der Auslese von Hochbegabten gefunden zu haben. Spezialklassen und Spezialschulen für Eggheads sind geplant und werden bereits erprobt. Doch gegen eine solche Abstufung dürfe sich die Standesvertretung, der Deutsche Philologenverband, ebenso wehren wie gegen eine Verkürzung der Gymnasialzeit von neun auf acht Jahre. Vor die Wahl gestellt: Fördern statt Auslesen, muß sich das Gymnasium dazu bequemen, sich einer offenen Schule anzunähern, mit praktischen wie theoretischen Lehr- und Lernangeboten, wie es mancherorts schon erfolgreich vorgelebt wird.

In Gesprächen mit Studienräten werden Veränderungen bereits deutlich, aber auch die massiven Notstände. Der Bericht aus dem Lehreralltag zeigt es. Tatort: Die Otto-Kühne-Schule, ein privates Gymnasium in Bonn-Bad Godesberg.

Wolfram Kuster unterrichtet seit 1972 Musik, Englisch und Erziehungswissenschaften an diesem Bonner Gymnasium. Es ist eine Privatschule mit angeschlossenem Internat. Doch was dort geschieht, läßt sich unschwer auf alle anderen öffentlichen Gymnasien übertragen. Die Veränderungen am Arbeitsplatz Schule sind auch am Gymnasium nicht vorübergegangen.

Die herkömmliche Arbeit des Lehrers, Wissen zu vermitteln, den Lehrplan abzuhaken, Arbeiten schreiben zu lassen, Zensuren zu geben, Zeugnisse zu verteilen und den Unterricht vorzubereiten, die ganze Prozedur der Übertragung eines amtlich festgelegten Bildungskanons in Schülerköpfe also, ist nur ein Teil seiner Tätigkeit. Und sie ist fast schon Routinearbeit gegenüber den vielfältigen Aufgaben, die so mit der Zeit hinzugekommen sind.

Von „erheblichen Arbeitsbelastungen" spricht Kuster. Doch im Gespräch gewinnt man den Eindruck, daß er diesen Zuwachs an Verantwortung eigentlich nicht missen möchte. Er gehört zu jenen Pädagogen, die nicht nur den Kopf des Schülers sehen und seine Speicherfähigkeit, sondern Interesse an der Entwicklung seiner ganzen Persönlichkeit haben.

Die Gewichte haben sich verlagert, auch im Gymnasium. Mehr Kinder, meint Kuster, kommen heute ins Gymnasium, die „vor zehn Jahren diesen Schultyp noch nicht besucht hätten". Das sei „ein heißes Thema", die häuslichen Leistungsanforderungen auf der einen Seite und die Überforderungen der Schüler auf der anderen. Elternarbeit beschränkt sich heute also nicht mehr nur auf die in Mitwirkungsgesetzen festgeschriebene Mitarbeit in Gremien, Konferenzen, Schulpflegschaften und Elternabenden. „Die Erwartungshaltung der Eltern ist außerordentlich groß", sagt Wolfram Kuster. Elternwunsch und die Fähigkeit eines Kindes aber, sich im noch sehr verkopften Gymnasium zurechtzufinden, klaffen auseinander. Kuster spricht von „Problemfällen", die „wir nicht bewältigen", jedenfalls nicht mit 28 Schülern pro Klasse und 24 Stunden Unterrichtsverpflichtung pro Woche. Arbeit in kleinen Gruppen ist notwendig, und Kinder in den Eingangsklassen des Gymnasiums brauchen besonders viel Zuwendung. Oft haben sie nicht nur Schwierigkeit, fachlich mitzukommen, sondern auch Probleme, sich in der neuen Umgebung zurechtzufinden. Auch Gymnasiallehrer können sich da nicht auf den Standpunkt stellen: ich mache meinen Unterricht. Alles andere geht mich nichts an. Lehrer sind heute mehr denn je in der Schulgeschichte, als Berater vor allem als Miterzieher gefordert. „In meiner Klasse sind von 32 Schülern zwölf Kinder alleinerziehender Mütter oder Väter", erzählt Kuster. Eltern wenden sich „verstärkt an die Schule", um sich dort Rat zu holen auch in familiären Krisen. Die aber fühlt sich weder zuständig noch kompetent. Wolfram Kuster sieht sich von Eltern in eine Rolle gedrängt, „der wir nicht gewachsen sind". Der „Mangel an Fortbildung", die karge pädagogisch, psychologische Grundausbildung, mache sich nun bemerkbar.

Wolfram Kuster nennt eine ganze Palette von Problemen, die zunehmend in die Schule hineinwirken. Die wachsende Zahl von Scheidungen, die Trennungsschmerzen von Kindern, das Schwanken zwischen dem Wunsch nach Zuwendung und Ablehnung, weil Schüler sich ungern in die Rolle des „Sonderfalls" gedrängt sehen. Aber auch Kinder aus sogenannten „intakten Familien" sind nicht etwa pflegeleicht. Allgemeine Unlust, Verweigerung, Pubertätsprobleme, Geschwisterrivalität, Ablösungsprobleme von den Eltern bis hin zu Drogenmißbrauch und fast kriminellen Handlungen – all das verlangt den miterziehenden Lehrer.

Und dies alles läuft neben der fachlichen Arbeit, neben Korrekturen, Unterrichtsvorbereitung, auch neben der Vorbereitung auf Ausflüge, Exkursionen, Klassenfahrten, Elternstammtischen und Elternabenden. Es läuft auch neben erfreulich neuen Aktivitäten im Gymnasium, neben Betriebspraktika oder Arbeitsgemeinschaften am Nachmittag.

Mehr Zusammenarbeit mit den Eltern wäre zwingend nötig. Aber es fehlt an Zeit, an Personal, auch an Kompetenz, um Eltern zu überzeugen, wie wichtig es wäre, daß Schule und Familie näher zusammenrücken. Manchmal, bemerkt Kuster, „lassen die mich kalt abblitzen", empfinden es als nicht statthafte Einmischung in ihre elterlichen Erziehungsrechte. Und irgendwann in der Oberstufe sind es die Jugendlichen selbst, die ihre „Alten" nur noch ungern in der Schule sehen. Dann wird es wichtig, als Lehrer mit ihnen im Gespräch zu bleiben, obwohl die Funktion des Chancenzuteilers der Kommunikation nicht gerade förderlich ist, weder der mit den Eltern, noch der mit der Jugend.

1988 hatte ich Wolfram Kuster nach den Belastungen im Gymnasialalltag befragt. 1991 gab er mir ohne Zögern Grünes Licht, das damalige Portrait in dieses Buch aufzunehmen. Die Arbeitsbedingungen in der Höheren Schule haben sich eher noch verschärft.

Erfreuliches wußte dieser Lehrer aber auch zu berichten aus der deutschen Buchschule. Projektarbeit ist heute zumindest an seiner Schule unverzichtbar geworden, wenngleich auch noch längst nicht unumstritten im Lehrerkollegium. So mancher Kollege sehe sich, bei für alle Beteiligten unklarem Ausgang des praktischen Lernens, in seiner „absoluten Lehrergewalt“ beeinträchtigt. Andererseits aber sei es auch so, daß einer, der sich gegen Projektarbeit stelle, „didaktisch den grauen Bart umgehängt“ bekäme. Und wer will schon einer von Gestern sein. Also wächst bei aller Rollenunsicherheit auch unter Studienräten das Bemühen, es auch einmal anders zu versuchen, die „Auseinandersetzung mit der Sache“ zu wagen. Und es ist ja nicht nur Pädagogenangst, die es dabei zu überwinden gilt.

Auch Schüler haben so ihre Not, sich aus der Konsumentenhaltung des Frontalunterrichts zu lösen. Gespalten ist die Schülerschaft. Die einen schlagen sich voller Elan die Nächte um die Ohren, um etwa eine Empfangsanlage für Wettersatelliten zu bauen. Andere Schüler wollen den schnellen Erfolg sehen, haben wenig Geduld, und wieder andere zeigen sich völlig abständig. Jugendliche sind zunehmend unkonzentriert, auch gelangweilt, klagen Lehrer: Die können „nicht mehr warten“, wollen alles haben, aber „nicht loslassen“. Auch die Klientel der Alleinerziehenden hat sich inzwischen verstärkt. In Elterngesprächen wachse der Anteil derer, die weniger an dem pädagogischen Profil der Schule interessiert sind, als an dem, was die nachmittäglich an Betreuung anbietet.

Ein zusätzliches Arbeitsfeld hat sich für den deutschen Philologen erschlossen, das er durchaus willens ist, zu beackern. Freilich mache sich nun „Mangel an Fortbildung“ bemerkbar. Das sei alles noch „sehr viel trister als vor drei Jahren“, sagt Wolfram Kuster und verhehlt dabei nicht seine Empörung über das, was „die Politiker einem zumuten“. Neben uns lag die frische Meldung, daß in Nordrhein-Westfalen die Klassen wieder größer werden, und die Zeit für Arbeitsgemeinschaften eher wieder begrenzt werden soll. Mehr Kinder mit Problemen, das verlange nicht weniger, sondern mehr Zuwendung. Aber letztlich regiere eben der Finanzminister. Nachrichten vom Krisenherd Gymnasium. Noch lebt diese Schule von ihrem großen Renommee als Steigbügelhalter zu höheren Karrieren. Doch wie lange noch?

Die Grundschule

Eine Doppelrolle spielt sie seit ihrer Gründung nach dem Ersten Weltkrieg, die erste Gesamtschule auf deutschem Boden. Ausleser und Chancenverteiler ist die Grundschule, aber auch Volksschule im besten Sinn des Wortes. Denn in ihren Klassen lernen Kinder aller Schichten gemeinsam, vier Jahre lang. In Berlin nur sind es sechs Jahre. Ein Kind der ersten deutschen Republik ist die Grundschule. Kinderschule sollte sie sein, erfüllt von reformpädagogischen Gedanken. Heute kaum vorstellbar, daß um die harmlose Grundschule einst derselbe verbissene Kampf tobte wie in den siebziger Jahren um die Gesamtschule. Schulpolitik ist Interessenpolitik.

So formierte sich bereits 1920 heftiger Widerstand konservativer Kräfte gegen „die Sozialistische Einheitsschule". Noch ehe die allgemeine Grundschule eingerichtet wurde, gab es, das beschreibt der Bildungshistoriker Ludwig von Friedeburg, „langanhaltende erbitterte Auseinandersetzungen". Heiß umstritten war auch die Dauer der Grundschule. Sollte sie nun vier, sechs oder gar mehr Jahre umfassen. Die Verfechter einer privaten Vorschule, wie sie bislang als Vorbereitung auf die höhere Schule in wohlhabenden Familien möglich war, verwahrten sich gegen die Grundschule als einem „Kinderzwangszuchthaus", gegen das „Machwerk der Novemberverbrecher". Im März 1920 legte die Regierung der Nationalversammlung „den Entwurf eines Gesetzes betreffend die Grundschule und die Aufhebung der Vorschulen" vor.[5]

Es waren wohl weniger sachliche Argumente, die gegen die Grundschule seinerzeit vorgebracht wurden, eher schon war es handfester Standesdünkel. Mit Attesten des Hausarztes versuchten begüterte Eltern ihre Kinder vom gemeinsamen Unterricht in der „Armeleuteschule", der Volksschule, abzuhalten. Die Grundschule war noch ein Teil davon. Und die Lernbedingungen dort waren auch alles andere als komfortabel. Anfang der zwanziger Jahre kamen in der Volksschule auf einen Lehrer 61 Schüler. Das besserte sich 1926 auf 1:36. Massenbetrieb also lange Zeit.[6] Immerhin die äußere Gestalt der Grundschule war geschaffen. Was nun anstand, war das Innere, die Lernatmosphäre. Wilhelminisch blieb die lange Zeit. Pickelhauben-Pädagogik durch den zentralistischen Nationalsozialismus hindurch sogar noch in die Zweite Republik hinein. Unterbewertet entsprechend die Arbeit der Primarschule und unterbewertet der Grundschullehrer.

Anerkennung als wichtige Hilfe und erster Bildungseinstieg erhielt diese Einrichtung erst in den sechziger Jahren mit der wachsenden Erkenntnis, daß die Weichen für benachteiligte Kinder aus bildungsfernen Schichten schon früh, also schon in der Grundschule, gestellt werden. Nun endlich tat sich etwas: Fördern statt Auslesen war das Motto, kleinere Klassen, eine verbesserte Lehrerbildung die Folge. Die antiautoritäre Bewegung veränderte Erziehungsstil und Einstellung der Lehrer zu ihren Schülern. Die Reformdiskussion ist nicht spurlos an der deutschen Grundschule vorübergegangen, schlug sich nieder in neuen Richtlinien, etwa in der „Grünen Hoffnung" in Nordrhein-Westfalen, wie Lehrer den 300 Seiten starken Auftrag des Kultusministers Mitte der siebziger Jahre nannten. Abschied von der volkstümlichen Bildung. Nach dem neuen Konzept war Lernziel nun, dem Kind „die Welt zu eröffnen, es zu einer sachlichen Erfüllung des Lernens anzuhalten und zu mitmenschlichem Verhalten zu führen." Das war Nordrhein-Westfalen.

Vor allem der neue Sachunterricht sollte das leisten. Andere Formen des Lernens wurden erprobt, die reformpädagogisch längst gedacht und in Privatschulen wie den Montessori- oder den Steiner-Schulen bereits verwirklicht waren. Das drang nun auch in die öffentliche Grundschule: Einzelarbeit, Freiarbeit, Gruppenarbeit, Partnerarbeit, Projektarbeit.

Umwelterziehung – schon in den siebziger Jahren habe ich sie in Grundschulen erlebt. 4. Klasse einer Grundschule in Bonn. „Müll im Wald" war das Thema: Vermodert der, was kann er anrichten? Praktisches Lernen in der Grundschule schon damals. Ein Schüler erzählte mir sehr fachmännisch:

„Das haben wir dann so gemacht, daß wir sehr verschiedene Gläser genommen haben und mit Waldboden gefüllt haben. Da haben wir dann auch Wasser reingetan, denn im Wald kann es ja auch regnen. Und dann haben wir da verschiedene Sorten Müll reingenommen: Kordel, Plastik, Glas, Kunststoff. Und dann haben wir nach zwei Wochen mal nachgeguckt. Und da haben wir gemerkt, daß das stinkt. Und daran können wir sehen, daß das verwest, anderes verwest nicht."

Diskutiert hatten Schüler und Lehrer, ob man nicht einfach „Arbeitslose ranholen soll", die den Wald säubern oder ob es nicht besser sei, seinen Müll nicht einfach in die Gegend zu werfen. Geübt wurde freie Rede, geübt wurde aber auch Verantwortung, Kritikfähigkeit. Ob hier schon das Fundament für ökologisches Denken unter jüngeren Menschen gelegt wurde? In Gruppen saßen Kinder und sie sagten deutlich, wie sie diese Form des Unterrichts fanden:

Da brauche man nicht auf den Lehrer zu hören, „was der einem immer vorplappert. Und die sagen dann immer: schreib dies und das und so. Da heißt es: schlag das Mathebuch auf und rechne! Hier bereden wir das alles. Hier können wir selbst mitarbeiten."

Erstaunlich klar beschrieb mir dieser Schüler in Bonn schon damals den Bruch zwischen Buchschule und lebendigem Lernen, der bis heute den Unterricht spaltet, nicht nur in der Grundschule. Vieles aber schien plötzlich machbar, was in meiner kargen Grundschulzeit undenkbar gewesen wäre. Da saßen wir artig auf harten Bänken hintereinander. Vorn der dozierende Pauker. Die siebziger Jahre, das später vielgescholtene „Herumexperimentieren", haben Veränderung möglich gemacht. Doch schon damals gab es Grundschullehrer, die reformbereit waren und solche, die eher ihren alten Stremel weitermachen wollten. Auch scheiterten viele schöne Vorhaben am Faktor Zeit. Die Grundschule war und ist bis heute eine Halbtagsschule. Und so schrumpfte die „Grüne Hoffnung" zu einer oft kläglichen Alltagsrealität zusammen, die mir ein Grundschulrektor vorrechnete:

Eine Stunde Musik im 1. Schuljahr, eine Stunde Musik im 2. Schuljahr, eine im dritten und im vierten gerade mal zwei Stunden. „In der Praxis bedeutet das, daß wenn ich jeden Tag einmal singe am Morgen, dann ist insgesamt schon die eine Musikstunde erledigt. Ich habe noch nicht mal Zeit, neue Lieder einzuführen." Zeitnot ist das Dauerthema der Halbtagsschule, nicht nur in der Grundschule.

Inzwischen sind in Nordrhein-Westfalen die Richtlinien erneut überarbeitet worden. Schulleben soll nun aktiviert werden. Und ein Blick in Grundschulklassen genügt: lockerer, freier und bunter ist es geworden. Doch der Rahmen bleibt der alte: die begrenzte Zeit nur von 8 bis 13 Uhr. Aber auch neue Probleme gefährden den Fortschritt: Die alternden Lehrerkollegien, weil Neueinstellungen seit Jahren nur zögernd stattfinden. Wieder größere Klassen. Die veränderte Schülerschaft, multikulturell. Viele Ausländerkinder. Das bringt Anregung, aber auch Streß. Neue Krisenzeiten ante Portas, auch in dieser Schulform?

Die Ganztagsschule bleibt die Ausnahme, trotz wachsendem Bedarf. 1970 sprangen die Kultusminister, damals waren es noch elf, über den eigenen Schatten und empfahlen, die Ziffernnoten für die ersten beiden Grundschuljahre durch Beschreibungen des Lernstandes zu ersetzen. Revolution bedeutete es in deutschen Schulstuben, in Lehrer- und Elternköpfen. Und erneut gab es Widerstand gegen den Versuch, nicht nur die fachliche Leistung, sondern auch das soziale Verhalten zu beschreiben.

„Familienschnüffelei“ argwöhnten die einen, „sozialistische Unterwanderung des Systems“ die anderen. Inzwischen haben sich Lehrer und Eltern darauf eingestellt. Die ersten beiden Schuljahre laufen entspannter.

Doch bleibt die Not der Grundschullehrer, Schüler nach dieser Schonzeit wieder nach Zahlen zu sortieren. Im einen Bundesland strenger, im anderen liberaler. Nach dem 4. Schuljahr wird es ernst. Da werden die Weichen gestellt. Noten gewinnen dann wieder an Gewicht, wenn es um die Empfehlung geht, die Lehrer Eltern dann geben müssen. Grundschullehrer entscheiden, trotz Elternwille, über den Zugang zur Haupt-, Realschule, dem Gymnasium, ob nun als Empfehlung, wie es in Nordrhein-Westfalen getarnt wird oder knallhart nach Notendurchschnitt wie in Baden-Württemberg, um die Entscheidung, das Urteil kommt keiner herum. Geeignet oder nicht.

An eine Szene erinnere ich mich auf dem Schulhof einer Bonner Grundschule. Zwei Jungs. Der eine erzählt mir stolz, er gehe nun auf das Gymnasium. Der andere sagt fast trotzig: Hauptschule. Aber wenn er gewollt hätte, dann hätte auch er zum Gymnasium gehen können. Doch er wollte nicht. Und seinem Gesicht sah ich an, daß er mühsam Fassung bewahrte. Kinderleid und Elternfrust – das steht am Ende auch einer reformierten Grundschule.

Der Versuch

Reparaturen reichen nicht,
Umbau wäre zu empfehlen

Bald ein Vierteljahrhundert alt ist die deutsche Gesamtschule. 1969 begann ihre bewegte Geschichte mit der Empfehlung des Deutschen Bildungsrates zur „Einrichtung von Schulversuchen mit Gesamtschulen". 40 Versuche mit diesem für deutsche Schulverhältnisse ungewöhnlichen Schultyp hatte das Beratungsgremium von Bund und Ländern damals empfohlen, mit einer Schule, in der Kinder mindestens bis zur 10. Klasse hinauf gemeinsam lernen sollten. Das unbequeme Beratungsgremium ist inzwischen den Weg alles Irdischen gegangen. Doch die Gesamtschule lebt und gar nicht so schlecht. Über 300 gibt es bereits. Tendenz steigend.

1971 war ich auf Reisen gegangen, wollte elf dieser Einrichtungen in fünf Bundesländern vor Ort bei der Arbeit beobachten. Deren unorthodoxer Lehr- und Lernstil sollte bald schon heftigen Widerstand hervorrufen, die Nation Deutschland-West spalten in Gesamtschulfreunde und Gesamtschulgegner. Die siebziger Jahre waren erfüllt von heftigen Kämpfen, Verbalinjurien und pseudowissenschaftlichen Erkenntnissen über Nutzen und Frommen dieser für deutsche Bildungstraditionen aufmüpfigen Schule. „Rote Kaderschmiede", Nivellierung, Gleichmacherei. Die Gesamtschule in der Brandung widerstreitender Gefühle. Ein Wunder, daß sie nicht unterging.

Damals schon stand die neue Schule unter dem ständigen Druck, schnelle Erfolgsmeldungen bringen zu müssen, unter dem Druck der Vergleichbarkeit mit dem traditionellen Lernbetrieb, dessen Maxime sie doch gerade in Frage stellen wollte. Also keine frühe Auslese nach Schultypen. Die Entscheidung über Abschlüsse möglichst weit hinausgeschoben. Nicht mehr ehern der Klassenverband, sondern Differenzierung nach Leistungsvermögen in Fächern wie Englisch, Deutsch, Mathematik. Förderkurse und Stützkurse. Ein Wahlbereich, verpflichtend, in dem ein Schüler früh Schwerpunkte selbst setzen kann. Beratung durch Tutoren. Und früh die Zeichen der Zeit erkennend, statt Halbtagsbetrieb eine Ganztagsschule mit vielfältigem Angebot. Der gemeinsame Unterricht von Kindern verschiedener Herkunft und verschiedener Fähigkeiten. Die Integration, das Fördern jedes einzelnen Schülers, nicht das Auslesen, sollte Prinzip der Gesamtschule sein. Organisatorisch eine Herkulesarbeit. Lehren und Lernen unter Hochdruck also.

Schon damals glich keine Gesamtschule der anderen. Die in Berlin entwickelte sich anders als die in Nordrhein-Westfalen oder Hessen. Keine Stunde Null gab es in der Schulreform. Und es ist eine Legende, daß dieses Experiment mit allen nur erdenklichen Vorzügen ausgestattet wurde, finanziell, personell, räumlich. Die meisten Gesamtschulen begannen in der alten Hülle, in Schulgebäuden mit starrer Raumaufteilung, obwohl doch Flexibilität und Beweglichkeit ihr Prinzip war, mit einer Lehrerschaft, die an Dreigliedrigkeit orientiert war, an Lehrplänen, die noch die alten waren. Die Schule von morgen, das war mein Eindruck Anfang der siebziger Jahre, wurde in der Schule von gestern geboren. Enge Vorgaben und ein pädagogisches Konzept, das Weite und Öffnung zum Ziel hatte. Das mußte sich wundreiben.

Ob in alter oder bereits neuer Hülle, atmosphärisch war da schon Veränderung zu spüren. Meine Beobachtungen in der Gesamtschule Weinheim etwa:

„Im Schulalltag ist vieles anders als gewohnt. Man steht nicht mehr auf, wenn der Lehrer die Klasse betritt. Man kommt und geht, ißt und spricht während des Unterrichts. Schüler liegen oder sitzen auf dem Teppichboden, wo sie sich – auch das ist bemerkenswert – konzentriert mit einer Arbeit beschäftigen. Der Vorsatz der Lehrer, mit der konventionellen deutschen Schuldisziplin zu brechen, ist überall zu spüren. Wenn es stimmt, daß man die beste Information über eine Schule erhält, wenn man das Verhalten der Kinder in den Pausen und in der Freizeit beobachtet, dann müßten viele Gesamtschulen ausgezeichnet abschneiden. Gesamtschulkinder treten selbstbewußter auf, erscheinen freier und gelöster, stellen und beantworten Fragen selbständig. Und eine Revolution in der deutschen Schule: Schüler gehen gern in die Schule."

Das schrieb ich damals, sicher auch angesteckt von der Euphorie des Neubeginns.

Schon Anfang der siebziger Jahre aber zeigte sich auch, daß der liberale Schulalltag keineswegs Aggressionen abbaute. Je schärfer Schule und Elternhaus kontrastierten, desto heftiger wurde dieser Konflikt in den Unterricht hinein und dort auch ausgetragen. Gesamtschule in den Anfängen ging ans Eingemachte bürgerlicher Erziehungsvorstellungen. Sie stellte Normen und Werte der westlichen Konsumgesellschaft zur Disposition, lange bevor es Mode wurde. Und sie tat dies sicher nicht immer geschickt, oft auch sich selbst ideologisch blockierend. Alles in allem ganz schön stressig.

Der Lehrer im Rundumeinsatz. In engen Lehrerzimmern wurden Test- oder Arbeitsbögen entworfen und abgezogen. Teamarbeit. Unzählige Fachkonferenzen. Versuche, Außenwelt in den bislang abgeschotteten Lernalltag hineinzuziehen. Projekte entstanden. Deutschunterricht eben nicht als trockene Sprach- oder Grammatiklehre. „Kommunikationsfähigkeit", das war damals Reiz- und Zauberwort, so wie „Praxisbezug".

Ungewöhnlich, mit Comics zu arbeiten. Es brachte der Gesamtschule den Vorwurf ein, die klassische Literatur zu vernachlässigen. Oder der Versuch, Fächerzersplitterung durch Projekte zu überwinden. Der Entwurf eines Kinderspielplatzes zum Beispiel. Kontakt aufnehmen mit der Stadtverwaltung. Herausgehen aus der Schule, heute längst salonfähig in der Bildungsszene. Damals noch Ketzerisches fast. Kinder entwarfen und bauten gemeinsam ihren Spielplatz. Auch Arbeitslehre, nicht nur für Hauptschüler. Das war Schulrevolution, sollte aber, mehr noch, Gesellschaft mitverändern. Lehrer und Schüler nicht nur als Lehrplanerfüller, sondern mitbestimmend, kritisch. Das wurde Kultusministern und Schulverwaltern bald zu bunt.

Pädagogen, einmal losgelassen, entwickelten Phantasie und entsprechende „Curricula", ein beliebtes Wort in diesen Tagen, da Vernünftiges, aber auch Ungares, gern in große Worthülsen verpackt wurde. Vieles wurde dann nicht so heiß gegessen, wie es gekocht worden war. An Gesamtschultagen bogen sich die Tische. Und Lehrer der alten Schule, frustriert vom alten Trott, griffen gierig zu. Bald schon fischten Gesamtschulgegner Blätter mit allzu systemkritischen Lernzielen aus der Masse kreativer Entwürfe, um damit ihrem Vorwurf einer indoktrinierenden Schule beweiskräftig Öffentlichkeit zu verschaffen. Es hat die Gemüter erhitzt, doch dem Grundgedanken dieser Schulreform nicht geschadet: nicht für die Schule, für das Leben lernen wir. Etwas Aufsässiges, gegen den Strich gebürstetes, ist als Image an der Gesamtschule haften geblieben, selbst heute noch, wo sie gesetzter und ruhiger, gleichsam in die Jahre gekommen ist.

Anfang der achtziger Jahre wurde die Geschichte der Gesamtschule als Modellversuch amtlicherseits abgeschlossen. Ein 600-Seiten-starker Auswertungsbericht lag nun vor, wirbelte erneut Staub auf. Hatte sich diese Schulform bewährt? War sie gar besser als das herkömmliche Schulsystem? Eine eindeutige Antwort war nicht zu erwarten. Kaum verwunderlich bei der Zusammensetzung der Projektgruppe: Beamte der CDU/CSU und der damals noch sozial-liberal regierten Bundesländer, Vertreter des Bundes und zwei Wissenschaftler sollten sich zusammenraufen. Erfolglos. Der Bericht spiegelt die schulpolitischen Kämpfe der siebziger Jahre wider, die bis heute nicht beendet sind.

1982 besuchte ich vier Gesamtschulen in Hannover, Berlin, Mannheim und Bonn. Ergebnis meiner Recherchen: „Die meisten Gesamtschulen sind zurückgekehrt zu festen Gruppen und Klassen. Das ständige Pendeln zwischen Fachräumen, Experimente mit Großräumen etwa und beweglichen Wänden, wie sie Anfang der siebziger Jahre als große Neuerung in einigen Versuchsschulen gefeiert wurden, das alles ist passé. Nicht passé freilich sind jene gigantischen Betonburgen, die sich manche Bürgermeister wohl als Denkmal setzten." Die so geplagten Lehrer und Schulleiter hatten sich inzwischen selbst geholfen. Schulen in den immer noch großen Schulen waren entstanden, betreut von festen Lehrerteams. Wohnlichkeit, weniger funktionale Kühle, die war in den Gesamtschulen Anfang der achtziger Jahre zu spüren.

Bonn-Beuel etwa. Ein Bau auf der Wiese. Schon äußerlich wirkt er leicht und freundlich. Bewachsene Innenhöfe. Biotope. Kleine Räume, eine Teestube, eine Cafeteria mit bequemen Sesseln, um die man mit dem Schulamt hart ringen mußte. Denn eine wohnliche Schule, in der Lernen gar Spaß macht? Da war Überzeugungsarbeit zu leisten. Auch Schulbürokratie hatte inzwischen dazugelernt. Gefährdet waren Gesamtschulen immer, in eine effiziente Lernfabrik moderner Prägung abzurutschen. Die Schularchitektur der siebziger Jahre hat das ihre dazu beigetragen. Gebäude, die eher an das Ambiente eines Großflughafens erinnerten, und die Menge der umeinanderwuselnden Schüler verstärkten diesen Eindruck noch.

„Die Gesamtschule ist in dem Moment tot, in dem sie nicht mehr bereit ist, sich in Frage stellen zu lassen." Das meinte ein Lehrer 1971. Sie hat sich als lernfähig erwiesen. Das war mein Eindruck zehn Jahre später. Ein Ganztagsbetrieb von acht bis vier Uhr am Nachmittag ist ohne Geborgenheit, nennen wir es ruhig Gemütlichkeit, eine pure Tortur. Schule mußte sich da etwas einfallen lassen. Und längst noch ist es nicht optimal. Auch weil Kultus- und Finanzminister meinen, sie bekämen Ganztagsschule zum Halbtagspreis. Vorbildlich und viel beschaut, nun auch von den Kollegen aus den fünf neuen Bundesländern, das Team-Kleingruppen-Modell der Gesamtschule Holweide, die in der Großschule feste kleine Inseln der Beständigkeit bildet. Drei Klassen eines Jahrgangs bleiben sechs Jahre beieinander, betreut von einem Lehrerteam. Die Schulpsychologin sah es so: „Das Gefühl, ein Stück Zuhause zu haben, irgendwo hinzugehören, das trägt entscheidend dazu bei, daß wir uns hier wohlfühlen."

Verzicht auch auf äußere Differenzierung in Leistungsgruppen. Dafür Arbeit intensiv in kleinen Gruppen in der Klasse doch wieder. Nur wenige Gesamtschulen haben sich das erstreiten können. Und so blieb 1982 der Widerspruch zwischen wohltuendem Schulleben und dem Anspruch nüchterner Einteilung in Leistungsgruppen in den traditionellen Hauptfächern Deutsch, Mathematik und Englisch. Der große Gesamtschulbericht bestätigt es: eine Idylle ist dieser Schultyp nicht. Trotz Förderung war kaum zu vermeiden, daß Kinder der unteren Sozialschicht auch stärker in unteren Leistungskursen saßen und Schulangst geringer war, je höher der Leistungsstand war – auch in Gesamtschulen.

Hat diese neue Schule also ihr Klassenziel nicht erreicht? Eher wohl ist festzustellen, daß der Maßstab der Vergleichbarkeit mit dem Herkömmlichen, die der Bildungsrat einst dem Modellversuch mit auf den Weg gab, zur Quadratur des Kreises wurde für alle Reformer. Doch unbestritten, das mußten selbst Skeptiker zugestehen, führt die Integrierte Gesamtschule mehr Kinder zu höheren Bildungsabschlüssen als das dreigliedrige System.

Die Berichterstatter kamen 1982 zu dem Ergebnis: Alle Daten sprechen für mehr Offenheit der Bildungswege, und sie zeigten deutlich, daß sich der Zusammenhang zwischen sozialer Herkunft und Bildungsniveau vermindere. Wo freilich die Integrierte Gesamtschule ihre Kinder wie Kartoffeln nach Güteklassen sortiert, da stellten die amtlichen Fliegenbeinzähler keine auffallend abweichenden Ergebnisse zu den Abschlußverteilungen der herkömmlichen Schule fest. Fazit: Wenn die Gesamtschule nur eine Kopie der alten Schule ist, dann wäre sie in der Tat höchst überflüssig.

Im Mai 1982 aber schrieben die Kultusminister wieder fest: Maßstab aller Dinge im deutschen Schulalltag ist der traditionelle Leistungsstandard. Die Gesamtschule am Gängelband. Was also wird bleiben? Bleiben wird eine veränderte Einstellung zum Schüler, liberaler, weniger überheblich; der soziale Auftrag, Menschen verschiedener Herkunft bestmögliche Förderung zuteil werden zu lassen; ein begründeter Zweifel an der Vorstellung, daß es feststehend, unabänderliche Begabungen gibt.

Gesamtschule hat öffentliche Schule offen gemacht für den Gedanken des Pädagogen Heinrich Roth: Der Mensch ist nicht begabt, er wird begabt. Schulleben, Projektarbeit, Zusammenarbeit von Lehrern, Gruppenarbeit vielfältiger Art, Lernen auch als ein Prozeß gewollter politischer Bildung und gesellschaftlichen Engagements, Öffnung, viele Aktivitäten von draußen hereinholen, der Ganztagsbetrieb – all das ist in der Gesamtschule geboren worden und wächst weiter hinein auch in das alte Schulsystem, verändert es von innen heraus.

In der Gesamtschule Hannover-Linden konnte ich 1982 mit Schülern sprechen, mit Vera, längst wohl bestallte Juristin und mit Walter, gelernter Schlosser inzwischen. In ihren Äußerungen spiegeln sich Erwartungen an Gesamtschule und ihre Schüler, aber auch ein ganz spezifisches Selbstverständnis dieser Schulform, gestern wie heute:

Walter: „Also ich finde, daß ich nach dieser Schule stärker war als andere, die von anderen Schulen kamen, daß ich, glaube ich, ein bißchen mehr Persönlichkeit hatte, daß ich auch mal aufgemotzt habe gegen Ausbilder und so was, was andere nicht konnten.
Man hat zum Anfang der Lehrzeit drei Monate Probezeit. Da haben viele nicht aufgemuckt. Die haben gesagt: Ja, das machen wir alles und so. Ja, und ich habe das nicht eingesehen und habe auch manchmal gesagt: Das läuft so nicht, das mach ich jetzt nicht so. Und da ist mir auch nichts daraus entstanden. Und die dachten immer, daß man dann rausfliegt und so."

Und du bist nicht geflogen?

Walter: „Nö, ich bin nicht geflogen. Ich bin ab heute wieder Jugendvertreter."

Frau Korte, Sie sind jetzt an der Uni. Wie ist es denn da. Sind Sie aktiv in der Studentenvertretung?

Korte: „Nein, bin ich nicht. Ich habe das Gefühl, wenn ich sage, ich bin nicht aktiv, daß das ungewöhnlich ist für IGS-Schüler. Denn man kriegt überall den Stempel drauf: wir sind die Aktivlinge."

Aber gibt es denn etwas, was Sie von dieser Schule mitgenommen haben, was Sie meinen, daß Sie es an einer anderen Schule nicht bekommen hätten?

Korte: „Gleich daran anschließend, habe ich sicher mitbekommen, daß ich jetzt ein ungutes Gefühl habe, weil ich nicht aktiv bin, das heißt ich habe das jahrelang gemacht. Er ist in der SV, ich war es auch jahrelang bis zum Ende. Und ich bin es irgendwo gewohnt, daß man was macht. Ich bin gewohnt, daß man als Schüler, wenn man den Mund aufmacht, auch angehört wird. Daß das, was man sagt, auch Gewicht hat. Ich bin es gewohnt, nicht als Schüler behandelt zu werden, sondern als Mensch mit Meinung. Und im Vergleich zu denen, die ich jetzt auf der Uni treffe, die von normalen Gymnasien kommen: Ich komme mir immer vor, wie so ein Exot, wenn ich erzähle, was ich hier gemacht habe. Das begegnet großem Unverständnis, welche Möglichkeiten wir hier hatten, die ich als ganz natürlich empfunden habe."

Gibt es da so Vorurteile in der Professorenschaft, wenn man sagt, man kommt von der Gesamtschule? Haben Sie das mal erlebt?

Korte: „Ja, die fangen bei den Kommilitonen an. Das heißt, daß man das Abitur hat, ist ja klar. Und wenn man dann so erzählt, wo man war, dann sagen die zwar nicht gerade: Das ist ja eigenartig. Aber man hat das Gefühl, man hat ein Pappabitur gemacht. Denn man wird anerkannt, bis man gesagt hat, man war auf der IGS und hat da das Abitur gemacht. Ach so, ja, ist ja auch gut. Mach dir nichts draus, darfst trotzdem studieren. Das ist ne Sache … man hätte hier mit Sternchen machen können, von der Reaktion der Gleichaltrigen ist ein Abitur an der IGS: Ihr kriegt es ja nachgeschmissen! Und diese Reaktion, die kenne ich nun schon, seitdem ich auf die 10. Klasse zusteure. Seit ich mit Noten zu tun habe, seit der 9. Klasse. Und daraus folgt ein ständiger Zwang, sich, ja, zu rechtfertigen, sich zu erklären. Man ist immer auf einer Position, wo man den Knüppel schwingt und sich verteidigt, wo man es im Grunde vom eigenen Gefühl her gar nicht nötig hätte."

Über 300 Gesamtschulen arbeiten also inzwischen in der Bundesrepublik, die meisten in Nordrhein-Westfalen, Hessen, Niedersachsen, Berlin, Hamburg und Bremen und neuerdings auch in Brandenburg. Und stetig wächst das Interesse von Eltern an dieser Schulform, die als Bestandteil des Regelschulsystems, in den gesamten Bundesländern nun fast zur Normalität geworden ist. Heute ist es weniger eine Glaubensfrage, sich für Gesamtschulen zu entscheiden. Es hat sich herumgesprochen, daß sie gute pädagogische Arbeit leistet. Nach wie vor sozial motiviert, läßt sie Kindern mehr Zeit, sich selbst zu finden, bietet als Ganztagsschule eine Menge Anregungen, die das traditionelle Schulsystem gerne kopiert. Andererseits wächst die Sorge, daß das Gymnasium die „unkomplizierten Schüler" anzieht und der Gesamtschule die Schüler überläßt, die gemeinhin als „Problemfälle" bezeichnet werden.

Nun, da diese Schulform nicht mehr im Fokus von Kritik und Schmähungen steht, kann sie in Ruhe ihr eigenes Profil entwickeln. Ihr Status scheint gefestigt, vielleicht auch um den Preis eines Teils ihrer ursprünglichen Originalität und Radikalität. Das wäre zu bedauern. Im neu aufflackernden Verteilungskampf um schmalere Bildungsbudgets aber könnte sie für manche Gemeinde sogar die kostengünstigere Lösung darstellen als der Erhalt von nun insgesamt vier Schultypen. Eine eher pragmatische Sicht der Dinge ist festzustellen, wohltuend nach Jahren des heißen Kulturkampfes. Beispiele gibt es bereits. Es soll noch davon berichtet werden.

Von der Hand in den Mund

Ein Plädoyer
für die Bildungsplanung

Der leidige Disput um die Schulstruktur. Niemand mag sich mehr so recht erwärmen für die Frage, welche Schulform denn die bessere wäre. Die achtziger Jahre brachten mit der Wende zum Konservativen Ruhe an die Schulfront. Ob es nicht am Ende eine Friedhofsruhe ist? Kritiker schließen es nicht aus. Doch der Preis könnte hoch sein. Erste Erosionen kündigen sich bereits an: Langsame Vergreisung ganzer Lehrerkollegien, große Klassen, Schularmut, Bildungsunrecht.

Ist es müßig geworden, über ungleiche Bildungschancen zu reden? Gymnasium und Hochschule haben Hochkonjunktur. Das Bürgerrecht auf Bildung scheint eingelöst. So sieht es auf den ersten Blick aus. Aber auch auf den zweiten? Wem ist hier was zugute gekommen? Der Run auf das Gymnasium in Ost wie West – könnte er nicht am Ende auch klammheimlicher Widerstand sein gegen alle Versuche von oben, Bildungswege zu kanalisieren? Die Inflation einstiger Elitebildung für nur wenige Prozent eines Schülerjahrgangs ist unbestreitbar und unaufhaltsam.

Erstaunlich hoch und derzeit kaum zu befriedigen ist aber auch die Nachfrage nach Gesamtschulen, dort wo es sie gibt und mehr noch dort, wo es sie nicht gibt. Und auch hier könnten ganz pragmatische Überlegungen mitspielen. Der Gedanke nämlich, daß diese Schulform die Entscheidung für den Schulabschluß länger offenhält und auch der Ganztagsbetrieb, den viele Eltern und Alleinerziehende heute wollen, auch wenn die Finanzminister noch krampfhaft den Staatssäckel zuhalten. Sollte nun eintreten, was Bildungsforscher voraussagen: eine Teilung der Bildungsgesellschaft in Gymnasium hier und Gesamtschule dort?

Die Bildungswerbung der Reformzeit trägt ihre Früchte heute. Eltern planen die Zukunft ihrer Kinder bewußter – auch schulisch. Festzuhalten aber ist, daß dieses gesteigerte Bildungsbewußtsein und mit ihm die staatlich geförderte und gewollte Bildungsexpansion der siebziger Jahre vom Kindergarten bis zur Hochschule vor allem der Mittelschicht zugute kam. Auch wenn das Wort „Chancengleichheit“ weder in den Medien noch in wissenschaftlichen Publikationen, noch in ministeriellen Broschüren mehr auftaucht, es ist weiterhin ein Thema. Das Schicksal der Analphabetin Marka ist auch im letzten Jahrzehnt vor 2000 kein Exotikum weniger Versprengter im Bildungsdschungel. Es schreibt sich fort in den Schicksalen der Kinder von Aussiedlern, Asylbewerbern und Gastarbeitern, aber auch in den Bildungskarrieren deutscher Kinder aus der Unterschicht, deren Chancen sich keineswegs nachhaltig verbessert haben.

Der Bildungsforscher *Klaus Klemm* hat es in seinem „Bildungsgesamtplan 90“ mit Daten und Zahlen belegt. Vorerst nur für den Westen der

Republik. Doch es bedarf wenig Phantasie vorauszusagen, welche sozialen Folgen der schwerfällige Umbau des Schulwesens im Osten für die junge Generation haben wird. Schon jetzt klagen Schüler, daß sich ihre Lehrer nicht mehr sonderlich um ihr Fortkommen kümmern. Und unschwer auszumalen ist, welche Kinder in den fünf neuen Bundesländern die neuinstallierte Hauptschule, beziehungsweise den entsprechenden Zweig in der Mittelschule, bevölkern werden. Denn die Gesamtschule, als Regelschule neben anderen Schulformen, hat bislang nur in Brandenburg eine Chance.

Nach dem Zusammenbruch sozialistischer Planwirtschaft ist die Lust nicht gerade groß, eine nun gesamtstaatliche Bildungsplanung zu betreiben. Doch bereits lange vorher, schon vor dem Fall der Mauer, war sie Bund und Ländern im Westen längst vergangen. 1973 unternahmen sie den Versuch, einen gemeinsamen Bildungsplan zu entwerfen. Er mißlang. 1982 dann wurde das Unternehmen gänzlich eingestellt. Die Bildungslandschaft, nun auf 16 Bundesländer erweitert, gleicht seither mehr denn je einem patchwork bunter Bildungskonstellationen, was ja eigentlich, Föderalismus hin und Planungsmüdigkeit her, gegen den Verfassungsauftrag steht, wonach die Lebensverhältnisse in dieser Republik so gestaltet sein sollten, daß der Umzug von einem Bundesland ins andere nicht zum karrierebedrohenden Abenteuer wird.

Nun werden die Kultusminister einwenden, es gäbe ja die Kultusministerkonferenz, die das alles einstimmig regelt. Doch unbestritten ist, daß – nehmen wir das Beispiel Integration behinderter Kinder – dies in Nordrhein-Westfalen sehr viel liberaler vonstatten geht als in Baden-Württemberg. Daß die Übergänge von Realschule, respektive Hauptschule, zu höheren Schulformen und Abschlüssen in eben diesen beiden Ländern zum Beispiel unterschiedlich, das heißt strenger oder lockerer, gehandhabt werden, trotz kultusministerieller Übereinkünfte. Auch ist die Alternative einer Gesamtschule nicht in jedem Bundesland vorhanden. Soviel zur Einheitlichkeit der Bildungsverhältnisse. Es ist nicht weit her damit.

Das ist die eine Seite des Problems. Die andere ist, daß ein moderner Industriestaat wie die Bundesrepublik es sich einfach nicht leisten kann, so vor sich hin zu wursteln, zeitgemäßer gesprochen, den Bildungsbereich gleichsam dem freien Spiel des Marktes zu überlassen. Wohin das führt, zeigen die hoffnungslos überfüllten Hochschulen, denen die politisch Verantwortlichen derzeit nichts Klügeres zu raten wissen, als doch noch etwas ins Wageninnere aufzurücken. Das zeigen die ersten Mangelerscheinungen beim Nachwuchs, ob das nun die Hochschulen sind oder der deutsche Kindergarten oder eben auch die Schule. Schon fehlen qualifizierte Leute. Denn die sind inzwischen abgewandert, ergreifen erst gar nicht mehr den Beruf des Lehrers, des Erziehers. Perspektive fehlt.

Andere europäische Länder sind da munterer. Frankreich, Dänemark, England, sie alle analysieren ihr Erziehungswesen laufend, erstellen Berichte, entwerfen Pläne für die Zukunft, unterstreichen damit die Bedeutung von Bildung und Erziehung, bieten ihren Bildungspolitikern, vor allem aber ihren Finanzpolitikern, Entscheidungshilfen. Nicht so in der Bundesrepublik.

Seit dem vom Deutschen Bildungsrat entworfenen „Strukturplan für das deutsche Bildungswesen", der 1970 veröffentlicht wurde, seit dem Ende der gemeinsamen Bildungsplanung von Bund und Ländern Anfang der achtziger Jahre liegt kein Zukunftsentwurf mehr vor, geschweige denn ein Finanzierungskonzept. Bund und Länder leben gleichsam von der Hand in den Mund. Wachsende Ausbildungsnot, überlastete Hochschulen, das Vergreisen ganzer Lehrerkollegien, Schulsterben – alle diese Krisensymptome werden seither teils durch Appelle, teils durch Aussitzen oder Verdrängen erledigt. Bildung ist zu einem Selbstbedienungsladen für Finanzpolitiker geworden. Und hier sind wahrlich keine parteipolitischen Differenzierungen vorzunehmen. Auch in Nordrhein-Westfalen gilt es als durchaus hinnehmbar, daß Lehrerstunden gekappt und Klassen wieder größer werden. Und dies obwohl die Probleme in den Schulen keineswegs geringer werden.

Während also Politiker jeglicher Färbung Bildungspolitik zu einem randständigen Thema haben verkommen lassen, harrt Artikel 3 Grundgesetz nach wie vor seiner Ausfüllung:

„Niemand darf wegen seines Geschlechts, seiner Abstammung, seiner Rasse, seiner Sprache, seiner Heimat und Herkunft … benachteiligt oder bevorzugt werden." Das Fazit der Bildungsforscher sollte Warnung sein.

„Wir stellen fest," heißt es im ‚Bildungsgesamtplan 90', „daß auch Ende der achtziger Jahre Arbeiterkinder deutlich weniger Chancen haben (11,2 Prozent), ein Gymnasium zu besuchen als zum Beispiel Beamtenkinder (54,5 Prozent)."[1]

Auch ist es mit der viel beschworenen Durchlässigkeit zwischen den einzelnen Schultypen nicht weit her. Unter ein Prozent aller Haupt- und Realschüler schaffen den Aufstieg zum Gymnasium.[2] Der Abstieg dagegen ist weit häufiger. Jeder 13. Schüler verläßt die deutsche Schule ohne Abschluß.

Schulabbrecher sind beruflich und sozial vorverurteilt, ihre Lebenschancen sind erheblich eingeschränkt.[3]

Fördern statt auslesen wäre angezeigt, meinen die Bildungsforscher, ein 10. Schuljahr für alle Schüler, eine Neuauflage des Schüler-BAföG, der Schülerförderung, die Anfang der achtziger Jahre in den alten Bundesländern drastisch heruntergefahren wurde. Und die Lehrergewerkschaft hört es gerne, der Finanzminister wohl nicht: mehr Lehrer und Erzieher braucht das Land. Denn nicht weniger, sondern mehr Schüler wird es wieder geben. Ausländerkinder, Aussiedlerkinder, mehr Geburten. Im Westen zumindest.

Dankenswerterweise haben es sich die Essener Bildungsforscher zur Aufgabe gemacht, die schöne Legende vom vorzüglichen deutschen Bildungswesen, in dem jeder sich frei entfalten kann, ein wenig zu entmystifizieren. Denn die soziale Auslese setzt sich in allen Bereichen fort. Obwohl immer mehr Jugendliche länger Schulen besuchen, ist es nach wie vor so, daß von den 17- bis 18jährigen nur rund 35 Prozent Arbeiterkinder in Vollzeitschulen sind, aber über 58 Prozent der Angestellten- und über 68 Prozent der Beamtenkinder.[4] Die tummeln sich am häufigsten in der Gymnasialen Oberstufe und in den Hochschulen.

Nur knapp neun Prozent aller Arbeiterkinder haben die Chance, ein Studium zu beginnen, aber über 30 Prozent der Angestellten- und rund 46 Prozent der Beamtensprößlinge.[5] Der Anteil der Arbeiterkinder an der Gesamtstudentenschaft liegt nach Schätzung von Bildungsforschern bei nur 13 Prozent. Wer nicht studiert, geht in die Lehre. Neben dem Betrieb ist die Berufsschule die wichtigste Bildungseinrichtung. Ihr Mangel an Personal und Ausstattung aber macht sie zum Hinterhof der Nation. Suffisant bemerken die Autoren des Bildungsgesamtplans:

Es fällt schwer, keinen Zusammenhang zwischen dieser Vernachlässigung der beruflichen Bildung in Teilzeitberufsschulen und der Tatsache zu sehen, daß 43 Prozent aller Auszubildenden im Alter von 17 und 18 Jahren Arbeiterkinder, aber nur sechs Prozent Beamtenkinder sind.[6]

Wer hat, dem wird gegeben. Auch in den neunziger Jahren ist das Ziel einstiger Reformpolitik noch nicht eingelöst: das Bürgerrecht auf Bildung. Marka läßt schön grüßen. Künftig wird laut Gesetz die Herkunft im Mikrozenus erst gar nicht mehr abgefragt. Datenschutz heißt es. Doch ist das Problem damit schon vom Tisch?

Inzwischen sind die Bildungsforscher auch in den neuen Bundesländern unterwegs, um dort erst einmal die Bildungsstatistik aus dem Bereich der Manipulation ans Tageslicht einer handhabbaren Planungsgröße zu ziehen. Ihr „Bildungsbericht 90“ erschien just zum Zeitpunkt der Öffnung der Mauer, gab also nur einen Eindruck von der westdeutschen Bildungslandschaft. Nun wird er ergänzt durch den Blick in die neuen Bundesländer.

In ihrer neuesten Veröffentlichung „Bildungsplanung in den neuen Bundesländern“ stellen die Verfasser Klaus Klemm und Wolfgang Böttcher auffallend ähnliche Problembereiche, aber auch Asynchronitäten in der Bildungsentwicklung West und Ost fest. In der nun beginnenden Bildungsexpansion in den neuen Bundesländern sehen die Forscher zwar durchaus einen Gewinn. Doch mit dem ideologischen Schleier riß auch der holde Wahn entzwei, das einstige sozialistische Bildungssystem sei sozialer gewesen und hätte dem bis zur Ermüdung beschworenen Arbeiter- und Bauernkind bessere Aufstiegschancen geboten als es im kapitalistischen Westen der Fall war. Die Autoren kommen im Gegenteil zu dem Schluß:

> *Selbst wenn das Schulsystem der DDR im Prinzip weniger sozial selektiv als das der BRD war, so ließ es infolge der grundsätzlich großen Selektivität am Ende der Polytechnischen Oberschule nur für eine insgesamt kleine Gruppe sozialen Aufstieg durch Bildung zu. Die reichlich 15 Prozent der Angehörigen eines Altersjahrgangs aus Arbeiterfamilien, die in den alten Ländern Ende der achtziger Jahre in Bildungswegen lernten, die zu einer Studienberechtigung führten, werden zwar im Vergleich zu den etwa 50 Prozent der Kinder aus Beamtenfamilien zu Recht als unterprivilegiert wahrgenommen. Im Vergleich zu den aber insgesamt höchstens 15 Prozent Studienberechtigten je Jahrgang, die es in den achtziger Jahren in der DDR gab, liegt ihre Quote aber gleichwohl leicht höher als die Durchschnittsquote aller Studienberechtigten in der DDR.*[7]

Im Nadelöhr des äußerst engen Zugangs zur EOS, der Gymnasialen Oberstufe, und zur sozialistischen Hochschule blieben auch die Aufstiegshoffnungen so mancher „Arbeiter- und Bauernkinder“ stecken.

Chancengleichheit also, das Bürgerrecht auf Bildung einzufordern, das wird eine zentrale politische Aufgabe auch in den neuen Bundesländern bleiben. Zugleich aber verschärft die noch „ungleiche infrastrukturelle Ausstattung" in den einzelnen Bildungsbereichen die gesellschaftliche Ungleichheit zwischen Ost und West. Geburtenrückgang konstatieren die Bildungsforscher in der ehemaligen DDR, Folge wachsender Verunsicherung, Arbeitslosigkeit, Unklarheit über die Zukunft. Abbau von Schulstandorten und der Aufbau des dreigliedrigen Schulsystems werde in den einzelnen Regionen zu neuer Ungleichheit in der Bildungsversorgung führen, befürchten die Wissenschaftler. Denn

> *... in einem gegliederten Bildungssystem profitieren die einzelnen sozialen Gruppen, dies lehrt die Schulforschung in den alten Ländern.*[8]

Fazit: Der demographische Einbruch in Ostdeutschland wird „tiefe Spuren im Bildungssystem hinterlassen", weil es Schulschließungen bedeutet, erst von Grundschulen, dann von weiterführenden Schulen. Längere Schulwege aber werden das soziale Gefälle wieder verschärfen, da bekanntermaßen die Bereitschaft gerade in der Unterschicht gering sei, meinen Klemm und Böttcher, größere räumliche Distanzen zu überwinden, um ihren Kindern zu höherer Bildung zu verhelfen. Auch wird sich die Arbeitsperspektive der Lehrer verschlechtern und damit das Klima in den Schulen. Nur eine sehr geringe Einstellung von Lehrern ist in den nächsten Jahren zu erwarten, was die Reformen im Schulwesen erschweren wird.

Deshalb plädieren die Forscher für einen „Einstellungskorridor für junge Lehrer und Lehrerinnen" im Osten, und sie empfehlen schon jetzt mehr Kooperation und mehr Integration im Schulwesen. Die aber zeichnet sich bisher nicht ab in den neuen Bundesländern, eher schon eine zunehmende Zersplitterung der Bildungsangebote.

Daß Bürger dort inzwischen wachgeworden sind, zeigt auch die neueste Befragung des Dortmunder Instituts für Schulentwicklungsforschung. So waren 57 Prozent der Befragten in den neuen Bundesländern der Meinung:

> *Die Abkehr von der parteiideologisch beeinflußten Pädagogik halte ich für richtig. Die äußere Schulstruktur (wohnortnahe Polytechnische Oberschule für alle Kinder, Erweiterte Oberschule oder Lehre, Berufsausbildung mit Abitur) sollte man ruhig beibehalten.*

93 Prozent der Befragten wünschten sich eine wohnortnahe Schule. Weit mehr als die Hälfte aller Befragten sind für den Polytechnischen Unterricht und für ein flächendeckendes Angebot mit Hortplätzen. Auf der Wunschliste stehen weiter ein 10. Schuljahr für alle Kinder, eine Schülerförderung, besonders für Arbeiterkinder.[9] Was gegen den öffentlich vermittelten Eindruck im Westen steht, die Bürger in den neuen Bundesländern, genervt von 40 Jahren Arbeiter- und Bauernstaat, wollten dergleichen nicht mehr hören.

Alarmierende Nachrichten also auch aus dem Osten der Republik und eher triste Perspektiven aus der Sicht von Fachleuten für Gesamtdeutschland. Wenn nichts geschieht. Eine langfristige und vorsorgliche Planung fordern die Essener Bildungsforscher und eine „antizyklische Finanzpolitik". Das heißt: Mehr Investitionen für die Bildung als Strukturhilfe ersten Ranges, als Vorsorge für morgen. Und dieses fordern sie für den Osten wie den Westen Deutschlands, deren Probleme so unterschiedlich nun doch nicht sind, trotz Wohlstandsgefälle.

1964 warnte *Georg Picht* vor einer deutschen Bildungskatastrophe. Sein Fazit damals:

Deutschland kann als Kulturstaat noch erhalten bleiben. Dazu bedarf es einer entschiedenen Wendung. Das Volk muß bereit sein, die Versäumnisse der letzten Jahrzehnte durch finanzielle Opfer zu bezahlen. Die Regierung und die Parlamente müssen jetzt handeln. Tun sie es nicht, so steht schon heute fest, wer für den dritten großen Zusammenbruch der deutschen Geschichte in diesem Jahrhundert verantwortlich ist.[10]

1991 wird sie wieder beschworen, die drohende Bildungskatastrophe. Selbst konservative Bildungspolitiker scheinen sich zur Planung wieder bequemen zu wollen. Und daß sie nun gesamtdeutsch auch über eine Reform der Schule an Haupt und Gliedern nachdenken müssen, liegt auf der Hand. Doch bislang fehlt ein gemeinsames Forum, ein gemeinsamer Denkpool. Eine Wiederbelebung des Deutschen Bildungsrates halten viele inzwischen für unerläßlich, einen Bildungsrat, der unparteiisch, ostwestlich besetzt, über die Zukunft des deutschen Bildungswesens nachdenkt, vom Kindergarten bis zur Weiterbildung.

Warum nicht endlich über den Schatten des Berechtigungswesens springen, der nach wie vor vom 19. auf das 20. Jahrhundert fällt und damit neue Sichtweisen verstellt? Warum nicht auch dem Meister oder Facharbeiter den Zugang zum Studium ermöglichen – ohne große Umwege? In einigen Bundesländern gibt es hoffnungsvolle Ansätze, doch längst noch nicht in allen. Warum nicht endlich Leistung und Bewährung an die Stelle alter, überholter Privilegien (Abitur) setzen? Das würde auch die Schullandschaft öffnen, würde diese Institution endlich von ihrer lästigen Zuteilerrolle befreien. Neue Perspektiven sind nötig und aufmüpfige Vordenker.

Vieles liegt da im Argen, vom Stundenausfall einmal abgesehen, der beträchtlich ist. Doch Schule ist mehr als ein Stundenplan. Nach wie vor trennt diese Einrichtung fein säuberlich zwischen Kopf und Hand, Folge einer antiquierten Sicht, die den Menschen parzelliert, statt die Vielfalt aller seiner Fähigkeiten hervorzulocken. Nach wie vor ist der Unterricht ein Sammelsurium unzusammenhängender Wissensfetzen.

Nach wie vor bleibt Wissen abstrakt und fern der praktischen Bewährung. Nach wie vor ist Schule überregelt und verwaltet, füllen staatliche Erlasse und Verordnungen tausende von Seiten und die Kritik daran ganze Bände. Nach wie vor fühlen sich viele Lehrer als Exekutoren staatlicher Lehrpläne und rufen doch bei aller Schelte auf Dienstherrn oder Dienstfrau nach immer neuen absichernden Regelungen. Nach wie vor wird Anpassung honoriert, nicht Zivilcourage, bei Schülern wie bei Lehrern. Und nach wie vor empfinden alle Beteiligten Lernen als Streß und Schule als Zwangsbeglückung. Sollte sich das nie ändern?

Glasnost, eine neue Offenheit im verharrschten Schulapparat, die wäre nicht nur wünschenswert. Sie ist unausweichlich. Sowohl die Anforderungen an Schule von außen, wie auch der Frust innen zwingen zum Umdenken. Und mancherorts hat es bereits begonnen. Weniger idealistischer Reformelan als Leidensdruck zwingen heute zu Veränderungen in Schule und Unterricht.

Musterkinder – Kindheitsmuster

Schule muß sich dem gesellschaftlichen Wandel anpassen

Haben wir die richtige Schule für die Kinder von heute? Und wird diese Einrichtung, so wie sie nun einmal gebaut ist, verkopft und abstrakt, ihren Bedürfnissen, ihren Nöten, ihren veränderten Lebensbedingungen gerecht?

In seinem Vorwort zur „Geschichte der Kindheit" von *Philippe Ariès* hat der Schulreformer *Hartmut von Hentig* seine Erfahrungen mit Kindern heute so beschrieben:

Von Kindern meinen wir, sie seien wie das Gras – zu allen Zeiten gleich. Erst die Jugendlichen scheinen am Wandel der Gesellschaft, an der Geschichtlichkeit, teilzunehmen (und so das jeweilig neue Generationsproblem zu erzeugen). Daß dies nicht so ist, habe ich jetzt gelernt: Die heutigen Kinder sind ganz offensichtlich die Kinder ihrer Zeit und ihrer Umwelt, sie sind ihr entlarvendster Spiegel.

Nervös, ungeordnet, vital, gestört nennt sie Hentig. Sie streiten ununterbrochen, zerstören, sind bindungsunfähig und sie müssen „ununterbrochen schreien".

Natürlich haben sie auch liebenswerte, ja bewundernswerte neue Eigenschaften, aber diese sind meist die unmittelbare Folge und Kehrseite einer ihrer Schwierigkeiten: aggressiv wie sie sind, können sie Erwachsenen frei, ungebeugt begegnen; indifferent, unkooperativ und kritisch wie sie sind, können sie diese Schwäche sehr ehrlich einsehen und sehr beredt anklagen; ungeordnet wie sie sind, können sie in bestimmten Lagen sich selbst und ihren Anspruch zurücknehmen.[1]

Eine Bestandsaufnahme Mitte der siebziger Jahre. Sie trifft wohl auch heute noch den Punkt. Freilich machen Bildungsforscher zunehmend auch eine nach innen gewandte Aggression, eine Art Aggressionsstau, aus, der gepaart ist mit Anpassung und Bereitschaft zu schulischer Soll-Erfüllung, weniger aus Begeisterung am Lernen als vielmehr aus der nüchternen Einsicht: es wird mir später nützen. Streß in der Schule. Klimaforscher im Bereich deutscher Lehranstalten sprechen inzwischen von „bio-psycho-sozialen Spannungszuständen".

Sie strapazieren die „Anpassungskapazitäten und Bewältigungsmöglichkeiten von Kindern und Jugendlichen über Gebühr"[2] und ziehen Belastungs- und Krankheitssymptome nach sich. Einer hohen Leistungserwartung sehen sich Schüler ausgesetzt.

Der „Erwartungsdruck der Elternhäuser" habe sich verstärkt, meint der Bielefelder Jugendforscher Klaus Hurrelmann und versucht auf Lehrertagen seine zunehmend aufmerksamer lauschenden Zuhörer für das zu sensibilisieren, was nicht nur Kinder, sondern auch Lehrer belastet. Denn Erfolg in der Schullaufbahn wird heute als entscheidende Vorbedingung für die Sicherung des sozialen Status der Familie gewertet, als Vorbedingung für sozialen Aufstieg. Was zweifellos keine falsche Einschätzung ist. Eltern wollen nur das „Beste" für ihr Kind und das bedeutet einen hohen Schulabschluß. Denn, so Hurrelmann, „eine gute Schulausbildung mit einem hochwertigen Abschluß ist heute eine notwendige Voraussetzung für den Zugang zu bestimmten Berufslaufbahnen, aber keineswegs eine Garantie dafür." „Marktführer" ist das Gymnasium geworden.

Die Zugangsquote steigt unaufhörlich, und Kinder als Erfüller elterlicher Aufstiegprojektionen zahlen ihren Preis dafür. Die Bielefelder Forscher belegen aus Umfragen, daß Jugendliche Schule vorrangig als „verlorene Lebenszeit", als einen „Arbeitsplatz für Noch-Nicht-Erwachsene" betrachten. Zertifikate stehen im Mittelpunkt. Nicht Bildung, Qualifikation ist gefragt. Entsprechend atemlos der Wissenserwerb und entsprechend angstbesetzt, weil existenzbedrohend, mögliches Versagen. 54 Prozent der befragten Realschüler und 53 Prozent der Gymnasiasten gaben dem Bielefelder Team schulische Leistungsprobleme zu Protokoll, berichteten von Konflikten im Elternhaus. Und auch an Hauptschulen und Gesamtschulen liegt der Prozentsatz erstaunlicherweise nicht viel niedriger, bei 43 respektive 49 Prozent. Drogenkonsum, delinquentes Verhalten, negative Gefühle, Magendruck, Kopfschmerzen – all das sind die Folgen von „Schulstreß". Teuer bezahlt also die Anpassung an ein Leistungsdenken, das im Gegensatz zur aufmüpfigen Generation der siebziger Jahre heute nicht mehr „in Frage" gestellt wird.

1983 schon zeichnete sich das ab. Damals legte ich Kindern Beschreibungen von Kinderleben in früheren Jahrhunderten vor. Zum Beispiel diese: Die Engländerin *Sarah Gooder* berichtete, wie sie als Achtjährige untertage arbeiten mußte:

Ich bin Lorenschlepperin in der Gauber-Grube, ich muß die Loren schleppen und da habe ich Angst. Ich gehe um vier und manchmal um halb vier morgens hin und komme nachmittags um fünf oder halb sechs wieder heraus. Ich lege mich zwischendurch nie schlafen. Manchmal singe ich, wenn ich Licht habe, aber im Dunkel nicht. Dann traue ich mich nicht.

Kinder heute – sind sie glücklich und dankbar, dieser Ausbeutung entronnen zu sein? Ein Zwölfjähriger in der Gesamtschule Bonn-Beuel sah das eher so:

„Also ich meine, das hat sich jetzt ausgetauscht. Früher mußten die Kinder auf dem Feld oder im Kohlenwerk arbeiten, statt in die Schule zu gehen. Und wir gehen jetzt nicht mehr aufs Feld oder in die Kohlenmine, wir müssen dann in die Schule, dann müssen wir Hausaufgaben machen. Also wir haben das getauscht. Also die Arbeit auf dem Feld kommt nun in die Schule. Dann wird das da in Fächern durchgenommen, wie es auf dem Feld früher gewesen ist, wie die Ägypter die Pyramiden aufgebaut haben oder die Römer ihre Feldzüge gemacht haben. Das wird jetzt in der Schule durchgenommen. Und früher die Kinder, die konnten da nicht viel reden, die mußten ihre Sache tun auf dem Feld. Und wenn das nicht hinhaute, dann kriegten die eins drauf. Das ist genauso wie in der Schule. Wenn man da nicht seine Sache macht, dann kriegt man zwar auch eine drauf, aber früher war es schlimmer. Wir haben es jetzt ein bißchen besser, schon besser. Aber Arbeit ist Arbeit, und da gibt es keinen Unterschied."

Kinderleben gestern und heute. Äußerlich scheint es bequemer geworden zu sein. Von Schonzeit und glücklicher Kindheit zu sprechen, fällt dennoch schwer. Es ist eine verplante Zeit, bestimmt maßgeblich durch Lernen und Schule und die erbarmungslosen Bildungsambitionen der Altvorderen: Tanz- und Musikschule, Tennis, Klavierspielen. Die Mutter als Chauffeur. Kindheit rosig verbrämt und doch auf Erfolg schon programmiert. Kein freies Stromern mehr durch Wälder und Felder. Die zubetonierte Welt, verkehrsreich und abgezirkelt, verlangt eine gemessenere Gangart schon von den Kleinen. Welt, nicht mit den eigenen Beinen erobert, sondern im Vorbeisausen aus dem Auto, flüchtig nur wahrgenommen. Drachen werden selten selbst gebastelt. Sie werden gekauft. Flucht ins Weltall per Videoclip. Welterfahrung aus zweiter Hand, medial aufbereitet und serviert. Kaum einer, der da noch von einer Wespe gestochen wird. Sicher, aber auch ohne Spannung. Kein Abenteuer, kein Ausprobieren mehr der eigenen Kräfte und ihrer Grenzen. Eine Kindheit weitgehend in geschlossenen Räumen: Wohnung, Schule, Sportverein, Hort. Leben auf Inseln also.

Nicht jede Zeit kannte „Kindheit". Der Franzose Philipp Ariès hat es aufgedeckt. In seiner Geschichte der Kindheit belegt er an Hand von Quellen, Gemälden, Grabsteinen, zeitgenössischen Berichten, daß Kinder im Mittelalter mit sieben Jahren schon wie Erwachsene lebten und auch so behandelt und akzeptiert wurden. Alt und jung feierten, spielten, arbeiteten und lernten zusammen. Im 15. Jahrhundert war es dann soweit. Man steckte Kinder in Kleidchen, und schon bald machten sich auch die Moralisten und Erzieher über sie her, um sie fest in den Griff ihrer Theorien, zweifelhaften Praktiken und nicht minder problematischen Bildungsstätten zu nehmen, sie zu erziehen und zu beschulen.

Genügend Schriftwerk schildert, wie sich Berufene und Nichtberufene nun anschickten, gleichsam mit der Heckenschere die aus ihrer Sicht schädlichen Triebe zu kappen. Ihr Ziel: die Lichtgestalt des erzogenen Menschen. Der amerikanische Sozialwissenschaftler Neil Postmann hat diese Spaltung zwischen Kind und Erwachsenen mit der Erfindung der Buchdruckerkunst erklärt. Sie machte die Kleinen zu Unwissenden, die Großen zu notorischen Besserwissern. Nun aber, meint Postmann, könnte sich das Blatt wieder wenden. Das Medium Fernsehen, so seine Theorie, macht jetzt noch Unvorstellbares möglich: „Das Verschwinden der Kindheit." Sie sei bereits Geschichte.[3]

Zwar trifft seine Analyse einer veränderten Medienwelt wohl zu, die Eltern wie Kinder wieder gemeinsam vor die Glotze zwingt und somit Unterschiede einebnen könnte. Doch bleibt die Abhängigkeit zwischen Groß und Klein, immer wieder fixiert durch den Geldbeutel. Kinder sind zu einem Marktfaktor geworden. Es gibt einen Markt für Kinder und Jugendliche. Doch erst die Höhe des Taschengeldes macht sie zu interessanten Kunden. Klamotten, Outfit sind notwendig für die Stellung in der Gruppe. Bleibt nur Jobben nebenbei oder Betteln zu Haus: „Gib mal Kohle!" Ein zusätzlicher Streßfaktor moderner Kindheit und ständiger Konfliktherd in Elternhäusern: „Solange du noch deine Füße unter meinen Tisch stellst ...". Ratgeber, als Angebote in Buchläden ausgelegt und viel gekauft, verraten Ratlosigkeit, Ohnmacht, Konflikte im Erziehungsgeschäft. Je älter die Jugendlichen, desto ausgeprägter die Sprachlosigkeit zwischen jung und alt.

Nachdenklich stimmt, was mir der Schriftsteller Peter Härtling erzählte. Vor Gymnasiasten las er damals aus seinem Buch „Nachgetragene Liebe", in dem er beschreibt, wie er unter dem strafenden Schweigen seines Vaters gelitten hat. Und als Härtling gelesen hatte, da habe einer der Lehrer gesagt: „Na gut, heute gibt es ja solch ein Schweigen nicht mehr." Und da sei etwas Eigentümliches passiert. Voller Zorn nämlich habe eine Schülerin widersprochen: „Das mag ja bei Ihnen so sein, Herr Doktor. Bei mir ist es so: Mein Vater kommt nach Hause, wirft die Aktentasche in die Ecke, setzt sich vor die Glotze und schweigt." Das sei kein „wilhelminisches Schweigen" mehr, meinte Peter Härtling damals. Es habe wohl etwas mit den Freiheiten zu tun, „die sich Erwachsene heute nehmen, und zwar nicht gegenüber den Kindern, sondern von den Kindern weg. Das schuf diese scheinbar freien Verhältnisse." Aber es schuf auch ein neues Schweigen, das Kinder und Jugendliche allein läßt, ein unverbindliches Schweigen.

Oft ist dieser schweigende Vater oder die schweigende Mutter ganz verschwunden, und geblieben ist die Torsofamilie: Mutter oder Vater mit Kind. Lehrer und Lehrerinnen heute haben es zunehmend mehr mit diesen „Scheidungswaisen" zu tun. Erst langsam und zögernd werden diese Kindheitsmuster wissenschaftlich erforscht. Bislang wurde Scheidung als ein Problem von Erwachsenen beschrieben. Es ist auch eine tiefgreifende Lebenskrise für Kinder, Weggabelung zwischen Hoffnung und Trauma. Lehrer erleben sie oft nur indirekt mit in erhöhter Apathie oder Aggression ihrer Schüler und in Verweigerung. Paradoxie der Postmoderne. Kinder sollen reifer und erwachsener sein als ihre Vorbilder, die Großen. Der Berliner Pädagoge *Ulf Preuss-Lausitz* sieht es so:

> *Von Kindern wird erwartet, daß sie sich in neuen Lebenssituationen zurechtfinden, daß sie bereit sind, neue soziale Beziehungen aufzubauen und vorher alltäglich gelebte Beziehungen über räumliche und zeitliche Distanzen hinweg aufrechtzuerhalten. Sie erleben die Unsicherheit, daß Beziehungen nicht unbedingt auf Dauer angelegt sind. Sie können aber auch erfahren, daß man sich aus Einschränkungen befreien kann. Hier wird auch von den Kindern Auseinandersetzungsfähigkeit verlangt.*[4]

Wer aber hilft ihnen dabei. Die Schule steckt heute in der Klemme zwischen ihrer Funktion als möglichst effektive leistungsstarke Lernfabrik und zugleich Ersatzheimat. Und Lehrer geben zu, ob in Grundschule oder Gymnasium, daß sie zwar guten Willens sind, Lebenshilfe zu geben, sich aber auch hoffnungslos überfordert fühlen. Wo in der Lehrerausbildung wird das hehre Bild von der Familie durch den Blick auf die Alternative erweitert, auf die Tatsache nämlich, daß viele Kinder keine vollständige Familie mehr haben. Die soziale Frage gleicher Startchancen, Ende der siebziger Jahre Antrieb für Reformen, hat eine zusätzliche Dimension bekommen. Schule wird zwar von Kindern und Jugendlichen durchaus ernstgenommen als Zuteiler von Abschlüssen und Berechtigungen, aber sie muß mehr und mehr auch Lebensnöte abfangen und abfedern, die ihr ganz andere Fähigkeiten abverlangen als bisher. Der Lehrer als Miterzieher, Schule als Lebensraum. Markante Schlagworte der neunziger Jahre. Wie weit sind sie bereits Wirklichkeit?

Knast meiner Jugend

Wer Schule verändern will,
sollte auf Schüler hören

Lebensweisheiten mögen in philosophischen Lehrbüchern stehen. Wahrheiten über Schülerleben aber sind oft an weniger würdigen Orten eingeritzt. An der Klotür einer Schule nahe Bonn war da Tiefsinniges zu lesen:

„Kennst du die Schule,
wo die Sonne nie lacht,
wo man aus Schülern Idioten macht,
wo man nichts hält von Schönheit und Tugend?
Das ist ...dorf,
der Knast meiner Jugend."

Schülersprüche, Schülerprotest. Im Witz steckt bekanntlich immer auch Ernst. „Knast meiner Jugend." Das klingt böse nach.

Schulen heute sind sauberer geworden. Ging es in den Siebzigern noch drunter und drüber, Papierschnitzel hier, Geschmiere da, so leben Kinder und Jugendliche heute in einer ordentlichen Lernwelt. So clean das Äußere, so aufrührerisch das Innere. Die Ordentlichkeit trügt. Gewalttätigkeiten nehmen zu. So jedenfalls berichten die Medien. So klagen aber auch Lehrer und Eltern und die Standesvertretung von 130 000 Grund-, Haupt-, Real- und Sonderschullehrern, der Verband Bildung und Erziehung. Sein Vorsitzender Wilhelm Ebert meinte kürzlich in einem Interview: Eine „gewisse Brutalisierung" sei schon auszumachen im Schulalltag. „Alleinschuldige" gebe es nicht.

Die „stetige Präsenz von Gewalt, Terror und Krieg in unseren Medien", könne ein Grund sein, aber auch die „ständig wachsenden Anforderungen in Familie, Schule und Beruf". Belastend die großen Klassen, der hohe Unterrichtsausfall, die vielen Kulturen, die nun im Klassenzimmer aufeinandertreffen, aber auch die hohen Leistungsansprüche. Nicht nur die Sparsamkeit der Finanzminister sei die Ursache allen Übels, sondern auch das „kleinkarrierte Pokern um Schüler-Lehrer-Relationen, Einstellungsquoten und Schulausstattung", die permanenten Debatten um „Strukturen und Organisationsformen unseres Schulwesens". Das Szenario aktueller Schulnot hatte Wilhelm Ebert in kurzen Sätzen umrissen. Von der Not des Schülers wäre noch zu sprechen, der sich, gegängelt von Stundenplänen und Notendruck, fragt, ob das, was ihm da täglich serviert wird, eigentlich das „Gelbe vom Ei", nicht eher von Anno-dunnemal ist. Heute äußert sich Schulfrust in weniger faßlichem Unmut. Das war einmal anders.

Die aufregenden Zeiten sind lange vorüber. Auch *„Das kleine rote Schülerbuch"*, der Mao-Bibel nachempfunden, ist schon Geschichte. Irgendwo aus der hinteren Reihe meines Bücherregals fische ich es. In der 7. Auflage 1971 blättere ich. Auflage immerhin 170 000. Obstinate Kleinschreibung. Protest. Es war einmal. Ich lese:

Die schule macht dich unpolitisch. Das ist ihre politische aufgabe.[1]

Fett gedruckt diese Sentenz. Und weiter:

Was lernst du? Du mußt das hebelgesetz und bruchrechnen lernen, du mußt die niederschläge in hinterindien und die römischen eroberungen kennen, du mußt die kommasetzung und die speisung der 10 000 beherrschen. du mußt den aufschwung üben und im märzen dem bauern die rößlein einspannen. All diesen unsinn und vieles mehr halten die erwachsenen für so wichtig, daß du es lernen mußt. Was du selbst für wichtig hälst, ist unwichtig.[2]

Und dann gebe es Fächer, die

in keinem stundenplan stehen, die du aber in jeder stunde hast. Sie heißen: mundhalten, fleiss, ordnung, sorgfalt, mitarbeit, leistung, wetteifer, gehorchen, ungerechtigkeit ertragen, arbeitshaltung, anpassen, verzichten und immer wieder mundhalten.[3]

Aufmüpfiges gegen das „süstem" wurde da Schülern von Schülern vor 20 Jahren warm ans Herz gelegt.

Schule und gesellschaft hängen miteinander zusammen. Wir müssen das eine ändern, damit sich das andere verändert.[4]

Politisierung der Schule – Horrorvision und Schabebaum in vielen schulpolitischen Auseinandersetzungen der siebziger Jahre. Aus heutiger Sicht wirken die Ratschläge fast milde. Doch sie sind aktueller denn je. Beispiel:

In den Richtlinien für lehrer steht, daß die unterrichtsstunden lebendig und daß die schüler aktiv sein sollen. Aktiv ist man, wenn man in der stunde selbst etwas tut oder sagt. Man ist nicht aktiv, wenn man immer nur zuhört und nur dasitzt und sich langweilt. Versucht eurem lehrer das klarzumachen.[5]

Bis heute ist das nicht gelungen.

Gespräche mit Schülern habe ich so oft wie möglich gesucht, wollte nicht über die Köpfe derer hinweg schreiben, die Schule tagtäglich aushalten müssen. Längst ist dort wieder politische Enthaltsamkeit eingekehrt. Aggressionen richten sich heute nicht mehr gegen das „süstem", eher schon gegen sich selbst, den Mitschüler, den Lehrer, das Schulmobiliar. Längst haben Mitbestimmungsgesetze Konflikte kanalisiert, sie kalmiert. Die SV, die Schülervertretung, eine zähflüssige Angelegenheit. Kaum Kandidaten stellen sich zur Wahl. Und das ist einsichtig. „Es gibt eben kein Feld, wo Schüler sich durchsetzen. Sie können nur ihre Wünsche vortragen", sagt ein Verbindungslehrer zwischen Kollegium und Schülervertretung nüchtern. Müde dümpelt dahin, was als Anlasser zu politischem Handeln dienen sollte, als Trainingsfeld für demokratische Tugenden. Eine „Spielwiese" sei es bestenfalls. Das ist Schülermeinung. Fêten organisieren, die nächste Klassenfahrt. Ertragen wird es.

Warum?

Es hänge damit zusammen, daß Schüler auf Passivität getrimmt, wenig „Bock" hätten, Verantwortung zu übernehmen. Eine SV, die sei doch nicht notwendig, sagt Jörg aus der Dreizehn, „ich komme mit dem Lehrer allein klar." Schüler heute sind „Egoisten mit Scheuklappen. Ich gehe meinen Weg". So sieht es Thomas (12. Klasse). Der Abschluß zählt, sonst nichts. Anpassung deshalb um jeden Preis. Schule sei nun einmal ein „Qualifikations- und Aussonderungsbereich". „Konsumentenhaltung" ist angesagt und Stoff „reinschlucken". Denn der Abschluß bestimmt die Knete später. Kühles Kalkül also.

Schule ein Knast, das wohl nicht, meint Patrick (12. Klasse), eher sei sie ein „langweiliger Videofilm", viel zu lang und mit Dingen vollgestopft, die nicht interessieren. Mehr Wahlfreiheit wünscht er sich bereits in der Mittelstufe. Ingmar widerspricht. Diese Freiheit, die hätte er doch „gnadenlos ausgenutzt". Was Schüler selbst nicht bringen, fordern sie von ihren Lehrern und Lehrerinnen. „Euphorie" vermisse man bei denen und die Bereitschaft, über aktuelle Themen zu diskutieren. Stereotype Antwort auf diese Forderung: „Wir müssen mit dem Stoff weiterkommen." Kritik zu ertragen und Diskussionen zulassen, das mache den guten Lehrer aus. Selten genug ist der zu finden.

Vom täglichen Leben draußen lerne man doch gar nichts. Die „hauen einen mit Wissen voll", klagt Thomas. Und Daniel lakonisch: Wer da noch seine Phantasie behalte bei dem „ständigen Analysieren", der sei gut dran. Phantasie, die werde doch systematisch kaputtgemacht in deutschen

Schulen. Harte Kritik. Doch ein Gran Wahrheit mag schon dran sein. „Nicht für das Leben, für die Klausuren lernen wir." Gesellschaftsfähige Wesen, die müsse Schule heranziehen, Menschen mit „Eigeninitiative", fordert Marc. Die aber würde weder in der Unterstufe, noch in der Mittelstufe geweckt. Gerade diese „erzieherische Funktion" aber sollte Schule in sich stärken, weg von reiner Wissensvermittlung, „partnerschaftlich" der Lehrer. Schülerwünsche 1991. Sie werden kaum abgefragt, geschweige denn erfüllt.

Vieles klang mir recht vernünftig. Doch wer hört hin? Das Abitur, vielbegehrt, das haben diese Schüler bald in der Tasche. Doch der Sinn der langen Vorübungen, der bleibt ihnen wohl verborgen. Nach 13 Jahren Schulzeit fühlen sie sich in ähnlicher Verfassung wie die begriffsstutzige *Alice im Wunderland*, die von der Herzogin streng belehrt wird:

> *Scheine, was du bist und sei, was du scheinst – oder einfacher ausgedrückt. „Sei niemals ununterschieden von dem, als was du jenen in dem, was du wärst oder hättest sein können, dadurch erscheinen könntest, daß du unterschieden von dem wärst, was jenen so erscheinen könnte, als seiest du anders."*
> *„Ich glaube, das könnte ich leichter verstehen", erwiderte Alice sehr höflich, „wenn ich es geschrieben vor mir hätte; beim bloßen Zuhören komme ich leider nicht ganz mit."*[6]

Gespräch mit Patrick

Patrick ist einer, der Umwege macht. Sein Lebensmuster paßt nicht in das Bild von einer schönen, harmonischen, zügigen Kinderwelt ohne Brüche. Viel Zeit verbringt er mit seinen Freunden, entwirft das Lay-out einer antifaschistischen Zeitung. Grafik-Design will er studieren. So klar sieht er das schon. Zugleich aber steht er auf Horrorvideos. Geht auf Sauftour mit seinen Kumpels. Patrick ist einer, der auszog, das Gruseln zu verlernen. Die Welt packen, dabei sein. Von seinen Abenteuern erzählt er mir:

Ja, also ich beschäftige mich selber so mit so Okkultismussachen und lese Bücher darüber oder so, aber ich habe mal ein paar Freunde gehabt, mit denen bin ich jetzt nicht mehr so gut befreundet. Die haben selber so – also ich weiß nicht, ob das so'n Sekte war, die haben so Teufelsbeschwörungen gemacht oder so was auch.

Kannst du das mal beschreiben?

Ja, die haben halt so Kreuze aufgestellt und haben das umgedreht und haben dann irgendwelche Kerzen angezündet und haben sich da total reinversetzt. Konntest mit denen gar nicht mehr reden, die waren total weg oder so. Später haben sie noch was gemacht mit irgendwelchen Tieren oder so was – daß die Tiere aufgeschlitzt haben und so was ...

Wo fand das statt?

Das weiß ich nicht – auf dem Friedhof war das glaub' ich oder so – die haben auch Grabsteine umgeschmissen oder sowas alles, solche Sachen. Ja, dann hatte ich auch keine Lust mehr zu. Ich war nie in der Clique drin, also ich kannte die Leute nur. Ich hab da einmal zugeguckt ein bißchen. Da haben sie auch nichts mit Tieren gemacht. Da haben sie nur erzählt. Ja, ich interessiere mich auch für Nostradamus, halt so was, mit seinen Voraussagungen und solche Sachen alles.

Warum das?

Ja, weil ich irgendwie – ich hab von einem Freund das Buch gekriegt, und wenn ich mal so gucke, irgendwie die meisten Voraussagungen stimmen irgendwie echt oder so, deswegen fasziniert mich das schon ganz gut.

Ich habe jetzt keine Panik, weil er hat gesagt: 1999 wäre das Ende der Welt oder so. Das wär mir egal – denn irgendwie ist es sowieso Ende – wenn das so weiter geht. Deswegen mach ich mir auch keine Panik.

Fühlst du dich bedroht?

Ja, schon, ich probier damit umzugehen, jetzt nicht, daß ich die ganze Zeit fertig wäre. Ich probier noch das Beste daraus zu machen halt.

Von was fühlst du dich bedroht, darf ich das fragen?

Von Umweltsachen auch, mit dem Ozonloch zum Beispiel, halt von Kriegssachen, jetzt zur Zeit mit dem Irak oder solche Sachen halt. Alleine schon, wenn man alleine durch die Stadt geht, auch von Neonazis oder so was alles, daß man gleich eins abkriegt. Aber da muß man halt probieren mit umzugehen. Irgendwie habe ich keine Lust jetzt, mich nur noch zu Hause zu verkriechen und dann nicht mehr Farbe zu bekennen. So steh ich zu den Sachen, auch wenn's mal ein Risiko gibt.

Abwege, Umweg oder Fluchtwege aus den kühlen Apparatewelten zurück in mythische Vorzeiten? In seinem autobiographischen Roman „Anton Reiser" mahnt *Karl Philipp Moritz*:

Möchte dies alle Lehrer und Pädagogen aufmerksamer und in ihren Urteilen über die Entwicklung der Charaktere junger Leute behutsamer machen, daß sie die Einwirkung unzähliger zufälliger Umstände mit in Anschlag brächten, und von diesen erst die genaueste Erkundigung einzuziehen suchten, ehe sie es wagten, durch ihr Urteil über das Schicksal eines Menschen zu entscheiden, bei dem es vielleicht nur eines aufmunternden Blickes bedurfte, um ihn plötzlich umzuschaffen, weil nicht die Grundlage seines Charakters, sondern eine sonderbare Verkettung von Umständen an seinem schlecht in die Augen fallenden Betragen schuld war.[7]

Auch nach 200 Jahren ist diese Mahnung bedenkenswert.

Machen feinere Strafen feinere Menschen?

Vom aufgeklärten Absolutismus im deutschen Schulalltag

Wenn dem Kind geheißen, etwas mit einer bestimmten Hand zu überreichen, es aber eigenwillig darauf beharrt, statt dieser die andere Hand dazu zu nehmen – was in der Welt könnte wohl gleichgültiger sein, als das Äußere dieser Handlung; der vernünftige Erzieher wird nicht eher ruhen, als bis die Handlung dem Geheiße vollkommen entsprechend ausgeführt und der unreine Beweggrund ihr genommen ist.[1]

Diesen Ratschlag gab der tüchtige *Dr. Daniel Gottlob Moritz Schreber* Eltern und Lehrern. In Kinder- und Klassenstuben des 19. bis tief ins 20. Jahrhundert hinein fanden seine Empfehlungen offene Ohren, seine Praktiken willige Nachahmer. Gelungene Erziehung sei dann am Ziel, wenn „das Kind fast durchgehend nur mit einem elterlichen Blick regiert wird."

Schreber Junior spricht in seinen „Denkwürdigkeiten" von „Seelenmord". Er ahnte, wie er schreibt, „daß zu der Zeit, als meine Narrenkrankheit einen schwer heilbaren Charakter anzunehmen schien, ein Seelenmord von irgendeiner Seite, wenn auch erfolglos, an mir versucht worden ist."Eine Gruselgeschichte aus längst vergangenen Zeiten?

Wer würde denn heute noch seine Kinder mit Geradehaltern traktieren, ihnen nachts die Hände festbinden, um sie vor „unsittlicher" Berührung ihres Körpers zu „bewahren". Das Zeitalter der professionalisierten Pädagogik, der literarischen Tiefenschürfungen zum Thema Erziehung, scheint von solchen barbarischen Methoden der Unterdrückung Lichtjahre entfernt. Die antiautoritäre Erziehung hat, viel und kontrovers diskutiert, Spuren hinterlassen. Man schlägt sein Kind nicht mehr auf offener Straße. Doch was geschieht unter deutschen Dächern? Der Kinderschutzbund hat kürzlich erst ein Gesetz empfohlen, das die Bestrafung von Kindern verbietet. Eine Million Kinder würden schwer körperlich bestraft. Achtung vor Kindern fordert der Kinderschutzbund. Noch aber ist es mit der nicht so weit her, in Familie, aber auch in Schule. Läuft Erziehung in diesen beiden Institutionen, wenn sie denn nicht gewalttätig ist, nur subtiler, aber mit den gleichen Zielen, die einst Vater Schreber beflügelten: Gehorsam, Unterwerfung, Anpassung?

Von Ohrfeigen bis zu Fernsehverbot und Hausarrest reicht heute das Arsenal gestreßter Erzieher. Und in die Ecke gestellt werden vorlaute Kinder auch heute noch in deutschen Klassenzimmern. Und sei es nur mit Worten. In Gesprächen mit Eltern und Lehrern gewinnt man den Eindruck, als habe sich da schon etwas getan in den letzten Jahren. „Im Vergleich zu meiner Erziehung war es so," erzählte mir eine Mutter, „daß ich trotz der guten Vorsätze, nicht auf Strafen verzichtete, aber den guten Willen hatte, es mit guten Worten zu machen. Das ist mir nicht gelungen. Aber jetzt ist es doch so, daß ich im Gespräch mit den großen Kindern eigentlich feststelle, daß ich mit Worten viel mehr Erfolg habe, als wenn ich strafen würde. Strafe ist jetzt der Autoentzug oder, daß ich eine bestimmte Zeit angebe, wann sie zu Hause zu sein haben.“ Also keine Ohrfeigen mehr oder seltener, dafür der moralische Druck. Auch bei einer Fünf gäbe es keine großen Diskussionen mehr. „Sie empfinden eine Fünf als so große Strafe für sich selber, daß sich das erübrigt.“ Schule also übernimmt hier einen Teil des Abstrafens, arbeitsteilig sozusagen. Strafen sind subtiler geworden. Aber machen feinere Strafen schon feinere Menschen?

Den Rohrstock gibt es nicht mehr, auch nicht das schmerzhafte Schlagen auf die Fingerspitzen oder das Ziehen an Haaren und Ohren, wie ich selbst es noch ertragen mußte. Aber an den Pranger gestellt werden Störer der Schulordnung auch heute noch. Ehrlich gab es ein Lehrer zu, daß Strafen eben den schnellen Erfolg bringen.

„Als Lehrer muß man sich darüber im Klaren sein, daß sich die Erziehungsarbeit innerhalb einer Klasse immer vor einer großen Öffentlichkeit abspielt, daß also eine einzige tadelnde Bemerkung in Richtung auf einen Schüler hin, je nachdem, was für ein Schüler das ist, bei dem einen sehr schlimme Gefühle auslösen kann, fast die Persönlichkeit untergraben kann, während die gleiche Bemerkung zu einem anderen Schüler, in einer anderen Situation gesagt, eine ganz andere Wirkung haben muß.“

Kinder bestätigen das. Eine Zwölfjährige erzählte mir, wie das bei dem Mathematiklehrer so abgelaufen ist:

„Wenn wir die Regeln nicht konnten, hatten wir in unser Aufgabenheft mit Rot eintragen müssen: „Nicht gekonnt.“ Und wenn wir es das zweite Mal nicht gekonnt haben, dann mußten wir einmal das ganze Regelheft abschreiben. Und dann ist es passiert, daß einige doch in Panik gekommen sind. Dann hat einer, der tat mir so leid, fünfmal abschreiben müssen. Das fand ich eigentlich ein bißchen fies, weil derjenige ein bißchen in Panik gekommen ist.“

Ein Tabu sind Strafen nicht, auch nicht in der Fachliteratur. Im *Pädagogischen Lexikon* von 1970 zeigt sich der Autor in der Sache hart, in der Art und Weise jedoch flexibel: „Gerade bei einer Bestrafung ist pädagogischer Takt notwendig.“ Und weiter heißt es:

Unpädagogisch ist das Sprichwort, daß auf einen groben Klotz ein grober Keil gehöre. Vielmehr gilt „daß feinere Strafen nicht bloß von feineren Menschen kommen, sondern auch feinere Menschen machen" (H. Nohl).[2]

Was freilich noch zu beweisen wäre.

Strafen hat wohl weniger mit dem Bestraften zu tun als mit der Seelenlage des Strafenden. „Strafe entlastet sehr schnell." Man befinde sich auch als Strafender „in einem gewissen Affektstau. Und man läßt auch einen Teil der Aggressionen dadurch ab". Das schaffe „Erleichterung". Eigentlich strafe man, weil man „selbst als Erziehender schwach" sei. So sieht es ein Lehrer selbstkritisch.

Manche seiner Kollegen mögen da heftig widersprechen. Sie empfinden sich bei wachsender Ruppigkeit ihrer Schüler eher ohnmächtig in der Rolle des Opfers, nicht des Täters. Und mancher mag da eher nach den „Mutigen Erziehern" rufen, die wieder Ordnung und Disziplin in den Laden bringen wollten – in Familie und Schule. Nur um welchen Preis?

Die Probleme liegen bei Eltern und Lehrern tiefer. Und Abstrafen erscheint nur als eine Form der Verdrängung von Problemen, die etwa in überhöhter Anspruchs- und Erwartungshaltung der Erwachsenen liegen und in einem Rollenverständnis als Lehrer, das notorische Besserwisserei geradezu herauslocken muß: die Rolle des Zuteilers von Bildungs- und damit von Lebenschancen. Lehrer, von Streß geplagt, begeben sich heute sogar in Therapie. Mit einigen konnte ich dort sprechen.

Herr B. zum Beispiel, Studienrat, muß heute nicht mehr den starken Max vor seinen Schülern spielen, kann auch Ängste und Schwächen eingestehen, habe er doch mit Hilfe des Therapeuten erfahren, „daß ich selbst in einem starken Maße als Kind mich angepaßt verhalten habe". Den Vorstellungen und Wünschen seiner Eltern sei er brav nachgekommen, und das sei ihm auch gelungen, „weil ich auf vielen Gebieten begabt war". Manche schönen Dinge aber hat er sich damit versagen müssen, und Neidgefühle erfüllten ihn manchmal auf die Freiheit, die sich Kinder und Jugendliche heute ganz selbstverständlich zu nehmen wagen. Und diese Seelenverfassung dürfte sicher nicht ein Einzelfall sein.

Die deutsche Erzieherzunft auf die Couch? Selbsterfahrung wäre sicher so manchen Eltern und manchem Lehrer zu empfehlen. Doch der Abschied von der strafenden Erziehung setzt mehr Freiheit in der Gesellschaft voraus und weniger „Ordnungspolitisches" – in Ost wie West.

Ein kleiner Junge sagte es mir recht deutlich:
„Ich finde, daß die Menschen gegenseitig Respekt haben sollten." „Gleichberechtigung" müsse zwischen Erwachsenen und Kindern sein, „weil dann hören einmal die Eltern auf die Kinder und sagen: das ist nicht gut, was ich da gemacht habe. Oder die Kinder hören auch mal auf die Eltern und sagen: daß ich das mache, ist totaler Unsinn." Das müsse eben „ausgewogener" sein.

Noch aber ist die Beziehung zwischen Jung und Alt nicht ausgewogen. Weit entfernt das Verhalten vieler Erwachsener von den Einsichten eines *Janusz Korczak*. 1942 starb er mit seinen 200 Waisenkindern in Treblinka im Gas. Seine Bewacher hatten ihm freigestellt zurückzubleiben. Er lehnte es ab. In seinem Buch „Wie man ein Kind lieben soll", hat Korczak seine Erfahrungen niedergeschrieben, die er als Leiter des Warschauer Heimes für jüdische Waisenkinder gemacht hatte. Es ist sein Vermächtnis an alle, die mit Kindern leben:

Du, der du mit Kindern zu tun hast, du solltest dich lieber freuen. Du bist schon dabei, deine Vorurteile, deine sentimentalen Ansichten über Kinder aufzugeben. Du weißt bereits, daß du nichts weißt ... Habe Mut zu dir selbst, und suche deinen eigenen Weg. Erkenne dich selbst, bevor du Kinder zu erkennen trachtest. Leg dir Rechenschaft darüber ab, wo deine Fähigkeiten liegen, bevor du damit beginnst, Kindern den Bereich ihrer Rechte und Pflichten abzustecken. Unter ihnen allen bist du selbst ein Kind, das du zunächst einmal erkennen, erziehen und ausbilden mußt. Es ist einer der bösartigsten Fehler anzunehmen, die Pädagogik sei die Wissenschaft vom Kind – und nicht zuerst die Wissenschaft vom Menschen.[3]

Das Hütchenspiel

Von Not und Elend
des falsch vermessenen Menschen

„Mehr Topleistungen durch Förderung" verspricht eine Pressemeldung aus dem Bundesministerium für Bildung und Wissenschaft. Seit Anfang der achtziger Jahre blüht die Hochbegabtenforschung. Sonderklassen und Sonderschulen für die Egg-heads der Nation werden diskutiert, teils schon erprobt. Andere Ziele und damit eine andere Sprache bestimmen die bildungspolitische Diskussion. Seit der „Wende", dem Regierungswechsel von sozial-liberal zu konservativ-liberal im Herbst 1982, prägen Begriffe wie Wettbewerb und Konkurrenz, Elite und Spitzenleistung die Bildungslandschaft. Und jeder möchte top sein. Der Druck wächst auch auf die Schulen, Auslese zu betreiben, und dies nach möglichst unanfechtbaren Kriterien.

Streßfaktor Nummer eins im deutschen Schulalltag ist die Note. Und Eltern fordern sie vehement und unerbittlich, in den alten wie den neuen Bundesländern. Keine Chance an diesem Fetisch zu rühren. Die Ankündigung der Schleswig-Holsteinischen Kultusministerin, vier Grundschuljahre ohne Noten zu wagen, hält selbst die Schülerunion (CDU) „für einen Schlag ins Gesicht" aller leistungsbewußten Schüler. Und der Vorsitzende des Landeselternbeirats entrüstete sich über das „sozialistische Menschenbild".[1] Was immer das auch sein mag.

Die deutsche Schule ohne Ziffernnoten. Undenkbar. Doch was Schülerfunktionäre bekritteln, kann Otto-Normalschüler nur mit Galgenhumor quittieren, etwa so: „Lieber eine Fünf in Mathe, als gar keine persönliche Note."

Ein „Ende der Demütigung durch die Noten", fordert eine sechzehnjährige Realschülerin in einer Umfrage, die der Frankfurter Sozialforscher *Klaus Sochatzy* 1988 unter einigen hundert Kindern getätigt hat.

Ich würde auch die Zeugnisse abschaffen. Wieviele Mädchen und Jungen bringen sich deswegen um.[2]

Meinung einer sechzehnjährigen Hauptschülerin. Zeugniszeiten sind Krisenzeiten in deutschen Familien. Und mag es auch nicht so dramatisch ausgehen, wie diese Schülerin befürchtet, Not und Elend des so vermessenen Menschen sind nach wie vor groß.

Im *Jahrbuch für Lehrer* 1979 ist folgende Szene beschrieben, die sich unschwer auch 1992 so abspielen könnte, ab der 3. Klasse zumindest:

Die Schüler einer 2. Klasse gehen nach der Pause in ihren Raum. Ein Mädchen bleibt stehen. Es wirkt ganz verloren, dies kleine Mädchen an der Wand. Ich frage sie, warum sie nicht mit hineinkommt. Keine Antwort. Der kleine, gesenkte Wuschelkopf, der zusammengekniffene Mund, sonst nichts. Und gerade dieses Kind ist sonst sehr aufgeschlossen. Ich bin bei der Zeugnisvergabe dieser Klasse dabei. Dasselbe Kind, plötzlich auf seinem Stuhl, den Kopf auf der Tischplatte, hemmungslos weinend. Vor dem Kind das Zeugnis: Nicht versetzt.[3]

Inzwischen ist sie verlängert worden, die Galgenfrist. In allen Bundesländern gibt es in den ersten beiden Schuljahren keine Noten. Doch dann geht es wieder hart zur Sache. Auch Anfang der neunziger Jahre ist Sitzenbleiben keine Ausnahme. Fast 140 000 Schüler der Sekundarstufe I, machte der Bildungsforscher Klaus Klemm aus, sind 1986/87 „Opfer dieses Verfahrens geworden."[4] Und besonders hart verfahren wird offenbar in Realschulen und Gymnasien. Zeugnisse, Zensuren, Noten, sie gehören – Bildungsreform hin und kinderfreundliche Sprüche her – zu den ehernen Grundsätzen deutschen Schullebens und zu seinem Dauerproblem. Gängige Frage an Eltern: „Geht es Ihnen gut, oder haben Sie ein Kind in der Schule?" Unberührt von allem persönlichen Kummer und wachsendem Zweifel unter Fachleuten, bestimmen Ziffernnoten das Lernen – gestern wie heute. Woher aber der Glaube an deren Objektivität?

Bildungsforscher Hellmut Becker betrachtet es eher als einen Irrglauben:

„Wenn man Zahlen sieht, hat man das Gefühl, man hat einen objektiven Maßstab. Wenn man verbale, auch sehr ausführliche Darstellungen über Können und Leistung liest, hat man das Gefühl: ach, das sind subjektive Äußerungen von Personen."

Relativ unwesentlich war diese Note, als wenige das Gymnasium besuchten und wenige nur die Hochschule. Der Druck der Note verstärkt sich mit der Inflation höherer Bildungsgänge. Als er ein kleiner Junge war, erinnert sich Hellmut Becker, da habe „kein Hahn danach gekräht, ob ich nun eine Drei oder eine Eins in Latein hatte. Heute, wenn Sie diese Dramen in den Familien sehen, schon von der Grundschule an, die Aufregung über Zensuren ..." Damit sei diese Zensur mit Aufgaben belastet worden, denen sie „wegen ihrer objektiven Ungenauigkeit und Unexaktheit nicht gewachsen ist".

Es geht also nicht nur um Not und Elend des vermessenen Menschen. Es geht auch offensichtlich um Not und Elend des falsch vermessenen Menschen. So übrigens lautet der Titel eines recht aufschlußreichen Buches von Stephen Jay Gould, einem Biologen und Wissenschaftshistoriker an der Harvard University: „Der falsch vermessene Mensch." Er hat die Vergangenheit der Begabungs- und Intelligenzforschung untersucht und recht üble Machenschaften zu Tage gefördert. Was er herausfand, dürfte die Skeptischen bestätigen, die immer schon Noten, Tests und Einstufungsprüfungen aller Art kritisiert haben, mit denen Menschen aussortiert, ab- und aufgewertet werden bis auf den heutigen Tag.

Die peinliche Angelegenheit beginnt schon früh in den USA mit den Schädelmessern, den eifrigen Sammlern großer und kleiner Köpfe und einer wissenschaftlichen Fragestellung, die, so Gould, „von vorneherein durch die Festlegung auf Rangordnungen" in der menschlichen Gesellschaft ausgerichtet war, der Rangskala von Klassen, Rassen, Geschlecht und Intelligenz. Mehr als tausend Schädel hatte der Arzt Samuel George Morton in Philadelphia zusammengetragen. Zeitgenossen nannten sein großes Beinhaus das „amerikanische Golgatha" – ein ebenso makabrer wie hellsichtiger Vergleich. Denn damit beginnt er, der Leidensweg der vermessenen Menschheit. Morton füllte die Schädel mit Senfkörnern. Aus dem Fassungsvermögen – großer Kopf, viel Grips, kleiner Kopf, wenig Grips – erstellte er eine Skala der höheren und der minderwertigen Rassen. Und damit die weiße Rasse eindeutig Spitzenreiter blieb, manipulierte Morton schamlos. Indianer mit großem Schädel waren in seiner Sammlung unterrepräsentiert.

Die Folgen dieser frühen Rassenforschung reichen bis weit in unser Wissenschaftsjahrhundert hinein. Das alles geschah im 19. Jahrhundert, mag man einwenden, gehört ins Panoptikum einer an Irrungen und Wirrungen wahrlich nicht armen Wissenschaftsgeschichte. Doch so einfach liegen die Dinge eben nicht. Denn es gibt, behauptet Stephen Jay Gould, eine gerade Linie von der grotesken Craniologie zur Intelligenz- und Begabungsforschung unserer Tage. Ein- und Aussortieren, Auf- und Abwerten von Menschen, das geschieht bis heute. Es ist die fixe Idee der eifrigen Vermesser geblieben, hat Schicksale geprägt und Entwicklungschancen verbaut.

1904 wurde der Direktor des Psychologischen Laboratoriums der Sorbonne, Alfred Binet, von dem Französischen Erziehungsminister beauftragt, ein Verfahren zu entwickeln, mit dem Kinder gefunden werden konnten, die einer besonderen zusätzlichen Förderung bedurften. Binet entwarf eine Skala von Aufgaben verschiedener Schwierigkeitsgrade, und er wies jede Aufgabe einer bestimmten Altersstufe zu. Ein Kind fing also mit der Aufgabe für die jüngste Altersstufe an bis zu der Aufgabe, die es nicht mehr bewältigen konnte. Dies wurde dann als sein geistiges Alter festgelegt und vom wahren Lebensalter abgezogen. Kinder, deren geistiges Alter weit unter ihrem Lebensalter blieb, brauchten besondere Förderung. Der Intelligenzquotient, der IQ, war geboren. Der deutsche Psychologe William Stern verfeinerte ihn dann noch. Bis heute ist er die Meßlatte geistiger Fähigkeiten. Mit einer ursprünglich guten Absicht also setzt sich die triste Geschichte des falsch vermessenen Menschen fort.

In den USA wurde, das beschreibt *Stephen Jay Gould*, der IQ gezielt bemüht, um soziale Ungerechtigkeit in selbstverschuldeten sozialen Abstieg umzumodeln und auch Einwanderer auf Ellis Island guten Gewissens wieder abzuschieben. Für viele Flüchtlinge aus Nazi-Deutschland wurde diese Meßgröße zur unüberwindlichen Barriere.

Die Wege der Vernichtung sind häufig indirekt, doch können Ideen genauso tödlich sein wie Kanonen und Bomben.[5]

Die Testeritis nahm in Amerika ihren Ausgang und fand in Europa muntere Nachahmer, zumal die junge Wissenschaft Psychologie, an Profilneurose leidend, nun ihren Weg zur geachteten Disziplin frei sah.

Die Geschichte des IQ ist auch eine Parabel auf die Verführbarkeit von Wissenschaft. Und fast tragisch ist es, daß Wissenschaftler wie Binet oder später William Stern eigentlich ganz anderes damit im Sinn hatten, nämlich Hilfen zu bieten, nicht Entwicklungen zu blockieren, sondern sie erst gezielt möglich zu machen.

1912 stellte der deutsche Entwicklungspsychologe William Louis Stern seiner Zunft eine verfeinerte Methode der Intelligenzfeststellung vor. Doch wollte sie Stern eben nicht als Mittel zur Klassifizierung von Menschen eingesetzt wissen. Mit Sorge hat er den Mißbrauch vorausgesehen, das Ankurbeln der Testmaschinerie, die bereits zu Lebzeiten von Stern an Tempo zulegte. Militär und Schulen wurden zum begehrten Testfeld, erzählte mir Sterns Biograph, der Psychologe Werner Deutsch.

Stern aber habe im Gegenteil die Entwicklung und Entfaltung des Menschen mit Hilfe seines IQs im Sinne gehabt. Sein Glaube an die menschlichen Möglichkeiten sei groß gewesen, vergleichbar vielleicht den Vorstellungen von Heinrich Roth, der dann 1969 mit seinem Gutachten für den Deutschen Bildungsrat, „Begabung und Lernen“, Weite in die Pädagogik brachte. So sei Stern später in der Emigration in den USA Helen Keller begegnet, die taub und blind geboren war, aber durch ihre besondere Erziehung in der Lage war, sich über das Fingeralphabet zu verständigen. Stern hat diese ungewöhnliche Frau in Amerika getroffen.

Helen Keller, meint Werner Deutsch, das wäre so ein Fall, „an dem Stern deutlich gemacht hat: selbst wenn die Bedingungen einer Person ausgesprochen durch sensorische, motorische Defizite eingeschränkt sind, kann man durch besondere Maßnahmen ein Potential, das da ist, zur Blüte bringen".

So aber wird der IQ eben nicht verstanden. Wie mir Schulräte bestätigten, ist der sogar eine justiziable Größe, wenn es im Streitfall zwischen Eltern und Schulaufsichtsbehörde um Schullaufbahnentscheidungen geht, also etwa die Zuweisung eines Kindes zur Haupt- oder Sonderschule.

Der Mensch auf eine Formel gebracht. Der Mensch auf eine Zahl gebracht, auf die Note, die Zensur. Längst ist klar, daß die Einstellung des Benoters eine nicht geringe Rolle beim Benoten spielt. Selbst in exakten Fächern wie Mathematik kann eine Arbeit, zwei Lehrern vorgelegt, höchst unterschiedlich bewertet werden. Weder sagt die Note etwas aus über den Lernstand des Schülers, noch über die Art, wie diese Leistung erreicht wurde.

Eine Beschreibung des Lernprozesses wäre weitaus nützlicher, weil sehr viel deutlicher in Worten auszudrücken ist, wo Schwächen und Stärken liegen, als dies eine Ziffer vermag. Etwa so: „Du strengst dich an, aber du gibst beim kleinsten Widerstand schon auf." Es entsteht ein Gespräch zwischen Lehrenden und Lernenden. Kein Aburteilen. In Fachkreisen ist der Wert der beschreibenden Beurteilung unumstritten. Warum also noch Noten? Und welchen Sinn haben sie, wenn sie denn pädagogisch wertlos sind?

Lehrer geben es offen zu: Die Note ist neben der subtilen Strafe der Herabsetzung vor versammelter Klasse das einzige harte Disziplinierungsmittel, das ihnen noch geblieben ist. Und hier liegt eines der Grundübel modernen Schullebens. Schüler werden entgegen den großen Sprüchen von Wahrhaftigkeit und Ehrlichkeit, Mut und Zivilcourage, durch Notendruck systematisch zu angepaßten Duckmäusern gemacht, die früh erkennen, wie sie sich verhalten müssen, um dem Lehrer, wie sie zu sagen pflegen, eine gute Beurteilung „abzuschleimen". Nicht der aufrechte Gang ist die Wirkung, sondern Ducken und Durchkommen. Das Hütchenspiel mit den Noten – Lehrer, Eltern und Schüler wissen um dieses Falschspiel und spielen es weiter mit.

Aburteiler und Showmaster dazu

Auch die Lehrer haben die Nase voll

Und die Lehrer? Zwischen Aburteiler, Grobsortierer und Lebenshelfer, auch Vertrauter, schwankt sein Charakterbild durch die Schulgeschichte. „Mama“, das sage ein Kind schon mal zu ihr, erzählt eine Grundschullehrerin. Eine Mama, die „Sternchen“ verteilt, unter Diktate und Aufsätze mal ein lachendes Gesicht malt, mal nur ein Häkchen setzt. Zarte Vorübungen für den Ernstfall. Schule ist keine Heimat und müßte es doch sein in Zeiten, da sich familiäre Strukturen auflösen und alleinerziehende Mütter und Väter, gestreßt von der Überlast vieler Aufgaben auf einer Schulter, dringend den Miterzieher im Pädagogen brauchen.

Dem nun stehen oft Tarif und Pflichtgefühl im Wege. Lehrersein ist ein Job wie jeder andere mit heftig umkämpften Arbeitszeiten. Beamtenstatus. Auch Beamtenmentalität? Und dann die Halbtagsschule, in die nun alles hineingepreßt werden muß, die Wissensvermittlung und die Zuwendung. Das sei maßlos anstrengend, sagt Antje Kühne, Grundschullehrerin für die ersten beiden Klassen. „Da bleibt nichts mehr übrig für mich.“ Vielleicht möchte sie auch sagen: Da bleibt nichts mehr übrig von mir. Erschöpfung nach einem Vormittag. Und ausgehöhlt fühlt sich auch eine Pädagogin, die es mit Leidenschaft ist. Die Schule verläßt sie „keine Minute mehr am Tag“.

Das steht gegen das öffentliche Bild vom faulen Pauker, der diesen Beruf einfach so abreißt, ihn nur gewählt hat, weil er viel Freizeit verheißt. Häuslebauer und Tennisspieler. Das Image dieser Zunft: die lassen es sich gut gehen, während andere malochen. Doch so ist das eben nicht. Jetzt erst könne sie sich ihrer Aufgabe voll widmen, sagt Antje. Nun sind ihre Kinder groß, die Pflichten zu Hause geringer geworden. Zwei Kinder hat sie alleine großgezogen. Auch Lehrer sind Alleinerziehende. Doch nun habe sie nicht mehr so viel Kraft. Bedauern schwingt da mit. Denn sie liebt ihren Beruf.

Es gibt ihn sicher, so wie es ihn in jeder Berufssparte gibt, den Abhaker, Absitzer, den Routinier, den Unengagierten. Auch im Lehrerberuf gibt es ihn. Klischees sind schnell hergestellt. Im Gespräch mit Grundschullehrerinnen und einem Grundschulrektor wird deutlich: Lehrer brauchen auch Anerkennung, saugen sie auf wie Nektar. Prügelknaben und Prügelmägdlein der Nation, ständig gewogen und zu leicht befunden. Sehr motivierend ist das nicht. Vom „Frust“ spricht Rektor Henner Eidt und von der Anstrengung, eine Klasse beisammenzuhalten, ohne Drohungen. „Die Klasse kann ein unheimlicher Gegner sein“. Von einem Kollegen erzählt er, da „krabbelten die Schüler während des Unterrichts aus dem Fenster und kamen zur Tür wieder rein.“ Die Superkids der Postmoderne sind nicht gerade pflegeleicht, zappelig oft, unruhig, unkonzentriert und erstaunlich selbstbewußt. In der Mittelstufe wird es dann noch stressiger. Und in der Oberstufe, da sagen Schüler laut und vernehmlich, was ihnen nicht paßt, oft freilich vergeblich. Lehrer sehen es anders.

Schüler können einen auch „fertig machen". Souveränität verlangt das, zumindest ein gutes Nervenkostüm. Nicht alle Kollegen haben es. Sado-Mado im deutschen Schulalltag: Einer gegen alle. Alle gegen einen? Extremfälle sicher. Als Showmaster fühle sie sich schon. Kommentar einer Realschullehrerin. Und ihre Kollegin in der Grundschule sieht es so. „Dauernd auf dem Sprung ist man", und dauernd „muß man sich etwas einfallen lassen", müsse den Unterricht „wahnsinnig gut planen". Ständig stehe man unter dem „psychischen Druck der Starken", sagt Rita Hoffmann. Sie unterrichtet in der 3. und 4. Klasse, also in Jahrgängen, wo es nun um die Wurst, respektive die Verteilung auf die verschiedenen weiterführenden Schultypen, geht. Dann verstärke sich der Druck der Eltern, die meinen, „ihr Kind langweile sich". Übersteigerter Leistungsanspruch schon in der Grundschule. Kinder suchten sich ein Ventil. Da übersteigt das gegenseitige Rätzen auf dem Schulhof schon mal das Maß traditioneller Keilereien, wenn ein Kind mit dem Kopf auf den Boden geschlagen wird. Da würgt der eine schon mal den anderen. Das kommt schon vor.

Lehrer müssen sehen, wie sie mit dem fertig werden, was ihnen die Gesellschaft vor die Füße kippt. Nun seht mal zu, wie ihr das packt. Daß sich in den Familien Dramen der Trennung, des Abschieds, abspielen, erfährt Antje oft nur indirekt, wenn ein Kind unvermutet ausflippt, unerträglichen Innendruck nach außen abläßt. Noch haben Lehrer wenig Mittel zur Hand, um diesen Kindern Hilfe zu geben in Lebenskrisen. Jede dritte Ehe in der Bundesrepublik wird inzwischen geschieden. Das Bild von der heilen Familie aber steckt nach wie vor in vielen Pädagogenköpfen. Weder gibt es eine entsprechende Fortbildung, die den veränderten Realitäten gerecht wird. Noch haben Lehrer Entlastung durch kleinere Klassen, so daß sie sich um ein Kind besonders kümmern könnten. In den wieder volleren Schulstuben wird das nicht mehr möglich sein. Den Kultusminister einen Tag lang hospitieren lassen vor Ort. Kein teures Gutachten könnte ihm überzeugender vermitteln, was not tut im deutschen Schulalltag.

Oder ein anderer Krisenherd. Vermittlerin zwischen vielen Kulturen ist die Grundschullehrerin Antje Kühne. Hört sich gut an. Doch wie sieht es tatsächlich aus? Manche ihrer Kinder wollen nicht neben den „dunklen Kindern sitzen". Und die dunklen Kinder spüren es und leiden darunter.

Also muß die Lehrerin Abwehr gegen das Fremde mit Anfaßspielen auffangen. Der kleine Marokkaner ist sehr begabt. Aber die anderen Kinder „schrecken zurück". „Ein hochflexibler Job" sei das, einer, der in ständiger Konkurrenz mit den anderen Shows der Gesellschaft stehe, mit dem perfekten Fernsehen zum Beispiel …

In Gesprächen mit Lehrern ist Unmut zu spüren. Viel Freiheit, eine große Freiheit, haben Lehrer. „Keiner schreibt uns was vor". Doch diese Freiheit will auch gelebt sein. Nicht nur Laissez-faire. Und da eben ist Schulleben anstrengender geworden, wenn auch anregender als früher. Viele Kollegen wissen, wo es längs gehen müßte: Solidarität, soziales Handeln, Spaß am Lernen, eher Lust als Frust. Nur müßten die Verhältnisse entsprechend sein. Weniger Kinder in der Klasse vor allem. Mehr Aktivitäten draußen. Angst vor Reformen? Lehrer Anfang der neunziger Jahre sind durchaus wagemutig. Reformen, ja, doch dürften die einem nicht einfach per Dekret übergestülpt werden, sollten erprobt sein. Vor- und Nachteile also. Sonst müsse es der Lehrer wieder ausbaden.

„Unredlich" sei es, meint Rita Hoffmann, „alles auf einen Buckel zu laden", Lehrer und Lehrerinnen zu Versagern zu stempeln. Verunsicherung im Selbstbild, die ist im Gespräch schon zu spüren. Der Lehrer heute ist „kein Gott mehr", sein „Status sei deutlich gesunken" und damit sein Ansehen in der Gesellschaft. Ein Signal für den Aufbruch zu neuen Ufern? Pädagogen in einer ganz anderen Rolle: in der Rolle des Vertrauten, des Helfers auf dem schwierigen Weg in die Welt.

Es gibt sie heute schon, diese Lernpartner. Marc studiert nun Sozialwissenschaften. Er erzählt es mir. Erst in Klasse 12 sei er einem begegnet, der didaktisch gar nicht so perfekt war, doch als Person wohl glaubwürdig. Der habe ihn wieder neugierig gemacht auf das Abenteuer Bildung nach langen Jahren der Zwangsbeglückung und der wachsenden Unlust. Begegnungen zwischen Lehrern und Schülern, die gibt es eben auch im Schulregime. Prägend für das Leben. Vielen Pädagogen bin ich begegnet, die nicht mehr Überwacher, Abstrafer, Zurichter sein wollen. Von einigen will ich berichten.

Sichtweisen

Die reformpädagogischen Ideen sind aktueller denn je

Im Spätsommer 1991 lag das Ergebnis vor. Unternehmensberater hatten sich im Auftrag des nordrhein-westfälischen Kultusministers daran gemacht, den Schulbetrieb auf in- und output hin zu durchforsten. Ein Riesenunternehmen ist die Schule im größten deutschen Bundesland. Laut Haushaltsplan für das Jahr 1991 umfaßt dieses Unternehmen 2 392 650 Schüler in Allgemeinbildenden Schulen, Berufsschulen und Kollegschulen, sowie 137 625 Lehrerstellen, was Summa summarum stattliche 9,8 Milliarden im Haushalt verschlingt.[1] Da darf der Steuerzahler schon einmal fragen, ob diese Milliarden denn auch sinnvoll ausgegeben werden.

Über zwei Millionen soll das 800 Seiten starke Gutachten gekostet haben. Und ziemlichen Wirbel hat es verursacht. Schlendrian machten die Betriebserkunder aus. Ihre Empfehlung zu mehr Rentabilität im Extrakt: Lehrer sollten gefälligst mehr arbeiten und Klassen und Kurse wieder größer werden. Unter betriebswirtschaftlichen Gesichtspunkten ist Schule offenkundig ein ziemlich ineffizienter Laden, dem einfach nur das rechte Management fehlt. Rationalisierung scheint angesagt. Doch sind die Probleme des Lernbetriebs nur durch bienenfleißige Lehrer, weniger Stundenausfall und eine wirtschaftlichere Organisation zu lösen? Saufen Schüler nur, weil sie zu viele Freistunden haben? Nehmen sie Drogen, weil mal wieder eine Mathestunde ausfiel? Und verursacht ihnen Magenschmerzen, daß Lehrer x wieder auf Fortbildung ist, statt sie mit Wissen vollzupumpen?

Da ist doch der Philosoph *Michel de Montaigne* 1588 schon sehr viel näher an der heutigen Schulmisere als die Unternehmensberater 1991. In seinem Essay „Über die Kindererziehung“ sagt es voraus, was die Schule in der dritten industriellen Revolution krank machen wird und mit ihr Schüler und Lehrer:

> *Bei alldem will ich nicht, daß man den Jungen einsperrt. Ich will nicht, daß man ihn den trübsinnigen Launen eines wütenden Schulmeisters ausliefert. Ich will seinen Geist nicht dadurch verderben, daß er nach Art der anderen 14 oder 15 Stunden am Tag auf die Folter gespannt wird, wie ein Lastträger. Noch fände ich es gut, wenn er aus irgendeiner eigenbrödlerischen und schwermütigen Veranlagung heraus sich zu unmäßig über die Bücher stürzte und man ihn darin bestärkte; dererlei macht die jungen Menschen unfähig zum Umgang mit anderen und hält sie von besseren Beschäftigungen ab. Und wieviele Leute habe ich zu meiner Zeit nicht durch ausschweifende Gier nach Wissen verblöden sehen?* [2]

Mit ein wenig Phantasie liest sich das wie eine treffende Beschreibung des Lernalltags unserer Tage, in dem es spitz und auf den Punkt gebracht, doch so abläuft: Trichter drauf, Stoff rein, Stoff abgefragt, Zensur, Abschluß, raus. Der Nächste. Es ginge aber auch anders. Zum Beispiel so:

Fall 1: Die Wand

Gespräch mit einem Schüler

Wie findet ihr die Schule?

Was Farbe rein in den grauen Betonalltag. Grau, grau. Das sieht aus wie ein Gefängnis. Ja, grau sind die Gefängnisse. Jetzt nicht mehr. Jetzt wo das so bunt ist. Jetzt ist das ne ganz neue Schule.

Besuch in einer Sonderschule in Aachen. Sprayer hatten nachts die öde Betonfassade der Sonderschule am Kennedy-Park mit einschlägigen Sprüchen besprüht. Rechtsradikale wohl. In diesem Stadtteil wohnen viele Ausländer. Nachrichten vom Krisenherd Schule. Null-bock, Leistungsversagen, Verweigerung, Aggressivität. Bildungsforscher sprechen von einer „epochalen Wende in der Schulgeschichte". Doch keineswegs zum Besseren. Man muß es klar sehen. Länger denn je bestimmt Schule Jugendzeit. Eine Anstalt, fern vom Leben, abgeschottet meist von der Umwelt. Die aber läßt sich nicht ausschließen, wie die Naziparolen in Aachen zeigen. Was tun?

Da helfe es wenig, meint die Sonderschullehrerin Gertrud Schucklis, wenn man zum Beispiel in Geschichte oder Politik sagt: „Hier habt ihr Bücher und da steht zu dem Problem was drin." Sonderschüler mit Lernproblemen haben Schwierigkeiten, die Welt nur über den Kopf zu begreifen. Doch nicht nur sie.

Abstrakte Weltsicht, die trifft in erhöhtem Maß noch auf die deutsche Buchschule, das Gymnasium, zu, obwohl Schüler dort weniger Schwierigkeiten haben, Theoretisches in sich zu speichern – sagt man. Gähnend oft schlucken sie, was ihnen gesagt wird, in der Hoffnung, daß dies alles irgendwann einmal in ferner Zukunft bedeutsam für sie werden könnte.

Von einem „pädagogischen Spiegelkabinett" spricht der Pädagoge *Klaus Mollenhauer*. Und zweifelnd stellt er seine Fragen an eine „Version von Bildsamkeit", die immer perfekter und immer langweiliger wird:

Wir können die Bildsamkeit eines Kindes im Intelligenztest messen;
– wir wissen, daß Begabungen – von wenigen Ausnahmen abgesehen – keine Naturtatsachen sind, sondern Resultate kultureller Milieus;
– wir wissen, daß solche kulturellen Milieus Produkte der Sozial- und Wirtschaftsgeschichte sind;
– wir wissen, daß die Bildsamkeit eines Kindes durch die Interaktionsformen, denen es ausgesetzt ist, zugeschüttet oder angeregt werden kann;
– wir wissen, daß das, was ein Kind in den ersten Lebensjahren erfährt, folgenreich für seine Bildsamkeit ist, für manche ihr Leben lang und so weiter.
Aber können wir deshalb besser erziehen? Zweifel sind angebracht, besonders angesichts der Tatsache, daß Kinder durchaus – und nicht nur gelegentlich, als Ausnahme – ihre Bildungsbereitschaft vermindern oder verlieren, je mehr sie in das Netz moderner Bildungsbemühungen integriert werden.[3]

Ein trauriges Fazit, aber zutreffend. Zurück zur Sonderschule am Kennedy-Park. Schüler und Lehrer haben es nicht gern, wenn von „Lernbehinderten" gesprochen wird. Und von Schülern des benachbarten Gymnasiums als „Brettergymnasium" verhöhnt zu werden, das tut weh. Da schlägt einer schon mal um sich. Der junge Lehrer erzählt es mir, zeigt herunter auf seine Sandalen. Freundlich wollte er mit dem Schüler sprechen, doch der habe ihm plötzlich mit voller Wucht auf die nackten Zehen getreten. Nur so. Einfach nur so.

Oder da läßt einer unvermittelt seine Wut an Mitschülerinnen aus, brüllt und stößt wie wild um sich. Unverständlich. Läuft doch sonst alles so ordentlich und geplant in dieser Halbtagsschule. 1988 hatte ich sie besucht. Erinnerungen frisch wie heute.

Auf dem Schulhof stehen wir vor der bemalten Wand. „Türken raus" stand da vorher und etliches andere rechtsradikal Eindeutiges in Runen, Zeichen, Schrift. Nun ziehen sich bunte geometrische Malereien entlang der Hauswand, überdecken, was da stand. Doch immer noch ist da etwas gegenwärtig, obwohl es überstrichen wurde. Und plötzlich ist es wieder da. Ein Flugblatt. Der Dialog zwischen Lehrer und Schüler:

Lehrer: Du hast mir eben was in die Hand gegeben.	Schüler: Ich weiß nichts darüber.
Lehrer: Wo hast du das denn her?	Schüler: Vom Tor da.
Lehrer: Und was steht drauf?	Schüler: Zerschlagt den Kommunismus. Und dann ist noch … Schüler: So ein FAP.
Lehrer: FAP, was ist das?	Schüler: Freie Arbeiterpartei.

Politikunterricht am lichten Tag. Und doch so wenig Durchblick offensichtlich. Null-Ahnung sozusagen:

Lehrer: Weißt du, was Kommunismus bedeutet?	Schüler: Na ja, also Kommunismus, das hat ja alles einen politischen Hintergrund. Also die Neonazis haben sich früher mit den Kommunisten rumgeschlagen. Ja, dann kam Adolf Hitler an die Macht. Und da haben sie sie alle vergast. Ins KZ kamen sie. Und jetzt haben sie wieder die Kommunisten auf dem Kieker.
Aber eben nicht nur die Kommunisten …,	

… sagt der Lehrer geduldig und erinnert an die vielen anderen Zettel eindeutiger Herkunft, die so einfach in die Sonderschule geflattert sind. Oder hineingetragen wurden?

„Ausländer raus!" Das sei schon eine eigenartige Sache, erzählt mir die Lehrerin später. In der Klasse gebe es keine Feindseligkeiten zwischen türkischen und deutschen Kindern. Im Gegenteil. Doch „dringend nötig" sei dieses Projekt schon gewesen. Denn gerade die Jungen sind anfällig für diese Sprüche. Von Wehrsportgruppen berichten die Lehrer. Die treiben im Wald paramilitärische Spielchen und geben diesen Jugendlichen das Gefühl von Geborgenheit, das sie sonst vermissen.

Inzwischen trägt Michael die Bomberjacke mit der Aufschrift: „Ich bin stolz, ein Deutscher zu sein“ nicht mehr. In der Schule wenigstens. Inzwischen wird er die längst auch verlassen haben. Nachdenklicher ist er wohl geworden. Das „Ausländer raus“, das ginge gegen dic Türken. „Also meine Mcinung, ich bin dagegen. Ich habe selber ausländische Freunde und so.“ Ob er denn protestieren würde, wenn an seiner Arbeitsstelle so über einen Menschen geredet wird, frage ich ihn. „Ja, ich würde schon meine Meinung sagen, ob es denen gefällt oder nicht,“ antwortete Michael damals.

Befangen bin ich schon. Junge Menschen sitzen vor mir, deren Bildungskarriere ganz offensichtlich mit ihrem schweren Start zu tun hat. Auffallend viele Kinder aus sozial schwierigen Verhältnissen besuchen diese Sonderschule: Arbeitslosigkeit zu Hause, Trinken, Vernachlässigung, triste Aussichten, mäßige Berufschancen, trotz Bemühen ihrer Lehrer. Zynisch klingt da die gängige Meinung, daß jeder doch seines Glückes Schmied sei. Die Zukunft dieser Jugendlichen ist vorgestanzt: Hilfsarbeiterjobs in der Regel. Was bleibt da noch? Resignation? Schule wenigstens muß eine Art Ersatzheimat werden, in der sie Zuwendung finden, und sie muß ihnen durch praktisches Lernen Mut machen, etwas zu tun. Noch aber empfinden Schüler das alles wie ein Gefängnis. Jürgen sagte es damals deutlich. In der Pause zum Beispiel fühle er sich eingesperrt.

„Da wird immer abgeschlossen, damit keiner rauskommt, wegen der kleinen Kinder. Aber ich finde, das ist nicht gut für uns Große, daß wir dann eingesperrt sind.“

Schule eine geschlossene Anstalt. Das ist sie bis heute geblieben. Eine Welt für sich, in der Wirklichkeit zum Lehrplan geronnen, in kleinen Häppchen verabreicht wird: 45 Minuten dies, 45 Minuten das. Vertröstungen auf morgen: „Dazu kommen wir später“. Lehrerantworten auf ungeduldige Fragen. Selten werden Zusammenhänge deutlich, selten beim Lernen alle Sinne erfaßt, Kopf, Herz und Hand.

Mag sein, daß dieses Projekt, die Wandmalerei, das Nachdenken befördert hat. Erlebnisse prägen eher als theoretische Erörterungen. Schüler und Lehrer haben gemeinsam überlegt, was mit dieser verhunzten Wand geschehen könnte, und was das alles zu bedeuten hat. Da mußte erst tüchtig grundiert werden, nicht nur die Wand, auch in den Köpfen. Es wurde gemeinsam überlegt, was da hinpassen könnte. Es wurden Entwürfe maßstabsgerecht für die Mauer gemacht. Farbe wurde gekauft und schließlich gemeinsam gemalt. Und der bunte Fries fand sogar öffentliches Interesse. Ein großes Erlebnis für Jugendliche, die darunter leiden, immer am Rand der Gesellschaft zu stehen. Jürgen sagt es:

„Uns freut das ja auch, wenn so Leute vorbeikommen und begucken sich die Wand und sagen: Schön und so."

Ob Jürgen in seinem Denken widerständiger geworden ist, bleibt abzuwarten. Und doch könnten sich mit Pinsel und Farbe Einsichten nachdrücklicher in sein Langzeitgedächtnis eingeprägt haben. Lernen einmal ganz anders als gewohnt. Daß Lehrer und Schüler erst Eingaben machen mußten bei den zuständigen Behörden, bevor sie mit der Malerei beginnen konnten, das sagt viel aus über die verwaltete Schule. Da könnte ja jeder kommen. Die Aachener Lehrer hatten den Mut, eigene Wege zu gehen.

Doch nicht nur Sonderschulen müssen sich etwas einfallen lassen. Auch das verkopfte Gymnasium übt sich inzwischen im „praktischen Lernen", auch deutsche Studienräte legen schon mal Hand an, um den Schulhof zu begrünen, dessen Asphaltöde symbolisch ist für den Zustand deutscher Lehranstalten. Projektwochen sind nicht unumstritten im Kollegium. Sie bringen zusätzliche Arbeit, halten ab vom Fachlichen, werden als chaotisch empfunden, sind nicht genau meßbar. Doch auch im Gymnasium wird es stressiger. Ratloses Lamentieren auf Lehrertagen.

Fall 2: Fern und nah

„Was man selber tut, das prägt sich besser ein." Auf diese einfache Formel brachte es der Schüler des Helmholtz-Gymnasiums in Dortmund. Ich hatte es 1988 besucht, um mir ein Bild zu machen, wie Schule auch laufen kann, wenn sie den Mut hat, sich in aktuelle politische Auseinandersetzungen einzumischen. Damals gab es dort eine Gruppe von Lehrern und Schülern, die sich in Wort und Tat gegen Menschenrechtsverletzungen in Südafrika stark machten, öffentlich auf dem Marktplatz mit Bürgern diskutierten, Briefe an die Botschaft schickten, Patenschaft mit schwarzen Südafrikanern eingingen. Mit Amnesty International war man im Kontakt. Seit Jahren schon. Die Zusammenarbeit gehört inzwischen zum Schulalltag.

Diese Form des Lernens sei schon gut, meinte ein Schüler, „weil man das Ganze viel intensiver in sich hineinnimmt". Sensibler war er geworden auch gegenüber Ausländerhaß vor der eigenen Haustür. Vor Diskussionen mit Neonazis scheuten sich diese Jugendlichen nicht. Und die

Lehrer? Zwar sei man an bestimmte Richtlinien für das Fach Politik gebunden, doch die erlaubten mehr als mancher Kollege wahrhaben möchte. So sahen es die beiden Pädagogen, die mit den Schülern zusammenarbeiteten. Auf die Uhr gucken, kann man da nicht. Klar. Es sei eben eine Frage der „persönlichen Betroffenheit“, und die könne man nicht programmieren. „Die kann man sich höchstens wünschen.“

Verkrustungen der alten Paukschule aufbrechen. „Es gibt keinen Ersatz für die direkten, persönlichen, unmittelbaren Erlebnismomente aus erster Hand.“ Der einzige Weg zu ihnen sei, sie zu erfahren. „To experience it“, sagt der Reformpädagoge John Dewey schon 1899. Fast hundert Jahre später aber ist diese Form des Lebens immer noch die Ausnahme im Schulalltag. Projektarbeit, vier Tage im Jahr, das ist zwar inzwischen Teil des Stundenplans. Doch Eltern und Lehrer haben so ihre Not, es einzuordnen in das gewohnte abgezirkelte Prozedere: Lernziel angepeilt, Lernziel erreicht. Veränderungen in der Wahrnehmung sind nicht mit dem Fieberthermometer zu messen. Sie kommen fast beiläufig, sind spürbar nur in einem flüchtig hingeworfenen Satz, einer Bemerkung, einem anderen Verhalten, in einer veränderten Beziehung zwischen allen Beteiligten, zur Umwelt, zum politischen Geschehen draußen. Anstrengend, aber anregend und immer auch chaotisch. Das irritiert den Ordnungspolitiker im Pädagogen. In jedem steckt auch der Lehrer Lämpel mit dem erhobenen Zeigefinger. So aber könnte er zum Partner werden. Nur will er das?

Szenenwechsel.

Fall 3: Der Dom

Im Lehrerzimmer einer katholischen Realschule für Mädchen in Xanten. Kaffeetrinken, Vorbereitung auf die nächste Stunde, Papierarbeit. Lehrer kommen und gehen, das typische Utensil deutschen Schullebens in der Hand: Einen großen Schlüsselbund, mit dem Lernbereiche auf- beziehungsweise abgeschlossen werden. Auch dies ein Symbol der wachsenden Zerstückelung von Erfahren und Erleben. Türe aufschließen. Biologieunterricht. Klingeln. Eintrag ins Klassenbuch. Schüler raus. Türe zu. Der klirrende Schlüsselbund. Wärterfunktion. Schüler werden verwahrt. Ist es nicht so?

In Xanten also habe ich 1988 folgendes erlebt. Ein Lehrer wirbt unter seinen Kollegen für eine Fortbildungsveranstaltung. Okkultismus und

Spiritismus nehmen beängstigend zu unter den Schülern. Schwarze Messen im Wald. Sogar ein Selbstmord. Da muß etwas geschehen. Aber was?

Eine lange Geschichte verbindet die Marienschule mit dem Xantener Dom. Was lag näher, als einen Führer für Kinder und Jugendliche zu machen. Photos und erläuternder Text. Der Deutsch- und Religionslehrer Walter Plümpe hat es einfach einmal versucht. Raus aus der Schule. Zwei Stunden pro Woche. Nicht viel. Besser als nichts. Wir gehen über den Domplatz. Verlängerungskabel und Lampen werden mitgeschleppt. Eine hohe Leiter wird schließlich vor den Marienaltar geschoben. Von Heinrich Douvermann ist er entworfen und 1536 aufgestellt worden. Es ist wohl das schönste Kunstwerk im Dom. Schülerinnen balancieren auf der hohen Leiter. Belichtungszeiten einstellen, den richtigen Abstand nehmen, Kamera schußbereit, Motiv anvisiert, ruhig durchatmen und Schuß. Technische Anweisungen von unten in luftige Höhen hinauf.

Die Kriegswirren hat der kostbare Altar in einem Salzbergwerk überstanden. Und beiläufig fast weist der junge Lehrer auf das Galen-Fenster im Seitenschiff. Das erinnere an eine „entscheidende Rede des großen Kardinals von Münster, der hier mit ganz klaren Worten die Nationalsozialisten angeklagt hat wegen ihrer Haltung zum angeblich menschenunwürdigen Leben: ‚Es gibt noch die heiße Asche über der Erde von Menschen, die Zeugnis abgelegt haben für ihren Glauben‘." Mutige Worte damals. Anspielung auf Asche, Urnen und Gräber drunten in der Krypta.

Dort liegen sie, die beiden römischen Offiziere, die sterben mußten, weil sie den alten Göttern den Gehorsam verweigerten, Dissidenten, Opfer der letzten großen Christenverfolgung. Und gegenüber Aschenerde aus den Konzentrationslagern Auschwitz, Bergen-Belsen, Dachau. Gedenkstätten für drei Märtyrer der Neuzeit.

Der Xantener Dom, ein steinernes Geschichtsbuch. Nur eine Photo-AG? Beim Fotografieren muß man genau hinsehen, es muß gut ausgeleuchtet werden. Eine Schülerin sagt es einfach: „Ich meine, man sieht dann auch mehr, so durch den Photoapparat, weil dann sucht man schöne Motive und sieht vielleicht auch mehr noch, als wenn man nur so davorsteht."

Bewußteres Sehen, bewußteres Wahrnehmen, den Blick schulen für die Schönheiten des Doms und seine Geschichte. In der hallenden Stille empfinde ich, daß Lernen eben auch etwas Räumliches, Mehrdimensionales ist, das alle Sinne aktiviert, das Auge, das Ohr, die Hand, das Gefühl. Standhaftigkeit, durch die Zeiten und in Zeiten, da viele sich beugten, an diesem Ort erlebt, könnte einprägsam sein für das Leben.

Und wieder ein Szenenwechsel.

Fall 4: Die Zeche

Hamm im Ruhrgebiet. Eine Hauptschule, dörflich, mitten in einer lieblichen, doch ausgebeuteten Landschaft liegt sie. Die Martin-Luther-Schule, eine Hauptschule, in Hamm-Heesen. Landwirtschaft wurde hier einmal betrieben. Dann wurden die ersten Schächte gebaut. Hochkonjunktur und Niedergang. Längst steht das Schachtzeichen der Zeche Sachsen auf dem Kopf. Die Zeche ist tot. Spurensuche. Im Klassenzimmer zeigen mir Schüler Karten und Photos. Auf einem lese ich: Im März 1945, Luftangriff auf die Zeche. 92 Menschen starben. 113 russische Kriegsgefangene in Zwangsarbeit. „Die haben dort Unter Tage gearbeitet," erklärt mir die Lehrerin Inge Block-Löher. In der Nähe der Zeche war das Lager. Ein großes Grab, das gibt es noch auf dem Heesener Friedhof. Und es gibt noch die Ruinen der Zeche Sachsen, geheimnisvoll, einsam. Schon lange habe ihn dieser Ort interessiert, sagt ein Schüler. „Aber ich wußte ja nicht, mit wem ich mich darüber unterhalten sollte."

Die Geschichte einer alten Zeche. Sie ist eng verbunden mit der Geschichte dieser Schule. Als einklassige Volksschule begann sie in einer katholischen Landgemeinde. Der Zuzug von Bergarbeitern verändert das Dorf Heesen. Von regelrechten Religionskriegen zwischen Schülern weiß der Rektor der Schule noch zu berichten. Stille liegt nun über dem Dorf mit den kleinen Bergarbeiterhäusern. Väter und Mütter arbeiten auswärts. Aus der Zeche ist eine Industriebrache geworden, verlassen, öde. Doch für die Schüler ist sie neu belebt.

Heimatgeschichte, auch ein Stück Familiengeschichte. Der Großvater, der hier bei einer Schlagwetterexplosion starb. Und Namen, die keiner mehr nennt. Die Gräber der russischen Kriegsgefangenen. Die wolle man nun säubern, erzählen die Schüler. Eine Gedenktafel fehlt. „Und da wollen wir die Stadt fragen, ob sie da nicht einen Grabstein hinbauen können." Praktisches Lernen hat den Blick geschärft und auch die Bereitschaft, etwas zu tun.

Damals 1988 hatte die Lehrerin große Pläne für die Zukunft der Zeche Sachsen. Und die Kinder ihrer Schule wollte sie daran beteiligen. Kontakt hatte sie aufgenommen mit dem Heimatverein und der Landesentwicklungsgesellschaft. Ein Naturlehrpfad sollte entstehen. Eine Lehrerin kann viel bewegen, wenn sie sich bewegt. Wüste Pläne gab es, wie dieses Gelände kommerziell zu nutzen wäre: Ein Autokino zum Beispiel und eine Superdisko. Unter durchsichtigem Tanzboden sollten Tiere leben. Das war geplant. Die Gemeinde hat sich gewehrt, und die Schule hat sie dabei unterstützt. Bäume wurden gepflanzt. Schüler übernahmen die Patenschaften. Ein großer natürlicher Park sollte entstehen.

Zwei Bergleute waren damals dabei, als mich die Klasse auf das windige Gelände führte. Ein weites Feld. Verlassen lag die große Maschinenhalle. Zerschlagen die Fenster, wilde Graffitis an bröselnden Wänden, Rechtsprovokantes. Früher, bei einer bestimmten Windrichtung, da habe es immer nach faulen Eiern in der Klasse gerochen, erinnern sich die beiden Rentner. Sie wissen, wo der Boden belastet ist durch die einstige Kokerei.

Einen Stollen gebe es, der sei hervorragend geeignet für ein Bergbaumuseum. Die beiden Pensionäre und die Schüler – sie genossen den Kontakt sichtlich. „Wenn Herr Quandte und Herr Dreesmann unsere Lehrer wären, dann würden wir noch mehr erfahren." Kindern und Jugendlichen gaben sie Lebensmuster. Vorbilder eines gestandenen, auch durchgestandenen Lebens. Später erzählte mir der Rektor von den Ängsten seiner Schüler, von zerbrochenen Familien, von ihrer Orientierungs- und Bindungslosigkeit. „Die Zukunft wird abgesagt, wegen Mangel an Beteiligung." Irgendwo hatte ich dieses Graffiti gelesen.

Im Dorf Heesen freilich zeigten sich Schüler damals nicht mehr so abständig. Gegenbilder konnte die Lehrerin Inge Block-Löher den perfekt brutalen Videoclips entgegensetzen. Veränderungen, die hat sie bei ihren Schülern schon wahrgenommen.

„Die sind viel sensibler für so ganz kleine Naturerscheinungen geworden. Ich bin ja sehr häufig mit denen auf das Gelände gegangen. Und während die am Anfang also wie so eine Elefantenherde hier durchgetrampelt sind, sind sie, besonders nach dem Erlebnis mit dem jungen Kiebitz, vorsichtig. Und ich glaube, vor einem halben Jahr wäre ihnen der tote Maikäfer vorne am Eingang des Geländes gar nicht aufgefallen, während sie so was jetzt sofort mitkriegen."

Es sei eben doch ein fundamentaler Unterschied, ob man etwas vorgesetzt bekommt oder etwas selbst erlebt.

„Wenn ich zu dem Friedhof gehe und die verfallenen Grabsteine mir angucke und versuche, die Namen zu identifizieren, dann sind die viel betroffener, als wenn ich ihnen erzähle, daß da 113 tote Kriegsgefangene liegen."

In seinem Buch „Vergessene Zusammenhänge“ schreibt *Klaus Mollenhauer*:

Wir haben es längst gewohnheitsmäßig akzeptiert, daß die Welt der Pädagogik eine riesige Montage aus Bildern und dargestellten Vorstellungen ist, die nicht „die Sache selber“ sind, sondern nur noch auf die Sachen und Sachverhalte „zeigen“.[4]

Umkehr scheint kaum noch möglich. Oder doch?

Es hat mich interessiert, was aus diesem Projekt geworden ist, das ich 1988 gesehen hatte. War es eine Eintagsfliege geblieben? Zweifel schon. Und so rief ich im Herbst 1991 in der Schule an. Eine Weile habe sich wenig getan auf der Zeche Sachsen, erzählte Inge Block-Löher. Doch nun ist klar und amtlich abgesegnet, daß dort ein Zentrum für ökologisches Bauen und Wohnen entstehen soll. Im März 1991 war Grundsteinlegung. Die Stadt hatte angefragt, ob die Schule etwas zur Eröffnungsfeier vorbereiten würde. Und so hat die Lehrerin mit ihren neuen Schülern ein kleines Modell vom Zechengelände nachgeformt, die Tümpel, die Tafelhalde, eine kleine Maschinenhalle. Und bepflanzt wurde das Modell mit den Gräsern und Blumen, die man gefunden hatte. Eine Art Steckbrief aus gepreßten Pflanzen wurde aufgehängt und die Information dazu, welche Pflanzen sich in diesem Jahr vermehrt haben auf der Zeche Sachsen und welche ausgeblieben sind. Umweltunterricht also ohne großen Lehrplan, einfach durch Tun. Und die Kinder haben mitgemacht, so engagiert wie ihre Vorgänger.

Die einstigen Pläne also sind Wirklichkeit geworden. „Und ganz unbeteiligt daran sind wir sicher nicht,“ sagt die Lehrerin nicht ohne Stolz. Einen Bauerngarten soll die Schule nun anlegen auf dem Zechengelände. 1 000 DM Zuschuß gab die Stadt. Wichtiger noch aber ist, selbst Hand anzulegen und zu sehen, daß es gelingt. Das sei doch das beste Mittel gegen die vielbeklagte Gewalttätigkeit und Abständigkeit unter Jugendlichen. So abwegig ist das nicht. Spiegelt sich darin doch auch ohnmächtige Wut gegen eine vorgefertigte Welt.

Kritisch sieht die Lehrerin in Heesen auch die Barrieren in ihrer eigenen Zunft. Eine „fürchterliche Angst“ hätten viele Lehrer, „daß bei ihnen etwas entdeckt werden könnte.“ Auch „Faulheit“ mag es sein. Kürzlich erst hatte sie Besuch aus dem Osten der Republik. Bewunderung. Solche Möglichkeiten müßte man haben. Inge Block-Löher hat widersprochen. Die „Perlen“, die liegen doch auf der Straße. Man muß sich nur bücken und sie aufheben. Und eine weitere Perle hat sie gefunden: Den Bahnhof von Heesen. „Der ist auch nicht zu mir gekommen und hat gesagt: ich bin 100 Jahre geworden." Die Geschichte „unseres Bahnhofs", die hat sie nun interessiert. „So was brauche ich auch", sagt sie und meint wohl, daß es allen Beteiligten Auftrieb gibt.

„Ja, aber rechnet sich das denn auch?" Mit dieser ökonomischen Maxime ist eine solche Art des Lernens wohl nicht zu machen. Es gilt abzuwägen zwischen Effizienz, Routine und wachsender Langeweile im bundesdeutschen Schulalltag und einem Lernen, das allen Beteiligten wieder neue Impulse gibt. Und es sind just diese angeblich so unrentablen Unternehmungen, ob es nun Musik, Kunst oder die Paukerband im Fahrradkeller, ob es die Arbeitsgemeinschaft im Dom, das Gespräch nach dem Unterricht oder eben das Projekt Zeche Sachsen ist, die Frust wieder in Lust verwandeln könnten.

Der Fluß

Auch in der deutschen Buchschule tut sich etwas

Der Schulleiter Erich Ott erzählt es. Mit einigem Mißtrauen hätten Heidenheimer Bürger dieses Experiment beäugt. Es war ihnen nicht „gymnasial“ genug. Und damit mögen die Skeptiker sogar recht gehabt haben. Denn in diesem Gymnasium lernen Schüler neben Fremdsprachen und Algebra, kurz dem klassischen Bildungsgut, auch ihre Hände zu gebrauchen, sei es nun im künstlerisch medialen Bereich, im technischen oder im naturwissenschaftlichen Kurs.

Elemente der Lehrlingsausbildung sind in den Unterricht eingegangen, aber auch Reformpädagogisches. Großer Wert wird auf Gemeinsamkeit und Verantwortung gelegt. Sicher nicht immer ganz einfach in einer Schule, die eher auf Einzelleistung und Egotraining ausgerichtet ist. Auf den Besten eben.

Offen und licht wirkt dieser moderne Schulbau am Rande der Kreisstadt Heidenheim, mitten in der Schwäbischen Alb. Fern der Metropolen. Eine Schule arbeitet da an einem ganz besonderen Profil: Das Werkgymnasium Heidenheim.

1971 wurde es vom ehemaligen CDU-Kultusminister Wilhelm Hahn gegründet. Anregung gab eine Arbeitsgemeinschaft pädagogisch interessierter Industrieller, der Ettlinger Kreis.

Ein Produkt der Bildungsreform also, bevor die sich eingrub in starren Fronten. Eine Art Orchidee in der Baden-Württembergischen Schullandschaft, die mehr noch als andere Bundesländer auf die traditionelle Dreigliedrigkeit setzt. Eine Orchidee auch in der deutschen Gymnasialwelt, einer Schulform, die sich kaum des Auftrags ihres Gründers *Wilhelm von Humboldt* entsinnt. Der nämlich sprach nicht vom sturen Pauken, sondern von

der höchsten und proportionierlichsten Bildung seiner Kräfte zu einem Ganzen.[1]

Eine Buch- und Kopfschule ist daraus geworden. Nicht so in der schwäbischen Provinz.

Als ich diese Schule 1986 besuchte, wurden mir Kinderbücher gezeigt, die Schüler der Unterstufe selbst entworfen, geschrieben und bemalt hatten. Rechtschreiben, das haben sie spielerisch fast nebenbei gelernt.

„Ich kann eben kein Kinderbuch herstellen, in dem ich Rechtschreibfehler finde oder grammatisch falsche Sätze.“ Teile seines Deutschunterrichts hatte Peter Strobel einfach einmal so gestaltet. Erfolgreich. „Kinder erkennen so auch den Sinn dessen, was sie in der Schule lernen.“

Und damit hatte Lehrer Strobel in einfachen Worten den Kern derzeitiger Schulprobleme benannt: es ist nicht einsichtig, warum ich etwas lernen muß. Diese Kinder wußten warum, denn sie schrieben ihre eigenen Bücher.

Ähnlicher Effekt beim Bau eines Heißluftballons. Fünftklässler bastelten damals einen Ballon aus Seidenpapier, lernten dabei mit bestimmten Materialien umzugehen, benutzten Werkzeug. Spielend erfuhren sie etwas über physikalische Gesetze, über Anziehung, Thermik, Auftrieb und Fallgeschwindigkeit. Das Schubladen-Denken der isolierten Fächer wurde so durchbrochen, an einigen Stellen zumindest. Spezialwissen wird einsichtig, nicht erst in Jahren. Von Null-Bock-Stimmung hatte ich schon damals nichts gespürt.

Eine Ganztagsschule, noch Schule sicher, aber auch wohnlich mit gemütlichen Ecken. Viel Grün, viel fürs Auge: Figuren, Bilder, Photos der Lehrer, Arabische Landschaften in Sandkästen. Aber auch einfach Serviceleistungen, zum Beispiel eine Berufsberatung. Inzwischen haben auch andere Gymnasien in Heidenheim Berufsberatung im Angebot. Multiplikatorenwirkung? Vielleicht. Doch im Werkgymnasium gibt es weit mehr noch. Die Stadtteilbücherei wurde in die Schule hineingeholt.

Und dann eben die Werkstatt. Metall, Holz, Elektrotechnik. In deutschen Gymnasien hatte ich so etwas noch nicht entdeckt. Mädchen feilten und hämmerten. Im schönsten Schwäbisch erzählte mir eine Schülerin „ebbes" über alte Bilder in Elternköpfen:

„Mei Mama hat erscht gesagt, also des isch doch nix für a Mädle. Und da hab i gsagt: Des find i überhaupt net."

Kritisch sagte mir eine Schülerin: Sie könne sich gut vorstellen, daß es den Schülern mehr Spaß machen würde zu lernen, „wenn mer die Fächer (Mathe, Deutsch, Sprachen) mehr verbinde tät, als bloß e Buch lese, und wenn mer des zwischenei irgendwie verbinde könnt". Leider kann auch das Werkgymnasium nur „zwischenei verbinde". Aber das tut es bis heute mit konstanter Hartnäckigkeit. Amtliche Vorgaben verbieten eigentlich derartig Ketzerisches. Also müssen klassische Fächer auch in Heidenheim abgelernt werden. Nebenher aber läuft noch eine Menge.

Schon bei meinem ersten Besuch war es zu spüren: ein anderes Schulklima. In der Druckerei Schüler beim Steindruck. Schwere Steine wuchteten sie auf die Presse, bestrichen sie mit Farbe. An den Wänden hingen fertige Drucke. Handwerkliches und Künstlerisches. Beides gab es hier. 1986 hatten Schüler Mathematik- und Lesebücher für tigrenische Schulkinder gedruckt, die als Flüchtlinge im Südsudan lebten. Auch so kann man junge Menschen für die Problemregion Afrika sensibel machen. Selbst tausende von Kilometern entfernt in der Schwäbischen Alb. Abständig schienen mir diese Jugendlichen nicht. Abständigkeit produzieren wir erst durch künstliche Barrieren zu den Realien des Lebens.

Als ich nach langer Fahrt durchs Schwäbische in Heidenheim ankam, wurde ich erst einmal nach meiner Schuhgröße gefragt. Gummistiefel standen für mich bereit, denn der nächste Ortstermin sollte feucht werden. Am Ufer der Brenz, der Heidenheim durchzieht, traf ich sie: Schüler und Lehrer der Klasse 11 beim Biologieunterricht. Gewässerkunde. Einige saßen an kleinen Tischen, füllten Wasserproben in Reagenzgläser, Blick durchs Mikroskop. Andere standen im Fluß, wendeten Steine und stocherten mit klammen Fingern und zogen mit Pinzetten heraus, was sich bewegte auf und unter den Steinen. „Kleinlebewesen" suchten sie. An ihrem Zustand war der Grad der Verschmutzung dieses Gewässers festzustellen. Da wolle man nun über „die Zeit hinweg sehen, wie sich das entwickelt".

Im gurgelnden Wasser watete ich damals. Interview im Nassen, mal was ganz Neues.

„Wenn die Industrie etwas reinläßt, das kann man kurzfristig feststellen. Aber Fließwasser, das reinigt sich von selber und geht dann wieder verloren", meinte ein Schüler resigniert.

So ein Job später als Umweltingenieur, warum nicht. Heidenheimer Schüler lernten anwenden, was sie im theoretischen Unterricht erfahren hatten, und sie sahen früher als andere Schüler ihres Jahrgangs Zusammenhänge. Da konnte es sein, daß nicht nur die Jugendlichen und die Lehrer in der Brenz kalte Füße bekamen, sondern auch die Anreinerindustrie, die sich gestört sah, seither gestört sieht, wie noch zu berichten sein wird.

Ein Polizeibeamter radelte damals am Ufer vorbei. Die Schüler sollten mal nicht so strenge Maßstäbe anlegen. So wie man halt mit jungen Gören umgeht, die von Tuten und Blasen noch keine Ahnung haben. Die Schüler hatten sie, dank praktischer Erfahrung.

Für manchen mag an diesem schönen Nachmittag die Welt nicht mehr so ganz in Ordnung gewesen zu sein, wie sich das in den vier Wänden der Schule noch ausgemacht hätte. Der Lehrer Wolfgang Jäkel sagte damals etwas über Wirkung, aber auch Grenzen einer solchen Erfahrung:

„Wir können nicht hergehen – da reichen unsere Möglichkeiten nicht aus, – um irgendwelche Firmen anzuklagen. Wir können Ergebnisse darstellen. Die Schlußfolgerungen daraus zu ziehen und eben auch gemeindepolitische Schlußfolgerungen zu ziehen", das sei dann Aufgabe der Stadt. Ein Schüler, er war inzwischen bei der Bundeswehr, befragt, was ihm diese Schule mitgegeben hat fürs Leben, machte es „an der Krönung eines überalterten Erziehungssystems", dem Militärdienst, deutlich:

„Das lernt mer hier wahnsinnig gut, daß mer sagt, das gefällt mer net und des wirklich auch begründet. Daß mer einfach sage kann: was ihr macht, ist sinnlos. Das lernt mer hier in der Schule ziemlich gut."

Fünf Jahre später. Im Herbst 1991 bin ich wieder in die Schwäbische Alb gefahren, neugierig, was aus diesem Experiment geworden ist. Hatte sich der einstige Elan gleichsam abgeschliffen an der zähen Beständigkeit, mit der im Süden der Republik Kopf und Hand schulpolitisch immer noch säuberlich geschieden werden? Bange Fragen. Ermutigende Nachricht: Es geht weiter in der schwäbischen Provinz.

Den kreativen Deutschlehrer Peter Strobel treffe ich wieder. Inzwischen hat sich ihm ein Kunstlehrer zugesellt und aus den handbemalten Kinderbüchern sind nun Bücher entstanden mit bizarr abstrakten Linolschnitten, die Schüler der 5. und 6. Klasse auf der Hochdruckpresse selbst drucken. Kleine Kunstwerke, gebunden in Ölpapier.

Im Puppenspiel werden nicht mehr nur Märchen aufgeführt. Statt Prinzessinnen nun Müllmonster und Müllhexen. Die treiben ihr umweltschädliches Spiel. Bizarre Handpuppen, von Schülern modelliert. Künstlerisch Ästhetisches hat der Kunstlehrer Kindern dabei nahegebracht. Kulissen wurden entworfen und beklebt. Müllkollagen. Kinderphantasien. Schüler heute schreiben eben Müllstücke. Zeitzeichen. Preisträchtig sind sie. Kinder lernen dabei sorgsamer mit Abfall umzugehen und vermitteln es anderen Kindern über das Puppenspiel.

Erste Öffnungsversuche des Werkgymnasiums auch für Behinderte. Zwischen Weihnachten und Ostern kommen geistig behinderte Kinder in diese Schule, basteln zusammen mit den Schülern dort Holzpuzzle. Vorsichtig nimmt sie Lehrer Strobel aus dem Schrank. Gemeinschaftsarbeit also. Noch ist sie so wenig selbstverständlich in Baden-Württemberg wie das Zusammenleben mit Behinderten in der Schule. Berührungsängste wohl, auch bei Eltern, die recht leistungsbezogen reagieren: Das könnte mein Kind ja hemmen im Fortkommen. Die Schule ist so zum Trimm-Dich-Pfad für diverse Lockerungsübungen auch im Seelischen geworden. Peter Strobel, selbst Vater eines behinderten Kindes, fördert diese Begegnung. Befremden, das gäbe es schon, wenn die Gäste in der Schulkantine mit am Tisch sitzen. Doch nur so werden Ängste durchbrochen – auf beiden Seiten: Durch Begegnung. Live.

Anfänge sicher. Jeder Weg beginnt mit dem ersten Schritt. Im Zimmer des Rektors treffe ich den Biologielehrer Georg Frey. Biologieunterricht im Freien hat mittlerweile Tradition in Heidenheim. Flechten als Bioindikatoren. Ein neues Projekt ist entstanden. Flechten reagieren besonders sensibel auf Luftverschmutzung. Schüler des 8. Schuljahres also beobachten diese Gewächse an Bäumen und Gebäuden in Parks und im Stadtzentrum, vergleichen, werten aus, dokumentieren. Schüler, die in diesem Kurs mitgemacht haben, erzählt der Biologielehrer, die sehen einfach mehr. Ihr Interesse ist geweckt. Die würden vom Skiurlaub heimkommen und berichten, was sie dort beobachtet hätten.

Sehr angenehm seien diese Jugendlichen in ihrem Verhalten, nehmen sich gegenseitig Arbeit ab, machen sogar zusätzliche Arbeit. Und Lehrer Frey erklärt sich diese Wirkung so, „daß etwas in die Schule hineingebracht wird, was Schüler zu Ziel und Leistung anspornt". Schulfrust, der käme doch aus einem Lernen, „das sehr viel Theorie hat, wenig praktische Arbeit, keinen Bezug zu dem, was man macht. Oft ein Müssen".

Kein Elyseum ist die Schule in der Schwäbischen Alb. Auch dort vorgestanzte Lehrpläne, große Klassen, der ganz formale Kram, zuviel Bürokratismus, all das, was einen deutschen Schulalltag so ärgerlich für alle Beteiligten macht. Doch da ist auch die Bereitschaft, den alten Trott abzugeben. Versicherungsfragen lassen sich klären. Schüler bewegen sich doch auch sonst in der Innenstadt, ohne gleich Schaden an Leib und Seele zu nehmen. „Risikoscheu" macht Lehrer Frey bei Kollegen aus. Das Heidenheimer Gymnasium hat den Sprung ins Freie gewagt. Nachmachen empfehlen seine Lehrer.

Nicht alle sind zu dieser Arbeit bereit. Sein Lehrerteam konnte sich Schulleiter Ott nicht aussuchen. Er muß mit denen arbeiten, die da sind, bauend darauf, daß Lehrer, die ihre Routine durchbrechen, eben auch zufriedene Lehrer sind. Eigentlich aber sei dies eine Art, Schule zu machen, „die keinen Beamten verträgt". Und so kollidiert auch im Schwäbischen Gymnasium manchmal schon der versagte Aufstiegswunsch in der Schulhierarchie mit der Freiheit einer Pädagogenseele, dem Revoluzzerischen in ihr. Es sei eben so eine „Grundneugierde" und die Bereitschaft, sich „zu engagieren", wie sie nicht von Beamten zu erwarten sei. Resignative Töne auch. Und doch sind es just beamtete Lehrer, die in Heidenheim neue Formen des Lernens erproben.

Keine Idylle also in der Alb, kein kostbar ausgestatteter Schulversuch. Die Schule zehrt von der Substanz, einmal als etwas Besonderes konzipiert zu sein. Noch sind sie da, die proper ausgestatteten Werkräume für

Holz, Metall, Elektrotechnik. Keine Müllhalde aus der Reformzeit also. Die Chance wird genutzt. Und Schritt will die Schule halten mit der Entwicklung draußen. In einer Ecke der Metallwerkstatt wird eine Drehmaschine auf CNC, computergesteuert, umgerüstet. Schüler von Jahrgang 9 bis Jahrgang 13 sind daran beteiligt. Ein Jugendlicher kann dabei „die Notwendigkeiten, die Mathematik stellt, hier in der Praxis erleben", erzählt der Mathelehrer Gerd Rehm. Oder technisches Zeichnen auf dem Monitor. Lernen à jour sozusagen. Am Ball bleiben, auch am Fortschritt, der sich in der Produktion draußen in großen Sprüngen vollzieht.

Technikakzeptanz. Mädchen die sind da noch zögerlich. Über die Programmierung ihres Strickmusters hat der Lehrer eine Schülerin motivieren können, sich der High Tech zuzuwenden. Ideen muß man haben.

Im Büro des Schulleiters steht es, fast stolpere ich darüber. Eine Altpapierverpackungsapparatur, einfach und leicht handhabbar. Ein Patent der Schule, das sie gern verkaufen möchte. Denn mit dem Schulhaushalt allein ist das alles nicht zu finanzieren. Da muß Geld eingeworben werden, ohne sich irgendwelchen Interessen untertan zu machen. Der Rektor betont es. Die Verpackungsmaschine ist ein Weg.

Doch, um im Bilde zu bleiben, fertig geschnürte Bildungspackete, die will die Schule ihren Schülern nicht zumuten. Bildung ist nie fertig. Eine unendliche Geschichte. Wie also den Technikfreaks auch Zweifel an Technik und Wissenschaft beibringen? Noch gibt es darauf keine Antwort. Im Kontrastprogramm vielleicht, wenn etwa im Religionsunterricht praktische Hilfe für die dritte Welt geübt wird. Schüler haben ein Verkaufsteam gebildet, Orangen beim Großhändler besorgt und sie für eine Mark das Stück verkauft. Der Erlös ging in den Sudan zum Beispiel. Und was Schüler da so an mancher Haustür zu hören bekamen, das war politischer Unterricht pur, das Unternehmen insgesamt Erziehung zur Solidarität. 21 000 Mark sammelten Schüler für die Partnerschule in Bangladesh. Briefe wurden geschrieben, mußten im Englischunterricht übersetzt werden. Sprachschulung, so ganz nebenbei.

Wo praktisches Lernen einmal beginnt, wuchert es. Die Gewässeruntersuchungen. Beim schlichten Messen ist es nicht geblieben. Irgendwann, erzählt der Rektor, hätten seine Schüler gemosert, hier nur als „Meßknechte degradiert zu werden". Etwas bewirken wollten die Jugendlichen schon. Und wer sagte denn, daß die Industrie nicht in den übrigen Wochentagen ihren Dreck einleitete. Klar war, daß Dienstags nur die Schüler des Werkgymnasiums im Fluß messen. Also wurde ein Nachtmeßgerät angeschafft. Teuer. Die Schüler haben es mitfinanziert, indem sie privaten Haushalten anboten, Trinkwasser für zehn Mark zu untersuchen. Nun werden ihre Daten noch durch Messungen des Landesamtes für Umweltschutz gegengeprüft. Erst wenn da Auffälligkeiten auftreten, nimmt die Schule Kontakt auf mit dem Schulträger. Ernstfall also. So etwas prägt sich tiefer ein als die Spielwiese „Schülermitbestimmung".

Nicht ohne Stolz vermerkt Studienrat Wolfgang Jäkel, daß die Geräteausstattung zur „biologischen und chemischen Untersuchung eines Fließgewässers" inzwischen nicht nur professionellem Standard genügt, sondern, wohl „einmalig im schulischen Bereich", die technischen Möglichkeiten von Wasserwirtschaftsämtern sogar übersteige. Wichtiger aber ist diesem Promotor praktischen Lernens im verkopften Gymnasium, daß „dieses Projekt in außergewöhnlichem Umfang Jugendlichen den direkten Bezug schulischer Arbeit zu ihrem unmittelbaren Lebensumfeld vermittelt, ihnen eigene Erfahrungen im Spannungsfeld politischer, ökonomischer und ökologischer Interessen ermöglicht und sie zu verantwortlichem, sachkundigen Handeln als Bürger anleitet". Was will man/frau mehr.

Kompetenz hat sich die Schule erworben in den letzten fünf Jahren. Als Tschernobyl geschah, klingelte im Werkgymnasium das Telefon. Bürger baten, daß Schüler ihre Milch, ihre Kinderspielplätze messen. „Da tickten die Geigerzähler", sagt Erich Ott trocken.

Es gäbe noch vieles zu berichten von diesem Versuch, die engen Grenzen schulischer Unverbindlichkeit und Weltferne zu durchbrechen. Keine einfache Arbeit. Auch Heidenheimer Schüler machen das Abitur, stöhnen über viele Klassenarbeiten, Vokabelpauken und Üben am Abend noch und am Wochenende. Doch hier und da das sture Büffeln durchbrechen zu können und erfahren zu haben, daß Wissen etwas bewirken kann, also nicht nur Prüfling zu sein, sondern auch einer, der Einfluß gewinnt, diese Erfahrung haben Heidenheimer Schüler in ihrem Lebenssack. Inzwischen trägt Schulleiter Ott sein Wissen nach Thüringen in die neuen Bundesländer. Ein Gymnasium in der Schwäbischen Alb macht Schule – und hoffentlich nicht nur im Osten der Republik.

Das Huhn

Höchste Zeit, andere Wege
zu gehen und Schule anders zu leben

Ich mußte schon zweimal hinschauen. Da schritt es wirklich hoheitsvoll über hoheitliches Gebiet. Ein Huhn. Ein freipickendes Huhn auf einem deutschen Schulhof. Ja, wo kommen wir denn dahin? Direkt in die Peter-Petersen-Schule, eine öffentliche Grundschule in Köln-Höhenhaus. Zwischen bunten Gärten und kleinen dunklen Holzhäusern, fast norwegisch anmutend, liegt sie die Grundschule Am Rosenmaar. Es soll „was Gutes für Kinder sein, vor allem für sie". Erwin Klinke, der Rektor, sagt es so einfach. Dazu braucht es keine seitenlangen theoretischen Erläuterungen. Das muß man einfach tun.

Eine öffentliche Grundschule wie gesagt. Doch kein teurer Modellversuch mit Sonderkonditionen. Eine Ganztagsschule. Mitten in einem Eichenwäldchen liegt sie, der erste Schulbau in Köln nach Krieg und Zerstörung. Da war die Gemeinde noch großzügig, sah nicht auf den Quadratmeter: Wir müssen etwas für die Kinder tun nach der Katastrophe. Die Schule Am Rosenmaar hat heute noch Gewinn davon. In einer zugebauten Welt haben Kinder hier noch Auslauf, Freiräume, Abwechslung, Abenteuer. Der deutsche Schulhof, ein Kapitel für sich, ausbetoniert, sauber gefegt und sterbenslangweilig. Da kann man sich nur die Knie wundschlagen. Anders Am Rosenmaar. Zwischen alten Bäumen große Rasenflächen. Ein Park schon und ein Riesenspielplatz. Eine Seilbahn im Eichenwäldchen, auf der man sich wie Tarzan im Gummireifen von Baum zu Baum schwingt. Platz zum Bolzen. Wo kann ein Großstadtkind noch über den Rasen toben?

„Erwin" wird er gerufen, der gestandene, dynamische Schulleiter. „Mit Kindern bin ich glücklich", sagt er. Einer, der nicht mosert im deutschen Schulbetrieb. Einer, der noch Spaß hat an seinem Beruf. „Das Büro stinkt mir." Seinen breiten Buckel hält er zwischen seine Schule und die Schulaufsicht in Köln, die Schulverwalter in Düsseldorf. Einer, der klug auch delegieren kann und Verantwortung verteilt. Einen Lehrerrat hat er sich listig zur Seite gestellt. Der ist Vermittler zwischen seinem Amt, den Verantwortlichkeiten und dem Lehrerkollegium. Das federt innerbetrieblich ab, auch in Konflikten, von denen eine Schule nie frei ist, nie frei sein kann, wenn sie kein starres Gebilde ist, sondern etwas, das sich in ständiger Gärung befindet.

Es war nicht etwa die böse Schulaufsicht, die der guten Schule das Leben schwer gemacht hat. In der Peter-Petersen-Schule spiegelt sich auch ein Stück bundesdeutscher Reformgeschichte. Zwei Schülerläden auf dem Gelände zeugen noch von den heißen Kämpfen in den siebziger Jahren um ein fortschrittliches Schulkonzept, was nicht immer auch eine wohnliche, freundliche Schulatmosphäre bedeutete. Eifernd ging es da oft zu, um den rechten, respektive den rechten linken Glauben. Im Gespräch mit dem Schulleiter schwingt noch Erinnerung nach an den Eifer, das Eifernde auch, mit dem damals Erwachsene über eine kinderfreundliche Schule debattierten. „Da wehte nicht nur symbolisch die rote Fahne."

Warum dieses herrliche Schulgelände nur für 50 Kinderladenkinder nutzen? Erwin Klinke hatte offenbar so sein Tun, den Ganztagsbetrieb durchzusetzen. Nicht etwa gegenüber der Schulverwaltung, sondern gegenüber den Schülerläden, die sich dadurch in ihrer Existenz bedroht sahen. Inzwischen haben sich alle Beteiligten zusammengerauft. Und neben dem Blauen Haus, das die Schule eingerichtet hat für alle Kinder dieser Schule, gibt es nun einen munteren Grenzverkehr zu den beiden Schülerläden, die nach wie vor auf dem Schulgelände ihre Arbeit tun. Eine Ganztagsschule kann nicht genug Abwechslung bieten.

Mit den Böcken sei das so eine Sache, erzählt Erwin Klinke. Die stoßen schon einmal mutwillig nach den Schülern. Die müßten dann leider verkauft oder geschlachtet werden. Großer Jammer, aber auch großer Genuß beim Lehrergrill und Sommerfest. Schafe nämlich weiden auf dem Schulgelände. Elf Muttertiere mit Lämmern. Nun im Herbst sind sie draußen auf der Weide. Und weil es inzwischen elf Muttertiere gibt, hat Rektor Klinke als Schaffleischerzeuger sogar Anrecht auf 33 Mark EG-Subvention. Er erzählt es mit Schmunzeln. Sonst übrigens steckt er in der Latzhose. Das ist praktischer beim Stallausmisten.

Ganz klar. Dieser Pädagoge hat es sich zur Lebensaufgabe gemacht, den Augiasstall Schule zu reinigen von vielen unnötigen Selbstbeschränkungen, Ängsten, aber auch Vorurteilen, die Eltern- und Lehrerseelen durchziehen. Das haben wir doch immer schon so gemacht. Da könnte ja jeder kommen.

Auf dem Schulhof stehen wir. Ein Junge zupft Erwin am Ärmel, während wir miteinander reden. Stefan, nennen wir ihn so, sitzt im Rollstuhl. Fachmännisch zeigt er mir, wie er das Gewicht verlagert auf abschüssigem Gelände, wie er bremst, beschleunigt. 1981 schon traf die Schulkonferenz einstimmig den Beschluß, auch behinderte Kinder Am Rosenmaar aufzunehmen. Es waren übrigens Eltern nichtbehinderter Kinder, die diesen Gedanken hatten: warum getrennt, wenn es auch gemeinsam geht? Etwa 60 der 400 Kinder dieser Grundschule sind Behinderte. Mitschüler sehen das eher so wie Sarah aus dem 1. Schuljahr: „Jacqueline ist nicht behindert, die kann nur nicht laufen."

Ohne die fachmännische Hilfe von Sonderschullehrern ginge es sicher nicht und auch nicht ohne die Zivildienstleistenden, die diesen Kindern zur Hand gehen, sie in die Klasse führen, auch auf die Toilette, in den Turnraum, in dem zwei Therapeuten tätig sind, oder auch nachmittags ins Blaue Haus, wenn die Schule aus ist, die sie betreuen, bis Busse oder Taxen um vier Uhr vor der Tür stehen. Das hört sich arbeitsintensiv an und ist es wohl auch. Doch es schafft auch eine Atmosphäre in dieser Schule, die lebensprägend für Kinder sein dürfte, nämlich einen ganz selbstverständlichen Umgang mit dem Anderssein.

Die Sonderschullehrerin, die gemeinsam mit der Kollegin aus der Grundschule zusammenarbeitet, sagt es einfach so. „Es ist auch toll, einmal nichtbehinderte Kinder um sich zu haben." Zehn aggressive Schüler, das schraube sich hoch. Viel Zuwendung braucht der Junge neben ihr, und, geschult in dieser Form Verhaltensschwierigkeiten, kann sie gezielte Hilfe geben. Aber es sei eben nicht diese „Ballung" wie in der Sonderschule. Freilich verlange das schon besondere Bedingungen, personell und räumlich. Doch aus ihrer Sicht ist jedes Kind zu „integrieren". Bei Sinnesgeschädigten hat es vielleicht seine Grenzen, meint sie zweifelnd.

Und die Nichtbehinderten? Die verhielten sich ganz normal. Keine Betulichkeiten. Die sind ganz normal im Umgang mit den Schwierigkeiten ihrer Mitschüler. Manchmal reagieren sie auch genervt und sauer, wenn sie helfen sollen, oft aber auch erstaunlich einfühlsam und selbstverständlich. In der Pause auf dem Schulhof schiebt ein Gehbehinderter seinen Freund im Rollstuhl vor sich her. Warum soll der nicht spielend erfahren, wie es ist, in diesem Gefährt zu sitzen. Kein Eiertanz also umeinander. Jeder nach seinen Möglichkeiten. Im Schulgarten gibt es Beete. Holzkästen in Tischhöhe, auf denen wachsen Tomatenstauden und Wicken. Und diese Kästen sind nach unten so abgeschrägt, daß Rollstuhlkinder mühelos heranfahren, pflanzen, pflegen und ernten können.

Es ist vieles möglich im angeblich so verregelten Schulalltag. Die Peter-Petersen-Schule Am Rosenmaar beruft sich auf ihren Namensgeber, den Reformpädagogen Peter Petersen, der früh schon Zweifel hegte an Sinn und Zweck von Jahrgangsklassen, wie sie uns die genormte, fabrikähnliche Schule des 19. Jahrhunderts überliefert hat. Wo leben Menschen je nach Altersgruppen sortiert? In keinem Verein, in keiner Familie, keinem Parlament der Welt ist das so. Kinder aber müssen es. Denn in der Schule ist es die Regel, daß Sechsjährige mit Sechsjährigen und Achtjährige mit Achtjährigen zusammensitzen, so als gäbe es keine Unterschiede zwischen den Menschen.

Die Petersen-Grundschule aber hat sich die Freiheit genommen, diese Regel einfach zu durchbrechen. Dort gibt es keine Klassen von 1 bis 4, jeder getrennt hinter verschlossenen Türen „beschult". Je 25 Kinder vom 1. bis 4. Schuljahr lernen gemeinsam in der Stammgruppe, betreut von je zwei Pädagogen. Partnerarbeit fördert das. Da hilft Rainer aus dem zweiten Schuljahr Tina aus dem ersten beim Lesenlernen. Und irgendwann wird Tina selbst in die Helferrolle schlüpfen und ihrerseits einem Erstklässler helfen. Das übt auch für das Leben, in dem der Schwache nicht immer schwach und der Starke nicht immer der Starke ist. Und während Rainer mit Tina übt, kann sich die Lehrerin mit anderen Kindern beschäftigen.

Es gibt den Kernbereich, in dem alle Kinder beisammen sind, in dem Kreisgespräche, Gruppen- und Partnerarbeit geübt und Themen aus dem Sachunterricht erarbeitet werden oder Kinder an ihrer Wochenarbeit sitzen und ihre Matheaufgaben oder Sprachübungen erledigen. Daneben gibt es besondere Kurse in Mathematik oder Sprache, wo in kleinen Gruppen intensiv gelernt wird. Ziel ist, den kultusministeriell gegebenen Lehrplan bis zur Klasse 4 auch zu erfüllen. Das ist der Rahmen. Doch was in diesem Rahmen passiert, wie Lernziele erreicht werden, das ist Sache der Schule. Die Freiheit nimmt sie sich einfach.

„Wir wollen nicht alles andauernd mit Ziel machen", sagt Erwin Klinke. „Es regelt sich vieles, ohne daß man ein Ziel hat."

Und wie sich bereits erwiesen hat, haben Pertersen-Schüler keine auffallenden Schwierigkeiten, sich nach Klasse 4 in weiterführende Schulen einzuklinken. Doch daß sie die nahe Gesamtschule in Köln-Holweide bevorzugen, dürfte kein Zufall sein, gleicht diese Gesamtschule doch atmosphärisch der Schule Am Rosenmaar. Keine Ziffernnoten gibt es übrigens in der Petersen-Schule, nur eine differenzierte Beschreibung des Lernstandes, in dem sich ein Kind befindet, wobei immer die gesamte Persönlichkeit im Blick ist, vor allem seine Entwicklung zu einem Menschen, der nicht seine Ellenbogen gebraucht.

Auffallend übrigens wie still es in der Klasse ist. Kaba-Pause. Frühstückspause. In der Ecke eine Lernszene, typisch für diese Schule. Leise diktiert ein Schüler einem Mitschüler einen Text. Gruppentische. Ein Kind spielt mit kleinen Autos, eines schreibt, andere hören nur zu. Vorne wird vorgelesen. Ein leichtes Kreischen plötzlich. Ein autistischer Junge. Das kleine Mädchen neben ihm beugt sich zu ihm, legt den Finger auf den Mund. „Anna", das ist das einzige Wort, das dieses Kind bisher spricht. Keine Schule wollte es aufnehmen. Nun hat es Am Rosenmaar ein Zuhause gefunden. Ein bunter Klassenraum mit Sesseln, Regalen, Büchern, Globus, Steinen, Spiel- und Lernsachen. Ob etwas von alledem in seine Einsamkeit dringt, ihn öffnen wird, ihn zum Sprechen bringt? „Je größer das soziale Spannungsfeld, desto mehr lernt man", sagt Erwin und macht dem Kind, das stumm auf seine Schultasche zeigt, den Reißverschluß zu.

Vier Uhr Nachmittag. Am Eingang zum Schulpark sitze ich, warte darauf, abgeholt zu werden. Nach Kassel geht es, zum Lehrertag. „Streß in der Schule" ist das Thema. Sollte Abhilfe gegen Schulfrust in dieser Schule Am Rosenmaar zu finden sein?

Noch vieles gäbe es zu erzählen. Über den Backofen auf dem Schulhof, in dem Brot gebacken wird, über den großen Webstuhl im Souterrain, die Keramikwerkstatt mit den vielen Figuren, über das große Piratenschiff mitten im Sandkasten. „Die wilde Rosenmaarie" haben die Kinder es genannt und über das Federvieh wäre zu berichten, das gemessen dahinschreitend, mal nach rechts, mal nach links scharrend, sein Futter sucht.

In der Nachmittagssonne sitze ich, denke nach über die Zwänge, die sich Menschen ohne Not auferlegen und über die Mutigen, die sie immer wieder durchbrechen. Hinten kräht ein Hahn. Und das auf einem deutschen Schulhof. Zivis fahren, lässig eine Gitarre auf dem Rollbrett balancierend, an mir vorbei. Kinder springen heran, hangeln an der Seilbahn. Schulschluß und doch Ende offen. Und hinten am Schulgelände ein Relief bunter Kindermalerei.

Später auf dem Lehrertag in Kassel steht eine Lehrerin auf, sichtlich gestreßt, ratlos, fordert Hilfe gegen eine Schule, die ihr keinen Spaß mehr macht, sucht Rezepte, wie sie Freiheit leben kann. Ärger über einen verregelten Schulbetrieb und Angst, selbst etwas daran zu ändern. Da aber möchte ich sie ermutigen, endlich das frei pickende Huhn in sich zu entdecken, dem ich auf dem Schulhof Am Rosenmaar tags zuvor begegnet war.

Das Kopftuch

Chance von Schule ist, Vermittler zu sein zwischen den Kulturen

Am Tag der Deutschen Einheit war es. 3. Oktober 1990. Auf dem Marktplatz von Jena versammeln sich Skinheads und ihre Sympatisanten. Martialisches Gehabe. Grölend. Das übliche Outfit: Bomberjacken, Springerstiefel, geschorene Köpfe. Verfremdet brutal die jungen Gesichter. Auch Mädchen darunter. Bürger eilen verschreckt im großen Bogen vorüber. Der Markt sonst lebensvoll, ist plötzlich leergefegt. In der Mitte hat die NPD ihren Propagandastand aufgefahren.

Vorsichtig tippe ich einem jungen Mann mit einer Narbe auf dem Hinterkopf auf die Schulter. Brüsk wendet er den Kopf. Aggressiv. Dann bin ich im Gespräch mit diesen Jugendlichen, die orientierungslos, losgelassen vom besitzergreifenden, doch sinnstiftenden Jugendverband, lauthals ihrer Verunsicherung Luft machen – direkt in mein Mikrophon hinein. Aussteuern kann ich da nur meinen Aufnahmepegel, kaum ihre Wut, die sich ungehemmt auf „die Ausländer" entlädt. „Die Vietnamesen damals, wie die Grenzen noch offen waren, da haben se die zum Teil in West ausgezahlt. Die haben Knete gehabt. Heute stehen se hier und verkofen Kippen und son Zeug. Raus das Viehzeug, weg!"

Kein zeitlich begrenztes Phänomen ist das, der Anfang einer fremdenfeindlichen Stimmung, die sich röhrend im Osten der Republik Luft macht. Inzwischen hat auch der Westen eingestimmt. Kein Grund zur Überheblichkeit also. Auffallend viele junge Leute hockten da herum in Jena auf dem Marktplatz, angezogen von dem Spektakel, neugierig, amüsiert zum Teil, fasziniert von der neuen Freiheit, Vorurteilen ungehemmt Luft machen zu können. Die Grenzen von 1937, „das Ackerland im Osten", die „deutsche Kultur", so drastisch hatte ich es selbst von westdeutschen Rechten nicht gehört:

Wir sind nicht für das große Europa. Daß das so zu einem multi-kulturellen Volk wird. Das wollen wir nicht. Wir wollen irgendwie in Deutschland leben und wollen wissen, daß wir deutsch sind.

Und warum ist das so wichtig für Sie?

Ja, weil ich einen Stolz habe, ein Deutscher zu sein. Und weil ich der Meinung bin, daß wir als Volk für uns im Prinzip was schaffen können, wozu nicht viele Völker der Welt imstande sind. Das hat was mit unseren Umweltbedingungen, unseren Entwicklungsmöglichkeiten zu tun, bilde ich mir ein. Ich bin nicht gegen

Zusammenarbeit mit anderen Ländern, aber ich bin gegen diese bedingungslose Öffnung der Grenzen. Ich bin gegen das Multieuropa, ja.

Rohrleger ist dieser junge Mann. Er fürchtet um seinen Arbeitsplatz und er fürchtet auch die Konkurrenz der Ausländer, sagt er.

Ein Jahr später: Sündenböcke wurden gesucht und gefunden. Erschreckend die klammheimliche Zustimmung in der Bevölkerung im armen Osten wie im reichen Westen Deutschlands. Bedrückend die Not der Verfolgten. Türken springen aus Fenstern. Libanesische Kinder verbrannt, verletzt. Mittelalter. Pogromstimmung. Ist es nur Unwissenheit über das, was Bundesbürger fast gefällig „die jüngste Vergangenheit" zu nennen pflegen. Den Nationalsozialismus. Die mäßigen Geschichtskenntnisse von Schülern. Ein Dauerthema in der Kultusministerkonferenz. Vor Jahren schon hatte ich da Defizite ausgemacht, besonders unter Hauptschülern. Ein Beispiel über das Ragout in Schülerköpfen. Ich frage Hauptschüler:

Nürnberger Gesetze, kann mir einer sagen, was das war?

Antwort 1: Da hat, glaube ich, der Hitler die Gesetze herausgegeben, daß keine Pressefreiheit mehr war. Da durfte keiner laut sagen, Radio durfte man nur das hören, wat man über Hitler hörte, nix aus anderen Ländern. Sonst weiß ich nicht.
Antwort 2: Man durfte also nur den Reichsfunk hören. Die Pressefreiheit ... durfte nur eine Zeitung, die Reichszeitung, ich weiß nicht, wie sie heißt, durfte nur existieren. Da stand nur Gutes drin. Sonst weiß ich nicht.

Wißt Ihr, wie Hitler an die Macht gekommen ist?

Nö, weiß ich nicht so genau. Der war ja erst so'n Berater von – ich weiß nicht genau, wer das war jetzt –, und dann wurde er Kanzler, und dann hat er sich langsam an die Macht geschlagen.

Ansichten von Hauptschülern der 10. Klasse. Lernziel anvisiert. Lernziel nicht erreicht. Weiß nicht, das war die Generalaussage. Politisch-historische Aufklärung an deutschen Schulen, sie liegt auch fast 50 Jahre nach dem Ende des Nationalsozialismus im Argen, ist ein schwieriges Kapitel.

Weitsichtig hat es *Theodor Adorno* 1966 in einem Vortrag vorausgesagt: Der Titel „Erziehung nach Auschwitz". Da heißt es:

Die Forderung, daß Auschwitz nicht noch einmal sei, ist die allererste Erziehung. Sie geht so sehr jeglicher anderen voraus, daß ich weder glaube, sie begründen zu müssen, noch zu sollen. Ich kann nicht verstehen, daß man mit ihr bis heute so wenig sich abgegeben hat. Sie zu begründen hätte etwas Ungeheuerliches angesichts des Ungeheuerlichen, das sich zutrug. Daß man aber die Forderung und was sie an Fragen aufwirft, so wenig sich bewußt macht, zeigt daß das Ungeheuerliche nicht in die Menschen eingedrungen ist, Symptom dessen, daß die Möglichkeit der Wiederholung, was den Bewußtseins- und Unbewußtseinsstand der Menschen anbelangt, fortbesteht. Jede Debatte über Erziehungsideale ist nichtig und gleichgültig diesem einen gegenüber, daß Auschwitz nicht sich wiederhole.[1]

Hakenkreuze an Schulwänden. Aggression gegen das Fremde. Da kommt es auch schon einmal vor, erzählt eine Lehrerin, daß Schüler mit „Heil Hitler" die Klasse betreten. Richtlinien der Kultusminister fruchten offenbar recht wenig. Und auch die ministeriellen Versuche, mittels Verordnungen und Erlassen neudeutscher Intoleranz das Wasser abzugraben, sind bislang nicht gerade von Erfolg gekrönt.

Im flotten Durchlauf durch die Geschichte kommt der NS-Staat oft gar nicht mehr „dran". Schüler klagten darüber vor einigen Jahren. Das mag sich inzwischen gebessert haben. Projekte zum Thema haben Bewußtsein geschärft. Die NS-Zeit ist Thema in Schulen. Andererseits sind auch gewisse Ermüdungserscheinungen unter Jugendlichen festzustellen. Der theoretische Geschichtsunterricht erreicht zwar die Köpfe. Die Seelen erreicht er nicht. Und ganz offenbar gelingt er auch nicht: der Transfer vom Gestern ins Heute. Wie anders ist der wachsende Ausländerhaß zu verstehen, die Anfälligkeit, auch von Gymnasiasten, für rechte Ideologien zu erklären?

Wahr ist, was ein Lehrer 1983 über die Behandlung unserer braunen Vergangenheit sagte: „das kannste nicht abziehen wie irgendein Thema." Dennoch wird es zu oft noch so abgezogen. Ausnahmen bestätigen eher die Regel.

Mit Aufklärung über den Kopf allein ist es nicht zu schaffen. Der Umgang mit dem Fremden ist, trotz bevorstehender europäischer Einheit, Wettbewerben, Projekten, noch unbeackertes Land.

Zwar wächst die Zahl ausländischer Kinder in deutschen Klassen, doch noch wird darin eher eine zusätzliche Belastung für den Schulalltag gesehen, als eine Chance zu einer erweiterten Weltsicht. Integration ins Gastland ist angezeigt. Selten wird die fremde Kultur gleichwertig behandelt. Viel zu große Klassen, zu wenig geschultes Fachpersonal – die Klagen sind berechtigt. Oft sitzen Lehrern viele Nationalitäten gegenüber, denen sie weder sprachlich noch psychisch gewachsen sind. Daß Schule dennoch eine ganze Menge zur Völkerverständigung zum Abbau von Fremdheitsgefühlen beitragen kann, möchte ich an einem Beispiel zeigen, einem gelungenen Beispiel, wie Deutsche und Nichtdeutsche miteinander umgehen können. Es ist auch die Geschichte einer großen Einsamkeit und der Chance, sie zu durchbrechen.

Der Libanese Imad El Zein hatte mich vom Bahnhof abgeholt. Sozialarbeiter ist er im Projekt „Türkische Kinder und Mütter" in Gelsenkirchen, Stadtteil Bismarck. Durch Nebenstraßen fährt er mich, vorbei an schäbigen Häuserfassaden. Hier wohnen sie, Libanesen, Türken vor allem. Von weither kommen sie, von der Küste des Schwarzen Meeres. Bergleute, angeworben Anfang der sechziger Jahre, vor der Strukturkrise im deutschen Bergbau. Viele arbeiten Unter Tage in der Zeche Konsolidation. Doch konsolidiert war und ist die Existenz der Angeworbenen bestenfalls wirtschaftlich.

Einsam ist es für die Frauen, wenn die Männer auf Schicht sind. Und einsam wären sie heute noch, gäbe es da nicht diese Schule in der Marschallstraße, eine jener massiven Schulbauten, Anfang des Jahrhunderts errichtet, Trutzburgen, eher abweisend als einladend. Nun offen und freundlich, schon für das Auge. Hellgestrichen die Fassade. Drinnen eine bunte Galerie für alles, was Grundschüler so basteln, malen, formen. Im zweiten Stock eine offene Tür, ein bunter Raum, Begegnung mit einer anderen Kultur, ein Frauengewand, Teppiche drapiert. Folklore. Touristenattraktion. Multi-kulti mitten im Ruhrpott? Weit mehr.

„Lernen heißt Brücken bauen." So hat Carmen Treppte, die Leiterin des Projekts, ihre Erfahrungen beschrieben. Annäherungen. Fremdheit überwinden. Ende 1985 hatten sie angefangen, gefördert durch die Freudenbergstiftung und die holländische Bernhard-van-Leer-Stiftung.

Später treffe ich sie. Die Frauen mit den Kopftüchern. Erinnerungen steigen in mir auf. 1946 in einem Dorf im Badischen. Vom Fenster unseres Hauses sehe ich sie sitzen auf der Bank vor dem Rathaus. Flüchtlinge. Erschöpft. Ihre wenige Habe in Bettücher geschlagen. Kopftücher fest um den Kopf gebunden. Dann die Einquartierung in unserem Haus. Elf Sudetendeutsche. Frauen, Männer, Kinder. Jahre danach erst erzählen sie mir von den Demütigungen.

Als sie da auf der Bank wartend saßen, da sind Bauern aus dem Ort vorbeigekommen. Protestanten. Und als sie die katholischen Flüchtlinge sahen, da hätte doch der eine zum anderen laut gesagt: Nun gäb es nicht nur die Kartoffelkäfer auf den Äckern, sondern auch noch das schwarze Ungeziefer im Dorf. Das war 1946. Die zwölf Millionen Flüchtlinge sind längst, neudeutsch gesprochen, „integriert". Wie stehen sie heute zu Gastarbeitern, Asylbewerbern, Aussiedlern? Das geht mir 1991 in Gelsenkirchen so durch den Kopf.

Überstunden macht das Lehrerteam schon in der Marschallstraße. Nun sind die eigenen Kinder aus dem Haus, und sie könne sich ganz ihren Schülern widmen, den deutschen wie den nichtdeutschen, sagt eine Lehrerin.

Die Rektorin Sybille Radtke hatte sich 1984 in England umgesehen. Wie machen die das dort mit ihren indischen Kindern zum Beispiel? Community school, die Schule in der Gemeinde. Der Besuch hat sie belehrt, daß vieles einfacher geht, wenn Schule nicht starr nach Plan läuft, wenn sie offener und weniger verregelt ist.

Und doch schimpft die Leiterin über die Art und Weise, mit der Politiker Probleme einfach an Schule wegdelegieren. Macht ihr mal. Und möglichst alles zum Nulltarif. Keine Stelle mehr. Klagen über mangelndes Bildungsbewußtsein in Krisenzeiten. Denn die deutschen Kinder, die sind ja auch nicht gerade unkomplizierter geworden. Was sich da zum Teil in den Familien abspielt, dem sei Schule kaum noch gewachsen: Arbeitslosigkeit, Vernachlässigung, Schulden, Saufen. Eigentlich brauche man ein weiteres Projekt: deutsche Familien und ihre Kinder.

Ein Hort ist entstanden, um wenigstens Schule zeitweilig zur Heimat zu machen, zur Ersatzheimat für Deutsche und kleine Türken, Libanesen, Tunesier. Die Not hat auch die Lehrer erfinderisch gemacht. Herbert Mellage ist ganz das Antibild eines gemessen daherkommenden Pädagogen. Enge schwarze Lederkluft, markanter Kahlkopf. Er unterrichtet im 4. Schuljahr und müßte die kleine Kurdin einfach wegzensieren. Denn die erzählt zwar die schönsten Geschichten, aber macht mindestens 19 Fehler im Diktat. Die Hauptschule wird unausweichlich sein. Dann aber muß die Grundschule helfen, das Selbstwertgefühl dieses Kindes zu stärken, darf seine Phantasie nicht zerstören, muß es ermutigen, trotz der ständigen Frustration, dem Lernstandard der fremden Kultur einfach noch nicht genügen zu können.

Ungewöhnlich für eine Schule. Ein Künstler wird sich da einnisten, sich dort sein Atelier einrichten. Das bringt andere Sichtweisen in den routinierten Lernalltag. Mit Herbert Mellage hat er ein Projekt gemacht, das sie „Spielräume“ nennen, wo sie sich gemeinsam auf die Suche begeben haben nach Formen, wie Kinder „ihre eigenen Sachen ausdrücken können, wo sie ihre Geschichten malen können, tanzen, wo sie ihre Geschichten in Musik packen können“. Lernen mal nicht über Grammatik und Diktat. Grundschule öffnet sich seit Schulleben auch kultusministeriell gefördert wird in Nordrhein-Westfalen. Lernräume erweitern, und das Brett vor so manchem Lehrerkopf lockert sich. Möglich, daß die kleine Kurdin, so bestätigt, bald auch deutsch lesen und schreiben kann.

Ihre Eltern zu gewinnen, mit Schule ins Gespräch zu kommen, ist noch ein schwieriges Kapitel. Die Berührungsängste sind groß. Offene Schule ist schnell gesagt und muß jeden Tag neu gelebt werden. „Die Menschen müssen sich öffnen“, sagt Gisela, die Mitarbeiterin im Projekt. Sie half mir als Übersetzerin bei den Interviews. Verheiratet mit einem Türken ist sie Vermittlerin geworden zwischen beiden Kulturen. Nun, da Hoyerswerda überall ist, bekommt auch sie zu spüren, was es heißt, zwischen beiden Kulturen zu sitzen wie zwischen zwei Stühlen. Möglich, daß sie Deutschland verläßt, wenn es so weitergeht, sagt sie mir etwas resigniert am Telefon, als ich Monate später anrufe, um zu fragen, wie es denn geht.

Noch ist das Projekt in der Marschallstraße eine Oase der Sicherheit. Bangemachen gilt nicht. Im zweiten Stock geht es zu wie in einem Taubenschlag. Ein Treffpunkt ist hier, wo alltägliche Sorgen besprochen, Erfahrungen ausgetauscht und Sichtweisen auf allen Seiten weiter werden. Endlos die Debatten über Gesundheit, Sexualität, Schwangerschaft. Und das mit türkischen Frauen? Viel Vertrauen mußte da aufgebaut und viel Überheblichkeit im eigenen Kopf abgebaut werden.

Vertrauen gewann das Team in der öffentlichen Grundschule in Gelsenkirchen über den Kindergarten, die Vorbereitungklasse vor der Einschulung. 15 Zwerge, Türken, Libanesenkinder mit dunklen neugierigen Augen hocken im Kreis um die Erzieherin. Spielend und singend erlernen sie die deutsche Sprache. „Nesche, was ist das? Eine Nase.“ Im Hintergrund zwei türkische Mütter. Sigrid Lesemann ist Erzieherin. Zwölf Kinder mußte sie in diesem Jahr ablehnen. Der Andrang sei groß. Nur 15 Kinder pro Gruppe sind zu verkraften: „Es gibt Kinder, da denke ich manchmal, mein Gott, der hat es immer noch nicht. Er versteht mich nicht. Und dann ist so ein Vierteljahr Pause. Er spricht nicht, er sagt nichts. Und auf einmal sprudelt es richtig raus.“

Eine Chance. Nicht jedes ausländische Kind hat sie. In Bismarck gibt es keine kommunalen Kindergartenplätze. In Bismarck sind die konfessionellen Kindergärten in der Überzahl. Die aber nehmen nur fünf kleine Nichtdeutsche. Schutz des eigenen Glaubens? Nathan der Weise in Gelsenkirchen? Da hört es auf mit der Toleranz gegen Andersgläubige. Also geraten kleine Türken oder Libanesen hoffnungslos ins Hintertreffen, bevor sie die deutsche Schule überhaupt betreten haben. Ghettoleben verhindert Sprachschule auf der Straße. „Multikulturelle Erziehung", was bedeutet das schon, wenn Begegnung kaum stattfindet? In der Grundschule an der Marschallstraße ist sie gewollt.

Am Nachmittag der allwöchentliche Small-Talk bei Kaffee und Tee. Türkinnen erwarteten mich, sonntäglich gekleidet, freundlich lächelnd. Dazwischen ihre Kinder, ungemein artig. Ihre Mütter erzählen mir von ihren großen Belastungen, von ihrer Isolation, von ihrer Angst vor den Deutschen. Irgendwann auf der Straße unvermittelt angeschrien zu werden und nicht verstehen, sich nicht verteidigen können. Cevahir erzählt es mir. Und plötzlich weint sie.

Der Treff in der Schule ist diesen Frauen zur Heimat geworden, zu einem Ort der Begegnung. Viele Türkinnen sprechen auch nach vielen Jahren hier kein Deutsch, können oft nicht einmal lesen und schreiben. Mut haben sie gefaßt, in die Schule ihrer Kinder zu gehen. Heute grüßt sie der Hausmeister freundlich, und die beiden Mitarbeiterinnen, die für das Reinliche sorgen im Gebäude, finden, daß diese Begegnung mit anderen Kulturen ein Gewinn ist, „eine Bereicherung, daß man auch mal andere Kulturen kennenlernt". Ja, am Anfang, „war es schon komisch, wenn man ehrlich ist". Aber jetzt sei das alles so „normal".

Fremdheit, Ausländerhaß, das hat etwas mit Verständigungsschwierigkeiten zu tun, mit Sprache. Sympathie signalisiert mir Habibe. Das Deutsch macht ihr noch Schwierigkeiten. Spielerisch bindet sie ihr Kopftuch auf und zu, so als wollte sie es am liebsten abnehmen. Erst seit sie in Deutschland ist, trägt sie es. Solidarität mit der türkischen Gemeinde. Das Leben im Gastland legt ihr Fesseln an, macht sie nicht freier. Ihre Äußerungen aber zeigen, sie ist auf dem besten Weg dazu. Ist es die Angst vor dem Fremden, die beengt? Mir scheint, Klischees und Vorurteile, die müssen auf beiden Seiten abgebaut werden. Irgendwann habe sie sich gesagt, erzählt Habibe: „Wenn du nicht die Kraft hast, rauszugehen und zu sagen: ich gehe jetzt, ich öffne mich, dann hast du die Wohnung als Gefängnis."

Den Ausbruch aus Lethargie und Isolierung haben diese Frauen inzwischen geschafft. Im Lese- und Schreibkurs treffe ich sie wieder. Das Projekt organisiert diese Kurse gemeinsam mit der örtlichen Volkshochschule. Einstieg in die deutsche Sprache. Sprachlosigkeit überwinden. In zwei Tagen habe ich gelernt, nicht auf das Kopftuch zu schauen, sondern in die Augen. Und plötzlich ist mir das alles nicht mehr fremd. Da sitzen Frauen, deren Leben zwar weniger komfortabler ist als das mancher deutschen Frau, aber nicht minder schwierig. Frauenleben eben grenzübergreifend. Wir verstehen uns, auch ohne Worte. „Der Mensch ist kein Kopftuch." Das hatte Gisela gesagt.

Sevim Demircan, die junge Deutschlehrerin, trägt ihr schwarzes Haar offen. Sei 15 Jahren schon lebt sie in der Bundesrepublik, ist hier aufgewachsen. Sie ist „integriert", hat sogar das Abitur geschafft. Verlust der eigenen Identität? Nach dem Preis frage ich sie, den sie dafür bezahlt hat:

Ein Preis? Das ist, als wenn man das freiwillig macht. Aber man ist gezwungen, sag ich mal so. Wenn man hier lebt, dann kann man weniger mit der türkischen Sprache anfangen. Man kriegt weniger mit. Wenn man hier Schulbildung mitkriegt, muß man automatisch das Vokabular lernen, oder das, was gelernt wird, ist das, was im Deutschunterricht gelehrt wird und nicht, was in der Türkei ist. Man kriegt automatisch viel weniger aus der Türkei mit.

Bedauern Sie das?

Ja, es ist eigentlich schade, weil man kann dann nichts sagen, wenn man in der Türkei ist. Man fühlt sich zwar zu Hause, aber man merkt, daß man etwas verpaßt hat. Daß man so einiges nicht mitgekriegt hat.

Können Sie es benennen?

Als erstes würde ich sagen, die Sprache. Das werden Sie öfter bei Jugendlichen, die hier aufwachsen, mitkriegen, daß die Türkisch nicht können. Bei mir war es genauso. Ich habe Türkisch erst in der Schule intensiv gelernt, statt einer 2. Fremdsprache. Das fand ich gut. Das fängt schon bei der Sprache an. Im häuslichen Verhältnis können auch Konflikte auftreten, wenn die Eltern …, die haben den Prozeß nicht mitgemacht. Da entstehen auch Konflikte. Ist nicht so leicht, wie man meint.

Fühlen Sie sich wohl in dieser Gesellschaft?

Ja, eigentlich schon. Probleme hat jeder. Doch eigentlich, ja.

Gab es in der Schulzeit Konflikte zwischen türkischen und deutschen Jugendlichen?

Ja, es gab Konflikte, obwohl die Türken sehr akzeptiert waren, weil sie in Deutsch und Mathe leistungsstark waren, weil sie auch hier aufgewachsen sind. Irgendwann kam ein Witz, den man von anderen gehört hat. Da gab es Konflikte, aber nicht so extrem. In der Grundschule, da bin ich gar nicht gern in die Schule gegangen. Das hat sich später geändert. Man ist später angepaßt, daß die anderen einen gar nicht so fremd sehen. Wenn ich mit Kopftuch in die Schule gegangen wäre, dann hätten sie mich anders aufgenommen oder anders reagiert.

Fühlen Sie sich als Vermittler zwischen der deutschen und der türkischen Kultur?

Noch nicht. Zuerst muß man sich einfinden zwischen den beiden Kulturen, weil das kommt in einem selbst ein bißchen durcheinander. Man weiß nicht, wovon man was nimmt.

Malen wir zum Schluß eine Utopie. Wie müßten wir zusammenleben?

Nicht so, daß wir alles übernehmen müßten. Und daß sich die Einstellung der Deutschen uns gegenüber ändert, daß sie uns nur etwas zu geben hätten und nichts zu nehmen brauchten. Das muß sich ändern. Wir haben auch etwas zu geben.

„Wir sind nicht das Sozialamt der ganzen Welt", sagt der deutsche Herr, wohlgenährt, neben seinem Mercedes. In Gelsenkirchen haben türkische und griechische Restaurants regen Zulauf. Kaum ein Tisch zu bekommen. Multi-Kulti im Ruhrpott? Noch lange nicht. Aber Annäherungen zumindest. Und Schule kann viel dazu beitragen.

Die Dorfschule

Ein wenig Vernunft
kann Berge versetzen

„Die Brandflecken in den Tischen, die haben die Eltern gemacht." Ein Elternvertreter der Gesamtschule Saerbeck betont es ausdrücklich. Mit den neuesten Medienberichten vom Krisenherd Schule im Kopf und den Klagen gestreßter Lehrer im Ohr, war ich doch erstaunt, eine Schule noch heil vorzufinden. Friedlich geht es zu in dieser Dorfschule im Münsterland. Reinhard Niehaus, lange schon in der Schulpflegschaft aktiv, führt es darauf zurück, daß „viele Dinge schön sind" in dieser Schule, was Jugendliche durchaus zu schätzen wissen. Eben nicht nur ein Sofa vom Sperrmüll. Wohnlich soll es sein, wo man sich einen ganzen Tag lang aufhält. „Kein Druck" herrsche hier. So jedenfalls sehen es die Eltern. Und in der Tat: keine bekritzelten Tischplatten, keine aufgeschlitzten Stuhlpolster. Als ich vor drei Jahren schon einmal in Saerbeck war, sah es ebenso proper aus.

Auf dem flachen Land nahe Münster scheint die Welt noch in Ordnung zu sein. Kinder haben Spielräume. Das ist schon anders als in Recklinghausen zum Beispiel, von woher Schauermärchen über wachsende Gewalt in den Schulen in die ländliche Idylle dringen. Freilich steigt auch hier der Anteil der Doppelverdiener und der Alleinerziehenden stetig. In Münster Stadt sind es bereits 30 Prozent.

„Der Erwartungsdruck der Elternhäuser", der habe schon zugenommen, meint der stellvertretende Schulleiter Hubert Tenkhoff. Und später erzählt mir Rektor Bruno Lievenbrück, daß er heute doch eine weinende Schülerin der Klasse acht in den Arm genommen hat, weil die nun völlig niedergeschlagen war, daß sie die Hoffnung der Eltern auf einen hohen Schulabschluß nicht erfüllen kann. Also muß man sie abstützen. Noch ist Zeit, ihr zu helfen. Der Vorteil einer Gesamtschule sei es eben, daß sie die Entscheidung für den endgültigen Schulabschluß hinausschieben kann. Lehrer, Eltern und Schulleitung sind sich einig: Schon das spricht für Gesamtschule. Freilich zaubern kann die auch nicht.

So eitel Freude herrschte nicht von Anfang an. Es bedurfte schon einiger Überzeugungsarbeit. Heute ist diese Schulform von allen Bürgern des Ortes akzeptiert. Ein Blick zurück in die Gründungsgeschichte.

Ein hübscher Ort ist Saerbeck mitten in der Parklandschaft des Münsterlandes gelegen. Man kann sich wohlfühlen hier. Der bäuerlich, dörfliche Ursprung ist noch in der Bauweise der Häuser zu ahnen. Propper und gediegen wirkt das alles, ist in menschlichen Dimensionen geblieben: Der kleine Dorfplatz, die Kirche, die alte Dorfschule und gleich nebendran der Neubau, efeubewachsen. Die Verwaltung des 5 000-Seelendorfes ist um die Ecke zu erreichen. Überschaubar ist das alles für die Bewohner.

Der Bürgermeister ist Christdemokrat. Die CDU hat nach wie vor die Mehrheit im Gemeinderat. Und daß die sich nun ausgerechnet für eine Gesamtschule entschied, ist schon eine kleine Sensation in der an Schulkonflikten nicht armen Kulturpolitik Nordrhein-Westfalens. In der Zwischenzeit hat das Vorbild Nachahmer gefunden.

Doch die Pioniere in Saerbeck mußten viel aushalten, bevor es soweit war. Man habe bewußt auf große Feierlichkeiten verzichtet, erzählte mir Josef Kranz, der Gemeindedirektor 1988. „Wir haben schlicht angefangen zu arbeiten. Wir hätten auch eine große Show machen können." Das eben wollte man nicht. Ganz pragmatisch gingen die Gründer zu Werk. Ziel war es, die Schüler auch nach der Grundschule im Ort zu halten. Was ist schon ein Dorf ohne seine Jugend?

Gerade erst hatte die Gemeinde mit großen Anstrengungen eine vorzüglich ausgestattete Hauptschule in den Dorfkern gestellt. Doch selbst die wohnliche Architektur, die Werkräume – all das brachte nicht den erhofften Sog.

1987 geschah der große Einbruch, auch im Münsterland. Gerade noch eine Klasse der Hauptschule war zu füllen. Der Trend zu den anderen weiterführenden Schulen in der Kreisstadt setzte ein und das Sterben der Hauptschule auch auf dem Dorfe. Und zwar unaufhaltsam. Keine Konjunkturschwankung war das. Rektor Lievenbrück, damals noch Hauptschulleiter, und der Verwaltungschef sahen es glasklar und nicht durch die ideologische Brille: „Man mußte es sich schnell anders überlegen." Bald schon hätte die Gemeinde Saerbeck vor der Alternative gestanden, ihr neues schönes Schulgebäude dichtzumachen oder aber eine, aus christdemokratischer Sicht zumindest, unorthodoxe Entscheidung zu fällen.

Für den Verwaltungschef war klar: „Entweder ich schaue zu oder ich gehe den Schritt nach vorn." In Richtung der Gesamtschule nämlich. Er ist ihn gegangen. Und mit ihm noch andere. Der eigenen Fraktion im Rat konnten Kranz und Lievenbrück, beide CDU, die Notwendigkeit einer solch weitreichenden Entscheidung durchaus klarmachen. Die örtliche Wirtschaft spürte bereits den Kaufschwund. Wer sein Kind in die nahe Kreisstadt fährt, macht dort auch mal eben seine Besorgungen. Wenig einsichtig, beziehungsweise weitsichtig dagegen, zeigte sich die eigene Partei, Jahrzehnte eingefroren auf pauschaler Ablehnung dieser als „rote Kaderschmiede" diffamierten Schulform. „Gleichmacherisch" das war noch milde gesagt.

Das lernfähige Team in Saerbeck traf Kritik, um nicht zu sagen „Liebesentzug" in der Partei auf ganzer Linie, auf Kreis-, Bezirks- und

Landesebene. Es hat sie nicht sonderlich gestört und auch nicht aufhalten können. Zeit und Entwicklung haben ihnen Recht gegeben.

Im Herbst 1991 fand ich diese Schule wieder, so wie ich sie 1988 verlassen hatte. Von der Balustrade blickt man hinunter ins Forum. Grünpflanzen bilden ein natürliches transparentes Dach. Durch Glaswände hat man den weitläufigen Flur in kleine wohnliche Räume aufgeteilt. Anschließend das Sprachlabor und der Computerraum, hinten die Bibliothek und neuerdings auch eine kleine Videothek, beides von Eltern aufgebaut und auch betreut. Sie sind in dieser Schule eben nicht nur die ewigen Nörgler, Schrecken jedes Pädagogen, obwohl es auch die gibt. Sie sind Mitwirkende, Mitgestaltende. Und das bezieht sich offenbar nicht nur auf den Ausschank in der Cafeteria. Eltern bieten Arbeitsgemeinschaften an in der Ganztagsschule. Die hat ihnen auch einige Umstellung abverlangt.

Erst um vier Uhr nun kommen die Kinder nach Hause. Der traditionelle Familienalltag ist durcheinandergeschüttelt. Aber der ist ja auch auf dem Dorfe im Schwinden begriffen. Mittagessen in der luftigen Mensa. Es hat Schule und Elternhaus nicht weiter entfremdet, sie eher näher aneinandergerückt. Von „Identifikation“ mit ihrer Schule sprechen Eltern heute. Die Ursache für das eher ruhige Klima, „Nickligkeiten“ der Großen einmal abgesehen, führen sie auch auf das soziale Engagement zurück, das hier gefördert wird von einer Schule, die nicht autistisch auf sich selbst bezogen bleibt, sondern rausgeht und reinholt. Selbst den kleinen Jungen im Rollstuhl. Noch steht er etwas verloren im Forum, umtobt von vielen Kindern. Der Rektor hat den Schüler aufgenommen. Doch nun erst in der Praxis zeigen sich viele Schwierigkeiten.

Darauf ist Schule noch nicht eingerichtet. Das beginnt mit den Treppen und endet mit den Klagen der Mutter, die unzufrieden, zuviel auf einmal erwartet.

Mittags begleitet mich ein Lehrer zum alten Schulhaus. Über Gewalt im Schulalltag sprechen wir. Da haben die Saerbecker so ihre Grundsätze, wie Menschen miteinander umgehen sollen. Sich um jeden einzelnen Schüler kümmern, klar, aber auch nicht Hemmschwellen zu niedrig setzen. Eine Steinschleuder, die darf ein Lehrer nicht einfach übersehen. In der Mensa klirrt schon einmal ein Teller, aber es ist eher ungebändigter Bewegungsdrang, nicht Aggression, der es verursacht. Rektor Lievenbrück betont, daß es notwendig sei, klare, vom ganzen Lehrerkollegium anerkannte Maßstäbe einzuhalten und wenn notwendig, auch durchzusetzen. Kein Laissez-faire also. „Verantwortungsvolles Führen“ und „geduldiges Wachsenlassen“, das steht so im Schulprogramm der Gesamtschule

Saerbeck, die sich auf den Pädagogen Theodor Litt beruft und auch keine Scheu hat, ein Kreuz in das Forum zu hängen. Maximilian-Kolbe-Schule wird die Gesamtschule heißen, wenn sie einmal das Gebäude ganz für sich bewohnt.

Denn das Wachstum von der alten in die neue Schulform geschieht organisch und kontinuierlich, nicht im operativen Schnitt. Saerbeck schätzt eben Kontinuität. Die Gesamtschule wuchs gleichsam unten hinein mit der Klasse 5, ist nun bei Klasse 8 angelangt und wächst dann oben aus der Hauptschule heraus, die nur noch die Hauptschüler der Klassen 9 und 10 betreut. Bald wird an die Stelle der alten Hauptschule eine Gesamtschule mit gymnasialer Oberstufe treten. Und dieser Prozeß verläuft nicht schmerzhaft und verletzend. „Keinerlei Schwierigkeiten" gäbe es, sagt der Leiter der Hauptschule Heinz Maria Muth. Von Anfang an war da Kooperationsbereitschaft. Und das will schon etwas heißen in einer Zunft, die sich sonst eher eitel voneinander abgrenzt.

Eine glückliche Konstellation sicher. Denn die beiden Leiter verstehen sich einfach. Es gibt keine getrennten Lehrerzimmer. Hauptschullehrer unterrichten in der Gesamtschule und umgekehrt. Und die Hauptschule war es, die damals den kleinen Gesamtschul-Dötzen einen freundlichen Empfang bereitete. Sie habe es sich schon lange überlegt, „was kommt da auf mich zu", erzählt mir die Hauptschullehrerin Marianne Schaphorn. Nach vier Jahren ist sie froh, daß sie „den Schritt getan" hat und nach 20 Jahren nun Gesamtschullehrerin ist. Und viele ihrer Kollegen sehen es ebenso. Schulreform von unten. So geht es besser als durch obrigkeitliches Diktat. Klug vermieden es beide Seiten, mit Verbalinjurien und Unterstellungen übereinander herzufallen. Da hat man wohl gelernt aus den siebziger Jahren.

Maximilian-Kolbe-Schule also. Der Priester, der sich im KZ Auschwitz für einen Familienvater opferte. Warum sollte dies nicht Beispiel und Vorbild sein für eine Gesamtschule, die sich solidarisches Handeln und Mitverantwortung zum Ziel setzt? Eine ländliche Gesamtschule in einer sicher konservativ orientierten Bevölkerung. Schule will da keine Außenseiterrolle spielen, sondern mitten drin und akzeptiert sein. Mittelpunkt der Gemeinde ist sie längst geworden. Denn sie hat die Gemeinde auch vor der gähnenden Langeweile eines Schlafdorfes bewahrt. Kürzlich erst feierte Saerbeck gemeinsam die Einweihung der neuen Schulmensa. Von „gesellschaftsverändernden Ideologien" hält Rektor Lievenbrück wenig. Die Gesamtschule der ersten Generation mit ihren überschäumenden Ambitionen, auch Illusionen, ist das nicht mehr, eben eine der neunziger Jahre, die viele überraschende Entwicklungen zuläßt und dabei durchaus aufklärerische Wirkung haben kann. Es muß nicht alles so dick aufgetragen werden.

Im alten Schulhaus stehen sie noch, die Schulbänke mit dem trockenen Tintenfaß, den steilen Rückenlehnen, die zum Blick nach vorn zwangen, dem Sprossengitter für die Füße, so als sollten kindlicher Übermut und Eigenwilligkeit gleichsam abtropfen. Vergangenheit. Im Heimatmuseum, das nun im alten Schulhaus entsteht, können die Saerbecker ihren vielleicht nachdenklichen Vergleich anstellen zwischen Gestern und Heute. Ihre Schule ist keine Zwangsanstalt mehr, und sie soll auch kein Massenbetrieb werden. 800 Schüler, wenn die gymnasiale Oberstufe noch drangehängt wird. Das reicht, ist erträglich. Nur so läßt sich auch guter Unterricht machen, der mehr ist als Nürnberger Trichter. Die Kinder heute sind anders, sagt eine Lehrerin, „da kann man nicht wie mit dem Rasenmäher drüber weggehen".

Andere Formen des Lernens sind notwendig, um die eifrigen Konsumenten der Videozeit mit ihren perfekten Bildern noch neugierig zu machen. Im alten Schulhaus treffe ich Zehn- bis Vierzehnjährige, die gemeinsam mit dem Heimatverein und dem Landschaftsverband eine frühgeschichtliche Abteilung aufbauen. Herbert Neise ist Hobbyarcheologe und Geschichtslehrer. Er weiß, wo es in der Umgebung von Saerbeck Fundstellen gibt. Buddeln gemeinsam in der Sandgrube. Später werden die Scherben gereinigt, sortiert und archiviert. Zu einem Holzmodell eines Hauses aus der Frühsteinzeit führt mich der Lehrer. Seine Schüler haben es gebaut. Maßstabsgerecht vom Plan.

Ein Stück Matheunterricht war das. Die Bautechnik in der frühen Kultur wurde Kindern deutlich beim Tun. Holzverarbeitung. Bauen mit Verkeilungen und Stricken. Oder auch Sprachkunde so nebenbei. Warum heißt die Wand „Wand"? Vom Verb winden kommt es. Äste durch senkrechte Stäbe gewunden und mit Lehm verschmiert. Das war eine Wand in der Steinzeit. Geschichtliche Daten, die füllen sich plötzlich mit Leben, mit Bildern. Noch gibt es viel zu viel verkopftes Lernen, seufzt Lehrer Neise. Frust ist ihm nun wirklich nicht anzumerken, auch seinen Schülern nicht.

Ansätze, selbst etwas zu tun, sind in Saerbeck an allen Enden zu spüren. Durchs Fenster sehe ich sie feilen, Jungen und Mädchen in der Werkstatt. Besondere Förderung sollen die Mädchen nun in getrennten Kursen bekommen, um Technikangst zu überwinden. Schüler bedienen die Computerausleihe in der Bibliothek. Die Bibliothek ist übrigens proppevoll in den Pausen und in der Mittagszeit. Von wegen lesefaule Jugend.

Wo Angebote sind, da ist auch Nachfrage.

Eine große Schülergruppe beim Instrumentalunterricht. Wer will, kann fünf Stunden pro Woche dran teilnehmen. Hochbegabtenförderung in Saebeck? Darum geht es erst einmal gar nicht. Jeder kommt in diesen Kurs, der Spaß daran hat, ein Instrument zu erlernen. Und wer sich dann als besonders anstellig erweist, der bekommt Extraunterricht von Lehrern der Musikschule, unabhängig vom Geldbeutel der Eltern. Der Förderverein der Schule bezahlt das. Auf der Kirmes verkaufen Eltern Kuchen. Und davon finanziert sich auch so etwas wie der Sonderunterricht in Musik.

Zarte Flötentöne im alten Schulhaus. Einen Blick kann ich auf die Gruppe werfen, die gerade Querflöte übt. Das mit dem Heimatmuseum im ersten Stock, das sei schon eine gute Sache, meint Rektor Lievenbrück. Doch es dürfe alles nicht zu statisch werden. Und so sollen die übrigen alten Schulräume für vielerlei genutzt werden. Etwa für Dritte-Welt-Aktivitäten. Schüler könnten hier ausstellen, auch die Künstler im Ort, und jeder im Dorf soll sich das anschauen können. Zwischen zwei Türen stehen wir. Die eine führt auf den Kirchplatz, die andere auf das Schulgelände. Das alte Schulhaus eine Nahtstelle. Einst sicher nicht so gewollt, doch heute ist es fast ein Symbol für ein verändertes Schulleben. Eine junge Lehrerin kommt aus einer Klasse, schließt sorgsam eine der Eingangstüren ab. Die Öffnung der Schule, auch in Saerbeck beginnt sie erst. Doch aufzuhalten ist sie nicht mehr.

Zeitzeichen

Gut Ding will Weile haben.
Zu kurzatmig sind wir geworden –
auch beim Lernen

John Franklin war schon zehn Jahre alt und noch immer so langsam, daß er keinen Ball fangen konnte. Er hielt für die anderen die Schnur. Vom tiefsten Ast des Baums reichte sie herüber bis in seine emporgestreckte Hand. Er hielt sie so gut, wie der Baum, er senkte den Arm nicht vor dem Ende des Spiels. Als Schnurhalter war er geeignet wie kein anderes Kind in Spilsby oder sogar in Lincolnshire. Vielleicht war in ganz England keiner, der eine Stunde und länger nur stehen und eine Schnur halten konnte. Er stand so ruhig wie ein Grabkreuz, ragte wie ein Denkmal. „Wie eine Vogelscheuche!“, sagte Tom Barker.[1]

So beginnt *Sten Nadolyns* Roman „Die Entdeckung der Langsamkeit“. Er beschreibt die Geschichte des Polarfahrers John Franklin, eines Bedächtigen, der seine Zeit braucht, sich und die Welt zu entdecken. In den Anfängen des letzten Jahrhunderts spielt die Geschichte, doch es ist unsere Zeit, unser Problem, unser Leiden an der Beschleunigung, die diesen Roman Jahre nach seinem Erscheinen 1983 nun fast zu einem Kultbuch macht.

Unter Zeitdruck lernen Kinder und Jugendliche heute. Wer es in seinem Jahrgang nicht packt, bleibt sitzen. „Ehrenrunde“ nennen es Schüler. Wurstig soll es klingen und geht doch hart an den Selbstwert. Genormtes Lernen nach genormtem Plan. Die Patchworks einer verplanten Jugend sind in jedem Lehrerzimmer zu betrachten. Stundenpläne. Zeittafeln. Wer nicht Schritt hält, fällt zurück.

Schnelligkeit ist angesagt im Begreifen, Erfassen, Behalten, im Auswechseln von Informationen. Die intelligenten Maschinen geben den Zeittakt an, in dem Wissen veraltet und neues hinzukommt. Die Langsamen sind die Verlierer.

Bezeichnend, daß derzeit weniger über das nachgedacht wird, was Menschen lernen müssen, wollen sie nicht Sklaven der Maschine werden. Diskutiert wird heute, wie schnell sie es schaffen, möglichst viel Stoff in sich aufzusaugen. Schulzeitverkürzung. Mit der deutschen Einheit wurde sie ein Thema. Gymnasialschüler in Deutschland West müssen bislang dreizehn Jahre bis zum Abitur absitzen. In Deutschland Ost aber schaffen sie es in nur zwölf Jahren. Im Westen nun beflügelt der europäische Binnenmarkt die Schulzeitverkürzer. Im Wettbewerb, so argumentieren sie, geraten deutsche Schulabgänger ins Hintertreffen. Doch Effizienz und Markt machen noch keine gute Schule, vor allem keine, die Spaß macht.

Im Netz immer engerer Zeitvorgaben könnten sie sich verfangen, die Langsamen, die Nachdenklichen, eben jene, die sich nicht nur für den

Beruf qualifizieren, sondern auch bilden wollen. Verkürzte Schul- und Studienzeit, Regelsysteme einer gehetzten Gesellschaft, feindlich jeder Bummelei. Tempo ist angesagt. In einem Wochenmagazin spiegelt sich das wie folgt: „Wir brauchen die Jahre zwischen 25 und 30", sagt da ein Konzernchef. Und er sagt es so, als wären es seine Lebensjahre. In diesem Alter nämlich könne man die jungen Leute „noch intensiv prägen". Das mag schon sein. Wo aber bleibt da noch eigene Zeit? Das Recht auf Langsamkeit beim Lernen?

Reformer unter den Pädagogen beunruhigt dieser Zeitdruck. In Bielefeld sprach ich mit Hartmut von Hentig über Beschleunigungen im Bildungssystem. Seine Sorge ist, daß die Turbulenzen draußen mit ihren Folgen auch das Lernen drinnen erfassen könnten, schon erfaßt haben. „Wir eilen den notwendigen Lösungen nach, weil die Dinge sich weiterentwickeln, nicht nur die Ozonlöcher groß werden und nicht nur die Bevölkerungsmenge größer und die Wälder geringer werden." In allen Bereichen habe „die Akkumulation der Mittel zu einer solchen Beschleunigung geführt". Immer größere Städte, Riesenfabriken und dazwischen der Verkehrskollaps. „Und wir müssen mit unserer Lebensformung, mit der Gestaltung unseres Lebens dem nachkommen." Nachdenklichkeit.

Im Spätherbst 1990 war ich in Hentigs Schulen gefahren, auf der Suche nach Zeitoasen im eiliger werdenden Bildungsgeschäft. Am Fuße der großen Wissenschaftsburg, der Bielefelder Universität, liegen sie, die Laborschule und das Oberstufenkolleg, äußerlich eine karge, fabrikähnliche Architektur. Das läßt eher an schnellen Output denken, nicht an Lernen in größerer Selbstbestimmung und mit weniger Druck. Denn das ist Ziel dieser beiden Versuchsschulen, die der Pädagoge Hartmut von Hentig Anfang der siebziger Jahre gegründet hat mit der Maßgabe: „die Menschen stärken und die Sachen klären." Ruhe, nicht Hast ist dazu nötig. Und so lernen Kinder, die von fünf bis sechzehn Jahren die Laborschule besuchen, lange Zeit ohne Noten, ermuntert und ermutigt durch Beschreibung ihrer Lernfortschritte. Sie lernen in „Erfahrungräumen", lernen dabei den Umgang mit sich selbst, mit Menschen, mit Sachen, messen, experimentieren, beobachten, lernen selbstredend auch die elementaren Kulturtechniken. Doch erst spät gerinnt das zu Fächern.

Nach der Laborschule dann das Oberstufenkolleg. Es meidet nach vier Jahren die harte Zäsur des Abiturs, will nach amerikanischem Vorbild fließende Übergänge ins Studium schaffen. Und es nimmt Interessierte auf, die zum Beispiel keinen qualifizierten Hauptschulabschluß haben, schon im Beruf waren oder lebensbedingt Umwege machen mußten.

Spätentwickler also. Der wissenschaftliche Leiter des Kollegs, Ludwig Huber, bringt es philosophisch auf den Kern: „Viele Umwege erhöhen die Ortskenntnis." Keine Fluchten aus der Realität, keine Ausflüchte: Was draußen vor sich geht, schert uns wenig. Da wird auch Position bezogen zu Ereignissen, Entwicklungen draußen. Da wird Spezialwissen in der praktischen Anwendung erprobt.

Die 250 Kollegiaten des Bielefelder Oberstufenkollegs lassen sich früh schon auf eine spezialisierte Ausbildung ein. Zu Beginn wählt ein Kollegiat ein oder zwei Fächer, sei es Jura, Pädagogik, Psychologie, Naturwissenschaften. Vorbereitung auf das wissenschaftliche Studium. Spezialisierung also. Zugleich aber wird Denken in Zusammenhängen angeregt. Fächerübergreifende Projekte ermöglichen praktische Erfahrungen, zeigen welchen Nutzen Spezialwissen zur Lösung von Problemen hat. Leben ist immer interdisziplinär und auch die Anforderungen, die es stellt. Es macht klar, zu welcher gefährlichen Beschränkung Spezialistentum auch führen kann.

Mit einer ehemaligen Hauptschülerin habe ich gesprochen, die jahrelang im Beruf war und dann das Gefühl hatte: „Ich möchte eigentlich mehr." Nach zehn Jahren Unterbrechung im Beruf hatte diese junge Frau wieder angefangen zu lernen und zu fragen. Nach zweieinhalb Jahren zog sie Bilanz. Sie könne nun den Bogen spannen zwischen den Spezialgebieten. An Geschichte machte sie mir das deutlich. Bislang hatte sie da so einen „Katalog von irgendwelchen Daten" im Kopf, die mit „irgendwelchen Geschehnissen zusammenhängen. Und das habe ich auswendig gelernt." Nach einem Projekt, in dem Geschichte, Politik, Literatur, auch Technik verzahnt waren, habe sie Zusammenhänge begriffen, habe zum Beispiel erkannt, wie im Faschismus alle Bereiche miteinander verknüpft waren. Mahnwache hat sie auch schon einmal vor einem Haus in Bielefeld gestanden, in dem Rechtsradikale kampierten.

Oder ein Umweltprojekt. In der Nachbarschaft der Schule gibt es Hochhäuser.

Und da haben die Kollegiaten einfach mal gefragt, ob die Mieter „Lust haben, mit uns ihre organischen Abfälle zu kompostieren. Das haben wir dann auch gemacht." Überzeugungsarbeit sei schon notwendig gewesen. Nun aber ist es soweit, „daß wir diesen Leuten ein Kompostgestell gebaut haben, von der Stadt unterstützt werden. Also die haben uns zum Beispiel kleine Sammelgefäße für den Haushalt zur Verfügung gestellt." Und der Erfolg für die Schüler? „Ich habe auf eine sehr angenehme und sehr produktive Art und Weise erfahren, daß ich gut Umweltschutz kennenlerne, was bedeutet das eigentlich, und mein Privatinteresse am Umweltschutz hier in dieser Schule umsetzen kann."

Zeit braucht das alles, ist kaum in Eile zu machen. Doch am Puls der Zeit sind die Bielefelder Kollegiaten durchaus. Als ich im Herbst 1990 diese Schulen wieder besuchte, gab es dort auch ein Projekt „Zeit". Und das lief dann so. Schüler sind einfach erst mal losgegangen und haben „wild rumfotografiert" in der Stadt. Einen alten Mann zum Beispiel, einen „Penner", wie man so sagt, einen, der viel Zeit hatte. Die eiligen Schüler haben sich zu ihm gesetzt, haben sich erzählen lassen, ihm in Ruhe zugehört.

„Das ist ja auch nicht leicht, irgendwie andere Menschen mal erzählen zu lassen und zuzuhören." Eine Photokollage ist nun daraus entstanden. Auffallend sei, wieviele Uhren es in der Stadt gibt. Und wie oft man auf seine Uhr guckt. „Das ist uns halt in diesem Kurs klar geworden." Beschäftigung mit dem Thema Zeit in Literatur, Kunst, Technik. Lehrreich und aufschlußreich für die Kollegiaten selbst. Denn unter Zeitdruck fühlen auch sie sich und produzieren ihn ständig.

„Mit 23 fange ich jetzt die Schule an und höre mit 27 auf. Danach möchte ich vielleicht noch studieren. Da habe ich natürlich Druck," sagt einer. „Ich muß ziemlich Gas geben, damit ich noch was geregelt kriege. Ich will vielleicht auch mal eine Familie oder ähnliches gründen. Und man hat ja so eine gewisse Altersbegrenzung, die man sich eben setzt. Mit 30 muß ich oder mit 35 habe ich oder so."

„Torschlußpanik" erfaßte einen anderen, der lange arbeitslos war. „Ich dachte, ich hätte irgendwie keine Möglichkeit mehr, mich in die Gesellschaft einzugliedern."

Bewußter im Umgang mit der eigenen Zeit sind diese Jugendlichen schon geworden. Ob sie sich nun für Beschleunigung entscheiden, bleibt offen. Immerhin hatten sie die Chance, sich darüber klar zu werden. Zeit wie Heu?

Wer hat heute schon Muße beim Lernen? Schule ist ein Durchlauferhitzer. Kein Umher- oder Abschweifen mehr. Das hält nur auf. Dank moderner Informationstechniken haben sich die „Halbwertzeiten" unseres Wissens verkürzt, Informationen veralten schnell, Lernschritte werden immer exakter abgezirkelt, Lernziele pro Jahrgang festgeschrieben, Lernen im 45-Minutentakt, nur durch schrilles Läuten unterbrochen. Jedes Kind unter demselben Zeitjoch. Mit zehn Jahren hast du das zu können, mit 15 dieses. Sitzenbleiben, einfach sitzenbleiben, das ist der einzige Ausweg für die Langsamen.

Widerspruch ist angezeigt und Widerstand. Denken ist kein maschineller Vorgang. Der Aufklärer *Jean-Jacques Rousseau* beschreibt ihn in seinen „Bekenntnissen“ so:

Diese Langsamkeit des Denkens, verbunden mit solcher Lebhaftigkeit des Gefühls, habe ich nicht nur in der Unterhaltung, sondern auch, wenn ich allein bin und wenn ich arbeite. Meine Gedanken ordnen sich mit der unglaublichsten Schwierigkeit in meinem Kopf: sie treiben dort dumpf umher, gären, bis ich erregt und erhitzt werde und Herzklopfen bekomme, und inmitten dieser Erregung sehe ich nichts genau, könnte ich nicht ein Wort schreiben, sondern muß warten. Unmerklich sänftigt sich diese große Erregung, das Chaos entwirrt sich, jedes Ding kommt an seinen Platz, aber langsam und nach einer langen, dunklen Verwirrung.[2]

Welcher Lehrer kann einem Kind Zeit lassen, seine Gedanken zu ordnen? Es muß sich dem kultusministeriellen Zeittakt anpassen oder scheitern. Gelingt die Anpassung, dann hat das seinen Preis (Unlust, Magendruck, Kopfweh), gelingt sie nicht, auch (Frust, Aggression, Verweigerung). Höchste Zeit, darüber nachzudenken, ob der Preis, so oder so, nicht zu hoch ist. Ob Schule nicht bewußt das Tempo drosseln sollte. Bremsen also.

Morgens Besuch bei den ganz Kleinen, den Fünfjährigen in der Laborschule. Am Eingang in eine bunte Kinderwelt baumeln Rollschuhe. Paarweise. Auf der Empore hocken Kinder im Kreis. Rit, aus Holland ist angereist, erzählt, wie man aus Schaffell Wolle macht und Stoffe webt. Im Rollstuhl sitzt Nadja, die Schlägermütze verwegen auf dem Kopf. Ein wenig für sich und doch dabei Sarah. Das dicke schwarzweißgelbe Meerschweinchen kuschelt sich in ihren Schoß. Eigentlich sollen Kinder in solchen „Schulsituationen“ keine Tiere herumschleppen. Aber Sarah braucht das eben, um still zu sitzen, erzählt die Erzieherin.

Einen Zoo gibt es in der Laborschule. Und Hartmut von Hentig erklärt mir, was die Nähe der Tiere für Kinder bedeutet, die im Beton aufwachsen: Tiere sind nicht nur Anschauungsobjekt für den Biologieunterricht.

Sie sind ein „Lebewesen, das mir antwortet, wenn alle Welt gemein mit mir ist, mein Karnickel kuschelt sich an meinen Hals, und das tröstet ungemein“. Aber eben nicht nur das. „Das Tier läßt sich nicht überreden, drei Tage ohne Futter zu sein bis ich am Montag wiederkomme. Ich muß es versorgen, sonst stirbt es. Wir können uns unsere Verantwortung hier durch gegenseitige Beredung nicht verkleinern und ihr sogar aus dem Weg gehen. Das geht da nicht. Eine unerbittliche Verantwortung. Und nie ist eine Schule so nah an der Wirklichkeit, wie wenn ein Kaninchen aus einem solchen Grund gestorben ist.“ Das sei den Kindern aber anzusehen, sagt der Reformer in Bielefeld.

Gegenwelten schaffen und Gegenzeiten. Mit Wiltrud Döpp, der Lehrerin, gehe ich durch die Räume der Laborschule. Ein Großraum ursprünglich. Schularchitekten haben einen großen Anteil daran, daß manches verheißungsvolle Reform-Modell gescheitert ist. Bauen ohne menschliche Dimensionen.

Wer will schon seine Jugend in einer Fabrikhalle verbringen. Kindern mutet man das zu. Inzwischen ist sie heimelig geworden. Kuschel- und Lernecken sind entstanden. Kleine Wohnzimmer. Pflanzen teilen den Großraum. Der Lärmpegel ist immer noch belastend, störend gerade bei konzentriertem Lernen, das ebenso notwendig ist, wie gemeinsame Arbeit. Auf dem Tisch dicke Buschen Sonnenblumen. An der Wand Fotos vom letzten gemeinsamen Klassenausflug.

Eine Schulzeit nicht vor kahlen Wänden also. Lernen ohne Druck und Streß braucht besondere Räume. Mit Elternhilfe war das möglich. Teppiche und Möbel wurden gespendet, damit dieser „Lernort der Kinder nicht wie Schule aussieht, sondern wie ein Ort, an dem man sich behaglich fühlt, an dem es Menschen gut geht“. Zum Lernen soll es herausfordern. Bücher stehen da, zum Hingreifen. Eine „Kinderrepublik“. Eine Ganztagsschule. Nur so ist sie Kindern auch zuzumuten, sagt Wiltrud Döpp. Räume sind notwendig, in denen Distanz und Nähe möglich sind, das Auspendeln von Ruhe und Bewegung. Klosterleben. Ora et labora. Alles hat seine Zeit. Heute aber ist Lernen ein Produktionsvorgang. In- und Output. Zeitzeichen. Was aber steckt dann in den Köpfen?

Hartmut von Hentig dachte seine Zweifel gleichsam in mein Mikrophon hinein:

„In der beschleunigten Welt können wir gar nicht mehr auf das vorbereiten, was ist. Das wird nämlich nicht mehr sein, wenn die Kinder erwachsen sind. Wir müssen ihnen allgemeine formale Fähigkeiten geben: Lebenszuversicht, Verständigungsbereitschaft, Verantwortungsbereitschaft.“ Auch würden die „Dinge in den Schulen“ so vermittelt, „daß sie nicht haften bleiben, nichts bedeuten. Acht, neun Jahre Englisch, und wie schlecht ist das Englisch.“ Mit 15 oder 16 ins Ausland geschickt, „es ist das Dreißigfache von dem, was man in neun Jahren gelernt hat. Wir sind ineffektiv.“

Unlust sei der Preis. Freude an der eigenen Leistung, die aber müsse entfacht werden. Das aber eben setzt Respekt vor dem individuellen Lerntempo voraus und auch eine andere Art, Schule zu machen.

Kinder der Laborschule erfinden und schreiben Geschichten. An jedem Tag. Zeit läßt man ihnen, sich ihre Geschichten von der Seele zu schreiben, Geschichten, die oft auch der Spiegel ihrer Probleme sind. Geschichten vorlesen, auch das gehört zu jedem Tag. Lehrerinnen der Laborschule haben sie gesammelt. „Erfundene Geschichten erzählen es richtig." Die Lehrerin *Heide Bambach* hat sie notiert. Beeindruckt hat mich ihr Abenteuer mit Alexander und seiner großen Wut. Es ist die Geschichte von der großen Geduld seiner Mitschüler und seiner Lehrerin, die offenbar Zeit wie Heu für ihn hatte.

Einmal entwindet sich mir Alexander während einer Auseinandersetzung und verkriecht sich in seinen etwa ein Meter hohen und 30 Zentimeter schmalen Schrank, hält die Tür von innen zu und bleibt mehr als zwei Stunden darin. Von Zeit zu Zeit läßt er mich die Tür einen Spalt öffnen, damit ich sehen kann, daß er nicht erstickt ist. Wochen später wird er sagen können: „Ich gehe besser in meinen Schrank", bevor er außer sich gerät.[3]

Acht Jahre später, im 9. Schuljahr, schreibt Heide Bambach, „wird er zusammen mit seinem Freund Fabian in Dürrenmatts „Physikern" die Zuschauer eines voll besetzten Saales in Bann schlagen."[4] Jeder braucht eben seine Eigenzeit.

Unruhig kippelt Martin auf seinem Stuhl. Videos guckt er wie ein Weltmeister. Horrorfilme, auch mal Pornos mit den älteren Brüdern. Seine Unruhe ist entsprechend. Später auf der Empore im Schulcafé mit Blick auf den Abenteuerspielplatz Lernen, erzählt mir Wiltrud Döpp von ihren mühsamen Versuchen, Martin von den schnellen, belastenden Bildern zu befreien.

Zugleich aber hat sich diese Lehrerin inzwischen freigemacht von eigenen Zwangsvorstellungen, Kinder müßten zu bestimmten Zeiten etwas ganz Bestimmtes gelernt haben. Professionelle Lehrer nämlich arbeiten mit Minuten. „Stundenaufbau, drei Minuten dies, vier Minuten das, sieben Minuten das, und am Schluß ist das Tafelbild fertig." Wie „eine Marionette habe sie sich da gefühlt, völlig hölzern". Nun geht sie es lockerer an. Manchmal, da sei das schon eine Zitterpartie, „wenn sie im 4. Schuljahr immer noch nicht bestimmte grundlegende Fähigkeiten erworben haben“. Bei manchen Kindern habe sie das Gefühl, „sie treten auf der Stelle, kommen einfach nicht voran“.

Doch Warten und Geduld lohnen sich. Thomas, ist einer, der seine Zeit braucht. Kurz vor dem Abschluß seines Studiums stand er, als ich mit ihm sprach. Ein Bummelant, würde man heute sagen. Nach der Stechuhr der öffentlichen Schule hat er nie arbeiten können, wäre hoffnungslos gescheitert. In Laborschule und Oberstufenkolleg hat er dann sogar die Studienberechtigung erlangt. Auch im Studium war Schnelligkeit nicht seine Sache.

„Das hätte mir überhaupt nicht geholfen, wenn mir von außen vorgegeben würde, daß ich jetzt in einer bestimmten Zeit diese oder jene Scheine machen müßte, sonst falle ich raus. Vielleicht hätte ich es geschafft, aber die Gefahr, daß ich es nicht schaffe, wäre eben auch sehr groß gewesen.“

Auch Claudia hat sich nach dem Abitur ein Jahr Zeit gelassen, obwohl sie als ehemalige Laborschülerin leicht und schnell gelernt hat. Ein Jahr Nachdenklichkeit hat sie sich gegönnt. Jobben in einer Fabrik, Urlaub. Biotechnologie wollte sie ursprünglich studieren. Hatte Zweifel, auf was sie sich da einläßt.

Es sei so „ein Lebensabschnitt zwischen Schule und Ausbildung, den ich auch zum Teil genießen möchte und mir auch Zeit lassen möchte. Ich sehe aber, daß das in vielen Fällen nicht möglich ist, daß immer wieder der Druck kommt, du mußt schnell sein, du mußt gut sein, um später auch einen Berufsplatz, also dann einen richtigen Beruf zu bekommen, die Arbeitsstelle, die man vielleicht auch möchte und die man nur bekommen kann, wenn man das Studium auch in einer gewissen Zeit dann fertig gemacht hat.“

Claudia hat verständige Eltern, die sie nicht drängelten. Nun will sie erst einmal Biologie studieren. Luxusexistenzen, die Jahre verplempern, kostbare Jahre? Wasser auf die Mühlen derer, die dieser Bummelei endlich einen Riegel vorschieben wollen durch Verkürzen von Schul- und Studienzeit. Doch der stille Widerstand unter jungen Menschen nimmt zu und neuerdings auch der laute.

Der Bielefelder Pädagoge sieht hier den Kern vieler Schulprobleme heute:

„Nur wenn Kinder ein Interesse an der Sache haben, werden sie lernen. Das Interesse werden sie nur dann haben, wenn es ihre Sache ist und ihre Sache ist eine individuelle Sache.“ Da könne man nicht kollektiv verfahren, nicht „nach Schema F“ verfahren, und nicht im 45-Minuten-Takt. „Sie müssen sich all dieser Fesseln, all dieser Einschränkungen und Verallgemeinerungen entledigen, um meine Sache, do your thing, tun zu können. Und dann werden sie lernen, und dann werden sie an dieser Stelle auch irgendwann gesättigt sein und werden sich das Nächste ausgucken mit der ganzen positiven Erfahrung: Ich kann das, ich kann mir das aussuchen, und das geht."

Dieses elementare Gesetz aber werde in Pädagogik mißachtet, täglich. Rasenmäher. Und alle über den gleichen Leisten. Zeit, uns Gedanken zu machen, ob die Gleichförmigkeit von Schule, so wie sie derzeit läuft, individuell und kinderfreundlich ist. Wie also schaffen wir eine Struktur in der öffentlichen Schule, in der die Schnellen schnell und die Langsamen langsam lernen können, ohne voneinander sortiert zu werden, wie die Böcke von den Schafen und ohne Nachteile, sprich „Seelenlähmungen" (Karl Philipp Moritz), hervorzurufen. Eine Oase sollte Schule wieder werden in beschleunigter Zeit, in der vor allem auch die Schnellen zum Nachdenken angeregt werden müssen. Ein Spielraum, auch wenn es nicht wirtschaftlich ist. Zerstörte Schulen kommen teurer. 12 oder 13 Jahre bis zum Abitur? Geht es nicht eher darum, Kindern wieder ein Grundrecht zu sichern? Das Recht auf Langsamkeit beim Lernen.

Der Tunnel

Auch die beste Kopie ist nicht das Original. Vom schwierigen Weg zu einem eigenständigen Schulprofil

Die Neuen, die hätten erst einmal die Regenrinne eingetreten, erzählt ein Schüler empört. Das sei früher nicht vorgekommen. Potsdam an einem kalten Novembertag 1991. Ich hatte mich auf den Weg gemacht, wollte mir einen Eindruck verschaffen über dic Schulsituation in den neuen Bundesländern. Eine Momentaufnahme sicher. Doch typisch für Ort und Zeit. Auch in der einst preußischen Residenzstadt Umbruch und Aufbruch. Deutscher Militarismus im Puppenstubenformat. Bedrohlich wirkt er nicht mehr. Eher heruntergekommen. Das zumindest haben vierzig Jahre SED-Staat bewirkt: Fassaden blättern, Bürgersteige beulen sich. Gefahr nicht nur für schwache Fußgelenke. Sanssouci, ohne Sorgen, das ist in diesen Tagen niemand. Verunsicherung flächendeckend in Lehrer-, Schüler- und Schulleiterseelen.

Das Schild am Eingang zur neuen Gesamtschule ist noch nicht ausgetauscht. 5. Polytechnische Oberschule steht da. Makarenko. Der Name soll bald geändert werden wie so vieles andere auch. Ein bürgerlicher Reformpädagoge könnte der neue Namensgeber werden. Rektor Friedemann Labsch ist schmal geworden, sichtlich angestrengt wirkt er. Kennengelernt hatte ich ihn vor Monaten in der Evangelischen Akademie Mühlheim, voller Elan, strahlend. Einer aus dem Widerstand. Bündnis 90. Einer, der am Runden Tisch saß und dort die Pläne für eine andere Schule mitentworfen hat. Nun, sagt er etwas müde, habe sich „die Aufbruchstimmung ein bißchen gelegt", sind die „Ideale zurückgeschrumpft", haben sich gleichsam abgeschabt an den Nöten des Alltags, der auch in den Schulen noch ähnlich grau wirkt wie Wetter und Fassaden draußen.

„Allgemein unbefriedigend", nennt der Schulleiter den Zustand vorsichtig. Etwas von der alten Zuversicht strahlt er nur aus, wenn er über seine Projekte für eine schülerfreundliche Schule spricht, den Ausbau des alten großen Schulspeichers zu Ateliers etwa oder den Umbau des tristen Schulhofs. Noch ist der freudlos. Kohlenberge hier und Müllcontainer dort. Pläne haben seine Schüler schon entworfen. Doch vorerst wird es bei Plänen bleiben. Zukunftsmusik. Mit wenigen Hundert Mark Haushaltsmittel in diesem Schuljahr werden Schüler und Lehrer wohl noch etwas warten müssen.

Ob dieser Pionier des Umbruchs es noch als Schulleiter erleben wird, ist fraglich. Alle Rektoren sind bislang nur kommissarisch eingesetzt, werden erst noch von der Schulkonferenz bestätigt oder abgesetzt werden. Möglich, daß die Reformer der ersten Stunde ihr Amt dann längst verloren haben und Schulmanager das Sagen haben werden, vielleicht einfach das Mittelmaß, die Administratoren sozusagen. Die Revolution frißt ihre

Kinder. Stillschweigend. Doch werden die smarten Macher auch Impulse geben können für ein Schulleben, das eine ganz neue Qualität des Lernens bietet und Fehler des Westens vermeidet? Die werden im Osten der Republik derzeit als Tugenden gehandelt.

Vom „Leistungsanspruch der Eltern“ spricht Labsch. Leistungskurse wollen sie sehen, Zensuren. Das Abitur wünschen 80 Prozent. Keine guten Voraussetzungen für eine Gesamtschule, die dieses frühe Einsortieren zumindest hinausschieben möchte. Nicht gerade überzeugend findet der Schulleiter die westlichen Großgebilde. Und am liebsten wäre ihm eine innere Differenzierung, wofür auch spricht, daß Kinder derzeit so ihre Not haben, in bestimmten Fächern aus dem Klassenverband herausgehen zu müssen, eben in Leistungskurse. Desorientierung und Verweigerung sind die Folge.

Die Eltern sehen es anders. Da trifft sich Aufstiegsstreben nach Weststandard durchaus mit den Werten der alten Ostschule. „Jeder jeden Tag mit guter Bilanz“. Die Maxime damals. Und heute? „Alle möchten aus dieser Gesamtschule ein Gymnasium machen“, sagt der Rektor etwas resigniert. Nur bei wenigen Lehrern findet er derzeit Bereitschaft zum Experimentieren, Freude, etwas Neues zu versuchen.

Im Lehrerzimmer steht die Luft förmlich vor Unzufriedenheit. Eine Atmosphäre, die ich auch in anderen Schulen spüre. Kollegien und Schüler zweier Schulen wurden bunt zusammengewürfelt. Und es dauert so einige Zeit, bis zusammenwächst, was bislang nicht zusammengehörte. An einem Strang zu ziehen, das müssen die Kollegen erst lernen. Noch ist jeder mit seinen Sorgen beschäftigt. Eine Lehrerin klagt über Wohnungsnot.

Das sei doch früher selbstverständlich gewesen: die Potsdamer Volksbildung, die habe die Wohnungen für ihre Lehrer besorgt. Nun muß man sich selber kümmern und mehr noch bezahlen. 92,50 Mark einst für 60 Quadratmeter und heute 420 DM. Dann die Besoldung. Das klappt alles nicht mit dem zentralen Computer in Cottbus. Der hängt sich, überfordert, wohl langsam auf. Die Gehaltsstreifen. Für jeden einen anderen. Null-Durchblick also und entsprechend auch Null-Bock derzeit. Steuern und Versicherungen. BAT-Ost und BAT-West. Schaut doch keiner mehr durch.

Hartnäckig hält sich das Gerücht, es würden doch noch 1 000 Lehrer entlassen. Politikern glaubt man kein Wort mehr. Absatzschoner, ob die Kollegin ihr die mitbringen könnte. Das schont die Absätze beim Autofahren, erklärt die Russisch- und Englischlehrerin. Lange schon ist sie in dieser Schule. Unbehagen bereitet ihr, was Schüler da an Wände sprayen: „Fuck me und ähnlich wenig Niveauvolles."

Doch so mancher Lehrer in diesen Novembertagen würde seinem seelischen Überdruck am liebsten gleichermaßen Luft machen. Die Lehrbücher kamen viel zu spät. Improvisiert mußte werden und viel kopiert. Die neuen Rahmenpläne bieten ungewohnten Spielraum. Der aber verursacht eher Angst. „Sich als Lehrer einen Stand verschaffen, wieder schaffen." Kein einfaches Unternehmen.

Schüler und Lehrer gehen anders miteinander um. Keine Angst mehr vor der Lehrerautorität. Auch das wird mir in anderen Schulen wiederbegegnen. Schülerpower. Ungewohnt. Was der beobachtende Wessi als Fortschritt zu mehr Freiheit wohlwollend registriert, empfinden Lehrer in Potsdam – und sicher nicht nur dort – als pure Disziplinlosigkeit. Tief verunsichert im Selbstwert nun Bedauern. Keine Kopfnoten mehr, keine Betragenszensur, keine Chance mehr, über den Betrieb staatlichen Sanktionsdruck auf Eltern auszuüben. Die Lehrerschaft ähnlich abgeschmückt wie Volksarmee und Polizei. Ihr Status im Keller. Schule ist ein Raum, der sich „explosionsartig geöffnet hat", sagt der Rektor der Gesamtschule an der „Straße der Jugend". Als pädagogische Herausforderung wird das kaum betrachtet. Abwehr eher. Empörung. Keine Normen mehr. Rauchen früher ein Tabu. Nun qualmen die weiter, auch wenn der Lehrer tadelnd neben ihnen steht. „Gruß muß nicht sein. Das klemmen wir uns." Kommentar einer Pädagogin, die es anders gewöhnt war.

Provokant empfinden Lehrer dieses Schülerverhalten. Was es auch fraglos ist. Freiheit leben, Grenzen abtasten. Die Lehrer, die würden doch immer noch dieselben Methoden anwenden wie gestern. Strafarbeiten.

„Aber dadurch werden wir nur noch viel trotziger," sagt eine Schülerin, keß den Hut auf dem Hinterkopf. Phantasievoller das Schüleroutfit heute. „Wenn wir Lehrer respektieren sollen", dann müßten die erstmal lernen, „uns zu respektieren. Aber die respektieren uns nicht, lassen uns nicht ausreden."

Nicht schon wieder etwas vorgeben, von oben diktieren, will der Rektor und gerät mit dieser Hoffnung auf Selbstregulierung zwischen die Fronten. Die Möglichkeiten, die das neue Schulgesetz in Brandenburg bietet, wenige nur sehen sie, erdrückt vom Alltag, dessen Beschwerlichkeiten sich auch dem Außenstehenden bedrückend vermittelt. Als Fluchtwege dienen da Verklärung, nicht Aufarbeitung des Gewesenen. Eine gefährliche Situation.

In Königshorst, fern auf dem Land, wo Brandenburg einst dem Moor abgerungen wurde, Begegnung mit der Vergangenheit. Die alte Dorfkirche, hell restauriert von der Gemeinde. Auch damals, Mitte des 18. Jahrhunderts mußten neue Gräben gezogen, mußte das Land entwässert werden. In der Ebene konnte abfließendes Wasser nur dadurch geortet werden, daß Blätter auf das scheinbar stehende Gewässer gelegt wurden. Wohin die sich sachte bewegten, da mußte Gefälle sein. Dort wurde der Graben, die Drainage, gelegt.

Vergleichbar wohl das Landgewinnen in der Schulpolitik Brandenburgs. Stilles Gewässer des Widerstandes und der Abständigkeit. Die Bildungsministerin Marianne Birthler (Bündnis 90) spricht auch von der „Ungeduld“, vom „Maß für normale Zeitabläufe“, das den Menschen verloren ging. In einem einzigen Jahr kann nicht alles wie am Schnürchen klappen. Von einer „gut geölten Verwaltung“ kann nicht die Rede sein. 50 Mitarbeiter im Ministerium, die Schulaufsicht gerade erst im Aufbau, die neue Schulstruktur im Galopp eingeführt. „Tempo contra öffentlicher Diskussion“, ein „unlösbarer Widerspruch“ sei das, sagt Ministerin Birthler bedauernd. Figaro hier, Figaro da ... Im Zeitplan bleiben. Beschleunigung. Bester Humus für das Pflänzchen Vergessen.

Im alten Pfarrhaus in Königshorst scheint die Zeit stillzustehen. Zeit zur Nachdenklichkeit. In der warmen Küche sitzen wir. Der Kater mir zu Seite schnurrt behaglich. Kaffee wird „aufgebrüht“. Und dann erzählt die Pastorin vom Schulleben ihrer unangepaßten Kinder im realen Sozialismus.

Die Lehrer heute, die seien „besonders freundlich“ zu ihr. Damals waren sie es nicht, ließen zu, daß Schüler stellvertretend die Pfarrerskinder drangsalierten. Heute betonen alle ihre Verdienste, sagen, „was sie unseren Kindern Gutes getan haben“. Hinter den Brillengläsern blitzt es ironisch. Es gab auch Mutige unter ihnen, sagt die Pastorin mit erregt heller Stimme. Kein leichtes Leben war das. Vier Kinder. Alle durften kein Abitur machen, obwohl recht begabt. Tischler ist der eine geworden. Nun wurden ihm ohne Vorwarnung die Möbel auf die Straße gestellt. Die neuen Besitzer, die neue Zeit und neue Verletzungen.

Geklaut die Stahlhelme von den Gräbern namenloser Soldaten, die in den letzten Kriegstagen noch in Königshorst gefallen sind. Neue Verunsicherung, selbst im fernen Dorf nahe den Schlachtfeldern von Fehrbellin. Deutsche Geschichte, gebrochen, kein nahtloses Anknüpfen an gestern ist möglich, weder an neupreußischen Konservativismus, noch an sozialistisches Preußentum, nicht weniger martialisch. Schule könnte da neue

Gräben ziehen. Urbar machen. Tragfähiges Terrain abstecken. Innovationen eben aus dem Osten in den gesättigten Westen. Warum nicht.

Noch ist diese Perspektive zu ungewohnt in Zeiten des Go East. Noch sind Möglichkeiten verstellt durch Ängste, Vorurteile, Identitätsverlust, den Sündenböcken, die West- wie Ostdeutsche je nach Bedarf nun in die Wüste treiben. Die Reisefreiheit sei schon gut, hatte der Klassensprecher in Klasse 9 der Potsdamer Gesamtschule gesagt, „aber was nützt uns das, wenn wir rüberfahren, und die wollen uns da nicht haben, und wir wollen die hier nicht haben". Das sei ja „eine tolle Vereinigung." „Deutschland verrecke!" Der böse Kommentar eines Schülers auf dem Schulhof. Die Wände an frischgetünchten Potsdamer Häusern mit Haßtiraden besprayt. Linksextreme Handschrift.

Gewinner des Schulneubaus in den fünf neuen Bundesländern ist das Gymnasium. Das Helmholtz-Gymnasium in Potsdam. Die Fassade wird gerade gereinigt. Rohre werden verlegt. Der junge Stellvertreter des Rektors strahlt Optimismus aus. Freundlich empfängt er mich. Der Leiter ist einer aus dem Westen, der „glasklar" sieht, wohin „die Entwicklung gehen muß". Die neuen Schulbücher liegen bereits in Stapeln auf dem Tisch. Vom Elternwillen getragen, vollinhaltlich gleichsam, ist nur noch zu kopieren, was im Westen auch Konjunktur hat. Keine großen Reformambitionen, eher Gediegenes ist gefragt. Ihr Profil will diese Schule ausbauen hin zu Neusprachlichem und Musischem. Auch hier gibt es Probleme mit dem Kollegium, das „im Sommer in Potsdam hin-und hergewürfelt" wurde. Unsicherheit im Umgang mit der neuen Zensurenskala eins bis sechs. Unsicherheit noch, wo und wie sich Lehrer nachqualifizieren müssen. Landkarten fehlen und Geräte. Und Not auch hier mit der „Selbständigkeit", die Lehrer und Schüler „erst lernen müssen".

Und doch ist schon jetzt in diesem alten Schulgemäuer das Etablierte zu fühlen, das Exklusive, um das nun Eltern kämpfen, entschlossen, ihren Kindern wenigstens den bestmöglichen Start ins Leben zu geben, Überforderung miteingeschlossen. Die Schullandschaft wird es spalten. Der Gedanke einer gemeinsamen Schule für alle Kinder scheint auf Jahre diskreditiert im Osten der Republik. Schon symbolischen Wert hat da, daß auf der „Straße der Jugend" das Gymnasium in vollem Wichs weithin strahlt, die Gesamtschule aber eher verstohlen ein Haus weiter im Hinterhof residiert.

Noch hat das Gymnasium Konjunktur und weniger die kleine gemütliche Gesamtschule mit nur 500 Schülern von Klasse 7 bis 10. Zusammenarbeit wäre angezeigt, nicht Konkurrenz. Geplant ist sie für die gemeinsame Gymnasiale Oberstufe. Immerhin. 60 Projektstunden bietet das Gymnasium seinen Schülern zum praktischen Lernen. Stadterkundung, Historisches, Umwelt, Soziales. Das ist mehr als jedes Gymnasium im Westen auf dem Lehrplan hat, wenn überhaupt. Arbeitslehre zumindest fakultativ. Da gibt es noch Barrieren. Doch was nicht ist, kann ja noch werden. Aufmüpfiges war nicht zu spüren im Helmholtz-Gymnasium in Potsdam. Gemessen fast schritten die Schüler, so als wagten sie noch nicht selbstbewußt aufzutreten. Doch auch hier testen Schüler die Situation aus, wie es der Mitarbeiter vorsichtig ausdrückt. Auch er in Verteidigung. „Nur SED-Leute als Lehrer zu sehen", das sei „sehr ungerecht".

Selten noch in diesen Novembertagen 1991 Freude über weniger Gängelung, mehr Offenheit, mehr Freiheit beim Lehren und Lernen. Dabei ist sie greifbar fast. Die Grundschule in der Carl-von-Ossietzky-Straße zum Beispiel. Erste Klasse. Winzlinge beim Malen, nicht mehr brav hintereinanderhockend, sondern im Kreis. Aufstehen zwar als die Lehrerin kommt. Doch kein Pionierappell: „Melde Klasse eins ... angetreten!" Verändert schon die Atmosphäre. Einst der „Hirsch Heinrich" im Kindergarten, genau vorgegeben, unisono zu Papier gebracht. Nun das Rotkäppchen im Wald ganz nach Belieben komponiert. Und wer den Wolf nicht malen kann, der läßt ihn eben im windschiefen Haus. Logo. In diesen Kindermalereien sehe ich Veränderungen, mehr als Worte sagen können.

Viel Musisches soll in die Grundschule, zwei Schuljahre ohne Noten. Entspanntes Lernen. Lehrerinnen versetzt diese Unverbindlichkeit eher in Panik. Stundenkürzungen in Rechnen und Deutsch. Da würden die Kinder zu Ostern erst die Weihnachtsseite in der Fibel erreichen. Widerständigkeit und Kritik auch hier. Das war früher besser, und das haben wir doch immer schon so gemacht. Das müsse auch „gewürdigt" werden. Verklärung und Verdrängung. Verständlich ist diese Reaktion schon. Wer läßt sich schon gerne sagen, daß alles, was er früher gemacht hat, falsch war. Um Differenzierung bittet die Grundschullehrerin zwischen den Zeilen. Die Stellvertretende Schulleiterin korrigiert das Bild ein wenig. Es war doch alles vorgeschrieben, „was in diesem Schuljahr zu machen war".

Noch gibt es in dieser Grundschule einen Hort. Die kleinen Betten in den Klassenräumen. Überbleibsel aus SED-Zeiten, in denen hier eine Polytechnische Oberschule arbeitete. Die Gerhard-Hauptmann-Schule ist nun zur sechsjährigen Grundschule geschrumpft. Orientierungsnöte der Lehrer, die einst die oberen Klassen unterrichteten. Karg die Ausstattung. Klassen mußten ausgelagert werden. Kunsträume fehlen und eine große

Turnhalle. Der Hof asphaltiert und phantasielos wie Schulhöfe eben so sind in Ost wie West.

Zwei Eimer Wasser schleppt die Lehrerin in die Malstunde. Denn Waschbecken fehlen in den Klassenräumen. Die Lehrer als Wasserträger der alten oder der neuen Zeit? Noch ist das nicht ausgemacht. Auf „Margotsburg", in DDR-Zeiten schon so genannt, hat das Pädagogische Landesinstitut Ludwigsfelde mit seiner schwierigen Aufgabe begonnen, Lehrer aus Versponnenheit und Blockaden herauszuhelfen, ihnen durch Fortbildung die Augen zu öffnen für die Chancen ihres veränderten Berufes. Fast ein wenig verschämt, aber sichtlich begeistert, zeigt mir die Lehrerin der 1. Klasse ihre neuen Arbeitsblätter, mit denen Kinder selbständig arbeiten können. Die gab es früher nicht.

„Licht am Ende des Tunnels." Das Potsdamer Kabarett Am Obelisk hatte sein Programm nicht mit einem Fragezeichen versehen.

Umwege

Schule kann immer nur Anstöße geben. Ein Anton Reiser der Gegenwart

„Man muß sich von sich selbst trennen, um sich wiederzugewinnen“,[1] sagt Michel de Montaigne, Erforscher des Ich auf der Grenze zwischen Mittelalter und Neuzeit. Seine Essays sind Versuche einer Selbstergründung und Selbstfindung. Auch der Maler Hans Karbe hat in seinem Leben Umwege machen müssen, mit 71 Jahren schließlich hat er „sich wiedergewonnen“. Ein moderner Anton Reiser auf der langen Reise zu sich selbst.

„Meine Mutter war etwas musisch“, erzählt er, „mein Vater war es gar nicht. Wenn ich als Kind etwas Hübsches gezeichnet hatte, dann lächelte er nur und sagte: Brotlose Künste! Ich glaubte ihm das auch.“ 1988 wurden seine Bilder im Bahnhof Rolandseck nahe Bonn ausgestellt, Endpunkte eines vielschichtigen Lebens, das schließlich doch in der Malerei mündete.

Hans Karbe wurde 1905 in London geboren. Seit über 40 Jahren lebt er in der Schweiz. Sein Lebensweg ist anders verlaufen, als in seiner Herkunft angelegt: Er paßt sich an. Die väterliche Norm prägt ihn. „Man muß ordentlich sein, man muß Dinge wissen, man muß später Geld verdienen!“ Folgerichtig macht er eine Ausbildung zum Exportkaufmann in Berlin und arbeitete dann in einer großen Bank. Täglich liest er den Kurszettel und spürt doch schon: „So kann es auf die Länge nicht weitergehen. Ich wollte ausbrechen, wußte aber nicht, wohin. Das war alles ganz unfertig.“

Die Ökonomie, das Kaufmännische, fesselt ihn im eigentlichen Sinn des Wortes. Aber es sponsert ihn auch, würde man heute sagen. Denn durch Zufall gelingt es ihm 1929 vor dem „Schwarzen Freitag“, seine Ersparnisse günstig in Aktien anzulegen. „Ich war der einzige, der lachte in Berlin an diesem Tag.“ Hans Karbe sieht nun die Möglichkeit, seinen Beruf zu wechseln. Er holt sein Abitur nach und studiert Soziologie, Psychologie, Germanistik, Kunstgeschichte. Nach Jahren der Einseitigkeit greift er zu, saugt sich voll. Bildung als Sicht- und Blickerweiterung. Doch noch ist verdeckt, was er als das Eigentliche seines Lebens erkennen sollte: die Malerei.

1933. In der Vossische Zeitung schreibt er Kritisches über die braunen Rowdies an den Hochschulen. Er muß Frankfurt verlassen, beendet sein Studium an einer kleinen Universität mit einer Dissertation über Palladio.

Im Gespräch mit dem heute 86jährigen wird klar: Das war kein Versteigen in ein bildungsbürgerliches Wolkenkuckucksheim. Er bleibt ein kritischer und aufmerksamer Beobachter der Ereignisse, lebt künftig in einer intellektuellen-künstlerischen Atmosphäre mit Schauspielern und Filmemachern. In Hagen führt er Regie, macht Dramaturgie, wird aber bald wieder entlassen. „Ich hatte nicht die richtige Gesinnung." Er geht nach Berlin, arbeitet an einer neuen Zeitschrift für Kunst, Theater, Film, schreibt Kritiken und schreibt sie keineswegs systemkonform. Auch das ein Schritt zu seinem Ziel, von dem er im Nachhinein sagt: „Ich wußte nicht, was dieses Ziel war. Aber ich war auf dem richtigen Wege."

Der Zweite Weltkrieg. Karbe arbeitet in der Filmstelle der Luftwaffe. Die UFA wird auf ihn aufmerksam. Vom Alltag im NS-Staat erzählt Karbe über das Leben auf zwei Ebenen, von Mißtrauen, Angst, aber auch von Solidarität der ihm Gleichgesinnten geprägt. Hans Karbe ist auch ein Zeitzeuge. Auf seinem Weg begegnet er dem Schriftsteller Jochen Klepper, versucht ihm beizustehen in der zermürbenden Isolation eines Mannes, der mit einer Jüdin verheiratet war und sich nicht von ihr und ihrem Kind trennen will. Fluchtversuche enden schließlich in Resignation und Selbstmord der Familie Klepper. „Die Nazis haben in mir eine Wunde hinterlassen", sagt Hans Karbe heute, „und Bitterkeit". Doch seine Aquarelle sprechen eine andere Sprache. Sie strömen Ruhe aus, eher Gelassenheit und auch etwas grundständig Demokratisches in der Gleichgewichtigkeit und Gleichwertigkeit zweier Steinhälften. Anerkennung von Individualität, Achtung vor Verschiedenheit. So empfinde ich diese Zeichnungen.

Noch aber ist Hans Karbe auf dem Weg. Und er führt ihn wieder zurück in die Ökonomie, in das Kaufmännische. In der Schweiz leitet er nach dem Krieg 30 Jahre lang einen Textilbetrieb seiner Familie. Schon da freilich das Skizzenbuch immer in der Tasche neben den Kalkulationen und Renditen. Und wieder ist diese scheinbare Blockierung ein wesentliches Teilstück seines Weges zum Maler. Denn was ihn ablenkt von der Malerei, führt ihn wieder zu ihr hin.

Auf seinen Reisen nach Japan kommt er in Berührung weniger mit der explosiven High-Tech-Kultur Nippons als vielmehr mit seinen geistigen Traditionen.

Ein japanischer Freund ist es auch, der seine subtile Darstellung einer scheinbar starren Materie beachtenswert findet. Hans Karbe stellt seine gezeichneten Steinfigurationen zuerst in Japan aus. Mit 71 Jahren schließlich, wendet er sich ganz der Malerei zu. Steine fesseln ihn, Steine in zarten Naturfarben, durchwoben von Adern und Linien. Wie ein Geologe bricht er sie auf, um ihre innere Struktur zu entdecken. „Steine faszinieren mich. Es sind nicht nur natürliche Steine. Sie kommen aus anderen Ebenen, haben aber immer auch etwas mit der Natur zu tun, auch wenn sie noch so phantasievoll sind."

„Gemeinsam durch Tag und Nacht“, „Über das Positive“, „Gespräch über das Leben in der Eiszeit“, „Gespräch über Solidarität“ – so nennt er seine zarten Aquarelle auf Japanpapier. Kunst übersetzt Wirklichkeit und schafft Wirklichkeit, neue Sichtweisen und Blickwinkel. Der politische Mensch und Künstler Karbe hat sich nicht im Ästhetizismus verloren. Er geht in Gefängnisse, spricht mit Menschen, die vom Wege abgekommen sind. „Wenn man mit ihnen redet, kann man sie herausretten“.

Aus Einsamkeit und Isolation auch. Aus diesen Gesprächen, „die mir sehr wichtig waren, hat sich auch in meinen Bildern das Gespräch entwickelt“. So also ergaben sich „Gespräche zwischen Steinen“. Kunst auch als Versuch, die Sprachlosigkeit zwischen Menschen zu durchbrechen. „Was ich male, hat nichts zu tun mit dem Kopf, sondern ist eher eine Aussage des Herzens, des Empfindens“.

Nachdenklich werden soll der Betrachter, nach innen hören, Schlagworte ablegen.

„Ich glaube nicht, daß ich die Welt retten kann mit meinen Bildern. Aber nachdenklich machen. Das hilft – vielleicht.“

Ein Lebensweg, in sich schließlich doch abgerundet. „Man muß sich von sich selbst trennen, um sich wiederzugewinnen“. Lange vor Freud und Psychoanalyse, im 16. Jahrhundert schon, kommt der französische Philosoph Montaigne zu dieser Einsicht. Das Leben – ein Versuch, zu sich selbst zu finden. Dem Maler Hans Karbe scheint dieser „Essay“ gelungen zu sein.

Spurensuche

Was läge näher, als darüber nachzudenken, ob das, was wir lernen müssen, auch das ist, was wir lernen sollten

Die erste Etappe meiner Recherche: Bis Hamm geht es flott voran mit dem Intercity. Dann umsteigen. Über Lippstadt, Geseke fahre ich hinein in eine topfebene Landschaft. Straßen haben noch Kurven. Wäsche hängt auf der Leine. Kleinbetriebe. Und immer wieder Halden von Autowracks. Industriemüll. Zeitzeichen.

Mittendrin in der Provinz hat die Zukunft schon begonnen. Paderborn ist geprägt von der Computerproduktion. Größter Arbeitgeber vor Ort Nixdorf. Inzwischen hat sich ein anderer Großkonzern darüber gestülpt. Nicht nur ein anderer Name, Arbeitsplätze mußten „freigemacht“ werden, wie man Entlassung und Arbeitslosigkeit freundlich zu nennen pflegt.

1988 erzählte mir ein Vorstandsmitglied von der Expansionskraft dieser Wachstumsbranche: Verarbeitungsgeschwindigkeit steigend, Übertragungsleistung zwischen Rechenanlagen steigend, Variabilität von Software steigend. „Man kann grob sagen, daß sich die Speicherkapazität alle drei bis vier Jahre verdoppelt. Die leistungsfähigsten Computer heute bewegen sich im Bereich von 100 Millionen Rechenoperationen pro Sekunde.“ Dies mag nach drei Jahren, die seit meinem Besuch vergangen sind, bereits schon überholt sein. Tut nichts zur Sache. Die nämlich ist klar: Beschleunigung.

1988. Es war die Zeit, als die Kultusminister, damals noch elf, sich zerrieben in der Frage, was „Allgemeinbildung“ sei. Um die Reform der Reform ging es, die Gymnasiale Oberstufe. Nach langem Kreißen des Berges, dann die Geburt einer Maus. Sprachen, Naturwissenschaften, Mathematik, Deutsch und Geschichte, das sei es, was den gebildeten Menschen ausmache. Doch nur das? Da trieb mich nun auch die Frage um, ob Kenntnisse in diesen Fächern allein Bildung 2000 sei. Was muß der Mensch denn außerdem noch lernen im Computerzeitalter?

Ich war gespannt auf das Gespräch mit den Lehrlingen in Paderborn. An der Pforte des klinisch sauber wirkenden Glasgebäudes eine Verzögerung. Die junge Frau am Eingang versucht vergeblich, dem Computer die Identifikationsdaten des Abteilungsleiters zu entlocken. Der ist auf dem Monitor nicht aufrufbar, in der Maschine also nicht vorhanden, obwohl er doch leibhaftig neben mir steht. Moderne Times. Ein Vorgeschmack auf mögliche Pannen im perfekten System der Datenerfassung. Dank menschlicher Nachhilfe und im Vertrauen auf den Augenschein dürfen wir schließlich passieren.

Drinnen die aseptische Welt der Elektronik. Propere Azubis, gut gestylte Yuppis, künftige Young Urban Professionals. Sie führen mich durch eine Lernwelt, die morgen schon für viele Jugendliche Wirklichkeit sein wird. Durch kahle, künstlich beleuchtete Gänge gehen wir. Luftbefeuchter stoßen rhythmisch zischend Wasserdampf aus. In hell erleuchteten Glaskästen hantieren Lehrlinge an den Innereien einer Maschine, die fremd und abweisend auf mich wirkt. Meine Allgemeinbildung enthielt dergleichen noch nicht.

Das Rechenzentrum. Kaufleute werden dort ausgebildet, die nicht Klamotten, sondern Hard- und Software an Mann und Frau bringen sollen. Eine neue Sprache, ein neues technisches Denken nach den Gesetzen der Maschine wird trainiert. Am Monitor eine junge Frau, die mir erzählt, daß Frauen im Vertrieb keine großen Chancen haben. Die Kundenakzeptanz, die sei bei Frauen nicht so da. Der Verkauf von Computern ist Männersache. Und Mädchen haben noch Berührungsängste. Da gibt es offensichtlich noch eine Menge männlicher Vorurteile. Beides ergänzt sich prächtig.

Selten sehe ich Lehrlinge allein hantieren. Was Industriesoziologen als künftig selbstverständlich voraussagen, wird hier schon in der Ausbildung sichtbar: die Arbeit im Team, in der Gruppe. Die Komplexität der intelligenten Maschine führt zu neuen Arbeitsstrukturen, weniger arbeitsteilig als früher. Fachkenntnisse, Spezialkenntnisse. Sicher. Aber auch analytisches, logisches Denken sei gefordert, viel Flexibilität und vor allem Teamarbeit, heißt es. Handwerkliche Fertigkeiten alleine reichen nicht mehr. In einem Glaskasten der Werkhalle die Facharbeiter von morgen. Sie planen, steuern, warten die Maschine, fern vom Werkstück. „Humanisierung der Arbeitsplätze", belehrt mich ein Azubi, nicht mehr in Dampf und Hitze stehen. „Aber auch der Mensch wird weghumanisiert," wage ich einzuwerfen. Nein, der arbeite jetzt dort, nicht an der Maschine. Wahrnehmungsstaus in exklusiver Karriere?

Technische Zusammenhänge kennenlernen. In dieser Welt neuer Produktionen wird mir klar, daß Allgemeinbildung weit mehr ist als Fachkenntnisse. Kritisch sahen die Lehrlinge ihre Schulzeit. In der Schule sei zuviel „Konkurrenzkampf". Einer will besser sein als der andere. Hier im Betrieb aber sei die Teamarbeit stark.

Erster Azubi im Originalton:

„Ich glaube, die Schule hat wirklich die Aufgabe, sie muß den Menschen nach allen Seiten hin öffnen. Und dadurch entsteht eine Urteilsfähigkeit, entsteht eine Kritikfähigkeit."

Zweiter Azubi im Originalton:

„Was sicher wichtig ist, daß Kritikfähigkeit und Urteilsfähigkeit geschult werden in der Schule, und daß dieser Prozeß speziell in der Oberstufe intensiviert werden sollte durch Projektarbeit und durch Gemeinschaftsarbeiten, wie sie wesentlich stärker jetzt hier in der Ausbildung vollzogen werden als in Schule und Studium."

Das große „Plus" seiner Ausbildung sei, „daß wir in vielen Projekten und gemeinsamen Aufgaben uns an Sachen herantasten." Das sei durch reine Theorieschulung nicht zu machen. Das sei ein spezieller „Erfahrungschatz", den man nur „in der Gemeinsamkeit", in der „gemeinsamen Arbeit erfährt. Daß man mal sagt, jetzt der hat auf dem Gebiet etwa größere Stärken. Er leitet die Gruppe jetzt mal. Daß man auch mal so ein Rollenverhalten durchspielen kann und daraus lernt. Und das ist etwas, was die Schule ein bißchen wenig bringt, was ich mir wünschen würde."

Diese Worte in jedes Schulmanns und Schulverwalters Ohr. Nicht Stoffhuberei also, sondern lernen, zusammen etwas fertig zu bringen. Teamarbeit. Solange Schule hier nicht umdenkt, weg von den Löschpapierhochhaltern, den Einzelkämpfern, solange arbeitet sie wohl nicht zeitgemäß, ist geradezu contraproduktiv. Die Gefahr ist groß, daß auf diese Weise exklusive „Bildungsrepubliken" entstehen wie die in Paderborn, weil der Abstand zwischen Schule drinnen und den Anforderungen draußen immer größer wird.

Ich verlasse den Konzern, dessen Produkte die Zukunft im Privaten wie im Öffentlichen, in Familie wie im Betrieb, prägen und verändern werden, bereits verändert haben. Auf meiner Spurensuche nach einer neuen Allgemeinbildung bin ich ein Stück weitergekommen. Schule braucht mehr Teamgeist und sollte ihn allen Kindern vermitteln, unabhängig von Herkunft und Geldbeutel. Das unterscheidet sie von diesem Konzern und seinen handverlesenen Jugendlichen. An der Pforte, am Ausgang, erfreut uns die junge Frau mit der Nachricht, daß man den verlorengegangenen Abteilungsleiter wiedergefunden habe. Allgemeine Erleichterung.

Ein Stück Bildung 2000 habe ich gesehen. Frage mich aber zugleich, ob Bildung im Computerzeitalter nur Anpassung an die Erfordernisse der Maschine sein kann und an die, aus Sicht der Verkäufer, sicher legitimen wirtschaftlichen Interessen.

Experten beschwichtigen. Die Maschine bleibe letztlich ein Instrument, das von Menschen genutzt wird. Doch wird ihre Logik und Systematik nicht auch Verhalten und Denken prägen? Und gilt es dann nicht gezielt auch Widerstandskraft zu stärken, Eigenwilligkeit und Selbstbewußtsein? Wo aber geschieht das in einer Schule, die junge Menschen nach Maßgabe ihrer Speicherfähigkeit, sprich ihrer Gedächtnisleistung, sortiert, weniger ihre Phantasie, Kreativität und Initiative herauslockt? Ein Hersteller von Software hatte mich belehrt. In absehbarer Zeit würden die Systeme so kompliziert sein, daß nur einige tausend Experten auf der Welt noch den Durchblick haben. Nicht Technikgläubigkeit ist angezeigt, sondern die Fähigkeit, einen kühlen Kopf zu behalten. „Kurs auf den Eisberg“ nennt der amerikanische Informatiker Josef Weizenbaum seine Zweifel an der Wissenschaftsgläubigkeit unserer Zeit. Ist der Kurs noch zu ändern? Und wie müssen junge Menschen in der Schule schon navigatorisch vorbereitet werden, um dieser Entwicklung noch gegensteuern zu können? Gründliches Nachdenken vermisse ich bei verantwortlichen Politikern und Bildungsforschern.

Fast sieht es so aus, als wären die Sozialpartner da schon ein Stück weiter im Nachdenken. Die nächste Station meiner Spurensuche: Ich fragte bei den Arbeitgebern nach. Auch sie hatten sich Gedanken gemacht über Allgemeinbildung im Jahr 2000 und sich 1987 schon mit etlichen Thesen dazu zu Wort gemeldet. Teamfähigkeit und Kooperationsfähigkeit müßten im Vordergrund von Schule und Ausbildung stehen. These fünf der Bundesvereinigung Deutscher Arbeitgeberverbände klingt einleuchtend: Die Allgemeinbildung des Menschen sei auf seine Ganzheit ausgerichtet. Sie müsse wissenschaftsorientiert sein und zugleich zur Bewältigung konkreter Lebenssituationen beitragen, müsse Kreativität und Durchblick zugleich vermitteln und selbstredend Persönlichkeitsbildung. Wer wollte dem nicht zustimmen. Freilich köchelt derzeit die Weiterbildung von Arbeitnehmern eher auf Sparflamme, besonders die politische Weiterbildung.

Und die Gewerkschaften?

Auch sie fordern Teamgeist. Inhalt und Form der Lernens müßten sich „radikal“ ändern, meinte der Vertreter der IG-Metall. „Jemand der nicht gelernt hat, gemeinsam Probleme aufzugreifen und zu Lösungen zu bringen, ist weder ein Demokrat, noch kann er in Zukunft als einzelner in der Lage sein, sein Leben individuell zu gestalten.“

Ende also der alten Paukschule? Die aber wird von Eltern immer wieder eingefordert. Alles konzentriert sich auf den Abschluß. Hauptsache der wird erreicht. Auf welche Weise, ist uninteressant. Jede Stunde wird der Schule nachgerechnet, die im Fachunterricht ausfällt. Allgemeinbildung ist, was Schule an Fächern und in Fächern vermittelt. Doch reicht das alleine aus?

Ich habe auch die Literatur durchforstet. Gab es denn jemals den „allgemeingebildeten Menschen“, dessen Verlust besonders deutsche Professoren heute lauthals beklagen? Bildungswege großer Schreiber zum Beispiel verlaufen eher unregelmäßig, sonderbar planlos. Sie führen hierhin und dorthin. *Theodor Fontane* beschreibt es unverblümt in seinen Jugenderinnerungen. Nur zu einer kurzen Stippvisite tritt er ins Gymnasium ein, und verläßt es bald wieder fluchtartig. Durch gezieltes Schuleschwänzen, in Cafés und aus Zeitungen hat er sich weitergebildet. Und er kommt zum Schluß:

Hätte ich statt dessen pflichtgemäß meine Schulstunden abgesessen, so wäre mein Gewissen zwar reiner geblieben, aber mein Wissen auch, und auf dem ohnehin wenig beschriebenen Blatte meiner Gesamtgelehrsamkeit würd auch das wenige noch fehlen, was ich dem „Freimütigen", dem „Gesellschafter" und dem „Figaro" von damals verdanke. Mein Vater, wenn ihm meine Mutter vorwarf, er habe alles bloß aus dem Konversationslexikon, antwortet regelmäßig: „Es ist ganz gleich, wo man es her hat." Und dieser Ansicht möchte ich mich anschließen."[1]

Ähnliches wird von Thomas Mann berichtet. Bildungskarrieren dieser Art haben mich zweifeln lassen an einer festbetonierten Allgemeinbildung, die von oben verpaßt wird, ohne Chance, sie immer wieder an der Wirklichkeit zu erproben und zu verändern.

„Das gehört jetzt nicht hierher." Gängige Lehrerantwort in deutschen Schulen, wenn Schüler quer-, voraus- oder zurückdenken wollen. Gerold Becker, lange Zeit Leiter der Odenwaldschule, eines Reforminternats nahe Heppenheim, sieht die Ursache aller Not und Umweltbeschwerden in diesem „Das-gehört-jetzt-nicht-hierher-Denken", das nicht nur Schule, auch Hochschule, auch berufliche Bildung beherrscht. An einem Beispiel macht er die Folgen deutlich: Architekten zum Beispiel, die darauf gedrillt wurden, einerseits nur technische, andererseits nur ästhetische Probleme perfekt zu lösen, sind „gefährliche Architekten", weil sie nicht die soziale und psychologische Auswirkung ihres Bauens berücksichtigen. „Und solche haben zu großen Teilen unsere Trabantenstädte gebaut. Nicht weil es böse Menschen waren, sondern weil sie vollkommen unaufgeklärt und unfähig waren, über die Grenzen ihres technischen oder ästhetischen Problems hinwegzudenken."

Vom „Zerhackerprinzip" spricht der Vorsitzende des größten deutschen Lehrerverbandes, des VBE, Wilhelm Ebert:

„Das beginnt mit der Einteilung in Fächer. Da wird der Mensch einmal biologisch, einmal psychologisch, einmal theologisch usw. betrachtet. Dann geht es hinein in den Zeitablauf. Da ist eine Stunde Mathematik und die nächste Physik und die dritte ist Griechisch und dann wieder Turnen.

Und das alles hat nichts miteinander zu tun." Zerhackt wird nach Noten. Da werde eine „irgendeine unwahrscheinlich komplexe Leistung unter Umständen ein noch komplexerer Aufwand für die Leistung, den man gar nicht prüfen kann, in Ziffern ausgedrückt und womöglich noch mit einer Ziffer mit Kommastelle". Wahnwitz. Doch es hat Methode. Wen wundert es da noch, wenn Kinder um sich schlagen.

Allgemeinbildung im Computerzeitalter? Ein Korb voller Wissenssplitter? Wer heute etwas lernt, weiß nicht, ob er es morgen noch gebrauchen kann. Neue Lebensformen treten an die Stelle alter vertrauter Routineabläufe auch im Lernen. Das bringt Freiheit zu wählen, aber auch die Not, zu entscheiden. Bildung als Kompaß wird nötiger denn je.

Es war der *Club of Rome*, ein buntgemischtes Denkerforum, das schon in den siebziger Jahren über das Lernen an der Wende zum 21. Jahrhundert nachdachte. Die rücksichtslose Ausbeutung der Natur zeichnete sich bereits deutlicher ab. Die Forderung des internationalen Clubs:

> *Ein guter Lehrer muß zukunftsorientiert sein. Die besten Lehrer sind diejenigen, die Sinn für die Zukunft entwickelt haben und dies auch weitervermitteln können. Im Augenblick jedoch wird die veränderte Welt von morgen, die am Horizont sichtbar wird, noch zu wenig berücksichtigt.*[2]

Das schrieben die Auguren des Club of Rome schon 1979, lange vor Tschernobyl. 1991 bleibt dieses Lernziel höchst aktuell. Denn wahr ist nach wie vor:

> *Unsere Lernprozesse hinken erschreckend hinter den Erfordernissen her und bereiten weder das Individuum noch die Gesellschaft darauf vor, den Anforderungen, die globale Probleme an uns stellen, zu genügen.*[3]

Allgemeinbildung heute hat wenig Bildungsbürgerliches mehr, ist kein Feierabendthema. Es ist höchst brisant. Und es kann nicht nur theoretisch angegangen werden. Beispiele haben gezeigt: Das Riesenabenteuer Bildung hat in manchen Schulen schon begonnen. Und so mancher Schulleiter und Lehrer trainiert sich ganz gezielt im Überspringen des eigenen Schattens.

Körper- und Seelenertüchtigung gegen Streß und burn-out, gegen Ausgebranntsein. Es sind noch wenige Oasen in der Wüste einer Schullandschaft. Noch begnügen sich Öffentlichkeit und Medien mit allgemeinem Lamento über die Untauglichkeit unserer Lehranstalten. Ein Schülergraffiti aber trifft den Kern: „Alle reden über Schule, aber keiner tut etwas dagegen."

Wo also findet sie statt, die große Diskussion über das, was der Mensch lernen muß im Computerzeitalter? Wo sind die Politiker, die Bildungspolitik aus ihrer Randständigkeit befreien? Wo die Finanzminister, die Investitionen für Bildung als eine Investion in die Zukunft betrachten – für den Einzelnen wie für die Gesellschaft. Begegnung mit der Analphabetin Marka im Winter 1978. Hoffnungsvoll sagte sie mir damals:

„Und ich finde, da sollen sie jetzt auch richtig am Ball bleiben. So wie es jetzt ist, so soll es auch bleiben. Ich finde, wenn der Mensch will, dann kann er es auch machen. Es kommt ja immer darauf an, wenn der Mensch nicht will, nichts lernen will, da kann man auch nichts reinkriegen. Aber die wollen ja. Das sehen Sie an uns. Ich bin jetzt 30 Jahre alt, und ich will ja noch lernen. Mein Ältester, der geht jetzt auf das Gymnasium. Da könnte ich auch sagen: Ich brauche es jetzt nicht mehr zu lernen, die Kinder können es. Daran merkt man doch, man will es und ist wißbegierig. Der Staat soll sich doch freuen, daß man lernt."

Den Elan der siebziger Jahre, unterfüttert mit den Einsichten von heute, den wünsche ich mir.

Bibliographie

Begegnung mit Marka

1 Ernst Toller: Eine Jugend in Deutschland, Hamburg 1963, S. 16
2 Heinrich Mann: Der Untertan, Roman, München 1971, S. 10
3 ebenda, S. 11

Die Stimme aus dem Turm

1 Vom Schaukel der Dinge. Montaignes Versuche. Ein Lesebuch von Matthias Greffrath, Berlin 1984, S. 203 f.
2 ebenda, S. 204
3 ebenda, S. 204
4 ebenda, S. 203
5 ebenda, S. 99
6 ebenda, S. 215
7 ebenda, S. 215
8 ebenda, S. 212
9 Katharina Rutschky: Deutsche Schul-Chronik. Lernen und Erziehen in vier Jahrhunderten, München 1991, S. 48

Eine Bildungsreise

1 Karl Philipp Moritz: Anton Reiser. Ein Psychologischer Roman, Frankfurt am Main 1979, S. 9
2 ebenda, S. 15
3 ebenda, S. 52
4 ebenda, S. 55
5 ebenda, S. 64
6 ebenda, S. 64
7 ebenda, S. 129
8 ebenda, S. 196
9 Stefan Zweig: Die Welt von Gestern. Erinnerungen eines Europäers, Frankfurt am Main 1970, S. 34
10 Anton Reiser, S. 252
11 Stefan Zweig, S. 33

Der Aufbruch

1 Ellen Key: Das Jahrhundert des Kindes, Königstein/Ts. 1978, S. 50
2 ebenda, S. 95
3 Frankfurter Rundschau, Nr. 182, Hannegret Biesenbaum: Jena erinnert sich an „seinen" Pädagogen, Donnerstag, 8.August 1991

Zeitzeugen

1 Michael Balfour: Viermächtekontrolle in Deutschland 1945–1949, S. 347 f.
2 Erich Weniger: Die Epoche der Umerziehung 1945–1949. Herman Nohl zum 80. Geburtstag, Sonderdruck aus „Westermanns Pädagogische Beiträge", 11./12. Jahrgang, Heft 10/1959, Heft 12/1959, Heft 1/1960, Heft 2/1960, S. 24
3 Michael Balfour, S. 351
4 Caspar Kuhlmann: Schulreform und Gesellschaft in der BRD 1946–1966. Texte und Dokumente zur Bildungsforschung, Stuttgart 1970, S. I /84
5 Die Sammlung, 3. Jahrgang 6. Heft, Göttingen/Juni 1948, K.V. Müller: Begabung und Begabungseigenart im schulischen Nachwuchs. Erster Bericht über die Niedersächsische Begabtenuntersuchung nach den Ergebnissen der Auszählung des Regierungsbezirks Hannover, S. 360 f.
6 ebenda, S. 369

Feuerzangenbowle

1 Klaus Hurrelmann: Streß in der Schule. Symptome – Ursachen – Lösungsansätze, Referat für den Deutschen Lehrertag in Kassel, September 1991, S. 3
2 Caspar Kuhlmann: Schulreform und Gesellschaft in der Bundesrepublik Deutschland 1946–1966, Stuttgart 1970, S. 1/64
3 ebenda, S. 1/12
4 Jugend zwischen 15 und 24. Zweite Untersuchung zur Situation der

deutschen Jugend im Bundesgebiet, Emnid-Institut für Meinungsforschung, Bielefeld 1955, S. 59

Rufer in der Wüste

1 Georg Picht: Die deutsche Bildungskatastrophe. Analyse und Dokumentation, Olten und Freiburg im Breisgau 1964, S. 87
2 ebenda S. 30 f.
3 ebenda S. 25
4 ebenda S. 35

Von unten gesehen

1 Klaus Hurrelmann: Streß in der Schule. Symptome – Ursachen – Lösungsansätze, Referat für den Deutschen Lehrertag 1991 in Kassel, September 1991, S. 3

Ein Kapitel für sich

1 Christoph Meckel: Suchbild. Über meinen Vater, Düsseldorf 1980, S. 55
2 ebenda, S. 110 f.
3 Peter Härtling: Nachgetragene Liebe, Darmstadt und Neuwied 1980, S. 21 f.
4 Morton Schatzmann: Die Angst vor dem Vater. Langzeitwirkungen einer Erziehungsmethode. Eine Analyse am Fall Schreber, Hamburg 1978, S. 25
5 Elias Canetti: Masse und Macht, Frankfurt am Main 1992, S. 338
6 A. S. Neill: Theorie und Praxis der Antiautoritären Erziehung. Das Beispiel Summerhill, Hamburg 1969, S. 123

Jenseits der Mauer

1 Jutta Wilhelmi: Jugend in der DDR, Berlin 1983, S. 36
2 ebenda, S. 36

Ein baufälliges Haus

1 Hans-Günter Rolff, Klaus Klemm u.a.: Jahrbuch für Schulentwicklung. Daten, Beispiele und Perspektiven, Band 5, Weinheim 1988, S. 16
2 Herwig Blankertz: Die Geschichte der Pädagogik. Von der Aufklärung bis zur Gegenwart, Wetzlar 1982, S. 63
3 Uwe Göbel: Was Ausbilder fordern – was Schüler leisten. Ergebnisse einer repräsentativen Befragung von Ausbildern, Köln 1982, S. 83
4 Hurrelmann a. a. O., S. 22/23
5 Ludwig von Friedeburg: Bildungsreform in Deutschland. Geschichte und gesellschaftlicher Widerspruch, Frankfurt am Main 1989, Der Kampf um die Grundschule, S. 219
6 ebenda, S. 231

Von der Hand in den Mund

1 Klaus Klemm u. a.: Bildungsgesamtplan 90. Ein Rahmen für Reformen, Weinheim und München 1990, S. 91
2 ebenda, S. 93
3 ebenda, S. 96 und S. 125
4 ebenda, S. 102
5 ebenda, S. 153
6 ebenda, S. 109
7 Klaus Klemm, Wolfgang Böttcher u. a.: Bildungsplanung in den neuen Bundesländern, Weinheim 1992, S. 207
8 ebenda, S. 208
9 Institut für Schulentwicklungsforschung (IFS), Universität Dortmund. Repräsentativumfrage in den neuen Bundesländern vom Oktober 1991
10 Georg Picht: Die Deutsche Bildungskatastrophe, a. a. O., S. 87

Musterkinder – Kindheitsmuster

1 Philippe Ariès: Geschichte der Kindheit, München 1975, S. 32
2 Klaus Hurrelmann: Streß in der Schule. Symptome – Ursachen – Lösungsansätze, Referat für den Deutschen Lehrertag, 1991 in Kassel
3 Neil Postman: Das Verschwinden der Kindheit, New York 1982
4 Ulf Preuss-Lausitz, Tobias Rülcker, Helga Zeiher (Hrsg.): Selbständigkeit für Kinder – die große Freiheit? Weinheim und Basel 1990, S. 13

Knast meiner Jugend

1 Das kleine rote Schülerbuch. Erweiterte und völlig überarbeitete Neuauflage, Frankfurt am Main 1971, S. 18
2 ebenda, S. 16
3 ebenda, S. 16 f.
4 ebenda, S. 138
5 ebenda, S. 36
6 Lewis Carroll: Alice im Wunderland, Insel Taschenbuch 42, 1973, S. 93
7 Karl Philipp Moritz: Anton Reiser a. a. O., S. 176

Machen feinere Strafen feinere Menschen?

1 Morton Schatzmann: Die Angst vor dem Vater. Langzeitwirkungen einer Erziehungsmethode. Eine Analyse am Fall Schreber, Hamburg 1978, S. 36
2 Pädagogisches Lexikon in zwei Bänden, Hrsg. von Horney, Ruppert, Schultze, Scheuerl, Gütersloh 1970, Band 2, S. 1129
3 Janusz Korczak: Wie man ein Kind lieben soll, Göttingen 1971, S. 156

Das Hütchenspiel

1 Der Spiegel, Nr. 34, 45. Jahrgang, Hamburg, 19. Juli 1991, S. 77

2 Klaus Sochatzy: „Wenn ich zu bestimmen hätte …“. Die Erwachsenenwelt im Meinungsspiel von Kindern und Jugendlichen. Eine empirische Bestandsaufnahme, Weinheim 1988, S. 137

3 Johannes Beck, Heiner Boehncke: Jahrbuch für Lehrer 1979, Hamburg 1978, S. 279

4 Klaus Klemm u. a.: Bildungsgesamtplan 90. Ein Rahmenplan für Reformen, Weinheim und München 1990, S. 95

5 Stephen Jay Gould: Der falsch vermessene Mensch, Basel – Boston – Stuttgart 1983, S. 258

Sichtweisen

1 Haushaltsplan für den Geschäftsbereich des Kultusministers für das Haushaltsjahr 1990/91 (Nordrhein-Westfalen), Band 5

2 Michel de Montaigne a. a. O.: Essay: Über die Kindererziehung, S. 210

3 Klaus Mollenhauer: Vergessene Zusammenhänge. Über Kultur und Erziehung, München 1983, S. 98

4 ebenda, S. 52 f.

Der Fluß

1 Wilhelm von Humboldt: Ideen zu einem Versuch, die Grenzen der Wirksamkeit des Staates zu bestimmen, in: Werke in fünf Bänden, Hrsg. Andreas Flitner, K. Giel, Darmstadt 1964, Band 1, S. 164

Das Kopftuch

1 Theodor Adorno: Erziehung zur Mündigkeit. Vorträge und Gespräche mit Hellmut Becker 1959–1969, Hrsg. v. Gerd Kadelbach, Frankfurt am Main 1971, S. 92

Zeitzeichen

1 Sten Nadolny: Die Entdeckung der Langsamkeit, Roman, München/Zürich 1983, S. 9

2 Jean-Jacques Rousseau: Die Bekenntnisse, Berlin 1920, S. 95

3 Heide Bambach: Erfundene Geschichten erzählen es richtig. Lesen und Leben in der Schule, 1989, S. 271

4 ebenda, S. 264

Umwege

1 Vom Schaukeln der Dinge, Montaignes Versuch. Essay: Von der Einsamkeit, a. a. O., S. 21

Spurensuche

1 Theodor Fontane: „Von Zwanzig bis Dreißig“. Autobiographisches, Dtv Textbibliothek 1973, München, S. 118

2 Club of Rome: Bericht für die achtziger Jahre. Das menschliche Dilemma. Zukunft und lernen, Hrsg. v. Aurelio Peccei, Wien – München – Zürich – Innsbruck 1979, S. 55

3 ebenda, S. 29